總統就職典禮上的甘迺迪，一九六一年一月二十日。這時的他快樂無憂、過於理想主義和經驗缺缺，猶待磨練。（JFK LIBRARY）

卡斯楚在一九五九年一月八日和一群革命同志進入哈瓦那的情景。在華府，古巴革命的成功引起了對共產黨在西半球坐大的恐懼。在莫斯科，蘇聯受到鼓舞，對資本主義的崩潰滿懷憧憬。（EVERETT COLLECTION HISTORICAL/ALAMY STOCK PHOTO）

踏入陷阱。從豬玀灣入侵古巴的計畫一敗塗地之後，甘迺迪為改善自己在國內外的地位，急著和赫魯雪夫會面。但他只是再次受到攻擊和收到要求美國撤出西柏林的最後通牒。照片攝於一九六一年六月四日。（KEYSTONE PRESS / ALAMY STOCK PHOTO）

一九六二年五月，赫魯雪夫因為擔心另一次美國支持的入侵或一次在哈瓦那發生的毛派政變會讓他失去古巴，決定在島上裝設蘇聯飛彈。照片中他正在與一群重要的外交政策顧問會商。坐赫魯雪夫旁邊的是國防部長馬利諾夫斯基元帥，他支持古巴冒險計畫。左起第三人為第一副總理米高揚，他反對在古巴設置飛彈。（KEYSTONE PRESS / ALAMY STOCK PHOTO）

騎兵。普利耶夫大將是二次大戰中的英雄，一九六二年六月在俄南城鎮新切爾卡斯克曾兇狠鎮壓一場民眾起義。他受到赫魯雪夫和馬利諾夫斯基欽點，擔任蘇聯的古巴駐軍司令官。（WIKIMEDIA）

潛艇人。阿爾希波夫是蘇聯核子潛艇特遣隊的指揮官，被認為有功於化解美蘇在馬尾藻海發生核子交鋒的潛在可能性。（THE ARKHIPOV FAMILY）

在整場古巴飛彈危機中，甘迺迪靠著參謀長聯席會議新任主席泰勒將軍之助，成功將軍方抑制住。這照片攝於泰勒將軍在一九六二年十月一日的宣誓就職典禮。照片右邊是司法部長羅伯特．甘迺迪，他是哥哥甘迺迪總統的忠心副手，也是古巴飛彈危機中的關鍵鷹派人物。（JFK LIBRARY）

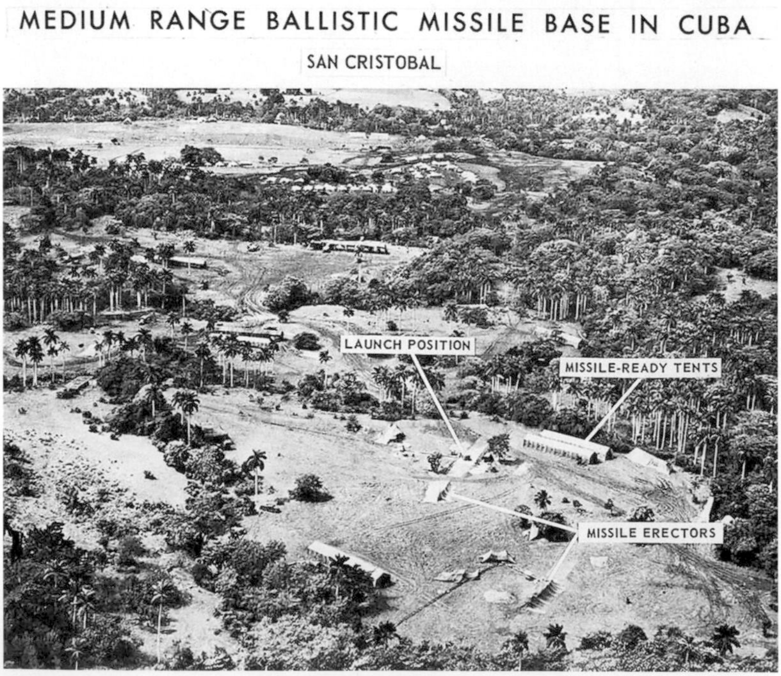

蘇聯在古巴設置中程飛彈的事最先是一架 U-2 偵察機在一九六二年十月十四日發現，危機隨即爆發。這張飛彈設施的照片於一九六二年十月二十五日在聯合國公佈。（PICTORIAL PRESS LTD / ALAMY STOCK PHOTO）

國安會的「執委會」（由總統的一群顧問組成）在一九六二年十月十六日開始共商對策。照片是十月二十九日一次會議的情形。開會內容被甘迺迪偷偷錄了音。此舉於誠信有虧，卻是送給歷史學家的大禮。（JFK LIBRARY）

與敵手面對面。蘇聯外交部長葛羅米柯（右二）與蘇聯駐美大使多勃雷寧（右三）在十月十八日會見甘迺迪總統。甘迺迪在會面中並未提到飛彈的事，葛羅米柯遂以此認為美國人仍然被蒙在鼓裡。其實甘迺迪不只知道飛彈其事，還想用空襲予以摧毀。（JFK LIBRARY）

封鎖在一九六二年十月二十三日生效，引發世人對美蘇可能會發生武裝衝突的恐懼。照片中是一架美國的 P-2 海王星巡邏機，它在飛過一艘蘇聯船隻時被一名「格別烏」人員拍到。（ARCHIVE OF THE STATE SECURITY SERVICE OF UKRAINE）

無名英雄。幾個 U-2 飛行員在等待甘迺迪接見，時為安德森少校駕駛的 U-2 飛機遭蘇聯飛彈擊落的幾天後。他們將會由空軍參謀總長李梅將軍（最右）引見。李梅是總統的長期死對頭，在參謀長聯席會議中帶頭反對甘迺迪，要求對古巴全面開戰。（JFK LIBRARY）

甘迺迪和赫魯雪夫在一
二十八日達成解決危機
協議之後，卡斯楚拂逆
的蘇聯盟友，拒絕讓美國
聯合國檢查古巴的飛彈
地。赫魯雪夫想要用威
方式逼他的不聽話附庸
範，但徒勞無功。照片是
斯楚在一九六三年訪問蘇
時候所攝，當時赫魯雪夫
圖利用這個機會修補嫌隙
卡斯楚左邊的是蘇聯駐古
大使阿列克謝耶夫，他
是「格別烏」駐古巴的
子。（ZUMA PRESS, IN
GETTYIMAGES PHOTO

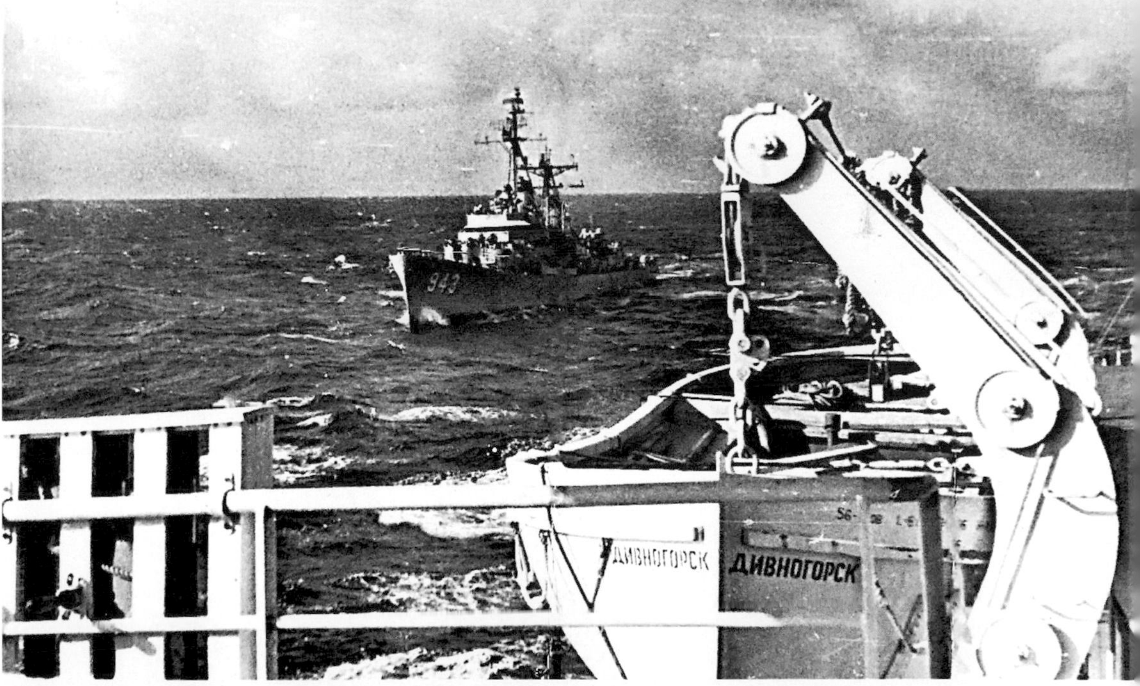

蘇聯同意讓美國檢查它載運飛彈回國的船隻（有人稱之為接受「脫衣搜查」）。照片中美國海軍
「布蘭迪號」正在駛近蘇聯貨船「季夫諾戈爾斯克號」，後者的船長不顧軍官們的反對，把船上
R-12 中程飛彈揭開給美艦的官兵看。照片是一名「格別烏」軍官在一九六二年十一月九日所拍
（ARCHIVE OF THE STATE SECURITY SERVICE OF UKRAINE）

贏家。一九六二年十一月二十日，甘迺迪在記者會上宣布蘇聯從古巴撤走飛彈和轟炸機的消息，喜形於色。（JFK LIBRARY）

編注：原文書共附有 17 張照片，繁中版因授權地區之限制，僅能收錄 15 張照片。另外兩張分別為斯塔岑科少將的照片，以及赫魯雪夫與馬利諾夫斯基元帥的合照。照片內容可參考 QRCODE 連結。

斯塔岑科少將

赫魯雪夫與
馬利諾夫斯基

為什麼世界沒有在1962年毀滅？

重回古巴飛彈危機現場

謝爾希・浦洛基◎著
Serhii Plokhy
梁永安◎譯

Nuclear Folly

A History of the Cuban Missile Crisis

▼好評推薦

回顧一九六二年的「古巴飛彈危機」，多數人並不明白末日與自己的距離，若美、蘇決策者當時決定動用核武，全人類都會猝然滅絕，與侏儸紀的恐龍命運相同。恐懼與毀滅均來自於無知，現今軍武大國決策者，為追求一己或是單一民族的勝利，決策偏差將帶來全球的浩劫，台灣位居世界武裝衝突的前線，平衡軍武大國衝突的責任重大，小螺絲也能產生大影響，推薦這本回顧危機決策的好書，放下爭執迎接和平。

——于北辰／陸軍備役少將

在上個世紀最為危機四伏的的冷戰期間，雖然在兩強之間沒有直接的戰火爆發，但彼此的互相保證毀滅，卻在一九六〇年代初陰霾密佈。古巴導彈危機期間，人類的歷史是隨時可能在彼此的誤判當中畫下句點的，如果那一刻赫魯雪夫沒有喊停、甘迺迪總統更激進的進行攻擊、或者任何一位軍官在沒有明確指示下自行展開行動，這個星球的一切都可能戛然而止。

如果不能理解到世界和平的脆弱性，就無法理解當前全球戰火再次密佈之際，為什麼身為台灣人更需要努力備戰來止戰。

——李文成／podcast 一歷百憂解主持人

謝爾希・浦洛基（Serhii Plokhy）所著的這本《為什麼世界沒有在一九六二年毀滅？重回古巴飛彈危機現場》，帶領讀者重新回顧一九六二年的古巴飛彈危機，並且透過歷史的脈絡重構解釋為何如此深峻的危機可以得到相對和平的結果。這些觀點與回顧，對於當今世界上的潛在核子衝突，如仍在進行中的烏俄戰爭、南北韓的軍事對峙、美中的大國競爭、中印的邊境衝突、伊朗的核武計畫等等，都可以帶來有價值的反思。如何降低核武衝突的風險，必然是二十一世紀的終極挑戰。

——葉耀元／美國聖湯瑪斯大學國際研究講座教授兼系主任

作者提供新穎卻可怕的細節……閱讀這些發人深省的敘述後，我不禁想到了今天在巴基斯坦、印度、中國、朝鮮和美國的核子危機。

——《華盛頓郵報》

迄今為止關於該主題的最權威和最巧妙的作品。包含來自新解密的俄羅斯資料，和以前沒有研究人員訪問過的檔案……內容扣人心弦。

——維克多・塞貝斯蒂安，《金融時報》

這是美國重要冷戰歷史學家對古巴導彈危機的精彩概述。他挖掘了過去未公開的蘇聯檔案，揭示比以往任何時候都更接近核毀滅的十三天。這本令人激動的作品證實了他清醒的結論：下次我們可能不會這麼幸運。

——邁克爾・多布斯，《午夜前一分鐘》作者

▼推薦一

從古巴危機思索戰爭的界線

王立第二戰研所

古巴危機是上個世紀，人類最接近全面核戰的一年，稍有不慎就會釀成悲劇。本書從人的角度切入，藉由會議紀錄、外交文書、自傳、回憶錄，探討領導風格、性格、經歷，讓我們回到過去，身歷其境的感受到其中的瘋狂。

常有人將擁有核彈的兩大國衝突比做古巴危機，在我們台灣也不乏其人，美中之間是否可能發生戰爭，並上升到核戰？這有很多討論空間，然而多數較像是擷取自己所需，粗糙的類比好符合預設結論。

古巴危機中，美蘇兩國領導階層常處在恐慌，彼此都高估對方的核武打擊能力，美國軍方認為會贏，但會死好幾千萬美國人，這讓甘迺迪對勝利兩字產生懷疑，赫魯雪夫也差不多，認為美國的先制打擊將會讓蘇聯喪失反擊能力。雙方都懷疑自己，也懷疑對方的情況下，潛意識中都認為避免核子戰爭是正途。

今天美中雙方的核子打擊能力完全不在同一個量級上，古巴危機之時，美國將軍方備戰層級提高到接近戰爭，攜帶核子武器的轟炸機全部起飛，隨時保持數十架在空中，就算美國遭到核武攻擊，依然可以朝蘇聯上百個城市發起毀滅性攻擊。在俗稱三位一體的核武攻擊手段中，中國只有潛射核子彈道飛彈對美國具有威脅性，即便押上身家，也只能摧毀美國部分城市，美國卻可以把中國來回夷平好幾次。

中國對美國的核子威脅，比較接近毒蠍戰略，不具備相互保證毀滅能力，且台灣相較於古巴，戰略地位大不相同，拿來對比沒有太大價值。蘇聯在古巴建設核子飛彈基地，具有針對美國的進攻性意圖，台灣相較中國，接近於堵住中國出海，並沒有侵略性質。美國在古巴與蘇聯達成協議，交換撤出土耳其的飛彈基地，是基於對相互保證毀滅能力的認同，台灣跟中國在台海上，沒有多少可以類比的地方。

然而從美蘇雙方的性格與經歷，卻有很多值得我們思考之處。甘迺迪與赫魯雪夫，都經歷過第二次世界大戰，戰爭的恐怖烙印在心中，見識過廣島長崎核爆世代的人們，對於相信核子戰爭爆發的可能性，不曾有過懷疑。兩國的領導階層，對於全面核戰的恐懼，是發自內心的真誠，也就是這種心態，導致赫魯雪夫在古巴的賭注，也讓甘迺迪願意強硬下去。更因為如此，雙方最終都願意各退一步。

一九六二年最接近核戰的時刻，並非古巴卡斯楚的叫囂，也不是外交場域的脣槍舌劍，在於應對核戰的軍事組織架構。

由於核彈的威力太過恐怖，飛彈基地若遭到核子攻擊，整個基地都會報銷，沒有辦法反擊。為了避免自己喪失被核武打擊後的反擊能力，美蘇雙方紛紛製造更多的核彈，保有第二擊能力。加上核彈很可能摧毀掉政府指揮體系，前線指揮官因此獲得歷史上最大的權力，可以視情況發射核子武器。

在古巴危機中，美國升高備戰層級，空軍就對轟炸機員訓話，表達核武反擊的重要。當蘇聯的潛艇遇到美軍攔截，險些爆發衝突時，潛艇指揮官有人認為，這表示水面上的世界已經發生大戰，他們必須發射核子魚雷。

而依照兩國的核武接戰守則，若遭到敵方的核武攻擊，則自己必須在最短時間內，向敵方的核武設施反擊，摧毀敵人的核武打擊能力，蘇聯潛艇的那枚魚雷，將會讓甘迺迪別無選擇，下令空軍開始攻擊蘇聯的核武彈道飛彈基地，以及所有看得見的核子武器，這就必然引發赫魯雪夫反擊，勢必上升到兩大國的全面核戰。

真是無比諷刺，為了防止自己喪失核子反擊能力的措施，竟導致可能產生無可迴避的核子大戰。古巴危機之後，美蘇兩國開始認真討論裁減核武，削減彈道飛彈，畢竟太誇張了，只要當中一個環節誤判，連鎖反應下讓全人類滅亡，這個核彈發射計畫流程到底怎麼制定的？

但這是經歷大戰的人才有的經驗與體會，今天的人類還有嗎？

一九六二年所有人都認為核戰可能爆發，戒慎恐懼的面對核子威脅，最終沒有開戰。今天所有人都認為核戰不可能發生，面對核武威脅嗤之以鼻，這結果又會如何？

坦白說沒人知道，俄烏戰爭爆發至今，俄國甚至威脅要動用戰術核子武器，西方也不敢明白將烏克蘭納入核子保護傘，而俄國至今也沒真的使用。潘朵拉的盒子打開會是什麼，普京顯然不敢面對。

但總有人會想試試看，古巴危機對獨裁者來說相當正面，美國最終撤回了部署在土耳其的飛彈，古巴沒有被入侵，以共產國家之名存活到現在。對他們而言，這是否代表跟美國玩膽小鬼遊戲，美國總會退讓，故可以無限制的賭下去？

若我們能從本書中理解當事人的思維，就能發現古巴危機之所以消除，是建立在雙方都對戰爭有深刻認識，玩火要有限度的前提之上。至少這次，雙方都明白界線在哪裡，沒有下次。

王立第二戰研所　討論戰略思想研究，戰略運作模型以及實務運作經驗的部落客

▼推薦二

古巴飛彈危機

張國城

對於研究國際關係、以及對國際關係有興趣，特別是對於「冷戰」、「衝突」和「危機」的專業人士和一般讀者來說，本書是一本精奇之作。

首先是作者。作者出身烏克蘭，精通俄語，這就賦予本書不同於西方著作的價值。過去探討這段史事的著作不少，但較能獲得的幾乎都是美國觀點；蘇聯觀點的著作不易獲得。除了西方的文化優勢以外，也在於蘇方資料不容易取得。在蘇聯解體之前，根本不會有蘇方的文件可供參考，蘇聯解體之後，文件資料的獲得雖然遠較容易，但又有語言的隔閡。而本書作者完全沒有這樣的問題；這對本書的可讀性有極大的貢獻。

本書的第二個價值是方法論。「踏上一條罕有人走過的途徑去重構和理解古巴飛彈危機。我不會去指認有哪些時刻是危機中的關鍵人物和普通參與者做對了事，或分析他們是怎樣獲得那些『正確』的決定。相反的，我把焦點放在他們判斷錯誤的無數情況。」**這點是筆者最推崇的地方**。因為許多歷史著作經常會自動分別「正」「邪」，然後強調「正」方的正確和「邪」方的錯誤。但是本書作者強調的是重要人物在重要時刻犯的錯誤。這對台灣讀者來說非常有意義——因為重複錯誤經常是災難的來源。但是領導人所犯的錯誤經常不會被提起，因此長年以來台灣的歷史教育難以讓台灣人了解為什麼中華民國會全面在內戰中失敗、為什麼會退出聯合國、為什麼會一再失去邦交國、為什麼面臨中國如此巨大的威脅。若不知道或不被允許知道犯了甚麼錯誤，自然就談不上改正錯誤。本書雖然是檢討古巴飛彈危機，但是對台灣讀者來說，可以做為一個**對領導人的「錯誤」檢查表**。

其次，作者也有許多獨到的見地與視角。譬如作者指出古巴和美國關係的獨特，其實在中南美洲國家中可說絕無僅有——古巴是靠美國打敗西班牙才獨立的。照理說，美古關係應當很好才對。古巴是否被認為是「共產國家」，也是古巴飛彈危機發生的遠因之一，這點建議台灣讀者詳加留意。筆者試著用裡面甘迺迪和赫魯雪夫的決策方式來檢證今天台海的狀況，發現一件有趣的事，就是「卡斯楚到底是不是馬克思主義者」？作者仔細研究之後，發現卡斯楚本來並不是一個馬克思主義者，也不是共產黨。即使在奪權成功之後，他自己曾公開表示他不是共產黨。但在古巴變天之後，因為美國認為他是共產黨，所以想推翻他；美國支持的叛亂和軍事威脅讓他不得不向蘇聯靠攏。結果有趣的是，赫魯雪夫並不認為卡斯楚是個馬克思主義者。作者提到「由於愈來愈感到不安，對於莫斯科遲遲沒有供應武器也備感挫折，卡斯楚準備好一百八十度改變戰術，轉為打壓自己國家的馬克思主義者，也就是打壓古巴共產黨的成員。」今日台灣和當時的古巴，在這個層面上其實類似。都有「領導人被兩大強鄰雙重誤解」的情形，這樣的既視感實在太強了！

本書第三個價值就是精細描述了古巴飛彈危機中雙方的軍事作戰層面。有關蘇聯潛艦的作戰過程，包括美方追獵B-59號潛艦的過程，讀來讓人緊張地透不過氣。在中文著作中應當是第一次披露。這也側面說明了島嶼國家面臨封鎖時的窘境。

不過作者有些說法也讓對古巴飛彈危機有些研究的筆者存疑。作者認為，當年的古巴飛彈危機其實是可能演變為核子戰爭的，因為駐紮在古巴的蘇聯軍隊配備有戰術核子武器，一旦美軍入侵，蘇聯將會用這些戰術核武消滅他們。但是作者也很清楚知道當時的狀況，就是美國戰略核武的實力遠優於蘇聯：「……（美國）『義勇兵』是一種陸基的洲際彈道飛彈，使用固態燃料，所以不像之前的液態燃料飛彈那樣，需要在出擊前花幾小時注入燃料，而是任一分鐘都可以發射——其名字源於此。另外，『義勇兵』可以存放在地下飛彈發射井裡，敵人難以摧毀。蘇聯沒有飛彈可以和『義勇兵』相比，因為它的飛彈都是使用液態燃料，出擊前需要在洞開的發射台上灌注幾小時的燃料，經不起敵人的一擊。」換言之，若駐古巴蘇軍若真的用戰術性核子武器對付來襲美軍，將不會有任何美國總統會對動用核武還擊有所遲疑。不用動用到洲際彈道飛彈，古巴將立刻在美國核武報復下從地球上消失，這恐怕會讓全世界所有國家，包括東歐共產國家，都拒絕蘇聯在其本土駐軍。**蘇聯真的會做出這樣的決策嗎**？此外，若蘇聯用戰術核武對付美軍，美國「義勇兵」飛彈將立刻臨頭，但蘇聯當時並沒有足以還擊的核武。這應該是赫魯雪夫收手的最大原因。

作者另外還提出了一個判斷，就是當前的世界比起過去更危險。他認為「……我們所見證的是有些作者稱之為『第二核子時代』的到來。但我們的世界卻比冷戰時期的更加危險和不可預測，因為更多大國準備好用核武威脅敵手，而人們在冷戰頭幾十年養成的對核武的恐懼已經大幅麻木。我們忘記了過去的教訓。想要在當前的核子時代存活，我們必須重新學習這些教訓。」如果中國武力犯台，美國派軍隊來協防台灣，這就是二戰後第一次兩大核武國家直接對戰，而非過去的「代理戰爭」，蘇聯沒有直接派兵和美國交戰，至少也是穿著代理國家的軍服，或是假裝以「顧問」型態「提供協助」。**這會不會讓一方因為擔心升高為核子戰爭而降低介入的力道甚或退卻？古巴飛彈危機正提供我們絕好的實例**。因為蘇聯沒辦法立刻將古巴武裝到可以和美國打代理戰爭，只好自己直接上場，結果就是因為擔心發生核戰而偃旗息鼓。

目前看來，中國找不到可以代理它和美國作戰的朋友，如當年蘇聯和北越的關係。同時越戰是越南人自己要打的戰爭，嚴格說來不能算是代理戰爭（現在解密的文件也顯示朝鮮和北越的領導人並不是受到蘇聯的指使才發動戰爭，倒是他們都對蘇聯的態度有或多或少的不滿），所以它必須像當年的蘇聯一樣自己上場。而美國呢，恐怕也無法靠台灣打代理戰爭，因為台灣沒有長期和中國作戰的決心和能力，只能期待美國直接介入才能擊敗中國，因此最後就是美中對撞的局面，一如古巴飛彈危機。這就是筆者長年研究這場危機的擔憂——**誰會為了擔心發生核戰而退卻？這是攸關我們生死存亡的事**。作者指出「古巴冒險除損害了蘇古關係以外，還有損蘇聯國家和武裝部隊的地位和國際聲望。如果說黨和國家的國際聲望還有蘇古關係的惡化只是蘇聯非常高層的人所知道和關心的事，那麼軍隊的受辱卻是從古巴千里迢迢返國的數以千計蘇聯官兵所感受得到的。」顯然，退卻對挑起事端的一方是難以接受的失敗。換到未來可能的台海衝突，又能給我們怎樣的啟示呢？

以上的討論，構成了這本著作的非凡價值，我誠摯建議台灣讀者們能夠好好閱讀這本深具意義的書。

張國城　臺北醫學大學通識教育中心教授／副主任

▼導讀

匯聚恐懼情緒與眾多能動者的古巴危機

莊德仁

古巴危機發生於一九六二年十月，迄今已六十年了，雖未達百年之久，但儼然已是廣受注意的重要史學課題。古巴危機的相關研究之所以會受到高度的重視，筆者認為可分為外部與內部兩大層面來分析。古巴危機是冷戰時期美蘇兩大強權在政治、軍事與外交上的衝突與角力，外部層面是指非上述政治、軍事與外交三類因素的討論，又以社會大眾的反應討論最多，也就是關注當古巴危機發生後，美國社會如何看待與反應此事件。

美國在日本廣島與長崎丟下兩顆原子彈「暴力」的結束第二次世界大戰，原子彈的強大威力讓世人警覺人類科技已悄悄打開走向世界末日的地獄之門，戰後隨著美、俄兩強對立加劇，雙方在國內與內部陣營持續地妖魔化對方的形象，一九五〇年代初期美國社會瀰漫的麥卡錫主義正是這種恐共氣氛下，發生在內部強烈猜忌下的悲劇。加上蘇俄不僅也發明原子武器，更在一九五七年領先美國試射人造衛星成功，此舉讓美國陷入恐懼共產威脅的陰影中，尤其若載送人造衛星的長程火箭換成核子彈頭，美國民眾將因意識形態對立而成為核子武器威脅的主要對象。故當美國U2偵察機發現古巴境內興建飛彈設施而爆發古巴危機時，美國領土遭受前所未有的直接威脅，美國民眾對此將作何反應？

艾麗絲・喬治（Alice L. George）於二〇〇三年出版的《末日降臨：美國如何面對古巴飛彈危機》（書名暫譯；*Awaiting Armageddon:How Americans Faced the Cuban Missile Crisis*）一書正是從此角度立論的著名作品。Alice L. George是一位文筆流暢和孜孜不倦的研究者，她搜集政府檔案和報告、私人文件、報紙、雜誌以及二手文獻，為讀者提供當時美國社會的內部發展實況。例如在本書的第六章，作者開門見山地指出生活在一九六〇年代年輕人的世界：「在一九六〇年代初，防核避難所、空襲警報和蘑菇雲對年輕美國人來說，與他們引以為傲的45轉唱片和便攜式收音機一樣，是日常生活的一部分。嬰兒潮一代在學會綁鞋帶的同時，了解原子彈的威力，進入一個比他們的父母童年時代提供更多機會和更嚴重威脅的世界。雖然上一代人經歷了大蕭條和世界大戰，但他們並沒有面臨在家中發生戰爭的可能性，也沒有面臨人類滅絕的可能性」（第138頁）。她更從年輕人的流行文化描述古巴危機隱含的核威脅是如何深刻地震懾年輕人心靈：「一九六二年首次亮相的《綠巨人浩克》（The Hulk）和《蜘蛛人》（Spider-Man）通過卡通畫家斯坦・李的視角展示了核能的詭異和神祕力量。《綠巨人浩克》講述了一位科學家大衛・班納，他暴露於輻射後有時會變成超強大的浩克。而《蜘蛛人》則是一個在被經過高劑量輻射的蜘蛛咬後開發出超能力的學生」（第141頁）。故當美國媒體大肆報導美國正遭受核武攻擊威脅時，許多年輕人出現近乎歇斯底理的哭喊：「我不想那麼早死！」，在當時曾造成嚴重的社會騷動。

各位讀者現在手上閱讀的本書《為什麼世界沒有在1962年毀滅？重回古巴飛彈危機現場》，作者謝爾希・浦洛基（SerhiiPlokhy）目前為哈佛大學烏克蘭研究中心主任。學術專業為烏克蘭史、東歐史、冷戰史等。他於二〇二二年出版此書除了反思六十年前的古巴危機外，其烏克蘭裔的身分，令人不禁會從俄烏戰爭所引發的核子武器對抗的現實恐懼來思考他的創作動機，由此更可證明從閱讀古巴危機所引發核子武器對人類社會造成的威脅與恐懼情緒此外部層面，一直是學術界關注古巴危機的核心關懷之一。

古巴危機除匯聚世人恐懼情緒的關注外，事件的內部發展，本身就是則值得探究的有趣課題，而「事件為何會和平收場？」可謂是此內部層面的核心問題，此核心問題更具體的提問是：「計畫在古巴安裝飛彈的蘇聯，為何最後會選擇退卻讓步？」學術界之所以會關注事件終會和平收場的原因，一方面反映古巴危機在當時造成恐會引發世界大戰與世界末日的擔憂外，另一方面，則是反應當時媒體似乎認為是「蘇俄退卻而美國獲勝」如此不對等地評價美、俄雙方的表現。正如台灣高中歷史教師熟知的美國史丹佛教授（Sam Wineburg）主編的《像史家一般閱讀：在課堂裡教歷史閱讀素養》（*Reading Like a Historian: Teaching Literacy in Middle and High School History Classrooms*）一書第八章曾引導高中學生探究古巴危機，其標題To Blink or Not to Blink（眨眼或不眨眼），即是出自當時美國國務卿魯斯克（Dean Rush）解釋當美國軍方封鎖加勒比海時，魯斯克聽說載送飛彈相關裝置的蘇聯貨船掉頭離開古巴後，低聲對當時國家安全顧問邦迪（McGeorge Bundy）說：「我們眼球對眼球，而對方先眨了眼。」魯斯克之所以會用眨眼來生動譬喻蘇聯的退卻舉動，是因他小時候在喬治亞州常玩這種遊戲：兩個男孩相距兩英尺站著，互相盯著對方的眼睛，誰先眨眼，誰就輸了的遊戲。上述歷史探究教材即提供美、俄雙方在檯面下相互撤除飛彈設施之利益交換的史料，以試圖翻轉世人普遍認為蘇聯退卻而美國獲勝的成見，此正也反映「事件為何會和平收場？」是討論古巴危機不可忽略的有趣課題。

學術界討論「事件為何會和平收場？」常是認為古巴危機充滿引發美、俄雙方衝突危險的角度來立論的。西奧多・沃爾希斯（Theodore Voorhees）於二〇二〇年出版的《兩個十月的無聲之槍：甘迺迪與赫魯雪夫的雙人遊戲》（書名暫譯：*The Silent Guns of Two Octobers: Kennedy and Khrushchev Play the Double Game*）一書試圖翻轉此觀點，認為事件引發戰爭的可能性相當低，因為事件的主角們都在危機期間非常努力地避免危險衝突的發生。西奧多・沃爾希斯從一九五八年至一九六一年爆發的第二次柏林危機論述到古巴危機，認為這兩個事件美俄高層都是在唱雙簧，無意將衝突擴大。本書作者謝爾希・浦洛基也支持柏林危機與古巴危機在當時兩者有著高度相關的共振效應，認為美俄雙方高層無意擴大衝突的觀點也是本書在書籍的卷頭摘錄美國總統甘迺迪於一九六一年九月和蘇聯總書記赫魯雪夫於一九六二年十二月發表對古巴危機意見時的理性態度一樣，但本書作者謝爾希・浦洛基卻在此架構下努力地鋪陳古巴危機發生時，即使雙方政治領袖願意理性處理衝突，但因與事件相關的利害關係人眾多，遠非雙方政治領袖所能掌控，故引發戰爭衝突的機率卻仍是非常高，事件之所以會和平收場可說是種幸運。

支持本書作者觀點的學術著作累積非常多，本書可謂參考綜合這類著作下的創作。麥可・道布斯（Michael Dobbs）於二〇〇八年出版的《午夜前一分鐘：核戰邊緣的甘迺迪、赫魯雪夫和卡斯楚》（書名暫譯：*One Minute to Midnight: Kennedy, Khrushchev, and Castro on the Brink of Nuclear War*）一書中指出，他認為古巴危機的爆發是人類距離末日時鐘的午夜只有一分鐘距離的危險時刻。麥可・道布斯主要爬梳來自美國、蘇聯和古巴的資料，他曾訪問一百多位參與古巴危機的老兵，並使用美國官方檔案資料，包括珍貴原始情報材料，藉由引人入勝的方式呈現事件造成的生存危險。

麥可・道布斯在書中跳脫從美、俄兩大強權領袖的影響力來討論古巴危機，他從容易被忽視的「意外角色」書寫他們對事件發展的重要性。如：當美、俄高層努力將衝突危險降到最低時，一位不幸的美國空軍飛行員在極光的干擾下無法進行天文導航，導致他在導彈危機達到高潮時飛入蘇聯領空，而慘遭擊落，這個意外遂引發美俄對立雙方新一波的猜忌與衝突發生。

麥可・道布斯希望向讀者論證，理解危機和核戰爭的風險不可以僅限於只了解領導者的思想和決策而已，因為促成事件發展的能動者（agent）實在是太多了。能動者是指能引發能動性的人、事、物，而能動性不是指人們可以擁有的東西；它是人們做的事情，或者更準確地說，是他們實現的事物。古巴危機發生當下因通訊設備尚未發達，加上雙方意識形態對立，對峙的雙方由上至下對彼此的言談、思想或行為了解甚淺，任何角色的意外舉動都有可能將對立激發成戰爭。

馬汀・宣偉（Martin Sherwin）於二〇二〇年出版的《末日博弈：從廣島到古巴導彈危機的核子輪盤》（書名暫譯：*Gambling with Armageddon: Nuclear Roulette from Hiroshima to the Cuban Missile Crisis*）一書是另一本支持古巴危機是人類朝向世界末日的賭博冒險行為之名著。馬汀・宣偉引用美國資深外交官迪恩・艾奇遜（Dean Acheson）的話，認為這場危機之能夠和平解決主要是「純粹的運氣」，他指出不僅美、俄雙方陣營充斥試圖憑藉武力以消滅對方的鷹派人士外，事件發生地古巴的政治領袖更是積極盼望衝突能升高，多次表露不願和平收場的意志。

本書作者謝爾希・浦洛基因為有烏克蘭裔的背景，他運用更多蘇聯官方的資料與事件相關人士的回憶錄，甚至是蘇聯國家安全委員會（KGB）的原始情報檔案，試圖說服讀者相信古巴危機並非是一場理性外交行動，而是由美、俄雙方一系列錯誤所引起的衝突。雖然雙方政治領袖努力冷卻事件的發展，但事件相關的能動者常是引導事件發展不可忽視的力量。如美國中情局一直認為當時蘇聯已在古巴部署四千名軍官和導彈技術人員這個錯估的想法，當時美國國防部長麥納馬拉（Robert McNamara）要到一九九二年在紀念古巴危機三十週年的一次會議上，才知道蘇聯早在美國封鎖前已將部分核子武器送達古巴，在一九六二年夏季和秋季在加勒比島上已部署了四萬三千名士兵。若美國不採封鎖政策而強力入侵古巴，駐守在古巴的蘇聯軍力將會頑強地對抗侵略導致衝突升高，甚至引發核子衝突的發生。另外，當美、俄高層決定和平收場，裝載核子武器掉頭回航的俄國B-59潛艇遭遇美國驅逐艦的騷擾，俄軍薩維茨基上尉認為自己正受到執行對古巴封鎖的攻擊，於是下令準備發射一枚裝有核彈頭的魚雷。但這將引發世界末日的舉動，卻在意外中神奇地和平落幕。對此有興趣的讀者，可以在謝爾希・浦洛基的生花妙筆中，理解這個意外歷程，更可體認古巴危機是場匯聚恐懼情緒與眾多能動者的衝突事件。

最後筆者想從兩點推薦本書。美籍史學家裴宜理（Elizabeth J. Perry）曾言「最好的歷史學：就是能幫助我們理解當下」，她認為史學不單僅是記錄過去的學問，它是以過去事件為題材進而滿足世人現實問題與好奇的論述。本書的出版除討論一九六二年爆發的古巴危機外，更是當前俄烏衝突加溫，引發世人對核武戰爭爆發擔憂下的產物，本書的出版除陳述六十年前人類曾經瀕臨核武浩劫門前外，更盼望政治領袖能學習過往努力理性解決衝突危機的智慧。故歷史意識並非專注於過去，而是靈活地流動在過去、現在與未來三個不同時間維度中，而本書可謂是展現高度歷史意識的優質史學作品。再者，歷史書寫常論述歷史事件的因果關係，其所採用事後諸葛的視角，容易讓讀者認為歷史人物的行動與事件的發展往往是在多方理性分析下的結果，這樣的觀點容易輕忽事件的複雜程度往往超乎當事人所能承受與歷史事件當事人除依憑理性思考外也會帶著情緒做判斷的現象，本書努力呈現古巴危機的解除就是在複雜系統裡一連串情緒與錯誤判斷下，卻終能和平落幕的重要事件，這考驗著史家藉由神入概念論述脈絡化歷史發展的功力與陳述多元力量競逐的文學表現技巧，對想要滿足深刻理解複雜事件發展下歷史人物的心理、情緒反應與賞析事件多元變化下趣味的讀者而言，本書正是極佳的選擇。

莊德仁　臺北市建國中學歷史教師、臺灣師範大學歷史所博士

▼目次▲

▶古巴的蘇聯軍隊

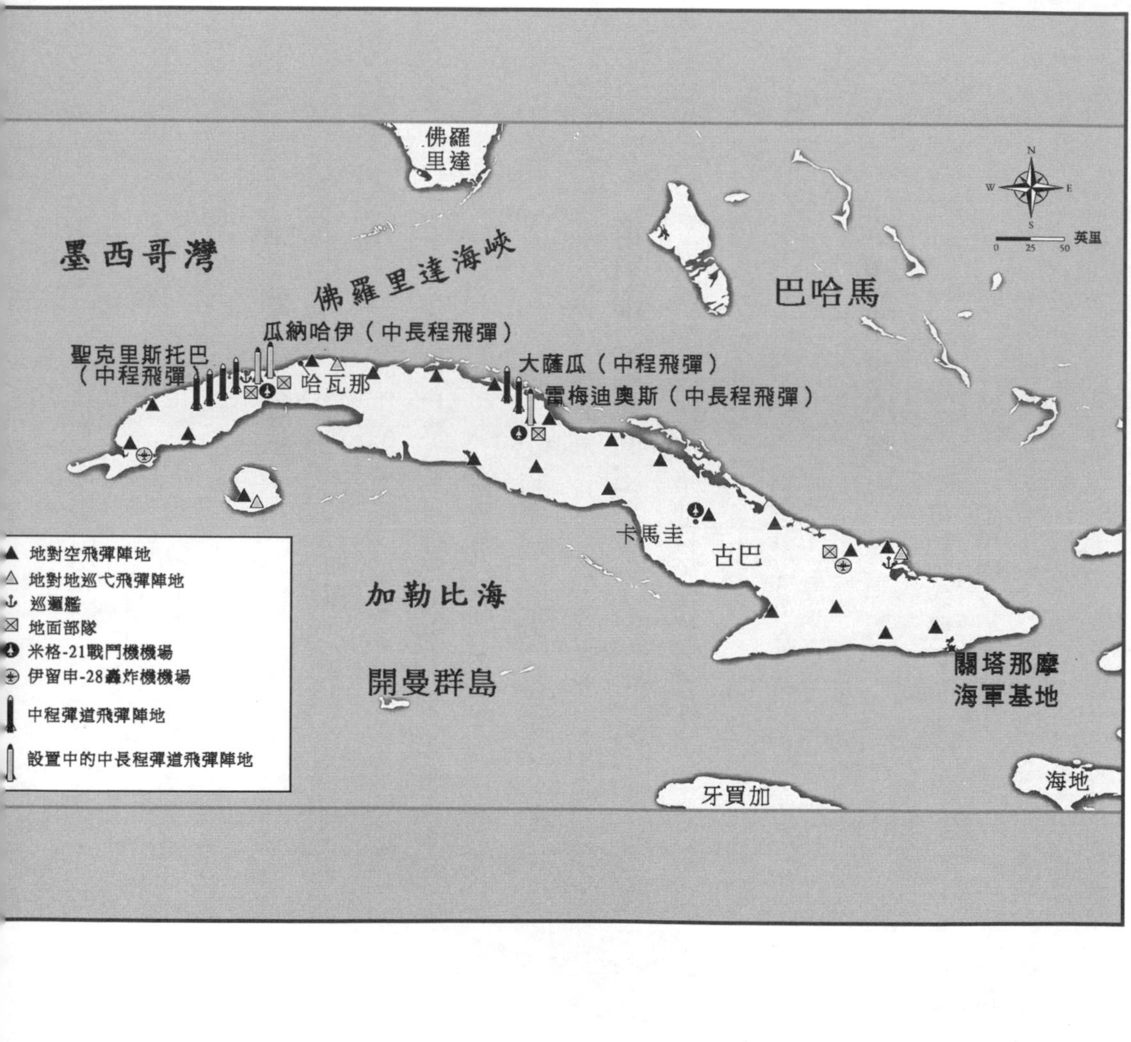
佛羅
里達
墨西哥灣
佛羅里達海峽
巴哈馬
英里
0 25 50
N
W
E
S
瓜納哈伊（中長程飛彈）
聖克里斯托巴
（中程飛彈）
哈瓦那
大薩瓜（中程飛彈）
雷梅迪奧斯（中長程飛彈）
卡馬圭
古巴
加勒比海
開曼群島
關塔那摩
海軍基地
牙買加
海地
▲ 地對空飛彈陣地
△ 地對地巡弋飛彈陣地
巡邏艦
⊠ 地面部隊
米格-21戰鬥機機場
伊留申-28轟炸機機場
中程彈道飛彈陣地
設置中的中長程彈道飛彈陣地

▶ 海上古巴危機

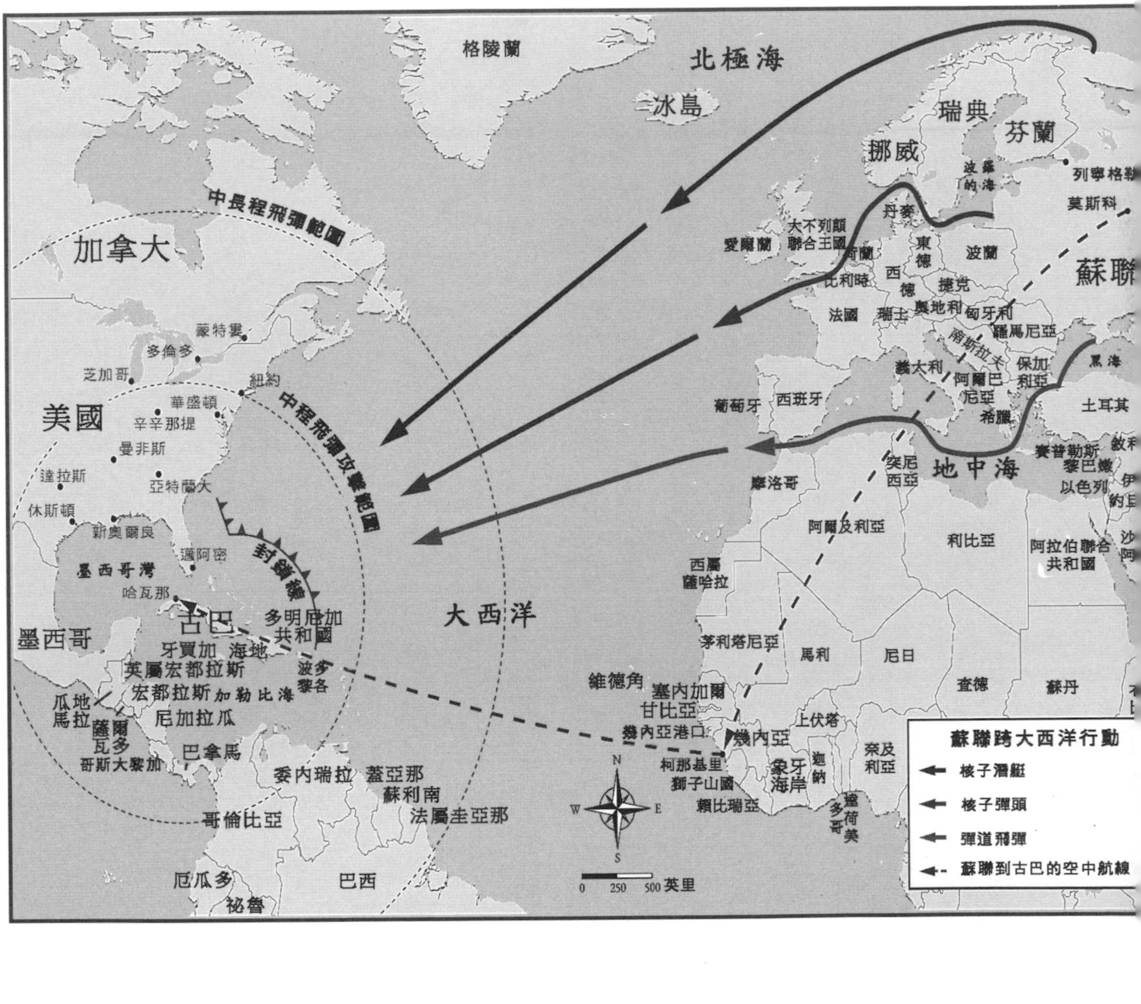
格陵蘭
北極海
冰島
瑞典
芬蘭
挪威
波羅的海
列寧格勒
莫斯科
丹麥
大不列顛聯合王國
愛爾蘭
荷蘭
東德
波蘭
蘇聯
比利時
西德
捷克
法國
瑞士
奧地利
匈牙利
羅馬尼亞
南斯拉夫
保加利亞
黑海
義大利
阿爾巴尼亞
葡萄牙
西班牙
希臘
土耳其
地中海
突尼西亞
賽普勒斯
敘利亞
黎巴嫩
以色列
摩洛哥
阿爾及利亞
利比亞
阿拉伯聯合共和國
西屬薩哈拉
茅利塔尼亞
馬利
尼日
查德
蘇丹
維德角
塞內加爾
甘比亞
幾內亞港口
幾內亞
上伏塔
奈及利亞
柯那基里
獅子山國
賴比瑞亞
象牙海岸
迦納
達荷美
多哥
中長程飛彈範圍
加拿大
蒙特婁
多倫多
芝加哥
紐約
美國
華盛頓
辛辛那提
曼非斯
中程飛彈攻擊範圍
達拉斯
亞特蘭大
休斯頓
新奧爾良
邁阿密
封鎖線
墨西哥灣
哈瓦那
古巴
多明尼加共和國
大西洋
墨西哥
牙買加
海地
英屬宏都拉斯
波多黎各
宏都拉斯
加勒比海
瓜地馬拉
薩爾瓦多
尼加拉瓜
哥斯大黎加
巴拿馬
委內瑞拉
蓋亞那
蘇利南
法屬圭亞那
哥倫比亞
厄瓜多
秘魯
巴西
N
W
E
S
0
250
500 英里
蘇聯跨大西洋行動
核子潛艇
核子彈頭
彈道飛彈
蘇聯到古巴的空中航線

獻給那些有勇氣退一步的人

今天，地球上每個居民都必須認識到，有一天，這個星球可能不再適合住人。每個男人、婦女和兒童都生活在一把核武的懸頂之劍*劍下，這把劍由纖細的絲線掛在空中，絲線能夠因為任何意外、誤判或瘋狂的行為而斷掉。所以我們必須在核子武器毀滅我們之前銷毀它們。

——甘迺迪，一九六一年九月[1]

我當然害怕，瘋子才會不怕。我害怕看見我的國家和所有國家如果被一場核子戰爭摧毀，境況將會是如何。如果說害怕有助我扭轉這種瘋狂，我會為我的害怕高興。世界今日的問題之一是沒有夠多的人害怕核子戰爭的危險。

——赫魯雪夫，一九六二年十二月[2]

*編注：懸頂之劍（sword of Damocles）又翻譯為達摩克里斯之劍，典故出自西元前四世紀，敘拉古統治者狄奧尼修斯二世，與朝臣達摩克里斯交換一天身分。在晚宴結束時，坐在王座上的達摩克里斯才發現頭上懸掛著一把利劍。後來以此寓意時時刻刻存在的危險。

序

「彈道飛彈飛向夏威夷途中。立即尋找掩蔽。這不是演習。」數以萬計的夏威夷居民在二〇一八年一月十三日早上收到這樣的簡訊。二十一歲的大二學生、夏威夷大學馬諾阿分校的美式足球選手克雷門茲回憶說：「我的第一個本能反應是跳下床，搞懂發生了什麼事。」克雷門茲找到的臨時避難所，一間地下室教室，很快就擠滿了人。有些人在尖叫，要求把門關上。「有整整十分鐘，一切都亂了套。每個人都設法要一起活下去。」克雷門茲回憶說：「那是一場冷靜的混亂。」

那則簡訊原來是誤報。當局後來說，事情的起因是有人「按錯了按鈕」。事實上，實際情形要較為複雜一點。犯錯的官員在緊急事務管理處已經工作十年，經驗豐富，而且他必須按兩個按鈕而不是一個，才能啟動引起整個州恐慌的警報。這一則讓克雷門茲、他的同學和許多找尋不存在掩蔽處的夏威夷居民，最終走進大樓地下室的飛彈警報，並不完全是事出無因。夏威夷當局從二〇一七年十二月起便開始測試他們的警報系統。這還是三十年來第一次，上一次的測試是在一九八七年進行。[1]

在二〇一七年，北韓的三十四歲神祕領導人金正恩漠視美國和國際社群的抗議，選擇在七月四日美國獨立日發射了一枚可抵達阿拉斯加的洲際彈道飛彈。同年稍後，他宣布北韓擁有全面性的核子力量，飛彈可以打擊世界上任何地方。二〇一七年十月北韓媒體宣布該國進行了氫彈實驗後，川普總統威脅要

「完全摧毀北韓」，宣稱「火箭人（金正恩）是在為自己和他的政權搞了一趟自殺任務。」金正恩反脣相譏，稱川普為「精神錯亂的老瘋子」。二〇一八年五月，川普總統退出了讓伊朗停止發展核武的多邊協議。二〇二〇年一月，伊朗宣布它一樣退出協議，讓世人擔心它會快速發展核能力。[2]

隨著美國遭遇自冷戰結束以來最嚴重的核子危機，歷史一下子變得就在眼前。還是二〇一七年八月的時候，兩個大有影響力的評論家波頓和潘內達，前者是共和黨人，也是川普總統的未來國安顧問，另一個是民主黨人，也是柯林頓時代的白宮幕僚長、歐巴馬時代的中情局局長和國防部長，他們共同主張，美國和北韓的核子對峙是自古巴飛彈危機以來最嚴重的核子危機。二〇一九年二月，普丁亂上添亂，宣布他已經準備好製造一場新的古巴飛彈危機，威脅要在航行於美國外海的俄國船艦和潛艇裝設超音速飛彈。他在二〇二〇年二月重申此說。一個月前，當美國暗殺了伊朗的祕密戰爭策畫人蘇雷曼尼而德黑蘭又宣布完全退出核子協議時，美國媒體把川普總統的核子賭局和甘迺迪總統在古巴飛彈危機的行動相提並論。[3]

古巴飛彈危機的比喻將不會太快從世界政治局勢和媒體消失。核子武器重返國際政治的中央舞台無可避免會把對古巴飛彈危機的回憶帶回來。我們能否阻止新的核武攤牌？或至少能透過重新檢視這段危機的歷史來解決它，而不是透過核武戰爭。在本書中，我認為有很多事情是可以向製造並解決古巴飛彈危機的那些人學習。還有一個額外的原因值得我們重溫那段歷史。一九五〇年代和一九六〇年代初的一大特徵是採行核戰邊緣政策*，而隨著世界慢慢倒退到這種政策，我們有必要教育新的一代，讓他們知道那個時期的戲劇性事件，好因應今日世界的不確定性。

*核戰邊緣政策係冷戰時期的戰略術語，用瀕臨戰爭邊緣的威嚇來彼此制衡的策略。

有關古巴飛彈危機的文獻真可說是汗牛充棟，但正如我在下面會展示的那樣，不管是有關這危機的報導或是把它理解為國際事件而不只是美國事件上，都存在著重大闕漏。對這段歷史的深入研究始自一九六〇年代，發端的是羅伯特·甘迺迪*的《十三天：古巴飛彈危機回憶錄》。這書至今仍然非常暢銷。不過，「執委會」※開會過程的錄音解密（錄音由甘迺迪總統暗中下令進行，也明顯在他弟弟寫《十三天》時發揮作用）挑戰了很多有關決策過程的既成說法。後來的研究顯示，羅伯特在《十三天》中有對他的死對頭（包括國務卿魯斯克和副總統約翰遜）所扮演的角色的記述常常存著私心且有些不精確。[4]

自從羅伯特的書在一九七一年出版以來，歷史學家、政治學家和記者對古巴危機的研究取得了重大進展。哈佛歷史學家艾利森筆下關於古巴危機中決策過程的經典之作（後來澤利考加入了執筆）成為了世界各地一代代唸國際關係研究學生的必讀之作。美國歷史學家納夫塔利和他的俄國同事弗森科在一九九〇年代的研究大大擴展了我們對莫斯科決策過程的了解。道布斯所做的優秀新聞調查呈現了危機中底層人物的視角；畢竟這場危機涉及交戰三國數萬甚至數十萬人。而長期欠缺的古巴面向，也隨著古巴歷史學家著作在近幾十年的出版，和最終被譯成英文之後，情形已有所改變。[5]

但不管歷來有多少關於古巴飛彈危機的學術和通俗研究出版，宰制的敘事卻始終如一：甘迺迪拒絕妥協，而透過和一群最親密顧問的會商，他成功地對蘇聯的意圖和能力做出了正確的假設並得出正確的結論，因此解決了危機。我將會挑戰這種敘事，方法是踏上一條罕有人走過的途徑去重構和理解古巴飛彈危機。我不會去指認有哪些時刻是危機中的關鍵人物和普通參與者做對了事，或分析他們是怎樣獲得那些「正確」的決定。相反的，我把焦點放在他們判斷錯誤的無數情況。

甘迺迪深知誤解對手有可能會引發戰爭，所以他對芭芭拉．塔克曼的普立茲獎得獎之作《八月砲火》特別印象深刻。此書出版於一九六二年春天，主張第一次世界大戰的爆發純屬「意外」。甘迺迪不但買書送給親密盟友，還寄給駐世界各地的美軍司令官。但在我看來，古巴飛彈危機的故事更適合用芭芭拉的另一本得獎之作的書名來形容：《愚政進行曲》¥。就像我在本書揭示的那樣，甘迺迪和赫魯雪夫兩人都犯錯連連。這些錯誤的原因不一而足，有些是出於意識形態和政治偏見，有些是出於對對手地緣政治目標的誤判，還有是出於缺乏正確情報造成的差勁判斷，以及文化誤解。[6]

甘迺迪覺得赫魯雪夫的動機難以了解，又對雙方可能會因為柏林發生一場核子危機感到憂心忡忡。在提議攻擊蘇聯在古巴的飛彈時，他既不知道島上部署了多少蘇聯部隊，也不知道他們擁有核子打擊力量。沒料到甘迺迪態度會如此堅決的赫魯雪夫起初是恐慌，然後又無法傳達他想要儘快解決這個危機的渴望。他失去了主動權，最終在駐古巴蘇軍的控制權上也給了卡斯楚可趁之機，後者熱切要與美國人一戰。[7]

---

* 譯注：羅伯特．甘迺迪是約翰．甘迺迪總統之胞弟，當時的司法部長。

※ 作者注：古巴飛彈危機期間召集的「國家安全會議執行委員會」的簡稱。

¥ 譯注：本書《為什麼世界沒有在 1962 年毀滅》原書名為 Nuclear Folly，與《愚政進行曲》原書名 The March of Fully 相呼應。

當我細讀各種資料（包括最近公開的「格別烏」*檔案），搜集甘迺迪、赫魯雪夫和他們的顧問及下屬所犯的各種錯誤時，我不能不想到一個疑問：是什麼原因阻止了核子戰爭的爆發？有很多事情——我們也許可以說是有太多事情——是端賴兩位領袖的決定，而他們的背景、政治軌跡、意識形態觀點和管理風格都大異其趣。但就像我在本書中大力主張的那樣，他們有著一個具決定性的共通之處：害怕核子戰爭。古巴飛彈危機沒有演變為核子交鋒，是因為甘迺迪和赫魯雪夫都害怕核子武器，對使用核子武器的想法心懷恐懼。

本來想要攻擊古巴島上蘇聯飛彈的甘迺迪在得知飛彈隨時可以發射之後改為採取封鎖策略。起初想要用核子飛彈阻止美國攻擊古巴的赫魯雪夫在得知美國進行封鎖以後，下令他的船隻掉頭，又在攜帶核武的美國戰略轟炸機進入高度戒備之後下令撤走古巴的蘇聯飛彈。當兩位領袖理解到他們對地面和對空中都失去控制，即蘇軍在沒有莫斯科的授權下擊落一架飛越古巴的美國U-2偵察機之後，他們急急忙忙就部署在土耳其的美國飛彈達成協議。稍後，赫魯雪夫進一步把未被美國偵察到的核子武器從古巴移走，避免引起另一場危機和引發戰爭。

甘迺迪和赫魯雪夫，還有他們同一代的各國領袖和國民都是在廣島和長崎的原爆陰影下長大，也是在氫彈試爆顯示的巨大破壞力的陰影下長大（美國一九五四年在「喝彩城堡」試驗中試爆第一枚氫彈，蘇聯在一九六一年試爆「沙皇炸彈」氫彈）。那一代人都極為警覺原子彈（又特別是氫彈）對他們國家和全人類的破壞力。本書中所描述的兩位領袖的每一步棋都是由他們對使用核子武器的害怕所規定。毫無疑問的是，今日有些世界領袖對於核子武器和核子戰爭的態度要比一九六二年時候的甘迺迪和赫魯雪夫更不當一回事。

不為大部分世人所知，世界在二〇一九年八月二日進入了一個危險的新階段。在那一天，世界上兩大核子強國——合計有三萬核彈頭的美國和蘇聯——宣布退出由雷根和戈巴契夫在一九八七年簽署的《中長程核子武器條約》。在那天之前，該條約是最後一份仍然被遵守的冷戰時期武器控制協議。我們現在正式踏入了一場沒有控制的核子武器競賽之中。這可能會帶來什麼後果清楚見於八月八日（也就是《中長程核子武器條約》廢除不到一星期後）：一枚核動力巡弋飛彈「天降」的反應器在巴倫支海爆炸，導致五名俄羅斯科學家和一些海軍軍官喪生，汙染了阿爾漢格爾斯克地區的大氣和水域。就像普丁總統一年前在一部短片中所宣示的，「天降」的終極目標是美國。[8]

我們所見證的是有些作者稱之為「第二核子時代」的到來。但我們的世界卻比冷戰時期的更加危險和不可預測，因為更多大國準備好用核武威脅敵手，而人們在冷戰頭幾十年養成的對核武的恐懼已經大幅麻木。我們忘記了過去的教訓。想要在當前的核子時代存活，我們必須重新學習這些教訓。[9]

※ 譯注：蘇聯情報局簡稱。

序幕

麥納馬拉不敢相信他剛剛聽說的事。根據現場一名目擊者所述，麥納馬拉因為過於震驚，必須「扶著桌子以穩住身體」。當時是一九九二年一月九日，地點是哈瓦那的一個學術會議，會議主題是哈瓦那的歷史。因為前後擔任過甘迺迪和約翰遜的國防部長，七十五歲的麥納馬拉曾是哈瓦那歷史的關鍵參與者。

在座的除了卡斯楚，還有來自美國、古巴和新解體的蘇聯的其他著名人士。講台上站著的是格里布科夫將軍，他曾是華沙公約部隊的司令，更之前是蘇聯在古巴部署飛彈的主要策劃者之一。讓麥納馬拉震驚不已的是格里布科夫的一個事實性陳述：蘇聯在一九六二年的夏天和秋天在古巴共部署了四萬三千人。不過，當日麥納馬拉和他手下的軍事專家都曾有十足把握地認定，島上的蘇聯部隊不會多於一萬人。他們要不要攻擊蘇聯設施和入侵古巴的決定正是以這個數字為基礎。

但這還只是第一個驚嚇。格里布科夫除了平靜地指出蘇聯在古巴部署了大量部隊、防空武器、轟炸機和可以攻擊美國本土的核子飛彈以外，又指出蘇聯還部署了戰術核子武器，而美國人對此一無所知。一共是六枚「月神」飛彈和核子彈頭，還有三個飛彈發射台。這些短程飛彈到不了佛羅里達州，卻可以用來對付入侵的美軍，造成慘重傷亡。每個核子彈頭都有六千噸到一萬二千噸爆炸當量*的威力，只略遜於一九四五年八月投在廣島的原子彈的一萬五千噸威力。更加恐怖的是，麥納馬拉得知，在危機的某個階段，是否使用「月神」飛彈是當時在古巴的蘇聯司令官可以決定的。[1]

麥納馬拉在幾日後表示：「我們本來並不相信古巴有核子彈頭。沒有證據顯示有核子彈頭存在。」另一個會議參加者小史萊辛格（曾任甘迺迪總統特別助理）同樣是嚇了一跳。他回憶說，格里布科夫的披露讓美國人魂飛魄散。他回憶自己得知此事的反應：「不可思議。我早前一直相信，我們高估了危機的危險性，也就是說相信赫魯雪夫因為充分知道美國的整體核子優勢和美國在加勒比海的常規武器優勢，絕不敢冒著和美國一戰的風險。但現在我們卻被告知，蘇聯已準備好對入侵的軍隊發射戰術核子飛彈。」[2]

幾小時前，麥納馬拉在會議上表示，古巴飛彈危機的三個主角※一直「受到資訊失誤、估算失誤和觀感失誤的扭曲。」但即使是他，本來也沒有意識到這些誤解和誤判的程度有多嚴重。他告訴一個記者：「事情很恐怖。那表示如果美國發動入侵，又如果飛彈沒有撤走，那核子戰爭就有九成九的機率會爆發。」他從來沒有解釋，雖然有那麼多估算失誤，世界是怎樣安然度過歷史上最嚴重的核子危機。[3]

＊ 編注：爆炸當量又稱TNT當量，指爆炸威力相當於多少質量單位的三硝基甲苯（常見炸藥，過去被誤稱為黃色炸藥）。

※ 指美國、蘇聯和古巴。

第I部
死對頭

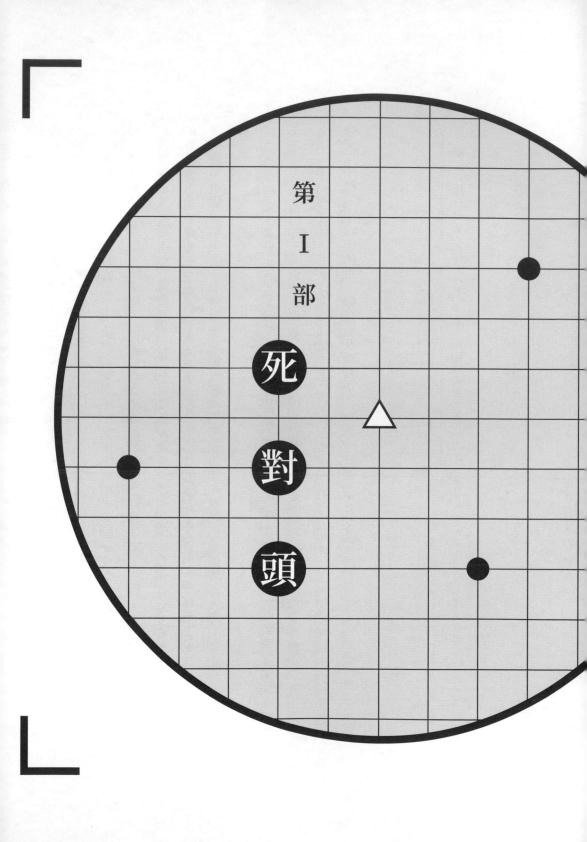

第1章　新手

一九六一年一月二十日，寒冷的華府舉行總統就職典禮，甘迺迪在典禮上風度翩翩。雖然被腰痛所苦，但他高大英挺，穿一襲燕尾服（他四周的人都是穿冬天長大衣），顯得年輕、精力充沛、樂觀且意志堅定。他才四十三歲，是美國歷來最年輕的總統，無論外表或談話都讓人堅信他將會把國家和世界帶往一個新方向。[1]

美國的領導權從一代傳給了另一代，而這種傳承清楚顯示在灰髮、漸禿和穿著暖活的前總統艾森豪陪著他的年輕繼任人乘車抵達典禮現場，又在甘迺迪宣誓就職後和新總統握手。艾森豪是戰爭英雄，也是美國史上最成功的總統之一，當時已經七十歲。但他不是典禮上年紀最大的賓客。為了歡迎新總統和傳遞道德治理的火炬，八十六歲的大詩人佛洛斯特也參加了典禮。他是應甘迺迪之邀出席，接受邀請時這樣說：「如果您敢在您這個年齡擔當美國總統，我就應該敢在我的年齡為您的就職典禮出一分力。」[2]

佛洛斯特明白甘迺迪面對的挑戰，但認為他的年輕是一種資產，預期他將會像第一任羅馬皇帝奧古斯都那樣，為自己的國家開創一個璀璨的時代：一個和平寧靜的時代，一個權力與文化結盟的時代。佛洛斯特專為就職典禮寫了一首詩，但沒有在典禮上朗誦出來，因為他的眼睛被華府前夜降雪的反光所傷。詩中寫道：「光芒四射的下一個奧古斯都時代／一個憑實力與尊嚴領導的強權／積極渴望接受考驗／堅定地信仰我們的自由理念／這個民族願按規則進行任何較量。」[3]

如果說佛洛斯特願景大膽但視力欠佳的話，那年輕得多的甘迺迪則是兩者皆備。他的總統就職演講成為了美國政治史上最讓人熟悉的文本之一，後來還入選為全國小學的課文。甘迺迪總統圖書館暨紀念館的網站認為，演講中最讓人難忘的句子是「不要問國家能為你們做些什麼，應該問你們能為國家做些什麼」，以及「去啟迪小孩和大人明白公民行動和公共服務的重要性」。確實如此。不過，甘迺迪關注的核心不是在國內從事的公共服務，而是為追求佛洛斯特所說的「奧古斯都時代」而在海外做出的犧牲：「我們將付出任何代價，忍受任何重負，應付任何艱辛，支持任何朋友，反對任何敵人，以確保自由的存在與實現。」他的演說主要是關於國際政治。一九六〇年代的重大社會動盪還沒有來到，當前的關注是「史普尼克」*引起的恐慌和共產黨在亞洲、非洲和乃至拉丁美洲的推進。[4]

甘迺迪提醒國人同胞，世界是有可能發生他所謂的「人類的最後一場戰爭」。他想到的是核子武器競賽及其後果。演說的一個關鍵部分是說給蘇聯領袖赫魯雪夫聽，哪怕他的名字和他國家的名字都未被提及。甘迺迪把蘇聯稱為「那些與我們為敵的國家」，呼籲這個他未提過名字的敵手「重新著手尋求和平，不要等到科學所釋出的危險破壞力量在有意或無意中使全人類淪於自我毀滅才悔悟。」他從哈佛大學經濟學家加爾布雷斯借來一句話（就職演講得到加氏的指導）：「讓我們永不因畏懼而談判，但讓我們永不畏懼談判。」

甘迺迪承諾要讓一個新美國在一個新世界中興起。它將會是奠基於自由，是透過美國公民的奉獻和犧牲所造就。他向拉丁美洲國家承諾（他稱這些國家為「姊妹共和國」），他將會「把好聽的話落實」，組成一個「爭取進步的新聯盟」，以對付貧窮。他繼續說：「但這種為實現願望而進行的和平革命不應成為不懷好意強權的俎上肉。讓我們所有的鄰邦都知道，我們將與他們聯合抵禦對美洲任何地區的侵略或顛覆。讓任何其他強權都知道，西半球的事西半球自己會管好。」[5]

奧古斯都在公元初期開創的「羅馬治世」（Pax Romana）※將會被甘迺迪的「美國治世」（Pax Americana）模仿。但這種願景是可達到的嗎？它是一個年輕稚嫩的總統可以落實的嗎？佛洛斯特相信可以。他的這個願景，還有甘迺迪的才智與決心，仍然有待考驗。這個考驗來得比任何人所預料的都快，也比任何人所能預測的更接近美國海岸。這個考驗的名字是古巴。

—

在二十世紀，古巴象徵美國沒能貫徹自己反帝國主義的高標準，同時也象徵世界各地反殖民革命所引發的期望。在擺脫殖民統治一事上，前西班牙殖民地古巴在地區內吊車尾。其鄰國海地在一八〇四年便擺脫了法國的統治，墨西哥在一八二一年宣布從西班牙獨立。同一年，玻利瓦爾在和西班牙人進行了一場血腥戰爭後，為委內瑞拉贏得了獨立。然而古巴在整個十九世紀上半葉都是效忠馬德里。古巴人第一次反抗西班牙統治者是在一八六八年，但革命經過十年掙扎後被敉平。他們在一八七九年再舉義旗，然後在一八九五年又再舉一次。這一次他們有了一個強大的盟友：美利堅合眾國。[6]

＊ 編注：一九五七年十月四日蘇聯搶先美國發射「史普尼克」1號人造衛星，令西方世界陷入恐懼與焦慮。此事件標誌美蘇二十多年的太空競賽的轉捩點。

※ 譯注：拉丁文歷史用語，指由羅馬帝國以武力開創和維持的太平盛世。

美國部隊在一八九八年六月登陸古巴的海灘。美國政府會介入衝突，部分是為了回應大眾所要求的，中止西班牙人對古巴人的殘暴行為（美國媒體對這些行為有大篇幅報導，也常常誇大其詞）。不過美國出兵的背後動機也是為了落實已有幾十年歷史的門羅主義。還是一八二三年的時候，因為看見拉丁美洲的革命風起雲湧，美國總統門羅宣布，他的國家將會把任何歐洲國家試圖控制獨立拉丁美洲國家之舉視為「對美國不友善的表示」。門羅主義於焉誕生。這主義在一八九八年有了新的意義：美國不只準備好保護拉丁美洲國家的獨立，還準備好為它們取得獨立。西班牙人被迫撤退，放棄他們對古巴的主權聲明。古巴在一九〇二年宣布獨立——與地區內大部分主權不同，這獨立是得自美國人之手。

傑佛遜在一八二〇年曾考慮把古巴納為美國一州。到了一九〇二年，華府不再有興趣把古巴納入美國，但也不願意讓其完全獨立。作為對一九〇一年的《陸軍撥款法案》的補充條款，《普拉特修正案》（根據提案的參議員普拉特命名）透過容許美國政府在古巴駐軍和打著「良好治理」名義干涉古巴內部事務，限制了古巴的主權。該修正案讓古巴成為美國有實無名的保護國，也成為了古巴革命分子的共同敵人。此後幾十年，革命分子前仆後繼，誓要打倒的新主人不再是西班牙人，而是美國人。[7]

古巴實質上成為了美國在加勒比海的殖民地。在農業、採礦業、公共事業和金融服務的大部分資產最後都落到美國人手裡。為了保衛美國在該島的戰略和經濟利益，美國同當地的地主階級和軍方結成盟友。最被美國人信任的盟友是巴蒂斯塔將軍，他在一九四〇至一九四四年之間擔任總統，在一九五二年發動軍事政變後再度上台。他和島上最強大的兩股美國經濟力量——農業公司和黑手黨家族——發展出密切關係。專門招待美國遊客的賭博業和賣淫業成為了蓬勃產業。[8]

巴蒂斯塔後來取消總統選舉，建立獨裁政權。他的貪汙腐敗讓窮人離心，也讓中產階級離心。在選舉被取消和民主受攻擊之後，不滿的年輕人拿起武器。一九五三年七月二十三日，一群年輕革命分子對聖地牙哥的蒙卡達兵營發起攻擊。起義被粉碎，革命軍的領袖被逮捕。其中一個革命領袖是二十六歲的律師，同時也是出身富有地主家庭的卡斯楚，他被判十五年徒刑，他弟弟勞爾和另外二十四個參與攻擊的人也被判刑。

卡斯楚兄弟和他們的同謀很走運：巴蒂斯塔在一九五五年五月為了改善自己的國際形象而釋放他們。因為擔心再次被捕，卡斯楚兄弟跑到了墨西哥。蒙卡達兵營攻擊事件看似就此落幕。在襲擊中倖存下來，舉辦了總統選舉，把造反分子趕出古巴，巴蒂斯塔所做的一切都讓他的美國盟友感到滿意，因為他們想要的是保護自己的資產而不致成為美國輿論和世界媒體的靶子。讓許多人感到意外的是，卡斯楚兄弟在一九五六年十一月重返古巴，還帶著一群古巴和拉丁美洲的革命分子。他們乘坐一艘漏水的帆船「格拉瑪號」非法入境，要發起新的革命。

游擊戰終將打垮巴蒂斯塔，在一開始時卻是遭遇重大挫敗。政府軍在革命分子一登陸後就展開進攻，逼他們逃到了古巴東南部的東方省的馬埃斯特臘山脈。最初的一行八十一人中，只有十九人安全抵達山區（包括卡斯楚兄弟和他們的親密朋友、阿根廷醫生切·格瓦拉）。這是一個艱難的開始，但革命隊伍透過吸收不滿的都市年輕人和鄉村農夫，逐漸壯大。

巴蒂斯塔政權用更野蠻的方法鎮壓叛軍，但這只讓叛軍的人數繼續增加。巴蒂斯塔的手段也損壞了政府在國外的形象，讓美國媒體群起對古巴獨裁者口誅筆伐。美國政府被迫召回駐哈瓦那大使，對古巴實施禁運，此舉讓巴蒂斯塔買不到武器，給了叛軍一劑強心針。一九五八年（美國停止軍售的一年）成為了卡斯楚領導的革命的轉捩點。在一九五八年夏天一度大敗於政府軍之後，卡斯楚重整旗鼓，發起了攻勢。十二月三十一日，各路叛軍集結在一起，攻取了聖克拉拉。消息傳到哈瓦那之後，政商名流大為恐慌，巴蒂斯塔慌忙出走國外。

獨裁者走了之後，對革命軍的抵抗垮掉了。卡斯楚對哈瓦那（本已落入叛軍手中）發起一次勝利行軍，在一九五九年一月八日進入該城市。他不準備重蹈巴蒂斯塔的錯誤，後者曾迫於國際壓力而把他釋放。不管世人會說什麼，新政權的敵人將會受到無情懲罰。數以百計舊政權的官員被解職和交付審判。近兩百人被行刑隊槍決。新政權的兩大人物卡斯楚和格瓦拉攜手肅清和迫害敵人。貪汙腐敗和極度不受歡迎的獨裁者走了，由一個想必不貪汙腐敗和充滿魅力的新獨裁者取而代之。

古巴革命是成功了，但這成功的意義對其領袖或者對其支持者和反對者（包括國內、外的反對者）卻還不清楚。美國對古巴的直接投資在卡斯楚統治的第一年有所增加，但隨著政府著手推動亟需進行的農業改革，情形迅速發生改變。一九五九年五月，卡斯楚把每人擁有的農地面積限制為一千英畝（約四百零五公頃），多出來的會被充公和由政府重新分配，不會對地主做出補償。一九六〇年七月，政府把所有美國人擁有的生意和產業收歸國有；由於革命政府需要資源和缺乏金錢，沒有針對被充公的財產提供補償。作為回應，艾森豪總統禁止古巴蔗糖進口美國（蔗糖是古巴的主要輸出品）。[9]

美國發現自己落入一個處境，與舊帝國強權（英國和法國）在面對它們的亞、非洲殖民地與屬地時十分相似。另外，它也面臨著一種可能性：共產主義運動和親共產主義運動在古巴出現，以及蘇聯直接介入加勒比海地區（這模式反覆在前殖民地世界出現）。一九五九年四月，卡斯楚受「美國報業編輯協會」的邀請訪問美國時，曾經做出讓自己和共產主義拉開關係的聲明：「我知道世界怎樣看我們——把我們看成是共產黨。但我當然已經非常清楚說過，我們不是共產黨。我說得再清楚不過。」但事情正在迅速發生變化。一九六〇年二月，赫魯雪夫的一名高級顧問造訪古巴，他就是布爾什維克老黨員，同時也是一位老練政治家米高揚。他呼籲他在莫斯科的大老闆為年輕的革命政權提供經濟協助。一九六〇年五月，赫魯雪夫發表了一項公開聲明，威脅美國說他為了保護古巴，會不惜使用核子武器。這是把門羅主義倒過來。蘇聯準備好保護拉丁美洲國家的獨立，使它們不受美國侵害。

在艾森豪看來，美國的利益受到威脅而共產主義在古巴（不管卡斯楚是不是共產主義者）大力推進。不過是幾年前，一九五四年六月時中情局在瓜地馬拉策動了一場成功的政變，因為當時瓜地馬拉政府進行的土地改革威脅到「聯合水果公司」的利益。一九六〇年三月（當時古巴已經推行農業改革但還沒有宣布沒收美國人的商業財產），艾森豪決定替古巴改朝換代。要用卡斯楚獲得權力的同一種方式推翻他，也就是透過重返古巴的政治流亡人士發動的民眾起義。中情局準備了一個計畫，但艾森豪來不及付諸實行，計畫就被移交給了新總統甘迺迪。[10]

滿頭白髮又愛抽菸斗的杜勒斯是美國情報界的老手，也是艾森豪政府留下的遺老。這位中情局局長第一次向甘迺迪報告入侵古巴的計畫是在一月二十八日，也就是總統就職典禮的一星期後。中情局行動處處長比塞爾——以U-2飛機偵察蘇聯的始作俑者——是入侵古巴計畫的主策劃人。他建議從古巴流亡人士中招募數百名遊擊戰士，讓他們在瓜地馬拉的中情局營地接受訓練，然後登陸古巴。他建議在古巴的海岸建立一個橋頭堡和一座簡易機場，以作為未來古巴政府運作的基地。他希望入侵可以激起反對卡斯楚政權的民眾起義，但沒有對此抱指望。在他的計畫裡，行動的下一步是「由美國公開倡議，並由美洲國家組織混合部隊執行軍事占領古巴，其目的是結束內戰」。[11]

計畫的最後部分讓甘迺迪的顧問們神經緊張。參謀長聯席會議主席雷姆尼澤將軍認為有鑑於卡斯楚政府持續建軍，目前正在受訓的六千到八千人不足以達成入侵古巴的任務。他主張「最終的計畫將必須包括為古巴的兵力提供額外的支持——這支持想必是來自美國。」雷姆尼澤知道美軍必須介入，想要把事情說清楚、講明白。國務卿魯斯克有不同的擔心。他預測入侵古巴將會引起國際反彈：「如果我們任何的公然軍事行動沒有得到美洲國家組織的授權和支持，我們的立場在整個西半球將會陷入嚴重的政治威脅。」

甘迺迪要他的顧問們重新從長計議。國防部奉命對行動進行一次軍事評估，國務院奉命去把拉丁美洲國家拉上船。大家同意，美國「必須完全清楚表明，它目前對古巴政府的立場是出於堅定反對共產主義對美洲國家的滲透，不是因為對民主社會革命和經濟改革有任何敵意」。不過要怎樣區分支持民主社會革命和反對共產主義在古巴的推進並不是完全清楚。[12]

在一九六一年二月和三月，甘迺迪繼續和顧問們會面，設法判斷中情局呈遞的入侵計畫是不是真的是處理問題的最佳途徑。這位美國總統被夾在好些相互衝突的目標之間。他決心要阻止共產主義在西半球的擴散，但他也熱切於對拉丁美洲的「姊妹共和國」擺出一副新面孔，不是動輒使用武力。會被涉及的還有美蘇關係，甘迺迪想要改善這層關係。相關官員告訴他時間愈來愈迫切，必須採取行動，而他十之八九是覺得，唯一能夠調和他那些互相衝突目標的方法，是在古巴採取祕密行動。

在一九六一年二月八日舉行的會議上，甘迺迪建議以一小群一小群的特遣隊進行滲透，再從古巴的基地發動第一次大行動，而不是「由洋基佬*派出一支入侵部隊」。中情局和軍方都不喜歡這個主意。三月十一日，中情局的比塞爾在一份備忘錄裡形同否定甘迺迪以一小群一小群特遣隊滲透的想法，指出沒有轟炸機和坦克的掩護，遊擊小隊沒有多少機會可以從海灘去到山區。他建議「以全部力量登陸」。甘迺迪感到不悅。他再一次要求中情局從頭計劃過，要它拿出一個讓美國的介入「較不明顯」的計畫。[13]

四天後的三月十五日，比塞爾提了另一個計畫。這一次他仍然堅持要有空中掩護，但主張用於行動的飛機有七成可以偽裝成古巴人的飛機。為了讓這一點可信，古巴境內需要有一個簡易機場，假裝成古巴空軍中反卡斯楚分子的運作基地。因此，比塞爾建議，入侵的軍隊必須馬上占領一個有跑道的地區。另外，有鑑於兵力的部署是採取「內表皮的方式」，登陸部隊占領的地區必須要適合較長時間防守。比塞爾建議的地點是四周圍被沼澤包圍的豬玀灣。這地點遠離山區，但有兩個簡易機場，可以降落B-26轟炸機，也能以相對較少的兵力有效防衛。甘迺迪贊成這個新計畫，但有一個附帶條件：為了保證美國政府能夠否認介入其事，入侵部隊必須在夜間登陸，然後載運特遣隊的船隻要在黎明前移走。

* 編注：洋基（Yankee）具有多種意涵，可指美國北部新英格蘭地區居民、美國北方人，或是全體美國人。此處指美國人。

在與父親討論過後，甘迺迪決定在復活節假期期間批准入侵。他同時也接受了赫魯雪夫的提議，雙方在甘迺迪方便時儘早舉行領袖會議。由於入侵預定在四月十六日星期六發動，甘迺迪決定在那個週末遠離白宮，去位於維吉尼亞州格萊諾拉的家族別墅度假。因為媒體都知道他去了哪裡，他想用這個辦法來撇清自己對入侵計畫知情。但他非但沒能在他的世外桃源放鬆，反而不斷打電話追蹤代號為「薩帕塔」（Zapata）的入侵行動的動態，他愈追蹤就愈焦慮。[14]

———

載運「第二五〇六旅」的船隻在四月十四日晚上離開尼加拉瓜海岸前往古巴，船上載著接近一千四百名古巴流亡人士。四月十五日早上六點，八架漆成古巴空軍顏色的B-26轟炸機由古巴流亡人士駕駛，從尼加拉瓜的簡易機場起飛，向著古巴的機場飛去，目的是把古巴空軍摧毀在地面上。攻擊者宣稱突襲取得成功，不曉得卡斯楚還有不少飛機未受破壞。[15]

卡斯楚在輿論的法庭還擊。那天，古巴外交部長勞羅亞剛好在紐約，他成功說服聯合國高層召集一個討論空襲的安理會緊急會議。他在會議上指稱空襲是美國支持的入侵的前奏。美國駐聯合國代表史蒂文森重申甘迺迪總統三天前做出的保證，指稱美國軍方或美國公民都將不會捲入古巴危機。為了反駁是美國飛機轟炸古巴的指控，史蒂文森拿出一幅當天早前降落在佛羅里達州邁阿密機場一架飛機的照片。那是一架漆成古巴空軍顏色的B-26轟炸機，駕駛員告訴記者，他之前參與了由古巴空軍中反卡斯楚軍官策劃和執行的空襲。史蒂文森有所不知的是，把飛機降落在邁阿密是中情局計畫的一部分，用意是誤導國際輿論的視聽。[16]

雖然已經進行過空襲，但船上的特遣隊仍然需要甘迺迪總統所下達的攻擊命令。他做出這個決定的時間底線是四月十六日星期日中午。但那一天開始得並不順遂。當天早上，有些美國大報揭穿了降落邁阿密的飛機是中情局對攻擊古巴的掩飾。記者注意到，該飛機的機槍並沒有發射過，而且其型號也和古巴使用的有所不同。甘迺迪陷入猶豫。他和賈桂琳前往天主教堂做彌撒，然後和家族成員共進午餐。之後總統去打高爾夫球。下決定的時間底線早已過去，但他還是無法下定決心。最後，在一點四十五分左右回到別墅之後，他打電話到中情局給比塞爾，下達可以開始入侵的命令。

四月十六日深夜，「第二五〇六旅」開始在島的多個不同地點登陸。四月十七日凌晨，四艘運輸艇抵達豬玀灣的吉隆灘。那是一個偏僻的所在，四周沒有古巴軍事單位，流亡者輕易就把當地的民兵制服。但有一件事大出他們意料之外：登陸地點的偏僻並沒有能讓登陸的事保密。一個古巴電報操作員在他的單位被制服之前送出了入侵的消息。得知消息後，卡斯楚下令那些在敵軍突襲時沒有被破壞的飛機出動，包括一些洛克希德T-33戰鬥機和B-26轟炸機。

入侵者沒有能得到多少空中掩護：古巴剩餘空軍的數目遠超過中情局為「第二五〇六旅」提供的六架飛機。他們很快就會損失兩艘船，一艘是「休士頓號」，一艘是「里約埃斯孔迪多號」，兩艘船都載著燃料、彈藥和藥物。另外，被中情局偵察員誤認成海草的珊瑚礁妨礙了運輸艇抵達海灘，入侵者必須乘坐小船，以致在漲潮時損失了一部分武器和彈藥。他們保住的那些都已經溼掉，常常無法使用。除了缺乏武器、補給品和彈藥，他們也在卡斯楚的增援部隊陸續抵達豬玀灣後在人數和武器上落入下風。卡斯楚的人馬包括了警察、士兵和民兵，加起來有近兩萬人，他們還得到蘇製T-34坦克的協助。[17]

中情局要求甘迺迪授權動用美國飛機幫助入侵軍隊，但被拒絕。國務卿魯斯克對中情局導演古巴飛機降落邁阿密的事大為憤怒，因為那讓史蒂文森在不知不覺中對全世界撒了謊。現在魯斯克決定禁止中情局執行空中攻擊任務。甘迺迪在四月十六日晚上九點多與魯斯克通過電話後也是一樣看法。他認為自己從未授權進行這樣的攻擊，現在也下令取消中情局已經計劃好的攻擊。中情局必須接受總統的吩咐，但隨著登陸行動在四月十七日凌晨時分展開，中情局的卡貝爾將軍打電話給在家裡的魯斯克，請他重新考慮。魯斯克向總統做出同樣請求。但原來的命令維持不變：入侵可以，空中支援不行。入侵者現在被困在豬玀灣的沙灘上，為自己的命而戰，不是為了突圍和發起全國性起義而戰。[18]

四月十七日星期一，甘迺迪回到白宮，按照一貫的時間表接見官員和用餐，但心裡卻琢磨著下一步該怎麼辦。由於目前只遭受到政治挫敗而還沒有遭受到軍事挫敗，他拒絕中情局的要求，不准派偽裝的美國轟炸機去支援古巴灘頭上的入侵者。但到了四月十九日清晨，隨著情勢變壞，他屈服了，批准用由美國人駕駛的偽裝飛機去支援入侵，但不准它們與敵機戰鬥，執行任務的時間也只限幾小時。軍方馬上行動，但卻沒能好好把握機會。由於尼加拉瓜和古巴有時差，飛機到達的時間比預期晚。兩架飛機被擊落，四名美國飛行員失蹤。哈瓦那電台宣布古巴人找到了一具美國人的屍體。到了那時候，入侵已完全淪為一場災難。[19]

甘迺迪將不會再授權出動美國空軍。到了四月二十日星期四，大勢已去。先前雖然明知無望，入侵者仍然抵抗了兩日半，但因為缺乏空中支援、彈藥不足、敵眾我寡和士氣越來越衰落，他們終於投降。入侵者有超過一百人死亡，超過三百六十人受傷，將近一千兩百人被俘虜。卡斯楚的損失更慘重。

但那不打緊，戰勝才是最重要的事。這是卡斯楚政權的一場漂亮勝仗和甘迺迪的一場難看敗仗。[20]

甘迺迪在軍事和政治上雙輸。沒有軍事勝利，政治勝利被證明是不可能獲得的。在接下來幾個月，甘迺迪反覆分析豬玀灣入侵出了什麼差錯。他先是歸咎自己，然後歸咎中情局和軍方，但沒有怪罪國務院和其他勸他不要採取公然軍事行動的人。在甘迺迪看來，中情局和軍方是答應了他一些他們做不到的事情，設局逼他採取他本來不想授權的軍事行動。他告訴比塞爾：「如果是在一個議會制政府，我就得要辭職。但在這個政府，我不能辭職，所以你和阿倫（杜勒斯）*必須走人。」[21]

到了該年年底，比塞爾和杜勒斯都離開了。一直堅持主張入侵古巴的參謀長聯席會議主席雷姆尼澤將軍在一九六二年九月被調職。雖然有些豬玀灣入侵計畫的關鍵參與者留了下來，但總統和將軍們的互不信任和互相猜疑沒有減少。雙方都認為對方要為災難負責。即便軍方想要回到古巴報仇雪恥，總統仍然竭盡所能不讓他們有機會。不過美國的這次挫敗卻有一個重要的受益人，那就是赫魯雪夫。

* 譯注：中情局局長。

第2章 謀略大師

沒有任何一個世界領袖比六十七歲的蘇聯領導人赫魯雪夫更仔細觀察甘迺迪對入侵古巴的處理方式，他也準備好從中歸納出一些意義深遠的推論。

赫魯雪夫肥胖、禿頭、精力充沛、喜歡逞能、言語誇張，並且常常虛張聲勢，形象上和年輕的美國總統大相逕庭。出身貧寒，社會地位低下，他在成長過程、事業軌跡和政治意識形態上也和甘迺迪南轅北轍。如果說甘迺迪的野心是由他意志堅強的父親的期望所驅動，那麼赫魯雪夫的拚勁就是來自母親——她希望兒子事業成功，不要像他軟弱的父親那樣被認為是家族中的失敗者。甘迺迪受過一個人所能接受的最好教育，赫魯雪夫則是連大學都沒上過。甘迺迪統領眾人的唯一經驗是指揮PT-109（二次大戰期間的魚雷艇），赫魯雪夫則是大半輩子都在監督重大計畫和大量人員。如果說甘迺迪一輩子都在為投身國際政治作準備，赫魯雪夫則是在六十歲以後才接觸高層次外交。兩人的年紀也差了一大截——一九一七年的俄國革命是赫魯雪夫人生和事業的轉捩點，但甘迺迪卻是一九一七年才出生，比赫魯雪夫小了二十三歲。[1]

赫魯雪夫和他的顧問們（他們都不高興看見艾森豪派U-2間諜機偵察蘇聯）第一次注意到甘迺迪其人是在一九六〇年七月，當時這位年輕的麻州參議員贏得黨內的總統候選人提名。在莫斯科很多人看來，甘迺迪沒有尼克森強悍（赫魯雪夫在尼克森前一年造訪莫斯科時和他交過手），所以比較容易被赫魯雪夫的花招和威嚇給唬到。甘迺迪傾向相信蘇聯在美蘇的飛彈鴻溝*中占了上風——這個想法不只是由於蘇聯成功發射「史普尼克」人造衛星而助長了聲勢，也被赫魯雪夫本人的自吹自擂推波助瀾，更由於被威脅要揭穿艾森豪所派出的U-2偵察機間諜任務。

赫魯雪夫想要幫助甘迺迪勝選，所以命令「格別烏」盡力促成。為此，「格別烏」的人與甘迺迪的競選團隊開了幾次會（換成是今日，甘迺迪的競選團隊一定會被說成與克里姆林宮有所「勾結」）。在甘迺迪贏得黨內總統候選人提名沒多久，假扮成蘇聯《消息報》記者的「格別烏」軍官巴爾蘇科夫就去敲羅伯特．甘迺迪辦公室的門。他問羅伯特，莫斯科可以幫得上他哥哥什麼忙。根據「格別烏」華府情報站站長費克利索夫的回憶錄所述，羅伯特拉開一塊布幕，布幕後面是一張美國地圖，上面標示著民主黨和共和黨在每一州可獲得的預估票數。他讓巴爾蘇科夫把數字記下來，然後指出，莫斯科的最佳策略就是保持中立；一旦他哥哥當選，雙方就可望改善關係。[2]

在整個一九六〇年夏天，赫魯雪夫和蘇聯的政治宣傳機器都按照羅伯特的忠告，沒有發聲支持約翰．甘迺迪。不過赫魯雪夫卻猛烈抨擊艾森豪政府，暗示甘迺迪所說的飛彈鴻溝確實存在。在一九六〇年九月，當選戰如火如荼之際，赫魯雪夫再次去到紐約，在聯合國大會演講，演講中提到去年他去

＊　譯注：「飛彈鴻溝」（missile gap）是甘迺迪提出的用語，指美國在飛彈數量上遠遠不如蘇聯。也有人認為他是蓄意扭曲事實，好暗批共和黨政府治國不力。

聶伯彼得羅夫斯克飛彈工廠參觀的經過。然後他一如繼往地威脅道：「你們想要我們把武器競賽變成一場競爭嗎？我們不想，但我們也不害怕這樣做。我們將會打敗你們！我們是在生產線上產出飛彈。」如果有任何美國人不相信甘迺迪的飛彈鴻溝之說，那麼現在蘇聯領導人親自來確認了這位麻州參議員*的話。[3]

一九六〇年十二月一日，在甘迺迪當選後不到一個月，「格別烏」特工巴爾蘇科夫在早上十點再次敲羅伯特．甘迺迪辦公室的門。羅伯特當天在日曆上寫道：「《消息報》的B先生要來。」巴爾蘇科夫所寫的會面報告——一路呈遞到赫魯雪夫面前——指出羅伯特已經準備好代表兄長說話，而不僅僅是代表他自己。報告裡寫道：「甘迺迪準備好如果雙方打算採取措施互相遷就，最早可以在一九六一年簽署一份禁止核子試爆條約。」羅伯特也向克里姆林宮的使者保證，總統將「儘可能讓雙方就柏林的問題達成協議」。會面結束前，羅伯特暗示美蘇也許可以就雙方共同關切的中國問題進行合作。他說：「接下來幾年的根本難題將不會是美蘇關係，而是華府和中國的關係。」[4]

巴爾蘇科夫的報告讓赫魯雪夫大喜。一九六一年一月二十一日，也就是甘迺迪宣誓就職翌日，他下令把年輕美國總統的就職演講稿刊登在蘇聯媒體。他也做了一件他曾經拒絕艾森豪所請的事：釋放兩名被蘇聯囚禁的美國飛行員。奧姆斯特德上尉和麥科恩上尉是一九六〇年七月一日駕駛裝滿電子偵測設備的RB-47H同溫層噴射機飛越巴倫支海峽的科拉半島時，被一架蘇聯「米格19」（北約稱為「農民」）戰鬥機擊落。現在他們自由了。甘迺迪在一月二十五日首次電視轉播的總統記者會上宣布了兩名飛行員獲釋的消息。一月二十七日，他陪同兩位飛行員的快樂妻子在安德魯斯空軍基地迎接獲釋歸來的奧姆斯特德和麥科恩。[5]

赫魯雪夫相信年輕美國總統勝選是多虧了他，應當會感恩圖報。他在一九六一年夏天向一群蘇聯高官和科學家宣布：「我們幫助甘迺迪當選。可以說是我們選擇了他。」赫魯雪夫希望雙方儘早舉行一場高峰會議，好評估這個華府的對手。美國入侵古巴潰敗的事不但沒有讓赫魯雪夫對高峰會議失去興趣，反而更加興致勃勃。沒有什麼比跟一個初嘗敗績、懷疑自己的稚嫩總統商討世界事務更讓人高興的事。甘迺迪因為在古巴的受挫和想要在國際舞台恢復聲望，踏入了赫魯雪夫的陷阱：兩位領袖同意儘快會面。[6]

赫魯雪夫和甘迺迪第一次有機會掂估對方是在一九六一年六月三日，場地是維也納的美國大使館。不過感到自如的人卻不是甘迺迪而是赫魯雪夫，他讓自己以一個資深的大政治家的姿態出現，要跟比自己年輕也因此是略低一階的對手會面。他提醒甘迺迪，當日他應艾森豪邀請訪問美國時，兩人曾經有過短暫會面，而那一次自己遲到了。然後話題轉到了甘迺迪的年紀。赫魯雪夫表示他樂意「把自己的年紀分享給總統。」這是個友善的開始，但赫魯雪夫業已確立了自己高一等的位置。[7]

古巴的事看來取消了任何在近期舉行高峰會的可能性，但赫魯雪夫卻出乎甘迺迪意料之外地在五月初重提此議。一九六一年五月四日，蘇聯外長葛羅米柯把美國駐蘇大使湯普森找來辦公室，告訴他蘇聯

＊ 編注：甘迺迪選上總統前為麻薩諸塞州參議員（一九五三年一月至一九六〇年十二月）。

最高領導人已經準備好參加峰會。葛羅米柯強調古巴危機顯示出美蘇之間有需要建立橋梁。赫魯雪夫在五月十六日寫信給甘迺迪，表示歡迎這位總統所提議的，舉行一次私人會面以減低兩國的緊張及和平地解決國際爭端。他同意甘迺迪早前所提出的會面時間和地點：一九六一年六月三日維也納。[8]

信中，赫魯雪夫列舉出他認為應該談的事：寮國的和平安排、裁軍和西柏林的處境。急於在國際舞台有所表現的甘迺迪欣然同意。他希望可以就寮國達成協議。美蘇在寮國的內戰中各支持一方，又認為討論裁軍是邁向簽署禁止核子試爆條約的踏腳石——簽署這種條約一直是甘迺迪之所願。西柏林看來才是比較麻煩的議題，但甘迺迪認為只談談無妨。這個想法後來被證明為一廂情願，因為赫魯雪夫真正想談的正是柏林。他想要美國人離開，而為達這目的，他想要對才剛因為古巴潰敗而洩氣的甘迺迪施加心理壓力，透過淩厲言詞使其屈服。[9]

西柏林是東德社會主義海洋裡的資本主義孤島，是赫魯雪夫和甘迺迪分別繼承自史達林和杜魯門的麻煩事。美軍、英軍和法軍是根據波茨坦會議而得以占領深入蘇聯控制的德國部分一百六十公里的西柏林。柏林被劃分為四區，分別由打敗納粹德國的四個盟國（蘇聯、美國、英國和法國）掌管。表面上這種劃分顯示四個盟國的水乳交融。但蘇聯和西方盟國之間的實際不團結和敵意很快便導致柏林的一分為二——一半是控蘇聯控制的東區，另一半是另三個盟軍國家控制的西區。

一九四八年六月，隨著冷戰變得白熱化，蘇聯封鎖了從德國西部通向柏林的鐵路和公路，也就是封鎖了西柏林。他們想要逼美國人和他們的盟友離開西柏林，讓整個德國東部落入蘇聯控制。在波茨坦會議簽署的附帶協議規定德國西部和西柏林之間開通三條空中走廊，美國人就利用這條規定，透過空運突破封鎖。美國空軍在為西柏林兩百二十五萬居民投送物資上表演了一次奇蹟，每日投送近一三噸的物資，在超過十二個月的時間內共進行了超過二十萬次的投送。

蘇聯最終在一九四九年五月解除封鎖。同一個月，西方盟國結束對德國西部的占領，宣布德意志聯邦共和國的成立。蘇聯在十月跟進，宣布在德國東部成立德意志民主共和國。主權返還給東、西德政府，但柏林除外，繼續維持四強占領狀態。面對西方在柏林的持續駐軍，蘇聯面對的最大問題不是軍事上和政治上，甚至不是意識形態上，而是經濟上。美國用馬歇爾計畫為飽受戰爭蹂躪的西歐提供了一百七十億美元的復興資助，導致經濟奇蹟在西德上演。由於蘇聯缺乏資金去復興東德以農業為主的經濟，西柏林很快就對東德人產生吸引力，成為那些想要離開社會主義天堂前往資本主義地獄的人的逃生門。[10]

柏林危機對赫魯雪夫得以崛起並掌握蘇聯最高權力起了重要作用。一九五三年六月，東柏林一群工人的罷工演變成為反對東德共產黨強人烏布利希的群眾起義，但被蘇聯坦克鎮壓下來。與此同時，赫魯雪夫在克里姆林宮發動政變，逮捕貝利亞，讓自己成為了後史達林時代領導階層的老大。貝利亞所受到的其中一項指控，是他準備好讓德國向西方投降，放棄在東德進行社會主義實驗，容許成立一個統一、實行資本主義但政治上中立的德國。[11]

赫魯雪夫鞏固最高權力的第二步——在一九五七年七月跟黨主席團的大多數成員攤牌——也是和德國問題密切相關。當時由莫洛托夫、馬林科夫和卡岡諾維奇領導的反對派批評赫魯雪夫不應該建議為搖搖晃的東德經濟提供三十億盧布的貸款額度。但赫魯雪夫堅持己見。他把反對派打成反黨分子，撤去他們在領導階層的地位，以此鞏固了自己在克里姆林宮的權力和不惜任何代價拯救東德經濟的決心。[12]

赫魯雪夫在一九五八年十一月向一個波蘭共黨政府代表團透露自己對柏林的計畫。這位蘇聯領導人建議把西柏林宣布為一個自由城市，而這意味著美國、英國和法國部隊的撤出。這段話形同最後通牒：如果西方拒絕接受，他就會和東德簽署另一份條約，廢除一九四五年的四方協議，把從西方通向柏林的路徑交由東德管控。這很容易就會引起盟軍和東德的武裝衝突，有很多人擔心此舉會進一步升級為全球軍事危機甚至核子戰爭。現在，正準備赴維也納和甘迺迪舉行峰會之時，他把柏林視為最重要的議題。他的計畫是把甘迺迪從柏林嚇跑。[13]

赫魯雪夫在一九六一年六月三日開始對甘迺迪展開攻擊，首先是對美國帝國主義進行了一場粗淺馬克思主義分析，並宣布他認為未來是屬於共產主義的信念。雖然甘迺迪讓自己被拖入一場意識形態辯論，但把焦點放在現實政治。提到「現代武器」的時候，他警告赫魯雪夫說：「如果我們兩國估算失誤，它們*將會有很長一段時間都一蹶不振。」他說他追求的目標是和平。赫魯雪夫毫不欣賞。他指出，「估算失誤」是一個非常模糊的字眼。美國「想要蘇聯像個小學生那樣乖乖坐著，雙手放在書桌上」。但他赫魯雪夫已經準備好不守規矩。[14]

七月四日，峰會的第二天，赫魯雪夫反過來用「估算失誤」說威脅甘迺迪。他說「如果美國誤解蘇聯的立場」，雙邊關係將會大受影響。他想要簽署一份全面性的和平條約去正式結束戰爭、承認兩個德國的存在和承認西柏林是一個自由市。蘇聯準備好要保證西柏林可以和世界其他地方自由接觸，不去干預其內部事務。不會再有封鎖。美國甚至可以繼續留駐部隊，但那樣的話，蘇聯一樣要在西柏林駐軍。他表示自己渴望和甘迺迪簽署協議，但如果這事不成的話，他已準備好和東德簽署協議。赫魯雪夫用一個道德論證來支持他的要求：蘇聯在二次大戰中損失了兩千萬人民，現在戰爭已經結束，沒有理由在敵意結束十六年後繼續拖延，不去達成和平條約。

甘迺迪的答辯是基於征服者的權利和大國威望的重要性。「我們會在柏林不是因為別人做出的犧牲。我們是奮戰到那裡去的，哪怕我們的傷亡不像蘇聯那麼高。」他說。他沒有提美國的陣亡數字（約四十二萬人）遠低於蘇聯。「如果我們被驅逐出該地區，又如果我們接受自身權利的喪失，將沒有任何人再相信美國的承諾和保證。」甘迺迪繼續說，沒有理會赫魯雪夫所建議的美軍可以留駐在西柏林自由市。「我們原是可以離開西柏林，那也就是要拋棄歐洲。我們的離開將會導致美國變得孤立。」

赫魯雪夫火冒三丈。他重提蘇聯在大戰中的傷亡和他早前的論據，然後提出另一個最後通牒：「蘇聯將會簽署一份和平條約和保證德意志民主共和國的主權。任何對該主權的侵犯都會被蘇聯視為對一個愛好和平國家的公然侵略，得要承擔隨之而來的後果。」當甘迺迪問他，一紙蘇聯和東德的條約會不會影響美國進出西柏林的權利時，赫魯雪夫說「會」。又是一陣脣槍舌劍之後，他宣稱蘇聯不會等待，將會在年底就簽署條約，讓東德可以控制出入西柏林的通道。

＊ 編注：指沒有「現代武器」（核武）的其他國家。

隨著緊張升溫，兩位領袖的話題出人意表地轉向了戰爭。聽到赫魯雪夫又提起蘇聯在二次大戰的傷亡，甘迺迪表示美國想要避免戰爭正是為了避免造成同樣程度的傷亡。赫魯雪夫憤怒地回答：「如果美國要就柏林發動一場戰爭，那沒有什麼事情是蘇聯可做的。」他重提「估算失誤」的話題：「我們的關係是一種離不開的關係，所以雙方必須確保沒有誤判。」他無法甩掉戰爭的話題：「如果美國想要就德國發動一場戰爭，就這樣吧；或許蘇聯應該做的是馬上就簽署一份和平條約，把一切了結⋯⋯如果有任何瘋子想要打仗，應該把他套在束縛行動的緊身衣裡。」甘迺迪有點被嚇到。他的幕僚認為赫魯雪夫正在用戰爭來威脅總統。[15]

甘迺迪企圖在當日稍後的私人談話中回到柏林的問題，但沒有結果。赫魯雪夫堅定不移：「武力將會遇到武力還擊。」甘迺迪以一句話結束討論：「今年的冬天會很冷。」[16]

返回美國時，甘迺迪相信自己是在不到兩個月時間便在國際舞台上遭遇了兩次大敗。他感覺自己挨了揍。《紐約時報》記者賴斯頓在他一見完赫魯雪夫之後問他：「很嗆吧？」甘迺迪回答說：「我這輩子最嗆的事。」他猜想他會受到這種態度的對待，是因為豬玀灣的潰敗——赫魯雪夫「認為我又年輕又沒有經驗，才會把事情*搞得一團糟。而任何把事情搞那麼糟又不堅持到底的人就是沒種。所以他就把我揍了個屁滾尿流」。赫魯雪夫在公開或私底下都不曾自誇他把甘迺迪揍得屁滾尿流，不過他倒是告訴一個顧問：「這個人非常沒有經驗，甚至是不成熟。相比之下，艾森豪是個聰明和有眼界的人。」[17]

甘迺迪身心俱疲。他的激烈背痛在幾星期前復發，需要靠著一堆藥物和泡熱水澡來維持正常生活。現在他的背更痛了，走幾步路都需要依賴拐杖。雖然他在攝影鏡頭前努力保持微笑，卻是藏不住內心苦惱。六月六日，甘迺迪在電視攝影鏡頭前承認，談判並沒有獲得他希望得到的結果，在有關德國問題上也沒有取得任何進展——就像他說的那樣，德國問題「是我們最凝重的話題」。

赫魯雪夫雖然沒有從維也納會議得到他心中希望的決定性勝利，但心情要比甘迺迪好很多。他稱這次峰會是一個好的開始，而他的中委會同仁讚揚他的外交技巧和「攻擊精神」。赫魯雪夫在六月十一日公開發表了他在維也納交給甘迺迪的備忘錄，其中威脅要在六個月內和東德簽署和平條約。這對甘迺迪來說是另一個尷尬點，因為他在關於高峰會的談話中沒提到備忘錄的事。六月十五日，赫魯雪夫公開攻擊說，是「資本主義的壟斷主義者」讓有關柏林的談判無法有進展，又進一步暗示戰爭的可能性。這位蘇聯領導人斷言：「明顯的是，冷戰是一個準備時期，是要為戰爭蓄積力量。」[18]

戰爭的陰影盤據著甘迺迪的腦海，讓他害怕。當他問他的軍事顧問，與蘇聯打一場核戰估計會死多少人時，得到的數字是七千萬人。由於美國在一九六〇年的總人口只略多於一億八千萬，這表示每兩或三個美國人就會有一個在核戰中死去。一枚擊中大城市的核子飛彈可以殺死六十萬人。甘迺迪指出，這個數字相當於南北戰爭中戰死的總人數，然後又補充說：「花一百年也不會恢復。」[19]

甘迺迪必須回應赫魯雪夫的挑戰但又不會增加雙方的緊張性，以致產生引起全面戰爭的危險。目

＊ 譯注：指入侵古巴一事。

前，他沒有能夠實現艾森豪總統入侵古巴的計畫，又違反前任的意願準備好在寮國的事情上向蘇聯妥協，並在維也納公開受辱。他必須做些事情去扭轉赫魯雪夫的觀感，更重要的是扭轉國內反對派的觀感——他們把他看成一個軟弱總統，對國家有潛在危害性。從自己的哈佛論文吸取教訓，這位總統做出已經為戰爭準備好的公共姿態。

七月二十五日，甘迺迪拄著拐杖，在白宮發表了一個談柏林危機的演講。他告訴電視機前面的觀眾，他已經準備好對抗蘇聯的威嚇。四天前，國會批准了甘迺迪更早前要求的，價值超過一百二十億美元的新戰機、飛彈和船艦。現在，他進而要求增加三十二億五千萬額外國防開支和為海空軍招募九萬新兵。這是軍費開支的急遽增加，和艾森豪時期的政策分道揚鑣。甘迺迪所傳達的訊息是：美國並不準備像英國在二次世界大戰之前那樣昏睡。它要把自己武裝到最高點。

這位總統宣布：「我們不想打仗，但我們曾經打仗。其他人在較早前曾經犯了同一個危險的錯誤，那就是假定西方太自私、太軟弱和太分裂，無法抵抗其他地方對自由的入侵。那些威脅要對西柏林的爭端動武之人，應該回想起古代哲學家說過的話：『引起恐懼的人不可能免於恐懼。』」[20]

麥克洛伊回憶說：「赫魯雪夫真的氣瘋了。」他是甘迺迪負責談判裁減軍備的主要代表，在一九六一年七月底到黑海度假勝地皮聰達見過赫魯雪夫。當時，赫魯雪夫稱甘迺迪的演講為「初步的戰爭宣言」。他威脅說自己無論如何都會和東德簽署和平條約，又警告美蘇一旦開戰將不會是小兒科，而是一場核子大戰。[21]

在赫魯雪夫看來，甘迺迪的挑釁演講和擴軍計畫意味著他在維也納向甘迺迪展開的心理攻擊並沒有產生預期效果。看來，這位在峰會表現軟弱的總統回國之後受到了他的顧問們的擺布。這讓自以為曾經幫助甘迺迪當選的赫魯雪夫相當失望。他在一九六一年七月十日告訴一群核子科學家：「我們在去年幫助甘迺迪當選，然後我和他在維也納會面。這次會面本來可以是一個轉捩點，但他說什麼來著？他說『別要求太多。別讓我為難。如果我讓步太多，就會讓我被趕下台。』真是豈有此理！他來參加會議，卻不能表現。我們要這樣的人何用？為什麼要浪費時間和他談判？」如果這是赫魯雪夫在七月十日的觀點，那麼甘迺迪在七月二十五日發表的演講想必只會讓他更失望。[22]

赫魯雪夫需要一個解決柏林危機的方法，而這個方法是不涉及蘇聯和東德的和平條約，亦不會讓美國人無法進出柏林，以及不會引發軍事對抗。否則的話，雙方也許會爆發一場熱核戰爭，一個弱勢總統大概會比一個強勢總統更容易促其發生。赫魯雪夫知道自己沒有籌碼可以制衡甘迺迪——美國在「飛彈鴻溝」中實際上是占上風的一方，而他也沒有額外的資金可以投入軍隊以抗衡甘迺迪前所未有的擴軍計畫。他也無法讓柏林問題拖延下去，因為東德人受到西方較高生活水準的吸引，離開德國社會主義天堂的人數日益增加。他們可以透過西柏林輕易做到這一點，因為人員在該城市的盟軍區域和蘇聯區域是可以自由流動的。在一九六一年六月，一萬九千人利用鐵幕中的柏林漏洞去了西方。在七月，有三萬人這樣做。光那一年頭七個月的總數是十三萬人。

東德領導人烏布利希想出一個解方：環繞西柏林築一道牆。然而這是一個困難的提議。首先，東柏林和西柏林構成一個聯合鐵路網，沒有這個鐵路網，東德的經濟就會停擺。其次，蘇聯領導人和他們在捷克和匈牙利的盟友擔心築牆之後西方會對整個東方集團進行經濟封鎖，讓他們的經濟處境更加惡劣，需要蘇聯提供更多的津貼補助。烏布利希並不在乎，而且到了一九六一年五月，有了另一個對他有利的發展：他的工人團隊完成了一圈外環鐵路的修築，現在東、西柏林可以切開而不用擔心此舉會傷害東德的經濟。現在就等赫魯雪夫點頭。但赫魯雪夫猶豫不決，仍然希望可以透過威嚇或說服讓甘迺迪就範。[23]

甘迺迪發表演說六日後的八月一日，赫魯雪夫批准了烏布利希的築牆之請。不到兩星期，在八月十三日星期日的清晨，東德軍隊和邊界警察封鎖東、西柏林邊界，建築團隊開始架設帶刺鐵絲網。赫魯雪夫本來建議讓西柏林成為一個自由市，但現在它卻被改成一個巨大集中營。他在築牆工作開始前，曾經造訪東柏林和西柏林，思索美國人的可能反應。甘迺迪在維也納堅持美國有出入西柏林的權利，赫魯雪夫不打算干涉這種權利。他也拋棄了與東德簽署和平條約的計畫，因為柏林圍牆已經讓他不需要一份條約而解決了他的難題。但他仍然緊張不安。[24]

甘迺迪的第一反應是震驚，然後是鬆一口氣。他沒有見著牆的築起，他在西柏林的間諜也沒有見著，因為他們錯過了為建造所做的準備。但甘迺迪很快明白柏林圍牆不是對美國通行權的挑戰（他曾揚言要用武力保衛這種權利）。那天黃昏，甘迺迪同意國務院所寫的一個聲明。聲明指出，柏林圍牆的建築是對《四方協議》的侵犯，但「這措施是針對東柏林和東德居民而設，不是針對盟軍在西柏林的地位或出入西柏林的權利」。

西柏林居民並不認同美國總統的樂觀觀點。他們覺得圍牆是針對他們而築，要求美國幫助。為了不讓自己顯得軟弱，甘迺迪必須有所動作但又不會使美蘇關係更加緊張。再一次要求增加軍費和擴大軍隊編制將不管用。他利用西柏林市長布蘭特要求增加美國駐軍的機會回應了這個挑戰。八月二十日，也就是柏林圍牆落成一星期後，一千五百名美國士兵奉命在連接西德和西柏林的唯一公路上行進，以此重申美國出入西柏林的權利、增加西柏林的駐軍和安撫西柏林人的情緒。甘迺迪和赫魯雪夫都希望行軍順利完成，無風無浪。最終他們沒有失望。[25]

柏林圍牆的真正意義在當時並不清晰明朗。它並沒有導致即時的衝突，但會不會在未來帶來新的衝突呢？赫魯雪夫在一九六一年九月底再次聯絡甘迺迪，仍然主張簽署一份和平條約。甘迺迪拒絕此議。他在十月十七日的信上寫道：「我看不出有必要改變西柏林的處境，因為今日它的居民有自由選擇自己的生活方式，而他們的自由也得到保障。」他又表示他接受柏林圍牆的存在，不過這是他的容忍度的最大極限。赫魯雪夫在十月十九日收到甘迺迪的信。兩日後，他在莫斯科第二十二屆黨大會收回他要在年底前與東德簽署和平條約的要脅。烏布利希大失所望。他本來以為柏林圍牆是東德與蘇聯簽署和平條約的踏腳石，也可以以此確立他的政府對東柏林和對西柏林對外聯絡道路的主權。事後他寫信給赫魯雪夫表達不滿。[26]

如果說烏布利希讓赫魯雪夫難於駕馭，那麼甘迺迪也有自己的忤逆分子要處理。這個人是克萊將軍，他是艾森豪的「德國美軍占領區總司令」職位的繼承人，也是一九四八至四九年柏林空運的英雄。一九六一年八月，甘迺迪派他作為代表到西柏林安撫該市的市民。他達成了任務，卻讓每個人都神經緊張，因為在一九六一年十月二十七日，他派美國坦克去到東、西柏林邊界上的查理檢查哨*，以強調美國人有權在整個城市（包括東部）自由通行——這種權利是在戰後由《四方協議》所得到的保證。蘇聯的反應是派坦克前往抗衡。

到了黃昏，兩隊坦克在查理檢查哨彼此對峙，距離分界線都不到一百公尺。坦克上裝了實彈，組員奉命在對方展開攻擊時加以還擊。掌管美國部隊的克萊已經準備好用他的坦克撞穿新建成的柏林圍牆。夜幕降臨後，危機仍舊持續。一直對峙到凌晨，雙方的坦克才開始向後撤。首先是蘇聯坦克向後退了五公尺，美國坦克隨之跟進，然後雙方再度退五公尺，然後又是五公尺。對峙開始於十月二十七日五點，要到了十月二十八日早上十一點才結束。撤退命令是來自最高層：白宮和克里姆林宮。甘迺迪和赫魯雪夫都不想看見情勢升高為戰爭。[27]

立即軍事衝突的危險得以解除，其實是因為甘迺迪和赫魯雪夫達成了祕密協議。總統的弟弟羅伯特和蘇聯駐華府的軍事情報軍官博爾沙科夫上校有過兩次交談。美方要求蘇聯不要採取任何咄咄逼人的行動，保證美國會以同樣方式相待。是赫魯雪夫首先命令他的坦克撤退，美國人隨著跟進。應蘇聯要求，美方從此禁止平民越過界線進入西德。蘇聯贏得了裡子，但世人卻因為看見是蘇聯坦克首先撤退，認定他們是輸家。美蘇雙方有所不知的是，這將會成為解決後來另一個嚴重得多的危機的模式。[28]

---

*編注：位於柏林市中心的C檢查哨，在國際無線電通話拼寫字母中C唸作Charlie（查理）。此為進出東西柏林的檢查點。檢查哨往北為東柏林，往南則進入西柏林。

第Ⅱ部 紅色賭局

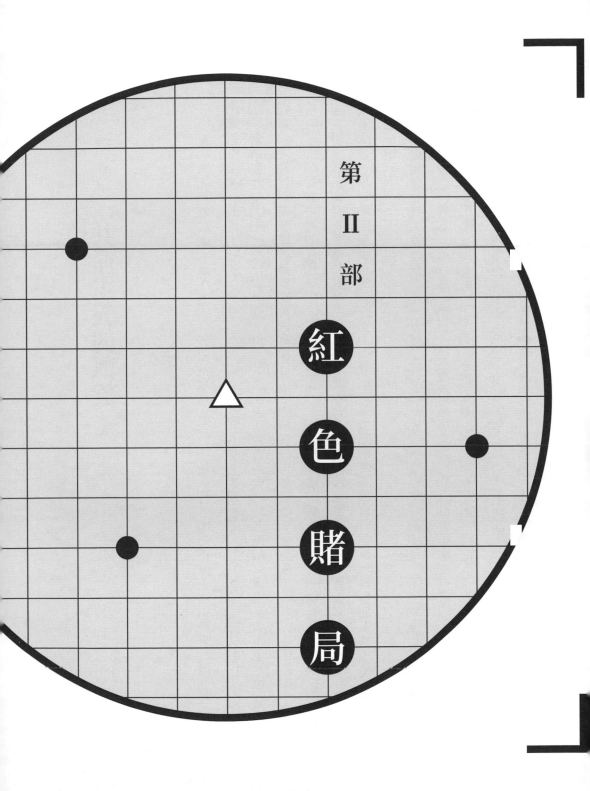

第 3 章 共產主義的凱旋

赫魯雪夫就職成為共產主義的世界領袖是在一九六一年十月，當時正值美國和蘇聯的坦克在查理檢查哨發生對峙。從十月十七日至十月三十一日在莫斯科舉行的蘇共黨大會相當於共產主義的名人堂。

這是蘇共第二十二次代表大會，以「共產主義建設者大會」的名稱載入史冊。大會上，這個曾屬於列寧和史達林而現在屬於赫魯雪夫的黨採行了它的第三個也是最後一個黨綱。一九〇二年的第一個黨綱宣示了推翻獨裁主義的目標，第二個黨綱（在一九一九年批准）賦予黨建設一個社會主義國家的使命。現在第三個黨綱宣布要建設共產主義。為了慶祝共產主義即將來臨的勝利，赫魯雪夫邀請了舒爾金參加代表大會，以幫助開創勝利的新紀元——舒爾金是俄羅斯帝國議會的議員，曾參加末代沙皇尼古拉二世的遜位儀式。[1]

代表大會的參加者近五千人。大部分與會代表有所不知的是，這個大會有世界歷史上最大的「煙火表演」陪襯。一九六一年十月三十日，也就是伯林坦克對抗的三日後和大會結束的一日前，美國的偵察機在北極附近搜集到的空氣樣本顯示蘇聯北部曾發生大型的核子爆炸。原來，蘇聯在北極海的新地島試爆了一枚氫彈——蘇聯稱之為「大伊凡」，美國人稱之為「沙皇炸彈」。其爆炸威力達五千萬噸級爆炸當量（反觀美國一九五四年在比基尼環礁試爆的氫彈只有一千五百萬噸級爆炸當量），是歷史上最大的核子爆炸。它把一個直徑八公里的火球送上六十公里高的高空，在一千公里外也看得見。醫生們在離爆炸中央一百公里的地點診斷出三級燒傷，四百公里內的房屋蕩然無存。[2]

從測試中心打到莫斯科的電報上說：「新地島試驗順利完成。試驗人員和鄰近居民安全。試驗場和所有參加試驗人員完成了祖國的任務。」負責試爆的兩個主要官員一個是中型機械工業部（負責製造核子武器的超級部會）部長斯拉夫斯基，一個是莫斯卡連科，後者是赫魯雪夫在軍中的關鍵盟友，曾於一九五三年協助逮捕貝利亞，現在主管蘇聯的戰略飛彈。電報最後說：「我們正在返回黨大會途中。」兩位蘇聯官員也是黨代表大會的成員，他們跳過了黨領袖們的演講，去新地島監督新武器的試驗。世界上威力最強大的核子設施的引爆是蘇聯核子工業對黨代表大會的獻禮。[3]

「沙皇炸彈」引爆的一天後，黨代表大會通過把史達林的遺體從列寧陵寢移走——這遺體自一九五三年史達林死後就放在列寧經過防腐處理的遺體旁邊。赫魯雪夫現在已經成為了蘇聯無可質疑的領袖，不管在國內或國外都完全走出了前任的陰影。但他崛起為世界共產主義巔峰的過程並不是沒有爭議。挑戰者就在黨代表大會的會議廳之內，他們由久任中華人民共和國總理的周恩來所率領。把史達林遺體從列寧陵寢移走的幾天前，周恩來才在他的棺材上獻上一圈花環。花環上的提字稱史達林為「偉大的馬克思主義—列寧主義者」。中國對赫魯雪夫的去史達林化政策和他對史達林個人崇拜的攻擊愈來愈不滿，中國共產黨領袖毛澤東視之為對他個人和他的政權的攻擊。

在黨代表大會上，周恩來批評蘇聯對西方太過軟弱，但赫魯雪夫卻主張他在幾年前開始採行的和平共存政策行之有效，只有無可救藥的「教條主義者」會加以批評。一份研究中蘇關係的中情局報告把莫斯科和北京的緊張關係簡述如下：「雖然這些分歧在一九六一年並不總是以論戰的方式表達出來，但蘇聯共產黨持續喜歡使用透過和平姿態軟化西方抵抗的機會主義策略，另外也主要是使用非軍事手段利用非共產國家的本土政治運動。反觀中國共產黨在世界共產運動中則繼續鼓吹一種較為軍事革命的綱領，在低度發展地區特別是如此。莫斯科主張共產集團不應冒著引發世界大戰的風險，而北京則力主，較為激進的綱領不會增加既有的風險。」[4]

中蘇兩個共產國家領袖也競爭世界共產主義運動的霸主之位和在第三世界的影響力。在那次蘇共黨代表大會上，沒有一個第三世界國家比卡斯楚的古巴更加受到矚目——它在半年前才擊退由美國所支持的入侵行動，有一個代表團參加黨大會。赫魯雪夫稱讚說：「在勇敢愛國者和革命家卡斯楚的領導下，古巴人迅速打敗美國人的走狗，把他們趕入豬玀灣。豬玀灣就是他們的歸屬！」黨大會上的「共產主義建設者們」*爆出笑聲並報以掌聲。赫魯雪夫不遺餘力讚美古巴人民的「反帝國主義」鬥爭。另一方面，中國代表和古巴代表都注意到一點，赫魯雪夫看來極不願意承認古巴革命是一場社會主義革命，不願意稱卡斯楚是一個馬克斯主義者，也沒有承諾要協防古巴而不惜與美國發生衝突。即便是古巴共產黨長年領袖羅加向赫魯雪夫獻上一面古巴國旗作為古巴延續布爾什維克革命的象徵時，後者的反應也是讚揚古巴而不是讚揚社會主義。[5]

為了平衡美蘇關係和中蘇關係，赫魯雪夫必須想出一個對待古巴的辦法。這個辦法既可以鞏固他在世界共產主義運動的領導地位，又避免與美國發生直接的對峙。讓赫魯雪夫和他的幕僚意想不到的是，卡斯楚挺過了豬玀灣入侵和他幾乎即時地擁抱社會主義，不只對華府構成了重大挑戰，也對莫斯科構成重大挑戰。赫魯雪夫對古巴革命的謹慎態度跟卡斯楚本人及其共產黨幕僚的公開宣稱大相逕庭，因為他們不只儘可能讓他們的革命跟蘇聯拉上關係，還讓它跟馬克思主義和社會主義拉上關係。

卡斯楚在豬玀灣的「瀕死」經驗導致其政權的官方措詞發生一百八十度改變。在五月一日國際勞動節（這節日對全世界共產主義者來說都有著重大象徵意義），卡斯楚發表了一篇演說，宣稱他的革命是一場社會主義革命，又要求議員們為古巴創制一部新的社會主義憲法。他還把自己和國家牢牢地定位在冷戰對立中社會主義這一邊。他說：「如果說甘迺迪先生不喜歡社會主義，那麼我們也並不喜歡帝國主義！我們也不喜歡資本主義！我們有權抗議在距我國海岸一百四十五公里處存在一個帝國主義政權，一如他認為他有權抗議在距他的海岸一百四十五公里處存在一個社會主義政權。」為了不讓任何人懷疑他的話，他派一隊兒童在哈瓦那街頭遊行，遊行隊形排成「我們的社會主義革命萬歲」字樣。[6]

不僅被豬玀灣入侵嚇到，也預期不久的將來會有更加強大的武力入侵，卡斯楚顯然相信，如果想要拯救他的革命，他必須把它說成是一個社會主義革命。他亟需蘇聯伸出援手，而這種援手不只是買古巴的糖、借錢給他購買蘇聯設備和供應石油。他還想要武器，特別是想要飛彈。在一九六一年九月四日所寫的一封信中，他向莫斯科索要三百八十八枚地對空飛彈（就像在一九六〇年五月擊落U-2偵察機的那一種），用以保衛古巴的領空。他全部軍事協助的要求總共價值二億美元。蘇聯願意協助，但把金額削

＊ 譯注：這個黨大會後來被稱為「共產主義建設者」大會，因為它接受了建設共產主義的黨綱。

減至大約一千五百萬美元。他們還拖延出貨的步伐。赫魯雪夫想要慢慢來。[7]

到了年底，著急的卡斯楚公開宣布自己是馬克思主義者。一九六一年十二月二日，他發表了一篇演說，直接呼應赫魯雪夫一個月前在「共產主義建設者」大會上說過的一些話。卡斯楚指出，赫魯雪夫呈給大會的報告證明了馬克思主義是一種活生生和發展中的意識形態。馬克思並沒有留下建設一個社會主義社會的藍圖。根據他閱讀馬克思著作的心得，卡斯楚主張每一場反帝國主義革命都是一場社會主義革命：「反帝國主義革命只能是社會主義革命，因為二者是二而一。」[8]

這個演講提高了蘇聯和古巴之間的意識形態關聯。卡斯楚自稱是一個馬克思主義—列寧主義者或一個蘇聯類型的馬克思主義者，是一個在學生時代讀過馬克思和列寧著作但直到最近才能完全欣賞它們的人。美國報紙興高采烈評論卡斯楚的這個自稱，表示他們早知道他是個共產主義者，反觀蘇聯的媒體對此有保留得多。

在莫斯科，卡斯楚仍然被歸類為反對帝國主義的第三世界領袖。例如，蘇聯大報《消息報》在一九六一年十二月表示，「古巴人民英雄卡斯楚、印尼總統蘇加諾、印度總統尼赫魯和加納總統恩克魯瑪這麼大相逕庭的政治家都參考——當然是以各自的方式參考——蘇共二十二次代表大會的觀念，參考馬克思主義—列寧主義的觀念。就連美國聯邦調查局都不敢把他們一律稱為共產主義者。如果說卡斯楚自稱是馬克思主義者，蘇加諾卻不準備這樣做。」[9]

我們可以從他女婿主編的報紙*的語氣猜測得到，赫魯雪夫對卡斯楚自爆為馬克思主義者一事並不高興。赫魯雪夫私底下歡迎卡斯楚有這樣的發展，但又相信卡斯楚公開宣布自己的社會主義和共產主義目標是太早熟。他在回憶錄裡寫道：「我們很難理解這聲明的發表時機。卡斯楚的宣言的即時效果是擴大了自己和反社會主義的人之間的鴻溝，又縮小了他能夠指望得上的，支持反入侵的盟友的圈子。就卡斯楚的個人勇氣而論，他的立場是可欽佩和正確的。但就戰術的角度來看，它沒有多少意義。」[10]

如果這個宣言的戰術意義對赫魯雪夫意義不大，它對卡斯楚卻是意義重大。他急需武器。透過宣稱自己是馬克思主義者和進行了一場社會主義革命，他讓赫魯雪夫備感為難。世界共產主義運動革命的領袖能夠對一個馬克思主義者在與美帝近在咫尺之處發動的一場社會主義革命不聞不問嗎？但莫斯科對卡斯楚的軍事援助要求還是沒有下文。一九六一年十二月十七日，也就是「我是共產主義者」演講發表的兩星期後，卡斯楚和他的幕僚找上一個他們相信和克里姆林宮有直接聯繫的人。對方是「格別烏」駐古巴的頭子希托夫，人稱阿列克謝耶夫。他意識到古巴人的不高興。他們向他抱怨，蘇聯官員沒有兌現贈送飛彈的承諾，又指出美國將會侵略古巴。阿列克謝耶夫向莫斯科發去一份報告，但赫魯雪夫沒有回覆。[11]

古巴在一九六二年受到前所未有的經濟打擊。甘迺迪總統在二月宣布了新的制裁措施，不只對古巴蔗糖關閉美國市場，還同樣制裁了古巴雪茄。蘇聯和中國向卡斯楚購糖，但沒能全部填補古巴國家預算的缺口。一切都供應不足。為應付糧食短缺，卡斯楚被迫實行配給制度。「古巴現在面臨了一場經濟危

* 譯注：指《消息報》。

機，主要原因是可進口食物和美國機器零件的外幣嚴重短缺。」一篇在一九六二年四月初編輯的中情局備忘錄上這樣寫著。[12]

由於愈來愈感到不安，對於莫斯科遲遲沒有供應武器也備感挫折，卡斯楚準備好一百八十度改變戰術，轉為打壓自己國家的馬克思主義者，也就是打壓古巴共產黨的成員。這表示他要加強對政權的政治控制和向廣大的共產主義世界發出一個挫折訊號。一九六二年三月二十五日，卡斯楚發表了一場冗長的電視演講，撻伐古巴共產黨的派系主義。他問道：「何謂派系主義？」然後自己回答：「派系主義就是相信唯一可以在人民農場、合作社和政府等任何地方擁有職位的革命分子都必須是老資格的馬克思主義好鬥分子。」[13]

卡斯楚攻擊的主要靶子是埃斯卡蘭特，對方是資深的共產黨活躍分子和該黨主要報紙的主編。一年前卡斯楚才任命他為「統一革命組織」的書記——「統一革命組織」是卡斯楚建立的政治組織，除古巴共產黨人以外還包括他那些來自「七二六運動」和「革命指導委員會」的支持者。埃斯卡蘭特成功將自己的職位變成最重要的政府職務，進而挑戰卡斯楚關鍵盟友切．格瓦拉的權威。格瓦拉渴望把革命帶到整個拉丁美洲，被懷疑對中國有好感，反觀埃斯卡蘭特卻是莫斯科的強力支持者。不理會莫斯科的反對，卡斯楚解除了大權在握的埃斯卡蘭特的職務。卡斯楚還成功把這位共產黨老衛兵詆毀為經濟惡化的代罪羔羊，以挽救自己愈來愈低落的民望。[14]

埃斯卡蘭特將古巴醞釀中的危機事態緊急帶回莫斯科的克里姆林宮。他聲稱，中國在哈瓦那的影響力日漸升高，他想辦法阻遏，卻因此丟官。埃斯卡蘭特在一九六二年四月三日向中央委員會呈遞他的報告。前景看來不妙，赫魯雪夫必須有所行動。埃斯卡蘭特遞上報告的八天後，中央委員會的喉舌報《真理報》登出一篇長文，談古巴領導層的處境。讓埃斯卡蘭特感到失望，或許更伴隨著震驚的是，中央委員會竟然決定譴責他而支持他的死對頭卡斯楚（他把卡斯楚的行為解釋成日漸受到中國人影響的結果）。《真理報》強調團結對抗帝國主義侵略的重要性。[15]

被迫在老資格共產黨人埃斯卡蘭特和馬克思主義者卡斯楚之間做出選擇時，赫魯雪夫最終決定支持後者，認為卡斯楚的領導最能保證讓古巴留在蘇聯陣營。「格別烏」告訴他，中國人在哈瓦那的影響力被誇大了，而他也相信美國人確實意圖入侵古巴。三月十二日，《消息報》的主編，同時也是赫魯雪夫的女婿阿朱別伊向中央委員會呈遞一個報告，交代他和甘迺迪總統同年稍早曾有過的談話。他們談到的其中一件事是古巴。甘迺迪告訴阿朱別伊：「從心理的觀點來說，要美國人認同正發生在古巴的事非常困難。畢竟它距離我們的海岸只一百四十五公里遠。」他將蘇聯一九五六年在匈牙利採取的果斷措施*，和此次中情局無法確實掌握古巴做了比較。阿朱別伊的報告讓人覺得甘迺迪沒有放棄奪取古巴的念頭，軍事入侵行動即將來臨。[16]

—

一九六二年四月十二日，也就是《真理報》上述社論刊出翌日，中央委員會的主席團——由赫魯雪

* 編注：一九五六年匈牙利發生起義事件，反抗匈牙利人民共和國與蘇聯強加的制度，蘇聯政府高層雖然意見不一致，但最終還是派兵鎮壓，此事件過後約有二十萬匈牙利人逃亡國外成為難民。美國當時考量到爆發核子戰爭的可能性沒有直接干預。

夫領導的蘇聯統治機構——同意採取緊急措施幫助卡斯楚和他的政府。主席團宣布加快運送卡斯楚在九月要求的一百八十枚地對空飛彈。他也會獲得「箭型」空對地巡弋飛彈——這種飛彈由「米格15」戰鬥機發射，專門用來對付船艦。主席團決定送去古巴的飛彈中，有一些原來是答應好給蘇聯在第三世界的另一個附庸——埃及總理納賽爾。由此可見，古巴在蘇聯的心目中變得比埃及更有分量。

雖然莫斯科提供給古巴的飛彈比卡斯楚所要求的少，但他卻獲得了一些本來沒有要求的武器：十架「伊留申」中程轟炸機和四座R-15巡弋飛彈發射台。主席團此舉——減少一些武器的供應而用另一些來代替——並不是為了省錢。這也是想要讓古巴更能夠反擊可能的入侵。在對付入侵者一事上，轟炸機和飛彈一樣重要。除了武器之外，蘇聯一些軍事人員也會被派去古巴。一共六百五十名軍官、中士和士兵，任務是操作飛彈發射台、駕駛轟炸機和教古巴人怎樣做這兩件事。[17]

主席團在四月十二日決定，要提供古巴的飛彈和其他裝備的總值為兩千三百萬盧布。這是對一個本來就讓人印象深刻的軍事支援錦上添花。蘇聯早在一九六〇年便開始對古巴提供武器，而到了一九六二年五月，雙方簽署了價值兩億二千八百萬盧布的協議。價值一億四千二百萬盧布的軍火業已運到了哈瓦那。它們有些是贈送，有些是以折扣出售，還有一些是蘇聯提供古巴信用額度供它以正常價格購買。在一九六二年，古巴本應為業已收貨的軍火支付五千萬盧布，卻因為經濟危機而無法兌現，更遑論是添購新的軍火。

赫魯雪夫不但決定把古巴早前的軍火債務一筆勾銷，還要在接下來兩年提供新的軍火，無論數量多寡和價格高低一律免費。蘇聯又答應支付自己軍事人員的費用，只有住屋和運輸是由古巴軍隊提供。這軍隊的所有需求接下來兩年都會是由蘇聯免費供應。物資的提供是以在古巴的軍隊有十萬人的基準來估算。做出正式決定的建議於一九六二年五月七日向中央委員會提出。[18]

同一天，赫魯雪夫會見了蘇聯新任古巴大使阿列克謝耶夫。阿列克謝耶夫原是古巴首都「格別烏」情報站站長，非常受到卡斯楚的尊敬——這一點讓他和前任大使、職業外交官庫德亞夫采夫大不相同。赫魯雪夫告訴他：「我不想再看到雙頭馬車，不想再看到我們承認一個大使而古巴人承認另一個。」赫魯雪夫顯然想要一個與卡斯楚關係良好的人當大使。阿列克謝耶夫認為自己因為缺乏經濟專長而不勝任，但未被理會。赫魯雪夫想要一個新的人來幫助蘇古關係走出不愉快階段。他派阿列克謝耶夫到中委會幫忙草擬一封信給卡斯楚，信上將列明莫斯科提供的新軍事援助的細節。[19]

一九六二年五月十一日，阿列克謝耶夫把起草的信上呈主席團，毫無耽誤就獲得批准。信中除了表明免除古巴軍火債務和免費提供新武器以外，又建議提供經濟和管理上的幫助。如果古巴需要，蘇聯願意幫它建立一個地下無線電中心和提供五艘蘇聯漁船。蘇聯也準備協助古巴改善灌溉系統——即將率領蘇聯代表團造訪古巴的拉希多夫，他是烏茲別克的最高領導人，也是這方面的專家。阿列克謝耶夫被告知，拉希多夫種植甘蔗經驗豐富，可以幫忙古巴人解決問題。當蘇聯人鬧哄哄炮製一個「解救古巴」的經濟援助組合時，有一個事實被忽略了：古巴人遇到的難題不在生產蔗糖，而在販賣蔗糖。[20]

蘇聯對古巴做出了史無前例的軍事和財政承諾，押的賭注愈來愈高。同一封信又邀請卡斯楚年底前訪問蘇聯。卡斯楚要帶領國家走向社會主義的承諾先前受到忽略，但現在終於得到了回報。不過這是發生在他出其不意地攻擊莫斯科在哈瓦那的盟友之後。一九六二年四月十八日，在一封祝賀古巴在豬玀灣取得勝利一週年的信中，赫魯雪夫完全拋棄了他一直以來對卡斯楚和古巴的謹慎態度，他在信中稱卡斯楚為「卡斯楚同志」。卡斯楚終於用意識形態的皮帶把赫魯雪夫套住，但赫魯雪夫甘之如飴。他的動機並不單純在意識形態上。讓他被古巴吸引的因素之一是他明白在美蘇的大國角力和軍事競賽中，蘇聯落入了下風。[21]

第4章　火箭人

一九六二年五月十四日，赫魯雪夫離開莫斯科前往保加利亞，進行計劃已久的訪問。保加利亞是東歐最可靠的蘇聯衛星國之一，與俄羅斯有著文化和宗教上的聯繫，沙皇時期曾一起共抗鄂圖曼人。事實上，兩個國家以前都是由沙皇統治，現在分別有自己的第一書記。赫魯雪夫前往保加利亞是要簽署一份合作協議，並且和保國最高領導人日夫科夫暢敘兩國的交誼。

日夫科夫在一九五四年史達林死後成為保加利亞共產黨第一書記，直到一九八九年共產政權瓦解才下台。為了迎接赫魯雪夫，他動員了數以萬計的國民。一九六二年五月十九日，二十五萬人聚集在索菲亞的主要廣場和附近的街道，歡迎來自莫斯科的貴賓。對一個人口不到八百萬的國家和居民不到八十萬的首都來說，二十五萬人的陣容是極大盛事，等於每四個索菲亞居民就有一個目睹市長把城門的鑰匙送給赫魯雪夫。索菲亞、瓦爾納和普列文等重要城市都把榮譽市民的頭銜贈給赫魯雪夫。

沒有蘇共中央主席團的其他成員和他一起出訪保加利亞，這讓赫魯雪夫成為了受到注目和崇拜的唯一焦點。在他為期五天訪問期間所拍的其中一張照片裡，穿著淺色西裝的赫魯雪夫在穿著黑色西裝的蘇聯和保加利亞官員中間顯得鶴立雞群，在世人眼中就像一個被一群黑衣主教圍繞的白袍共產主義教宗。事實上，赫魯雪夫的訪問也有各種宗教儀式的襯托，和教宗到天主教國家出訪無大不同。這是一個歡慶共產主義和斯拉夫手足情誼的時刻，又特別是一個歡慶赫魯雪夫——世界共產主義運動的大祭司——的個人權力和永不犯錯的時刻。[1]

在保加利亞北部的樣板社會主義農村奧布諾瓦村（字面意義是「翻新」），赫魯雪夫對一群穿節慶色彩衣服的農民有此一問：「共產主義現在發展到哪兒啦？」然後得意洋洋地回答說：「共產主義已經擴大了它的邊界。如果說不久以前蘇聯是唯一一個社會主義國家的話，那麼社會主義陣營現在就大大擴闊了它的邊界，將許多歐洲社會主義國家、中華人民共和國、朝鮮民主共和國和越南民主共和國團結在一個充滿手足情誼的大家庭裡。戰後的歐洲發現自己很多國家成為了社會主義國家。現在社會主義的旗幟又驕傲地在古巴飄揚。」[2]

保加利亞之旅全程，赫魯雪夫一直惦記著古巴，因為不管他表面上多麼風光，他都有種深深的不安全感。他日後回憶說：「當我在保加利亞進行官方訪問時，一個念頭反覆敲打我的腦子：如果我們失去古巴，會落得怎麼樣？」美國會在背後支持另一次入侵古巴行動的可能性讓他不得安寧。他後來回憶說：「我們必須想出一些除動嘴以外對抗美國的辦法。我們必須對美國在加勒比海的干預建立具體有效的阻嚇，但確切的方法又是什麼？」[3]

在一九六二年四月，赫魯雪夫發現自己同時被好幾個外交政策危機圍困。首先是卡斯楚突然對古巴政府內的共產黨人開刀和美國再次入侵古巴的威脅。然後是甘迺迪恢復了在大氣層進行核子試爆的消息——一枚核子彈於四月二十五日在太平洋上的聖誕節島引爆。那是對蘇聯在前一年秋天進行的試爆的回應。那個月，赫魯雪夫開除了戰略火箭部隊司令莫斯卡連科元帥的職位，怪他任由美國和蘇聯之間的核子鴻溝不斷加大。[4]

莫斯卡連科元帥是美國「義勇兵」飛彈第一個受害者。「義勇兵」是一種陸基的洲際彈道飛彈，使用固態燃料，所以不像之前的液態燃料飛彈那樣，需要在出擊前花幾小時注入燃料，而是任一分鐘都可以發射——其名字源於此*。另外，「義勇兵」可以存放在地下飛彈發射井，敵人難以摧毀。蘇聯沒有飛彈可以和「義勇兵」相比，因為它的飛彈都是使用液態燃料，出擊前需要在洞開的發射台上灌注幾小時的燃料，經不起敵人一擊。[5]

美國在一九五七年已經著手研究使用固態燃料的火箭，但蘇聯成功發射「史普尼克」人造衛星讓國會驚覺有必要加速推動固態燃料火箭的計畫，一九五八年撥給研發「義勇兵」的預算幾乎翻了三倍，從四千萬美元提升為一億五千萬美元。到了一九五九年又再增加為二十億美元。到了一九六〇年，光是波音公司就僱用了一萬二千名工程師和工人在猶他州北部建造「義勇兵」。飛彈於一九六一年二月在佛羅里達州的卡納維爾角第一次試射成功。第一個「義勇兵」飛彈發射場三月開始在蒙大拿州動工。甘迺迪政府青睞「義勇兵」多於其他飛彈計畫，因為它雖然設計費用昂貴，但生產價格相對低廉。到了一九六二年三月，美國報紙提到這種新的飛彈時，指出它能夠投送「『百萬噸』※的死亡與毀滅。」[6]

赫魯雪夫是在一九六二年二月得知美國即將部署「義勇兵」飛彈，且蘇聯無力做出有效回應，當時

---

* 譯注：「義勇兵」原文 Minuteman，又譯為「分鐘人」。編注：「義勇兵」原是指美國獨立戰爭時期特殊民兵組織，特色為機動性高與快速部署能力。後以此特色用於洲際飛彈的命名。

※ 譯注：「百萬噸」原文 megaton，用於計算核武器等爆炸威力。

他正在黑海度假勝地皮聰達主持一場國防委員會會議。根據其子謝爾蓋所述（他是與會的年輕飛彈工程師），這個壞消息是由莫斯卡連科元帥向他父親報告。莫斯卡連科是烏克蘭頓巴斯地區人，深得赫魯雪夫信任（赫魯雪夫曾長時間在頓巴斯居住和工作）。一九五三年六月，莫斯卡連科曾率領一群軍官逮捕赫魯雪夫的大敵貝利亞。四年後的一九五七年七月，當中央主席團設法要驅逐赫魯雪夫時，莫斯卡連科協助召集中央委員會全體會議，為赫魯雪夫洗雪罪名，又開除了他的敵人的職位。也正是在莫斯卡連科的監督下，加加林在一九六一年四月被送入太空軌道，「沙皇炸彈」在同年十月被引爆。不過隨著美國人準備好部署「義勇兵」飛彈，莫斯卡連科的好運也用完了。[7]

莫斯卡連科元帥首先報告了一個好消息：軍方將從年初開始獲得新的洲際彈道飛彈R-16。長三十公尺，重一百四十公噸，R-16可以攜帶一顆五百萬噸級爆炸當量的核子彈頭，射程一萬一千公里，要從莫斯科打到華盛頓（距離八千公里）綽綽有餘。R-16即將部署的消息對莫斯卡連科和房間中的其他人都有特殊意義。還是一九六〇年十月的時候，這種飛彈的較早期版本在哈薩克的拜科努爾試驗場的發射台上爆炸，殺死九十二人，包括莫斯卡連科元帥的前任，即蘇聯戰略火箭部隊第一任司令涅德林元帥。一九六二年一月，R-16第一次成功從一個地下井發射。現在他們準備好部署這種飛彈。[8]

但這是莫斯卡連科唯一能報告的好消息。他不得不承認期盼已久的R-16不是「義勇兵」的對手。它是蘇聯第一種使用可貯存液態燃料*的飛彈，可以減少飛彈準備發射的時間，但要為兩節飛彈填充燃料仍然要花好幾小時——根據莫斯卡連科的說法是六小時。反觀「義勇兵」的準備時間則只需要幾分鐘。「在我們把飛彈拉出來並讓它就定位的這段時間，我們恐將屍骨無存。」莫斯卡連科誇張地說，他在部隊裡本來就一向有「恐慌將軍」的外號。還有另一個問題是，不發射的時候原來的燃料必須從火箭的油箱裡抽出來，因為燃料中的不穩定成分太有腐蝕性，不到兩天就會把油箱燒穿。莫斯卡連科報告說：「美國專家指出，『義勇兵』的固態燃料可以一裝就是幾年。」[9]

R-16的主要設計者揚格利——他在一九六〇年十月的災難性爆炸中逃過一劫——現正竭力改善飛彈的設計，但不能保證很快會有結果。揚格利走上講台告訴赫魯雪夫，R-16是「史普尼克」開始的那一代飛彈的最後一種。「義勇兵」已經改變了遊戲規則。蘇聯需要可以隨時準備好發射的新一代飛彈。壞消息不只來自揚格利和他在聶伯彼得羅夫斯克的設計局（赫魯雪夫曾經吹噓那裡像生產香腸一樣大量生產飛彈）。揚格利的競爭者科羅廖夫——「史普尼克」的發明人——也在為自己遇到的困難搏鬥。他設計的火箭R-9也是使用液態燃料——一種煤油和氧氣的混合物，需要貯存在低溫。因為氧氣會從燃料箱洩漏走，所以要不斷補充。如果說R-16已經測試成功和準備好部署，則R-9仍然需要繼續測試，每次測試都會發現新問題。[10]

蘇聯所面對的下一個問題是缺乏準備好作戰的長程飛彈。赫魯雪夫手邊很少有能夠打到美國的洲際飛彈。科羅廖夫設計的R-7A是有這能力，但一共只有四枚，而且不可靠且嚴重過時，需要花二十個小時填充燃料，這使它成為美國轟炸機的絕佳靶子。揚格利的R-16要遠勝過，但才剛要部署，而且從地下井發射的型號還沒有開始測試。就像莫斯卡連科已經指出的，蘇聯一共只有幾十枚R-16，它們容易受到敵

---

* 譯注：指可貯存在常溫中。

人攻擊，沒有辦法作為還擊之用。因此蘇聯沒有飛彈可以阻嚇美國可能的核子攻擊。[11]

這不只是對蘇聯的飛彈計畫來說是壞消息，對赫魯雪夫個人來說也是壞消息。他先前把重注押在了飛彈上，大量刪減其他軍事部門的支出。但他卻沒有固態燃料的火箭，這表示他的火箭必須花好幾小時在發射台上填充燃料，因此容易受到美國人的攻擊。它們是可以作為首發攻擊的武器，卻無法用於還擊。他兒子謝爾蓋回憶說：「父親憂鬱地打量房間一圈。他想要的結果再次證明是不可能達成的……他要求在場的人想想辦法，看看怎麼樣可以將趕上美國人所需要的時間減到最低。」蘇聯不只在飛彈的數量上屈居下風，還在品質上屈居下風。赫魯雪夫早就知道的飛彈鴻溝變得愈來愈大了。

這位蘇聯領導人除了要求新的觀念和計畫，也準備好資助它們。四月十六日，也就是赫魯雪夫和他的黨中央主席團授權對古巴進行一項大型的軍事支援之後，他們又批准一項新計畫，以製造能夠把核子彈頭投送到美國的洲際彈道飛彈。飛彈設計專家切洛梅是赫魯雪夫的新寵，他獲授權發展兩種新的飛彈，一種是可發射五千萬噸的炸彈*（相當於「沙皇炸彈」的威力）的「通用火箭500」，一種是能夠攜帶七千磅炸藥飛行一萬兩千公里的「通用火箭200」。在聶伯彼得羅夫斯克的揚格利也奉命建造射程一萬六千公里的新火箭R-36。這種火箭將會被西方稱為SS-18「撒旦」，是蘇聯第一種多目標重返大氣層載具※。飛彈可以把一顆彈頭帶到軌道，保持在那裡，把發動攻擊的時間減少到只需要幾分鐘。[12]

但這全都是後話，「撒旦」飛彈要等到一九七四年才會部署。在這之前，赫魯雪夫需要一個解決方法。他首先把莫斯卡連科找來當代罪羔羊，藉口是他管不住他的飛彈設計師。在皮聰達的會議上，科羅廖夫和火箭引擎的設計師格魯什科就何種燃料可以讓蘇聯飛彈抵達月球發生激烈爭吵，需要赫魯雪夫出面制止（他想要的是飛彈可以抵達美國，不是月球）。雖然忠心卻沒有效率，莫斯卡連科必須走人。赫魯雪夫後來回憶說，就他看來共有三個莫斯卡連科：一個是勇敢和精力充沛的將軍，一個是對下屬不體貼和容易動怒的粗魯管理者，一個是一心往上爬的人。他決定把這三個莫斯卡連科都開除——一九六二年四月二十四日，他的這位前門生調職為國防部總監，由蘇聯防空部隊司令比留佐夫取而代之。[13]

在莫斯卡連科去職、比留佐夫被任命和新的飛彈發展計畫安排就緒以後，赫魯雪夫仍然需要一個迅速解決飛彈鴻溝難題的方法。讓人驚訝的是，他在訪問保加利亞期間想出了方法。這段期間古巴和飛彈的問題常常盤據他的心思，他的解方將同時涉及兩者。

——

五月十二日，也就是要離開莫斯科前往索菲亞的兩天前，赫魯雪夫和一個來訪的美國人會面。對方是他能找到最親近甘迺迪總統的人——白宮新聞祕書薩林格。他抽出時間陪薩林格在莫斯河上泛舟，兩人共處了整整十四小時。赫魯雪夫痛罵甘迺迪最近所說的，不排除對蘇聯展開核子攻擊。美國總統的原話是：「當然，在一些情況下，我們必須準備好使用核子武器，例如當西歐受到明確攻擊時。」當時他是想要解釋蘇聯洲際飛彈的出現已經改變了勢力的均衡，以至於艾森豪政府不用擔心敵人還擊的核打擊計畫變得過時。甘迺迪很快就收回這番話，但卻不能讓赫魯雪夫感到滿意。這位蘇聯領導人不管在和薩

＊ 編注：原文為 500-megaton，由於沙皇炸彈僅有 50-megaton，疑為筆誤。

※ 編注：多目標重返大氣層載具指可以搭載多個彈頭，並分別瞄準不同目標的載具。

林格的私下談話還是公開場合都反應激烈。[14]

在對索菲亞極端友好的群眾說話時，他批評甘迺迪「毫不猶豫地宣稱在某些情況下，美國也許會『在與蘇聯的核子衝突中採取主動』。這話不就表示美國總統想要刺激我作為蘇聯政府的首腦，去和他比賽誰會先『按下按鈕』嗎？」赫魯雪夫表示他反對這種競爭，然後補充說：「美國總統說了一句有欠思慮的話。威脅一個至少和你一樣強壯的人是明智的嗎？按下按鈕和『在與蘇聯的核子衝突中採取主動』事實上意味著自殺。」[15]

赫魯雪夫比任何人都清楚，蘇聯的核子飛彈不是美國的對手。他幾乎沒有足以發射到美國的火箭可以作為阻嚇力量，這讓他深感困擾。而他在保加利亞訪問期間也不只一次談到飛彈的問題。在黑海港口瓦爾納，他問他的聽眾：「土耳其和鄰近國家的統治階級是時候該明白，他們孤立於鄰居之外是沒有好處的，不是嗎？他們這樣做是把他們的國家利益置於外國壟斷者的利益和無意義的備戰之下。把北約用來設置海軍基地和核子飛彈發射台的海岸改變成和平繁榮的地方不是更好嗎？」[16]

赫魯雪夫指的是前一年部署在土耳其的PGM-19「木星」中程彈道飛彈（裝有一百四十四萬噸爆炸當量的核子彈頭）。一九六一年二月，蘇聯曾發表一個抗議部署這種飛彈的聲明，但毫無效果。一九六一年六月，美軍部署了十五枚「木星」飛彈在土耳其。蘇聯駐安卡拉大使館在一九六二年年初向莫斯科報告說：「飛彈基地（共有五座發射台和十五枚飛彈）將會在一九六二年三月完全就緒。到了年底，美國軍職和文職人員（包括家人）的數目就會到達破紀錄的十二萬人。」由於「木星」飛彈射程兩千四百公里，而部署飛彈的伊茲密爾省離莫斯科兩千零八十公里，所以美國人的飛彈可以輕易打到莫斯科。[17]

赫魯雪夫不指望土耳其人會聽從他的勸告把飛彈歸還美國人。他想到了另一招。他兒子謝爾蓋告訴我們，當他在瓦爾納一個海邊公園散步時，他靈光乍現，想到蘇聯何不學美國把核子飛彈安排在蘇聯附近一樣，把飛彈安排在古巴海岸。赫魯雪夫在回憶錄寫道：「我是在造訪保加利亞期間想到把有核子彈頭的飛彈部署在古巴這一招。」這看來一舉解決了他的兩個難題：怎樣保護古巴以及怎樣縮小美蘇的飛彈鴻溝。他的助理特羅揚諾夫斯基日後回憶說：「赫魯雪夫有著豐富的想像力。當某種想法盤據他的心頭，他能看出這些想法的在落實可以輕易解決某個特定的難題，類似萬靈丹。」[18]

赫魯雪夫在黑海的海岸找到「萬靈丹」。雖然他缺乏長程彈道飛彈，卻有大量短程和中程彈道飛彈，那是由揚格利在聶伯彼得羅夫斯克的工廠設計和生產（赫魯雪夫曾在一九五九年夏天造訪該工廠）。蘇聯號稱可以像生產香腸那樣生產的飛彈是R-12或SS-4，它能夠飛抵兩千公里以外的目標。在一九六二年，軍隊開始部署射程三千七百公里的中長程飛彈R-14或SS-5。如果把這兩種飛彈——一種短程一種中長程——裝設在古巴，赫魯雪夫將可把美國納入攻擊的目標。這看似是一個完美的解決辦法。[19]

飛回莫斯科途中，赫魯雪夫找他的外交部長葛羅米柯私下談話。他說的話嚇了這位同僚一跳：「古巴的形勢目前很凶險。要保護它的獨立國家地位，我們必須在那裡裝設一些我們的核子火箭。我想這是唯一能夠拯救古巴的方法。華盛頓將不會因為去年的豬玀灣入侵失敗而猶豫。」他問葛羅米柯是什麼看法。這位外交部長興致缺缺，不過由於他還不是主席團的一員也因此不是最高領導階層的一員，所以在表達自己的擔心時比較謹慎。據他日後回憶，當時他這樣回答：「我必須坦白地說，把核子飛彈帶到古巴將會引起美國國內的政治爆炸。」赫魯雪夫感到不悅，但沒有駁斥自己的外交部長。過了半晌，他告訴葛羅米柯：「我們不需要一場核子戰爭，我們不準備打一場核子戰爭。」葛羅米柯聽了以後鬆一口氣。[20]

赫魯雪夫是不準備挑起一場核子戰爭，但他想要進行的卻是一次極端危險的核邊緣政策。然而這看似是他面對的兩個外交政策難題的唯一解決辦法。這兩個難題就是支持古巴新建立的共產主義和克服美國在核子飛彈上的優勢。赫魯雪夫一直把自己塑造為世界共產主義的捍衛者和一個飛彈技術更勝美國的國家的領袖，現在他必須表現出來。

第5章　核子化

知道了自己必須做什麼之後，就沒有什麼可以阻擋赫魯雪夫了。一九六二年五月二十一日，從保加利亞返回莫斯科的第二天，他召開了一個國防委員會會議，成員包括了黨和政府的領導階層。在座的還有蘇聯戰略火箭部隊的新指揮官比留佐夫。

赫魯雪夫報告了他訪問保加利亞的經過，然後把話題轉向古巴。他日後回憶：「我說誰要是指望第二次入侵在策劃和執行上會像第一次一樣拙劣，他就是個傻瓜。我警告大家，要是古巴再遭入侵，卡斯楚就可能垮台，並說只有我們才能防止這一災難發生。」接著他建議把短程和中長程飛彈部署在古巴領土：「此舉除了保護古巴，我們的飛彈也可以帶來西方所謂的『勢力均衡』。」[1]

當日的會議摘要把這個話題的討論稱為「論協助古巴」。這意味著赫魯雪夫是把討論定位為有關於拯救古巴而不是處理美蘇飛彈數量懸殊的問題。中委會總務部部長馬林為會議做了非正式紀錄。他在筆記上寫道：「怎樣幫助古巴撐住。」根據馬林的筆記，沒有人反對赫魯雪夫的解決方法。但根據國防委員會書記伊萬諾夫大將的筆記，在場至少有一個人發出異議，那就是部長會議的第一副主席米高揚：他出言反對「把我們的飛彈和部隊放在古巴」的主意。[2]

赫魯雪夫在會議前就與米高揚談過，知道他反對部署飛彈的計畫。米高揚極度擔心美國人一旦知道了飛彈的事，不會容忍這麼逼近的核子攻擊威脅，將會打擊飛彈基地，殲滅那裡的蘇聯部隊。他問道：「到時我們應該怎樣做？用飛彈攻擊美國本土？」赫魯雪夫並沒有不同意。他這樣回憶他與米高揚其中一次的討論：「我以前有一樣的看法。我甚至說過，這樣一步是幾近莽撞。這計畫的莽撞在於我們對防衛古巴的渴望有可能會導致一場空前未有的核子戰爭。我們有需要用盡任何辦法來避免，因為蓄意挑起這樣的戰爭斷然是莽撞的冒進主義。」赫魯雪夫知道自己是在冒著挑起核子戰爭的危險，但他相信自己可以踏出這莽撞的一步而迴避其後果。

赫魯雪夫設法把米高揚拉到自己一邊，但失敗了。他從保加利亞回來後，在一次私下會面中問米高揚：「如果我們神不知鬼不覺地快快部署我們的飛彈又如何？然後我們通知美國人這件事，首先是透過外交管道然後是公開通知。那會讓他們明白他們不是老大。他們將會落入一種與我們勢均力敵的局面。任何對古巴的侵略將會意味著美國的領土受到攻擊。他們將會放棄任何入侵古巴的計畫。」米高揚不為所動。他後來回憶：「我告訴他這個想法是危險的。核子飛彈很難隱藏起來，萬一它們被偵察出來怎麼辦？」赫魯雪夫沒有讓人滿意的答案。[3]

然而，在一九六二年五月二十一日的會議上，赫魯雪夫的主張仍然占了上風。因為其他領導人不是默不作聲就是附和他的主張。他輕易就可以把米高揚的反對意見晾在一邊。米高揚始終是少數派。他日後回憶說，他是在場唯一在這個問題上反對赫魯雪夫的人。國防委員會決定授權準備把核子飛彈運到古巴的事宜。簡略的會議筆記把領導階層討論和批准的特殊措施記錄如下：「安裝核子火箭武器。祕密運送它們，日後披露。火箭受我們指揮。這將會是一種攻勢政策。」在場的人還決定找卡斯楚商談簽一紙相互防衛條約。[4]

自從赫魯雪夫在一九五七年夏天粉碎了反對他的保守派分子和在一九五八年春天晉升到黨和政府的最高職位之後，黨和政府的領導階層就沒有多少人敢跟他唱反調。米高揚是在列寧的時代開始從事黨職，又在史達林時代逃過清洗，是政府中碩果僅存的老人。也只有他有時敢在公開的討論中頂撞赫魯雪夫。其他人——例如由赫魯雪夫指派的葛羅米柯——選擇不把想法說出來，特別是不去批評赫魯雪夫在國內和國外愈來愈冒進的行為。一言堂讓赫魯雪夫可以在危機時期做出快速、果斷和有彈性的反應，但同樣給了他製造危機的機會。大家只能期望他解決危機的本領不亞於製造危機的能力。

—

赫魯雪夫責成國防部長馬利諾夫斯基和戰略火箭部隊總司令比留佐夫評估把飛彈和核子彈頭運送到古巴的行動的規模和所需要的時間。

赫魯雪夫知道他可以倚靠馬利諾夫斯基。馬利諾夫斯基六十三歲，圓臉，魁梧，為人率直，在西班牙內戰期間曾與佛朗哥作戰。赫魯雪夫是在二次大戰期間認識他。他在史達林格勒表現傑出，後又率領蘇聯軍團解放自己的故土烏克蘭，作戰生涯的最終功績是攻占維也納。赫魯雪夫在一九五七年選擇馬利諾夫斯基代替有獨立思考能力的朱可夫作為國防部長，自此以後他成為了赫魯雪夫改革軍隊艱苦工作中最親密的盟友。軍隊人數受到大大削減，很多軍事預算從傳統兵種轉流入新建的飛彈部隊。[5]

馬利諾夫斯基命令伊萬諾夫大將——他是國防委員會的書記也是總參謀部作戰管理總局局長——草擬飛彈運送計畫的建議書。伊萬諾夫在五月二十一日的會議結束回到總部之後，他的一個下屬——四十三歲的捲髮少將格里布科夫馬上意識到發生了不尋常的事。他日後回憶：「我認識我的直屬上司很久了，但這是我第一次看見他那樣心神不寧。」伊萬諾夫給格里布科夫看他在會議上所做的筆記。他想要年輕少將草擬部署行動的計畫書。這個任務非常機密，所以只有另外兩個人在格里布科夫的指揮下投入這個計畫。辦事人員亦被排除在外。伊萬諾夫下令說：「不許有打字員參與。除你們三個之外，沒有人可以知道文件的內容。」[6]

這任務除了祕密還很緊急。格里布科夫多年後回憶：「我們廢寢忘食地投入工作。」七頁的草稿在兩日之內完成。格里布科夫和兩個下屬建議派遣四萬四千名官兵和一千三百名文職人員前往古巴。數量可觀的人員，伴隨同樣數量可觀的器械、設備和物資。根據格里布科夫的估計，把所有人員和物品運到古巴需要七、八十艘貨船和客輪。派駐古巴的部隊——現在正式定名為「蘇軍駐古巴團」——將抽調自所有兵種，包括海軍、空軍、防空部隊和陸軍。他們的主要任務是保護四個飛彈團：兩個團配備二十四個R-12中程飛彈的發射台，另兩個團配備十六個R-14中長程飛彈的發射台。與這四十個發射器架配對的是六十枚飛彈和六十顆核子彈頭。

對於這個行動的耗時（這是國防委員會責成馬利諾夫斯基和比留佐夫評估的另一個問題），格里布科夫建議飛彈可以分兩批送到古巴，第一批在七月初發送。全部特遣部隊在古巴的集結可以在九月完成。根據他的兩個助理估計，R-12飛彈和預製的發射台可以在抵達指定目的地的十天內開始運作。不過建造R-14的發射設施將需要四個月左右。所以R-12在九月便可以運作，而R-14要到十二月底才能運作。除詳細列舉了需要運送的武器、設備和部隊單位以外，建議書草稿也給這次超級祕密的行動建議了一個外號：阿納德爾。[7]

格里布科夫從來沒有透露，用堪察加半島一條西伯利亞河流，來命名在亞熱帶古巴的部署行動是誰的主意。但這個取名所反映的毫無疑問是計畫策劃人對保密需要的高度重視。他們也顯示自己的膽大包天——要往古巴運送和祕密部署四十個飛彈發射裝置、六十枚飛彈、六十顆核子彈頭和四萬五千名人員是一個幾近不可能的任務。然而國防部長馬利諾夫斯基卻簽署了行動計畫書的草案。赫魯雪夫本來半生不熟的主意由此具有了一個軍事計畫的細節。軍隊將會大展拳腳，在古巴建造一個全面性的基地。「蘇軍駐古巴團」（the Group of Soviet Forces in Guba）這一名稱是沿用蘇聯在東德駐軍的名稱*，暗示蘇聯在西面的軍事前沿從東德一下子大舉延伸到了加勒比海。[8]

五月二十四日，馬利諾夫斯基向中委會主席團呈遞格里布科夫的草案。主席團的成員和構成國防委員會的蘇聯權貴相差無幾，參與討論草案的除赫魯雪夫以外，其他最重要的人物包括：黨的二把手科茲洛夫、最高蘇維埃主席布里茲涅夫、政府的二把手柯錫金和赫魯雪夫的另一個主要副手米高揚。米高揚也是領導層中唯一對赫魯雪夫的計畫有保留的人。再一次，他在會議上雖然恭敬有禮，卻出言批評赫魯雪夫的構想和由這構想產生的行動草案。[9]

面對米高揚的持續反對，赫魯雪夫求助於他的盟友馬利諾夫斯基。他問馬利諾夫斯基如果要他來攻占古巴這樣的島嶼需要花多少時間。赫魯雪夫真正想知道的是美國要多少時間才能攻占古巴。馬利諾夫

---

* 指蘇聯在東德的駐軍團「the Group of Soviet Forces in Germany（GSFG）」。

斯基知道赫魯雪夫的用意，所以回答大概需要四天到一星期。聽了之後，赫魯雪夫對米高揚說：「聽見沒？我們沒有其他選項。」赫魯雪夫預料美國人將會入侵，所以用這種威脅來嚇唬黨政高層的唯一異議分子，要讓其就範。但米高揚仍然不同意這個計畫。

他幾年前到過古巴，所以不認為行動可以保密，不認為飛彈在部署了之後能逃過美國人的耳目。他回憶說：「我告訴他我在一九六〇年雙眼所看到的事情。沒有樹林可以隱藏飛彈發射台。只有一些彼此分隔很遠的棕櫚樹。」這些棕櫚樹事實上是一些「裸樹」，只有樹頂才有葉子。主席團的成員去過黑海的度假勝地索契，知道棕櫚樹長什麼樣子。他們無言以對。米高揚繼續說：「我告訴他們，後果有可能是危險的，甚至是災難性的。美國人可能會對我們的飛彈發動攻擊，幾分鐘內就摧毀殆盡。」他要求在座各位必須考慮到下一步：「到時我們要怎麼辦？是忍氣吞聲，在世人面前灰頭土臉？我們也有可能會失去古巴，那我們做的一切又是為了誰？還是以核子武器報復？那將意味著挑起戰爭。」[10]

當赫魯雪夫邀請新委任的駐古巴大使阿列克謝耶夫列席時，米高揚得到了意料之外的支持。讓這位政府首席古巴專家嚇一跳的是，赫魯雪夫對他說：「為了幫助古巴和拯救古巴革命，我們決定要把火箭放到該島上。你怎樣看？卡斯楚會有什麼反應？他會同意嗎？」行將成為外交官的前「格別烏」軍官使出他的全部外交技巧回答說：卡斯楚正在向整個拉丁美洲發動宣傳，反對設立外國軍事基地，藉此迫使美國人離開關塔那摩，所以要他接受在古巴設立一個蘇聯軍事基地乃是有違他自己的政策。

赫魯雪夫默不作聲，但馬利諾夫斯基眼見自己的「阿納德爾」計畫突然陷入困境，起而採取攻勢，設法唬住阿列克謝耶夫。「如果他們就像你說的那樣不同意的話，他們算是哪門子的革命？我在西班牙作戰過，那裡進行的是一場資產階級革命，但他們一樣接受我們的幫忙……社會主義古巴就更有理由接受。」根據馬利諾夫斯基的理路，如果蘇聯就像赫魯雪夫主張的那樣，拯救古巴是為了拯救社會主義，那麼社會主義的古巴又怎麼能拒絕蘇聯的飛彈。面對這個意識形態論證，阿列克謝耶夫陷入沉默。赫魯雪夫在黨的主要副手科茲洛夫為阿列克謝耶夫辯護，認為不能把卡斯楚會接受赫魯雪夫的大膽倡議視為理所當然。有鑑於此，赫魯雪夫要求阿列克謝耶夫幫助派往哈瓦那的蘇聯政治和軍事代表團說服卡斯楚接受設置核子飛彈的建議。[11]

赫魯雪夫做出了某種妥協。他建議準備工作繼續進行，但要不要部署飛彈先不要做出決定。他告訴米高揚：「我們先不要討論下去。我們會問過卡斯楚再來決定。我們會派比留佐夫和他的專家去查一查有沒有地點可以隱藏飛彈發射台，讓偵察機發現不了。」伊萬諾夫在他的筆記裡草寫道：「主席團成員同意和批准這個決定——完全且無異議地贊成『阿納德爾行動』。將計畫書草案保存在國防部。在得到卡斯楚同意後予以批准。」米高揚的批評產生了一些影響。他現在希望卡斯楚會拒絕接受，希望比留佐夫會發現古巴的地貌不適合隱藏飛彈。[12]

在會議休會和與會者各散西東之前，赫魯雪夫說了一番作結的話，概述了他主張把核子飛彈部署在古巴的理由。阿列克謝耶夫在幾十年後回憶赫魯雪夫的話如下：「為了替豬玀灣之敗雪恥，美國人一定會入侵古巴，這一次不是使用傭兵而是使用自己的部隊；對此我們有可靠的情報。」他繼續說：「我們必須讓他們明白，在攻擊古巴的時候，他們要面對的不只是一個頑強的國家，還是蘇聯的核子威力。必須要把對古巴的軍事冒險的代價提高到最大，讓對古巴的威脅相當於對美國的威脅。據此邏輯……只有在古巴裝設攜帶核彈頭的火箭才能有這樣的功效。」[13]

根據阿列克謝耶夫的回憶，赫魯雪夫不只停留在「拯救古巴」的論據，還進一步指出，因為美蘇核子武器的數量懸殊，只有把蘇聯飛彈裝設在古巴才能讓雙方的核子恐嚇力旗鼓相當。「由於美國人業已用一圈的軍事基地環繞蘇聯，我們應該還以顏色，讓他們嘗一嘗成為核子武器的靶子是什麼滋味。」他特別提到美國部署在歐洲和土耳其的飛彈。部署在土耳其的「木星」飛彈特別讓馬利諾夫斯基憂心，他先前提醒過赫魯雪夫，這種飛彈不到十分鐘就可以打到蘇聯。蘇聯要研發一種可以與「義勇兵」旗鼓相當的彈道飛彈還要好幾年時間，但蘇聯只要在古巴部署飛彈就可以立即抗衡「木星」飛彈。赫魯雪夫顯然不想錯過這種機會。[14]

再者，赫魯雪夫並不認為他這種對美國核子威脅的回應有可能會激起核子戰爭。畢竟，蘇聯之前對美國在土耳其設置飛彈也沒有暴跳如雷。赫魯雪夫以他的信心作結：「講實際的，美國人不會冒不理智的險，就像我們已經無法把設在土耳其、義大利和西德的美國飛彈怎麼樣。」他補充說：「畢竟，明智的美國政治家所想的應該會和我們今天所想的一樣。」赫魯雪夫想到的冷靜政治家是甘迺迪總統和他在民主黨的支持者。他不希望蘇聯的飛彈部署影響到民主黨在十一月國會選舉的選情。這讓赫魯雪夫有進一步的理由堅持部署行動要絕對保密。他說：「在美國政治情緒高漲之際，即國會選舉之前，我們特別要避免把行動公開化。」[15]

赫魯雪夫的談話成為派往古巴代表團所奉行的公式。這個代表團由烏茲別克共產黨書記拉希多夫率領，預定幾天後出發。他們優先關切的事項是對古巴的經濟協助而不是軍事協助，更是絕不會提核子飛彈的事。比留佐夫元帥和赴任大使阿列克謝耶夫與代表團同行。出發前，赫魯雪夫在莫斯科附近的一棟官方鄉村別墅招待他們。阿列克謝耶夫回憶說，中委會主席團的成員之間有一種放鬆和「完全達成一致」的氛圍。有效地壓制反對意見的赫魯雪夫發表了送別演講。然後代表團就出發了。[16]

五月二十八日，拉希多夫、比留佐夫、阿列克謝耶夫連同其他代表團成員搭機前往幾內亞。幾內亞是在一九六二年從法國獨立的西非國家，現在是蘇聯的盟友。代表團會從幾內亞前往哈瓦那，由於蘇聯和古巴之間沒有定期航班，幾內亞的首都科納克里將會是數十名甚至數百名前往自由之島的蘇聯軍官的轉運站。離開莫斯科的第二天，代表團業已到達哈瓦那。阿列克謝耶夫要求勞爾安排自己和他哥哥緊急會面，而卡斯楚當晚就接見了這群貴賓。事件以愈來愈急促的步調發展。[17]

雙方的首要話題是飛彈而不是經濟援助。代表團團長很少發言，蘇聯方面主要講話的人是比留佐夫。古巴人把他說的話記下來，這還是阿列克謝耶夫——他這一次還兼任翻譯——第一次看見古巴人在開會時記筆記。比留佐夫一開始先表達了蘇聯對於愈來愈有可能發生的美國入侵感到憂慮，又問卡斯楚是不是有辦法應付。卡斯楚感覺得到蘇聯方面有了大構想，所以並沒有要求額外的軍火支援，而是想要蘇聯保證在美國入侵時會出兵相助。他已經把古巴帶進了社會主義陣營，所以想要一份跟蘇聯和東歐國家簽訂的《華沙公約》類似的協議，或者是與《北約憲章》第五條條款等值的協議（該條款規定締約國一個成員受攻擊會被視同所有成員受攻擊）。卡斯楚多年以後回憶自己當時這樣說：「如果讓美國明白入侵古巴意味與蘇聯發生戰爭，那將會是阻止它入侵古巴的最佳方法。」[18]

比留佐夫若不是不了解這個暗示就是決定不理會這個暗示。他利用卡斯楚的話來銷售他自己解決問題的辦法——飛彈。「但具體來說要怎樣做到呢？」比留佐夫問道，指的是要怎樣才能讓美國明白攻擊古巴就等於對蘇聯開戰。他繼續說：「必須有某些具體的方法來表明這一點。」根據阿列克謝耶夫的回憶，比留佐夫接著宣布：「蘇聯政府準備用所有可能的方法幫助古巴，加強其防衛能力，甚至考慮把中長程飛彈部署在古巴的領土，只要我們的古巴朋友認為這樣一種方法有助於嚇阻潛在侵略者。」[19]

卡斯楚聽後默不作聲。阿列克謝耶夫感受得到比留佐夫的心情緊張。卡斯楚多年後回憶：「他奉派的任務是建議我們部署戰略飛彈，所以也許會害怕我們不同意。」球現在落在卡斯楚這一邊，但部署核子飛彈卻是他想都沒有想過的。那標誌著蘇聯態度的一個巨大改變。同一個月稍早，卡斯楚曾抱怨蘇聯不願意給他足夠的「箭型」反艦飛彈供他防禦可能的入侵，只提供一套而不是他要求的三套。然後突然間，蘇聯卻願意提供核子飛彈。另外，就像阿列克謝耶夫對赫魯雪夫表示過的，蘇聯的美意也會對卡斯楚構成一道政治難題，因為卡斯楚一向鼓吹拉丁美洲各國應該撤銷外國軍事基地。蘇聯的這個轉變讓他有太多需要考慮的事情。[20]

卡斯楚決定慢慢來。他答應和古巴的領導班子討論蘇聯的提議，儘快做出官方回覆。不過看起來他是對部署飛彈的主意暗暗高興。他很快就想出一個理由，可以不受他反對外國軍事基地的主張所束縛。設置飛彈不只有助於防禦古巴，還有助於防禦全世界的社會主義。他告訴蘇聯代表團：「這個主意看來非常有吸引力，除了可以捍衛古巴革命，還符合世界社會主義的利益，以及符合正與美帝主義——總是企圖在全世界貫徹自己的意志——鬥爭的被壓迫人民的利益。」卡斯楚問了他的客人蘇聯打算提供多少飛彈和這些飛彈的威力如何。[21]

「統一革命組織」——正在形成中的卡斯楚自己的「共產黨」——隔一天五月三十日開會，出席的包括切・格瓦拉和「舊」共產黨的領袖羅加（他曾經在一九六一年十月參加蘇共黨大會並交給赫魯雪夫一面象徵古巴革命的旗幟）。因為現在已經相信只有接受飛彈才能保住他的革命，卡斯楚在會議中為接受飛彈提出論據。他後來回憶說：「我們並不是真正喜歡飛彈。我們是從道德、政治和國際主義責任的立場看這件事情。」最後，會議決定接受飛彈的部署。卡斯楚在同一天接見了比留佐夫，表示：「如果這件事可以強化社會主義陣營，同時又——這是其次的——有助於防禦古巴，我們願意接受所有——也許是必須——的飛彈，哪怕是一千枚——如果你們願意給這麼多的話。」[22]

卡斯楚的同意讓比留佐夫的任務完成了一半。他任務的另一半是判斷有沒有可能在古巴部署飛彈而不讓美國偵察得到。五月三十一日，即獲得卡斯楚批准的第二天，比留佐夫在古巴國防部長勞爾的陪同下前去勘察可能部署飛彈的地點。勞爾現在知道了將要運來古巴的飛彈長二十公尺（事實上R-12長超過二十二公尺，而R-14更是長超過二十四公尺）。他稍後告訴哥哥卡斯楚，他擔心飛彈無法有效避過美國人耳目。比留佐夫雖然也明白看出古巴棕櫚樹無法遮掩占地幾百平方公尺的飛彈設施，對此卻不以為意。[23]

「阿納德爾行動」主要策劃者之一的格里布科夫將軍也到了古巴，他看得出來古巴缺乏天然掩蔽物，後來抱怨「有人因為古巴有許多棕櫚樹樹林，就認為可以輕易且神不知鬼不覺地把飛彈部署在古巴，這真是戰略上的無知之至。」由於不適合批評上級，格里布科夫改為責怪代表團中的「專家們」。

赫魯雪夫派比留佐夫去古巴是為了確定「阿納德爾行動」可以照計畫進行。比留佐夫也許本來打算，如果卡斯楚拒絕赫魯雪夫的建議，他就會把缺乏掩蔽物的問題提出來，但因為古巴領袖接受了建議，比留佐夫大概覺得自己別無選擇。他回到莫斯科後報告雙重喜訊：卡斯楚同意部署飛彈，而且古巴的地貌適合隱藏飛彈。[24]

比留佐夫在六月十日向中委會主席團覆命。他報告完之後，赫魯雪夫發表看法。簡略的會議摘要顯示他說的話要義如下：「我們來下決定吧。我認為我們將會贏得這次行動。」這是赫魯雪夫的一個勝利，是他在這個議題上的主要對手米高揚的挫敗。米高揚日後回憶：「卡斯楚點了頭，古巴的地形經勘察又適合隱藏飛彈——我不相信這個結論。」與此同時，興高采烈的赫魯雪夫寫信給卡斯楚，表示他對代表團取得的成果以及卡斯楚的接受飛彈表示滿意。這意味著「古巴革命的勝利，和我們在總體事務上的巨大成功，都受到了更進一步的鞏固。」當卡斯楚強調這件事情對世界社會主義的裨益，赫魯雪夫卻把古巴放在前面，他們的政治姿態只是其次。他們在主要的事情上達成一致：部署飛彈。「阿納德爾行動」現在可以如火如荼展開了。

第6章 阿納德爾行動

一九六二年七月七日，赫魯雪夫在克里姆林宮宴請一群被挑選來領導蘇聯駐古巴部隊的將軍。他們會在三日後的七月十日出發，前往「自由之島」。赫魯雪夫利用這個機會給那些攸關他的核子賭局成敗的人最後指示，加油打氣，然後道別。

當時四十三歲的加爾布茲少將後來回憶說，那天赫魯雪夫精力充沛，說話時大動作比手畫腳。加爾布茲是總部設在烏克蘭文尼察的第四十三火箭軍的副軍長，現在被任命為駐古巴蘇聯特遣部隊的副司令。一如往常，赫魯雪夫用笑話、比喻和故事來表達自己的想法。他說：「我們中委會決定透過在古巴部署火箭向美國丟去一隻『刺蝟』，讓美國人不能吞掉這座自由之島。」他早前告訴在座的馬利諾夫斯基，此舉等於把刺蝟放到山姆大叔的褲襠裡。赫魯雪夫的刺蝟比喻極其鮮明，以至於加爾布茲在幾十年後還記得。

赫魯雪夫繼續說：「這次行動有一個核心目標：協助古巴革命抵擋美國的侵略。我們國家的政治領導層和軍事領導層評估過各種可能性，看不出有其他方法可以防止美國的攻擊。根據我們的情報，美國人正在積極為攻擊作準備。一旦火箭到位之後，美國人自會明白他們不可能三兩下整垮古巴，因為他們必須先應付我們。」赫魯雪夫這是用一個標準說法向將軍們說明蘇聯在古巴部署飛彈的動機。不過他也想讓他們放心，他無意挑起戰爭。「只要我們把生米煮成熟飯，美國就會接受既成事實。」他補充說他將會和古巴人簽署一份協議，又說他和甘迺迪總統一直都保持聯絡，言下之意是一場潛在危機是可以透過外交管道和平解決。

加爾布茲將軍喜歡他聽見的說法。作為一個有經驗的司令官，他相信赫魯雪夫的講話使用了心理學技巧：「在進行一個危險且困難的任務的前夕，他想要為理念的正確性灌注信心，也為奉命去執行非凡任務的人灌注內心平靜。」但赫魯雪夫不只是要安撫別人，還要安撫自己。他問蘇聯將派往古巴的主要軍事顧問杰緬季耶夫：「你怎樣看？你認為我們在古巴部署飛彈的事有辦法保密嗎？」杰緬季耶夫沉吟了一會之後回答說：「不行，尼基塔．謝爾蓋耶維奇*，那是不可能的。」他接著用一種實事求是的語調回應刺蝟的比喻：「那裡連雞都隱藏不起來，更不要說飛彈。」加爾布茲的回憶錄顯示，赫魯雪夫沒有反駁。如果他想要塞一隻核子刺蝟到美國的褲襠，他就必須找到方法在古巴穀倉裡藏起二十公尺長的雞或阻止美國人在露天處看見牠們。[1]

除了杰緬季耶夫之類的蘇聯軍官以外，古巴人一樣擔心計畫不能保密。勞爾在七月初去到莫斯科談判部署飛彈的協議時（卡斯楚想要和蘇聯簽署一份正式和公開的協議），就是懷著這份擔憂。他問赫魯雪夫：「萬一行動在公開化以前被美國人發現，你有什麼應變措施？」蘇聯最高領導人回答說：「別擔心，我會一把抓住甘迺迪的睪丸，逼他談判。」他似乎忘記了，當別人褲襠裡有一隻刺蝟的時候，去捏別人睪丸是極端危險的事。[2]

一九六二年六月十三日，也就是赫魯雪夫和主席團正式批准稱為「阿納德爾行動」的計畫的三天後，戰略火箭部隊司令也批准了該計畫。蘇聯的火箭人※在幾天後得知他們的祕密任務。當時比留佐夫的第一副手托盧布科大將抵達總部設在羅姆內的第四十三飛彈軍的第四十三飛彈師——羅姆內是一個哥薩克古城，位於烏克蘭首都基輔以東兩百多公里。原是駐東德德勒斯登一個坦克軍團的司令，托盧布科在一九六〇年調往新成立的戰略火箭部隊，這次負責把火箭部隊運送到古巴。他把第四十三飛彈師的指揮幹部召集來開會。[3]

會議在極端保密的情況下召開：衛兵戒備森嚴，門關上，窗簾拉起。當時是中尉和共青團組織者的庫倫諾伊回憶說：「反間諜部門的軍官做了很多預備工作。托盧布科大將以近乎耳語的聲音宣布，軍官同志們，黨和政府對你們顯示出極大信心，你們的師將會被責成進行一項高度重要的任務。任務的地點在蘇聯的邊界之外。」托盧布科沒有急著向軍官們透露進行任務的地方，甚至暗示那是他自己也不知道的地方。不過他補充說：「當你們回國之後，你們的名字將會用金字銘刻在大理石匾上。」[4]

托盧布科會親臨羅姆內是有理由的。駐紮在該城的第四十三師在行動計畫的第一個草案中業已被選擇為派駐在古巴的主要飛彈單位。該草案是赫魯雪夫和他的同僚在五月二十四日批准，上面寫著：「派遣由師長斯塔岑科少將指揮的第四十三飛彈師前往古巴，該師由五個飛彈團構成。」斯塔岑科畢業

---

* 編注：赫魯雪夫的全名是「尼基塔・謝爾蓋耶維奇・赫魯雪夫」。「謝爾蓋耶維奇」是他姓名中間的父名，其父親名字為謝爾蓋。而最正式稱呼一個人的方式就是此處杰緬季耶夫回答的，此人的名字加上父名。

※ 譯注：指火箭部隊。

於總參謀學院，四十三歲，一九六二年四月獲授少將頭銜，當時離他的名字出現在行動計畫草案不過幾星期。他是車諾比本地人（這城市將會在一九八六年發生核子大災難），二次世界大戰時在防空單位服役，戰後也是待在防空單位。[5]

高而精瘦，有一頭豐滿的黑髮，斯塔岑科同時受到上司和下屬的肯定。他的一個下屬日後這樣形容：「他總是聰明能幹的樣子，在操練場和日常生活都完美無瑕，熱愛詩歌，會寫詩和向朋友吟誦。最重要的是，他無悔地奉獻給軍旅生活，在我看來是一個模範軍官、模範將軍和模範公民。」格里布科夫將軍在第一次寫行動計畫草稿時就列入他的名字，對他的評價同樣極高，認為他做事有效率、精力充沛且總是好脾氣。有些人認為他太野心勃勃，但另一些人認為他有剛剛好的驅動力和野心。要不是這樣，出生在一個烏克蘭小城的他怎麼可能在四十二歲就成為飛彈師的師長，在四十三歲就成為少將？[6]

當斯塔岑科在一九六一年加入戰略火箭部隊時，這個兵種成立了才一年半。第四十三師（一開始只是一個旅）是斯塔岑科到羅姆內一年前才成立，他名副其實是從無到有把它建立起來。他大部分時間都是用來監督飛彈發射台的建造。建造發射台需時一年到一年半，要等到一九六三年年初才完全就緒。斯塔岑科與其他師長所得到的飛彈和相關配套設備還有一些其他難題。為了符合上級規定的時間限期，他們向莫斯科報告說他們已經讓飛彈就戰鬥狀態，但事實上他們還需要六個月才能夠將發射台和飛彈準備就緒。根據「格別烏」的報告，與斯塔岑科同是第四十三飛彈軍師長的科布扎爾將軍，其指揮的單位也有同樣情形。我們有理由認為這在當時是個普遍的問題。[7]

斯塔岑科的麾下有四個飛彈團，兩個配備揚格利的R-12飛彈，兩個配備他的R-14飛彈。R-12的射程兩千零八十公里，從斯塔岑科位於阿赫特爾卡的飛彈團的發射台發射可打到一千七百一十公里外的維也納，但到不了下一個西方大城市慕尼黑——其距離是二千一百六十二公里。兩個R-14飛彈團的飛彈可以擊中三千七百公里外的目標，從它們分別位於列別金和格盧霍夫的發射台發射可以打到巴黎，但到不了馬德里——這兩個歐洲首都分別離格盧霍夫二千七百一十公里和三千九百九十四公里。格盧霍夫是俄羅斯與烏克蘭邊界上的一個前哥薩克首府，距離赫魯雪夫的出生地卡利諾夫卡村東北只有五十八公里。

斯塔岑科的第四十三師是第四十三飛彈軍的一部分，該軍的總部設在烏克蘭中部城鎮文尼察，由丹柯維芝將軍指揮。斯塔岑科的上級還有副軍長加爾布茲——他和丹柯維芝都會跟斯塔岑科一起被派到古巴去。第四十三飛彈軍的單位的分布地點在西達喀爾巴阡山脈。這讓斯塔岑科的師——坐落在烏克蘭東北部的俄烏邊界上——成為了距離中歐和西歐目標最遠的單位，因此不是東歐戰區所不可或缺。

「阿納德爾行動」計畫書主張把斯塔岑科指揮的四個飛彈團的其中三個轉移到古巴。位於最西的一團——駐紮在烏克蘭中部城市烏曼和配備R-12飛彈——將會留在原地，而另外三團（兩個是R-14團，一個是R-12團）會被派到古巴。為「補償」斯塔岑科把一個R-12團留在烏克蘭的損失，將會從烏克蘭北部和立陶宛調兩個R-12團過來歸他指揮。他麾下新組成的單位將會被重新命名為「第五十一飛彈師」。在古巴，它將會根據師長的名字被稱為「斯塔岑科部隊」。[8]

六十歲的普利耶夫大將在七月七日成為了「蘇軍駐古巴團」（特遣部隊的官方名稱）的司令。這個古巴行動中最重要和最敏感的職位在最後一分鐘才任命讓很多人嚇了一跳，普利耶夫自己尤其如此。由於「阿納德爾行動」的主要任務是在古巴部署飛彈，所以一般假定任務的總司令將會是從戰略火箭部隊的高級軍官中選拔。很多人預估中選者將會是四十三歲的丹柯維芝中將，他是第四十三飛彈軍的軍長和斯塔岑科的直屬上級。在古巴的五個飛彈團中，有四個是來自丹柯維芝的飛彈軍。

但赫魯雪夫決定要另挑一個司令，又親自要求丹柯維芝不要介意。根據加爾布茲將軍和其他預期丹柯維芝會成為古巴最高司令的人的解釋，丹柯維芝沒有被相中的原因是保密的需要——任命一個飛彈部隊的軍長作為古巴特遣隊的司令將會洩漏「在島上部署彈道飛彈」這個主要目的。加爾布茲將軍還提出了另一個解釋：「我們了解赫魯雪夫挑另外一個司令，是因為他知道飛彈的部署有可能會遇到一些關鍵時刻，需要我們起而捍衛我們在那裡部署飛彈的權利。」[9]

這應該比較接近事實。從一開始，總參謀部的行動策劃人就計劃不只派出飛彈部隊，還派出陸軍、海軍和空軍。赫魯雪夫日後回憶說：「我們認為既然裝置了飛彈，就得加以保護。為此需要步兵。因此決定向那裡派遣步兵，大約是數千名左右。此外還需要對空兵器。後來又決定還需要大砲，在敵人派傘兵部隊登陸時供保護飛彈之用。」赫魯雪夫有必要找一名有指揮各種不同兵種經驗的資深軍官。新組成的特遣部隊的地位即便沒有更高，至少也跟蘇聯駐守在東德和其他東歐國家的部隊看齊。另外，最初對特遣部隊最高長官頭銜的建議是「總司令」，這是比「司令」更高一階的頭銜——東德蘇聯駐軍的最高指揮就是稱「司令」。但這個建議沒有被接受，普利耶夫的頭銜仍然是「司令」，不過這個職位需要擅長協調不同兵種的要求並沒有改變。普利耶夫符合此一要求。[10]

還有一個條件讓普利耶夫突出於其他競爭者之上：國防部長馬利諾夫斯基認識他多年，對他信任有加。普利耶夫出生在俄羅斯和喬治亞邊界的北奧塞提亞，在一九二二年加入紅軍。生來就是騎兵的料，他在二次大戰期間證明大型的騎兵編隊在現代的機械化戰爭中仍舊有用。蘇聯的坦克編隊受到普利耶夫的騎兵加強，在史達林格勒戰役之後深入突擊了被德國人占領的領土。在一九四四年，普利耶夫在馬利諾夫斯基麾下戰鬥，率領軍隊對馬利諾夫斯基的家鄉城市敖得薩進行了突襲，因為解放了黑海這個重要城市而獲得他第一枚金星勳章。他在翌年贏得第二枚金星勳章——這一次也是在馬利諾夫斯基的麾下作戰——他帶領一支軍隊穿過蒙古南面的戈壁沙漠突襲北京，迫使那裡的日軍投降。[11]

一九六二年四月，普利耶夫被晉升至蘇聯軍隊中僅次於元帥的最高軍階——大將。當時他是北高加索軍區的司令，該軍區涵蓋俄羅斯南部和北高加索的幾個自治共和國，包括他的祖國北奧塞提亞共和國。一九六二年六月，普利耶夫不只受到他前上級和支持者馬利諾夫斯基的注意，還受到了整個黨中央主席團的注意。那個月，南俄羅斯頓哥薩克地區中心的工業城市新切爾卡斯克的工人起而罷工，抗議肉和牛油價格上漲。赫魯雪夫政府是因為應付不了由惡劣天氣和對農業管理不善所引起的糧食危機，不得不讓糧食上漲。工人包圍地方黨部，驅逐赫魯雪夫派去的高級代表團（其中一個團員就是米高揚）。

中委會的書記和赫魯雪夫的二把手科茲洛夫不只出動「格別烏」和警察鎮壓，還出動軍隊。於是普利耶夫下令他的坦克開向城市。這些坦克以前從來沒有用來對付造反分子，但內政部的部隊在普利耶夫指揮下向抗議者開火，殺死至少二十四人，八十七人受傷。暴亂被鎮壓了下來。活下來的暴亂領導人和活躍分子被交付審判，其中有七人被判槍決。[12]

六月二日在新切爾卡斯克發生的事和普利耶夫在其中扮演的角色一直是最高國家機密，被保密至蘇聯瓦解為止，不過俄國異議小說家索忍尼辛在一九六八年所寫的一部紀實小說裡描述了新切爾卡斯克事件。據索忍尼辛指出，身為奧塞提亞人的普利耶夫先是利用非俄羅斯裔士兵向抗議的俄羅斯人開火，停火後又改派俄羅斯裔士兵上場，為發生的事扛責。有關普利耶夫在鎮壓一事上扮演的角色的爭論持續到今日。有些人主張他行事謹慎，而且是在上級脅迫下行動，另一些人則認為要不是他的下屬後來拒絕用實彈射擊，會有更多傷亡。不管事實為何，普利耶夫對造反的鎮壓明顯讓黨高層龍顏大悅，為他在克里姆林宮累積了新的政治資本。除了馬利諾夫斯基，赫魯雪夫現在也知道他可以仰仗這位將軍。[13]

七月四日，普利耶夫在本軍區的軍演進行到一半被召到莫斯科，奉命指揮新組成的古巴特遣部隊。赫魯雪夫多年後回憶：「國防部長馬利諾夫斯基提議任命奧塞提亞人普利耶夫將軍為司令。我們把普利耶夫將軍請來，我同他談了話。他已上了年紀，身體有病，但對軍事很擅長。他經歷了衛國戰爭*，而且據我所知參加過內戰※。第二次大戰中他當過騎兵軍長，我那時候對他就多少有些了解。這是一個聰明人。普利耶夫說如果他的任命被批准，他將把前往古巴執行肩負的任務看作是自己的榮耀。」赫魯雪夫在普利耶夫身上看見了他想要找的那種經驗與忠誠。他不認為責成一個來自過去戰爭的騎兵來掌管可能會開啟未來戰爭的核子武器有什麼不妥。[14]

普利耶夫領導的飛彈部隊的將軍和軍官都是在他被任命以前獲得赫魯雪夫親自批准。丹柯維芝將軍被任命為普利耶夫的第一副手。丹柯維芝自己在飛彈軍的副手加爾布茲也成為了普利耶夫的副手，負責部隊的準備戰鬥事宜。另一名副手則是曾經告訴赫魯雪夫「要在古巴藏一隻雞也很難」的杰緬季耶夫將軍，主管地面部隊。普利耶夫為人冷靜，說話輕聲細語，臉上常掛著微笑和蓄兩撇小八字鬍，善於處理人事但卻對他行將要領導的行動欠缺準備。

在騎兵度過大部分軍旅生涯，他對飛彈所知甚少。讓下屬失笑的是，他用蘇聯陸軍專門用來稱一個騎兵單位的「squadron」（騎兵中隊）一詞來指稱他率領的飛彈分遣隊。他也沒有外交經驗，這是他目前的職位所必須擔負的責任，因為這職位要求大量外交經驗。雪上加霜的是，他為腎病所苦，所以總參謀部必須在七月十八日前往古巴的下一個偵察團中，派一個私人醫生隨行並照顧這位將軍。普利耶夫又老又病又不勝任，而他身旁的副手卻又年輕又野心勃勃，所以對他都不怎麼尊重。赫魯雪夫和馬利諾夫斯基得到了他們想要的——讓特遣部隊由一個他們認為忠心和精明的人指揮——但普利耶夫的健康問題在炎熱潮溼的古巴將會變得更加棘手，而他贏得尊重和讓下屬乖乖聽話的能力將會受到挑戰。[15]

—

普利耶夫將軍和幾個副手在七月十日坐一架「圖波列夫114」飛機前往哈瓦那。「圖波列夫」是當時最大和最快的飛機，與赫魯雪夫在一九五九年秋天乘坐前往美國的飛機是同一型號。飛機上還有一個大型的蘇聯代表團，由蘇聯民航局局長洛吉諾夫空軍元帥率領。他們此行是有特別目的——這是第一次有蘇聯飛機抵達古巴，要測試在莫斯科和哈瓦那之間安排定期客運航班是否可行。

飛機必須中途加油，所以非洲西海岸的蘇聯新衛星國幾內亞成為了它的第一個目的地。蘇聯在幾內

---

* 編注：俄羅斯歷史上有兩次衛國戰爭，第一次拿破崙大軍入侵俄國，這裡指的是第二次，即二戰時德國入侵蘇聯。

※ 編注：指一九一七至一九二二年，在俄國革命後，包含紅軍（布爾什維克黨的軍隊）與白軍（支持沙皇的保皇黨和反布爾什維克黨）交戰等一系列的戰亂。

亞首都科納克里蓋了一座新的機場，一部分是配合援助計畫，另一部分是為了方便蘇聯跨大西洋飛行的需要。所以普利耶夫一行人先飛往科納克里，在那裡見證了由洛吉諾夫主持的盛大機場開幕儀式，然後再前往古巴。在哈瓦那，他們受到來慶祝莫斯科飛抵的第一班航班的群眾所歡迎。[16]

第二班前往哈瓦那的飛機在七月十八日從莫斯科出發。機上除了有普利耶夫的私人醫生外，還有一群斯塔岑科的飛彈師的軍官。他們在一個月前的六月十八日被召到莫斯科，跟比留佐夫、托盧布科和格里布科夫開了一個會。他們必須為他們的第一項任務作準備，那就是去勘察部署飛彈的適合地點（飛彈將會透過海運運送）。由於這是歷史上第一次把飛彈部署在蘇聯境外，有很多的問題需要討論和解決。有七日時間，斯塔岑科手下的軍官受訓學習怎樣在絕對保密的情況下透過陸路和水路移動他們的飛彈。比留佐夫也需要確保駐紮古巴的飛彈團可以拿到最新型號的**R-12**飛彈。[17]

根據駐阿赫特爾卡飛彈團副團長布爾洛夫少校日後的回憶，莫斯科交給他和同僚一些文件，以證明他們是農業改良方面的專家。格里布科夫回憶說，文件上有些軍官的名字被拼錯或搞亂，但已經沒有時間更改。他們也奉命使用他們新護照上的名字。布爾洛夫的同僚中有人抗議把他們說成是農業專家，因為他們對這方面一無所知。這些抱怨被置之不理，而那些對農業有粗淺了解的軍官必須和其他人分享他們的「知識」。[18]

布爾洛夫等一群「農業專家」飛往哈瓦那轉了幾次機。一個出現在加勒比海地區的熱帶風暴迫使機師必須緊急降落在巴哈馬群島的拿騷機場。因為機艙內炎熱潮溼，乘客最終被允許下機。他們馬上成為數以百計初次看見俄國人的美國遊客的注目焦點。美國人給熱昏了的農業專家們拍了許多照片，完全不知道他們正在記錄第一批蘇聯火箭人抵達加勒比海。風暴過後，飛機重新起飛，把一行人送到哈瓦那，在那裡受到斯塔岑科的迎接。[19]

偵察隊抵達古巴後發現的第一件事，就是比留佐夫——他是在六月初造訪哈瓦那，後來又對古巴的好天氣讚不絕口——不只搞錯了古巴的天氣，還搞錯了古巴的地貌。他到得太早，不知道古巴從六月到十一月一向是颶風季節。至於地貌方面，比留佐夫沒花多少時間在島上到處去，而是直接告訴赫魯雪夫他想聽見的：有足夠的天然遮蔽物可以隱藏飛彈，讓美國人偵察不到。加爾布茲日後這樣回憶比留佐夫對古巴的印象，話中不無諷刺意味：「這是一個黃金國度，你可以睡在每一棵樹叢底下，而不需花多少工夫便可用這些樹叢來隱藏飛彈。」普利耶夫、斯塔岑科、加爾布茲、布爾洛夫和其他在七月抵達的人發現，古巴無比炎熱，溼度驚人，地貌光禿禿。[20]

偵察隊旋即又發現，棕櫚樹小樹林無法隱藏超過二十公尺長的飛彈，而較大的樹林又讓空氣無法流通；因為炎熱潮溼，按照歐洲天氣條件打造的火箭設備在古巴很容易故障。還有些有毒植物蘇聯人從來沒有見過，它們的毒性是他們無法抵抗的。比留佐夫所標示可能設置飛彈陣地的地點被證明是不適合的。斯塔岑科後來這樣報告他的人馬的活動和發現：「總參謀部指示飛彈團部署的地點用直升機勘察了四次。用直升機勘察過古巴島的西部和中部，那些分配給西多羅夫同志、切爾克索夫同志和班狄羅夫斯基同志的飛彈團的地區，地形非常破碎，植被很少，路網非常不發達，因此非常不適合用來部署飛彈團。」[21]

蘇聯部隊必須從頭來過，重新尋找新地點。古巴人提出了自己的要求：飛彈陣地的選址面積不可大於一千一百畝，需要遷徙的人家不可多於六至八戶。在古巴東道主的幫助下，蘇聯團隊在超過九千平方公里面積的地域上勘察了超過一百五十個地點，選出了十個或多或少符合要求的地點。但這些地點仍然沒有可靠的掩蔽以避開美國偵察機的耳目。五個飛彈團的發射器都會分布於兩個地區。在小型工程分遣隊的協助下，他們立即開始為飛彈建設陣地——飛彈預定在九月初運抵古巴。

偵察隊一個不愉快的發現是，古巴沒有一條河上的橋梁堅固得足以承載卡車的重量，好讓設備和飛彈能夠順利運送至指定地點。參與行動的一個人員回憶說：「師長常常發現他被迫做出一些別出心裁的決定，特別是在橋梁不堪用的情況下把混凝土倒到河床上，好讓沉重設備可以通過。」其他驚異陸續來到。其中之一是蘇聯的設備是為五十赫茲頻率的電力而設計，但古巴發電廠生產的電力卻是六十赫茲。[22]

有關選址遇到的難題和不可能找到地點隱藏飛彈這一點，很快就傳到莫斯科。赫魯雪夫日後把責任歸咎比留佐夫：「我們派比留佐夫帶著與飛彈部隊相關的參謀人員前往那裡，讓他們評估一下飛彈部署在什麼地方更好。他們從那邊回來，向我們報告說根據他們的意見，飛彈可以隱蔽地部署。這裡暴露了這些人員的素質不高，他們天真地以為棕櫚樹可以遮掩飛彈的發射裝置。」[23]

由於愈來愈意識到不可能藏起飛彈不讓美國U-2偵察機的攝影機看見，蘇聯的軍事指揮官決定調整把飛彈運送給部隊的時間表。總參謀部並沒有直接送出中程和中長程飛彈，而是決定先運送防空飛彈，延後運送核子彈頭和能夠投送它們的飛彈。此舉是為了加強打擊U-2偵察機的能力，讓它在發現彈道飛彈之前擊中它。防空飛彈就定位之後就可以開始部署R-12和R-14。

後來的發展證明了這是高明的一招。先運送防空飛彈到古巴確實有助於為後來送達的核子彈頭和R-12飛彈保密，但理由和當初蘇聯人想像的不同。美國人偵察到防空飛彈的存在，但沒有太放在心上，因為他們以為蘇聯在古巴的軍事部署只限於建立「防禦性」的飛彈，疏忽了更加危險的武器。赫魯雪夫開始走運。[24]

第7章 公海

很少民用船隻像蘇聯的乾貨船「伊利亞・梅契尼可夫號」那樣，在冷戰的歷史上留下那麼深的印記。一九五六年在法國建造，並以著名俄國免疫學家（一九〇八年諾貝爾獎得主）的名字命名，這艘船可運載超過三千註冊噸*的貨物，每註冊噸占據二點八三立方公尺。在一九六〇年九月，它運送第一批蘇聯武器和彈藥前往古巴，其中包括至少十輛T-34坦克和一百門防空高射砲。很久之後的一九七三年十月贖罪日戰爭※期間，「伊利亞・梅契尼可夫號」停泊在敘利亞港口塔爾圖斯時被以色列軍艦發射的火箭擊沉。[1]

一九六二年，「伊利亞・梅契尼可夫號」一如既往地忙碌，首先是把牛群從印度運到保加利亞，然後去了古巴兩趟，運送蘇聯的武器和部隊。第一趟行程在八月八日展開，當時它從母港敖得薩出發，到克里米亞港口費奧多西亞上貨。根據官方文件，這艘船是要運送一千二百六十噸貨物前往法國港口利哈佛。但事實上，它是要把建設軍事通訊中心的設備器材和運作通訊中心的官兵送到古巴。這艘船在絕對機密的情況下於八月十一日離開費奧多西亞。「格別烏」派駐船上的佐祖利亞上尉把船員的登岸假一律取消。[2]

八月十四日，船長對土耳其當局做了不實的貨物申報，然後「伊利亞・梅契尼可夫號」平安無事地穿過了博斯普魯斯海峽。不過，當船進入到地中海朝著直布羅陀而去時，發生了一件緊急事故。原來在離開黑海之後，船上的技師馬祖爾就抱怨腹痛。船上醫生佐爾科夫斯基看診後診斷為急性盲腸炎，需要動手術。但醫生的選項卻極有限。雖然船上沒有人知道船的真實目的地（它的軍事貨物是最高機密），但就像任何人一樣，馬祖爾知道官方的貨物申報和實際的運載內容存在落差。

佐祖利亞的任務是確保任何人，特別是直布羅陀的英國官員不能接近馬祖爾，透過他發現船的真實情況。佐爾科夫斯基和部隊的三名隨隊軍醫斷定，如果不幫馬祖爾開刀，他就會死去。他們決定在船上動手術。在佐祖利亞和船長及大副的合力遊說下，馬祖爾同意接受手術。

四個醫生在船上的「列寧室」開了四小時的刀——「列寧室」是給船員進行政治教育的地方。手術並不成功。幾個醫生無法割除發炎的盲腸和縫合傷口。他們表示馬祖爾需要到醫院進行另一次手術，他的情況正在惡化。但送他上岸仍然不是選項。他們打電話到敖得薩尋求指示，得到的答覆是把馬祖爾送上一艘返回蘇聯的蘇聯船隻。

佐祖利亞按照命令行事，把馬祖爾送上他們在直布羅陀以外一百公里碰到的運油輪「伊賈斯拉夫號」。「伊利亞・梅契尼可夫號」花了大概五天才到達這個會合點，這表示馬祖爾還需要再五天才到得了敖得薩。他很可能會死在途中。「伊賈斯拉夫號」的船長接到指示，在最壞的情況下可以把馬祖爾送

＊　表示船舶容積的單位，以一百立方英尺或二點八三立方公尺為一註冊噸。

※　贖罪日戰爭為一九七三年發生於以色列與埃及等阿拉伯國家之間的衝突戰爭，此戰爭後阿拉伯國家明白無法在軍事上打敗以色列，開啟了雙方的和談。

到西西里或埃及亞歷山卓的醫院，但必須有一個蘇聯的官員陪同，以防止醫生問任何跟馬祖爾健康情況無直接關係的問題。在任何情況下都不得把馬祖爾留在英屬直布羅陀。

「阿納德爾行動」的進行必須絕對保密。貨物一旦裝船，就沒有人被容許離船，特別是在前往古巴的路上。佐祖利亞（他後來寫了一份此行的報告）稍後驚恐地得知，「伊賈斯拉夫號」的船長因為看見馬祖爾的健康惡化得太厲害，認為有必要把他送到直布羅陀的醫院去。馬祖爾在極不看好的情況下活了下來。這件事最讓人難過的諷刺是，不管是馬祖爾或佐祖利亞當時都不知道船的目的地。有關的指示被密封在一個信封裡，船長只有在橫穿過直布羅陀海峽之後才能打開信封。原來，「伊利亞·梅契尼可夫號」要去的是古巴北部海岸的港口城鎮努埃維塔斯。不過在抵達之後，它卻又接到新的指示，教它改為前往古巴南部海岸的另一個港口。這不是一種蓄意要擾亂美國人視聽的策略，而是策劃者的紊亂所導致。船上貨物最終在八月三十和三十一日在古巴聖地牙哥卸載。[3]

「伊利亞·梅契尼可夫號」載到古巴的通訊設備屬於沃龍科夫上校的第二十七防空飛彈師所有。一個半月後擊落飛越古巴的U-2偵察機的命令將會是透過這些設備下達。

沃龍科夫的師又稱為「第十防空師」或「伏爾加格勒師」（這是按照它在蘇聯的駐紮地命名），是頭兩個被派到古巴的飛彈師。這是因為蘇聯總參謀部了解到他們不可能隱藏部署在古巴的飛彈，所以要先建立防空飛彈部隊以阻止美國人的偵察。第二個防空師是由托卡連科少將指揮，來自烏克蘭，其蘇聯番號是「聶伯彼得羅夫斯克第十一防空師」——在古巴改稱第十二師。兩個師都裝備了S-75「德維納」

地對空飛彈，能夠擊落在高空飛行的U-2偵察機。「聶伯彼得羅夫斯克師」是七月來到島上，陣地設在古巴西部；「伏爾加格勒師」是八月到達，部署在古巴的東部。[4]

第一批由S-75「德維納」保護的中程飛彈R-12在九月九日由「鄂木斯克號」運抵古巴。「鄂木斯克號」是日本建造的貨船，在前一年交付，價值三百五十萬美元。船上配備十二架中型起重機，以及一輕型和一重型的絞架，可幫助加快船上五個貨艙的裝卸貨過程。「鄂木斯克號」這一次帶來了六枚二十二公尺長的**R-12**和一百六十六件機器。總重量兩千二百噸的飛彈和設備在船一抵達古巴就開始卸貨。[5]

「鄂木斯克號」載運的**R-12**飛彈屬於來自立陶宛城市普倫蓋的「第六三七號飛彈團」。其團長——四十一歲的西多羅夫上校——較遲參與「阿納德爾行動」，直到七月底才被委以現職。當時他的前任科列斯尼琴科要求上級讓西多羅夫可以基於家庭理由而免於被派駐海外。早前，比留佐夫元帥的副手托盧布科——他負責挑選和運送駐古巴的飛彈團——派了一架專機到立陶宛把科列斯尼琴科和西多羅夫載到莫斯科（西多羅夫當時指揮另一個飛彈團），參加戰略火箭部隊的軍事會議。科列斯尼琴科首先被叫進房間，但沒幾分鐘便出來。從他臉上的表情，西多羅夫知道他是被降了級。然後托盧布科把西多羅夫叫進去，問他是不是準備參加一個特別任務。托盧布科沒有告訴他任何細節，但西多羅夫表示願意，只要求帶著妻子同行。這個要求獲得同意。[6]

西多羅夫有兩天時間可以把原來飛彈團的指揮權轉移給另外一個軍官，接著便開始指揮要被派到古巴的團。他的第一個任務是把團轉移到克里米亞的塞凡堡。西多羅夫到任的第一天晚上，部隊開始在火車月台上裝載一萬一千噸火箭和裝備。把這批貨物送到塞凡堡用了十九列火車，運到古巴用了六艘船，包括「鄂木斯克號」。就像其他開往古巴的船隻一樣，「鄂木斯克號」是在絕對機密的情況下裝貨。港口由特別部隊把守，裝卸碼頭上的軍官和士兵被禁止走出該區或者與外面的世界有任何接觸。

R-12飛彈被裝在手推車然後固定在貨艙裡。這是一個危險的程序，但只有如此才能讓飛彈避過美國偵察機的耳目——這些偵察機船到了大西洋之後一定會遇到。另一個風險是把裝載著過氧化氫槽的卡車放在貨艙裡（過氧化氫用來為飛彈提供動力）。他們把貨車裝在木箱裡，然後固定在特殊的平台上，以防止過氧化氫槽發生意外碰撞。最後，他們把建設飛彈陣地所需的工程設備和民用貨車放在甲板上，讓任何想看的人看去：畢竟「鄂木斯克號」正是聲稱要把民用貨物運送到古巴去。[7]

為了協助保密，在部隊從立陶宛前往塞凡堡時，火車上放上一批冬衣，以此假裝部隊是要往北去。但火車一到達塞凡堡之後，就給官兵發放了夏季衣物。讓每個人都嚇一跳的是，衣物都是平民服裝。根據行動的一個參與者所述，士兵和士官「穿上西裝、各種顏色的格子襯衫和布鴨舌帽，軍官則穿上西裝、白色或淺色的襯衫和有邊帽子。就連士兵也有西裝可穿，同樣是各種顏色的西裝都有，而且款式很時髦。我們又莞爾又驚訝地打量彼此，都認不出來穿著平民服裝的我們。」[8]

西多羅夫上校和一些手下在八月四日隨同六枚R-12飛彈離開塞凡堡。他們乘坐的船是設計來載運不超過六十一人，包括四十三名船員和十八個額外的人——乘客、受訓者和引水人。但現在它卻要塞進兩百五十個額外的官兵。由於他們必須隱藏起來，在航程的大部分時間活動範圍都是被限制在甲板之間的雙層床上，深受動彈不得和太陽曬在甲板上的極高溫所苦。西多羅夫回憶說，當一個土耳其引水人上船來引導船隻穿過博斯普魯斯海峽時，士兵們奉命留在甲板之間，反覆觀看一九五八年的三集式蘇聯史詩電影《靜靜的頓河》。靜靜流著的除了頓河的水，還有他們的汗水。當西多羅夫和留在甲板上的其他人打開甲板之間的艙蓋時，看見蒸氣上騰。只有在遠離了伊斯坦堡的燈光之後，士兵們才被允許走上甲板呼吸新鮮空氣。[9]

「鄂木斯克號」的生活狀況——更正確來說是呼吸狀況——在把飛彈、裝備和人員運送到古巴的船隻來說是通則而不是特例。一個飛彈團的副總工程師葉辛寫道：「甲板之間的舷窗覆蓋著帆布窗簾，而因為通風欠佳，船艙內的溫度有時高達攝氏五十度，甚至以上。」一個重大挑戰是把過氧化氫的溫度保持在攝氏三十五度之下。西多羅夫和他的手下成功把溫度保持在二十八度左右，這在貨艙的溫度是幾乎兩倍高的時候是很了不起的成就。就像一位飛彈團的財務官波爾科夫尼科夫所回憶的那樣，當船離開了地中海，開始要橫渡大西洋時，他們碰到另一個問題：「船的搖擺幅度增加了，但眾人竭盡所能地忍耐。」據葉辛所說：「有大量的士兵（近七成五）暈船。」[10]

——

三十七歲的亞佐夫上校——他日後在戈巴契夫執政期間將會成為蘇聯最後一任國防部長——搭乘德國建造的遠洋客輪「勝利號」離開蘇聯，前往古巴。「勝利號」這個船名是微妙的提醒，因為這艘一九二八年建造的船隻是蘇聯從德國人索要來作為戰爭賠償的。亞佐夫和他的手下於八月二十三日在克隆斯塔特登船。他上船後，一個負責數人頭的人給了他一二三〇這個數字。換言之，這艘載客量三百三十人的客輪被硬塞入了至少多三倍的人。[11]

亞佐夫是步兵團團長，被派到古巴保護飛彈設施。但他起初並不知道他的目的地。只有當船離開了波羅的海進入到北海之後，船長、負責的「格別烏」軍官和他才一起打開船長保險箱內的第一個信封。他們得到的命令是航向英吉利海峽和在穿過海峽之後打開另一個信封。他們在打開第二個信封之後知道了目的地。連同新的命令，信封裡還包含一份有關古巴歷史的二十八頁筆記（大概是放錯地方）。這是亞佐夫麾下大部分步兵的第一次海上航行，所以暈船的情形非常嚴重。十六日行程的大部分時間，「勝利號」都受到風暴侵襲，這讓幾乎沒有人願意或者能夠上到甲板上，也減少了他們被偵察機和船隻發現的可能性。他們在九月十日抵達古巴北部海岸的尼佩灣。[12]

在前往古巴的長途旅途中，亞佐夫和「勝利號」的船長皮斯梅尼交上了朋友。兩人都打過二次大戰，是忠實的共產黨人和愛國者。他們的談話涵蓋政治和社會議題，而其中一個議題是關於未來。第一代的革命分子已經老去，由蘇聯政權養育長大的第一代年輕人也是如此（亞佐夫和皮斯梅尼都屬於這一代）。很多老一輩都覺得在赫魯雪夫去史達林化運動期間成年的新一代不夠投入於共產主義理念，而皮斯梅尼對前景感到憂慮。「我們將會失去年輕人——我在心裡感受到這一點。我們將會失去他們！」他說。亞佐夫要比較樂觀，告訴他的新朋友說：「你是誇大其辭了。看看和我們一起坐船的新兵吧，他們都是鄉村少年，都有獨立的思考能力。你無法讓他們偏離共產主義的道路。」[13]

船上的「格別烏」軍官大概會同意皮斯梅尼多於亞佐夫。每個「格別烏」軍官在船上一般都有六個線人。他們得到指示，要確保行程保密，沒有叛逃者。監視官兵對蘇聯的古巴政策的態度是「格別烏」職責的一部分，而他們所發現的事對赫魯雪夫和他的團隊來說一點都不鼓舞人心。「格別烏」軍官們在行程結束後交給總部的報告顯示，與皮斯梅尼不同（他稱古巴為「我的靈魂之島」，也對這次任務感到興奮），很多水手和士兵都是在不情願的情況下被派到古巴去。

一個軍官在離開前給妻子寫的信上說：「我們的命運是由什麼人在什麼地方喝的一杯伏特加所決定。為了替這杯伏特加買單，我們必須前往古巴——一個對任何人都無益的地方。」他不只批評政府和質疑其政策，還洩漏了他要去古巴的祕密。這封信被「格別烏」攔截到，交給了該軍官的上級，但他們還是決定送他到古巴去，希望在經過一些恰當的解釋後，他們會明白幫助年輕的古巴共和國的重要性。乘坐「尼古拉・布爾丹科號」前往古巴的西佐夫上尉說話時更口沒遮攔。他告訴一個軍官同袍（對方原來是一個「格別烏」線人）：「我們是被帶去供人宰殺。」身為所屬單位黨組織副組長的他繼續說：「如果回得了蘇聯，我已經準備好會被沒收黨證。遇到美國人的最好做法是投降和被俘虜。」[14]

超過一千名士兵和五百名軍官出於不同理由覺得不適應這一次任務。有些士兵一知道要被派到海外（很多人都猜測目的地是古巴），就設法找上級麻煩（包括不假離營）好讓自己失去資格。特別不高興的是那些三年義務役即將在一九六二年夏末服完的士兵，被派往古巴意味著他們退伍的時間要無限期延後。在一些情況下，指揮官們也會把一些麻煩製造者送到古巴。大兵鮑里索夫就是一個例子——他喝醉酒之後騎著一輛偷來的警用腳踏車在塞凡堡到處去，遭到逮捕之後被送上一艘前往古巴的輪船。他被捕時大概曾經反抗然後被憲兵揍了一頓，因為根據「格別烏」少校韋爾博夫的報告，他在航程的大部分時間（十天）都躺在病床上。[15]

乘坐乾貨船「奧倫堡號」的大兵莫伊森科告訴一個朋友：「他不曾發誓要對卡斯楚效忠，現在是在被脅迫的情況下前往古巴。」他認為像他那樣的大兵沒有理由要害怕古巴的反革命分子，因為據說這些人只向軍官開槍。莫伊森科（從他的名字判斷是烏克蘭人）大概是把二次大戰後烏克蘭地下民族主義者採取什麼戰術*的謠言張冠李戴到古巴去。喬治亞徵召的新兵桑蒙諾齊哈里亞告訴同袍，蘇聯坦克在一九五六年粉碎喬治亞的起義，不分男女老幼一律殺死。他恨俄國人，準備要為自己人民的痛苦報仇。他是指發生在喬治亞首都提比里斯反對赫魯雪夫去史達林化政策的暴亂，示威者確實是被坦克驅散。[16]

士兵之間一些無關政治的討論也吸引到「格別烏」的注意。有些士兵相信古巴四處都是會攻擊人類的猴子。有些士兵預測美國將會宣布對該島進行軍事封鎖。「格別烏」還留意到某些徵兆，隨著船隻一天一天接近古巴，部隊的士氣愈來愈低落，心情愈來愈消沉。有些人對於三年役期快要服完卻不能退伍反而被派往古巴感到憤憤不平。還有些人因為甲板之間的高溫和暈船而大感吃不消。一些沮喪的士兵告訴「格別烏」的線人，他們準備好跳入海裡結束自己的痛苦。[17]

對「格別烏」來說，「跳入海裡」之說構成一種挑戰。因為跳船的人也許會活下來，去到一片外國海岸或者上了一艘外國船，把自己所屬單位的最高機密透露出去，從而背叛了祖國。派駐在乾貨船「奧倫堡號」上的「格別烏」大尉森尼科夫交代線人留意船員和部隊中間有叛逃念頭的人。這種事是有可能在船穿過黑海那些狹窄的海峽時發生，所以森尼科夫盡了最大努力確保不會出現叛逃。「在通過博斯普魯斯海峽時，包括軍官在內的所有乘客都被關在第五甲板間，船尾處派駐共產黨員守衛。」[18]

「格別烏」不只監視船員和部隊的政治觀點和態度，還留意他們的士氣。在船上，軍官喝酒是一種稀鬆平常現象，而跟士官和士兵不同，軍官是住在房間而不是甲板間，出航前會獲得酒類配給。據相關的報告顯示，沒有「格別烏」軍官遇到的醉酒問題要比莫洛佐夫少校更多，他是在乾貨船「梅特魯格・

巴丁號」上負責監視蘇伊克中校率領的通訊單位。該單位來自第五十一飛彈軍（被派到古巴的蘇聯彈道飛彈部隊的核心）的總部文尼察。蘇伊克手下共有兩百六十四名人員，包括三十七名軍官和跟軍隊簽有合約的女兵。根據莫洛佐夫的報告，蘇伊克為下屬樹立了一個壞榜樣，因為他不只整天買醉，還和自己部隊的一個女人睡在一起。這讓他維持軍紀的能力大打折扣。[19]

各船的船員對「格別烏」來說是一個特別的挑戰。派駐在「伊利亞・梅契尼可夫號」號的「格別烏」少校佐祖利亞報告說，該船船員對保密行程和取消登岸假都極不高興。當局拒絕像平常一樣給予他們強勢貨幣的津貼，這讓他們無法在外國港口購買蘇聯稀少的貨物回國後拿到黑市去賣。「梅特魯格・巴丁號」上的水手長馬可夫斯基喝醉了，把自己和一個女人關在艙房裡，拒絕依照一個高級軍官的要求開門。「格別烏」軍官莫洛佐夫少校認為那個女人要為這件事負大部分責任。他在報告裡寫道：「她們的行為極為要不得。她們沒有按單位指揮官的吩咐去做。到了夜幕降臨之後，需要到各處把她們揪出來，因為她們都跑去跟單位的軍事人員睡覺。」[20]

蘇聯船隻一進入大西洋和開始向古巴開去之後，「格別烏」的軍官就找到一個監視和報告的重要新對象：在船隻上頭飛過的美國飛機。在莫斯科讀到報告的高階「格別烏」軍官發現，當一艘船隻愈接近古巴，飛越它們上空的飛機就愈多。

＊ 譯注：指只向軍官開槍一事。

根據莫洛佐夫少校的報告，「梅特魯格．巴丁號」前往古巴途中只有在八月十八日有一架美國海軍飛機在頭頂上飛過一次。但在八月三十一日返航途中，有另一架美國飛機在二十分鐘內飛越船隻五次。美國人對蘇聯船隻的態度看來已經有所改變。到「伊利亞．梅契尼可夫號」在八月二十八日接近古巴水域時，佐祖利亞少校已經算不清船被美國飛機飛越了多少次。他寫道：「飛機的飛行高度很低，而且是從不同的方向飛來。當一架飛機飛走以後，很快就會來了另一架。每架飛機都凌空飛越船隻兩、三次。」明顯的是，愈接近八月底，美國人對蘇聯船隻就愈不放心。[21]

美國飛機的持續凌空飛越意味著一件事——赫魯雪夫在上個月設法和甘迺迪達成的協議沒有成事。還是七月的時候，他曾經想辦法讓甘迺迪對前往古巴的蘇聯船隻的空中偵察行動喊停。赫魯雪夫利用軍事情報官員博爾沙科夫上校與總統弟弟羅伯特．甘迺迪所建立的直接管道，向白宮提出一個非正式請求，要求停止派飛機偵察前往古巴的蘇聯貨船，以此作為改善兩國關係的條件。甘迺迪上了鉤，在七月三十日把羅伯特和博爾沙科夫兩人找到白宮。他看來對赫魯雪夫的要求持開放態度，但想要對方做出回報，把柏林問題「晾在一邊」。赫魯雪夫拖延時間，叫博爾沙科夫問甘迺迪他所說的「晾在一邊」是什麼意思。這交易將永遠不會落實。[22]

第III部

決策的痛苦

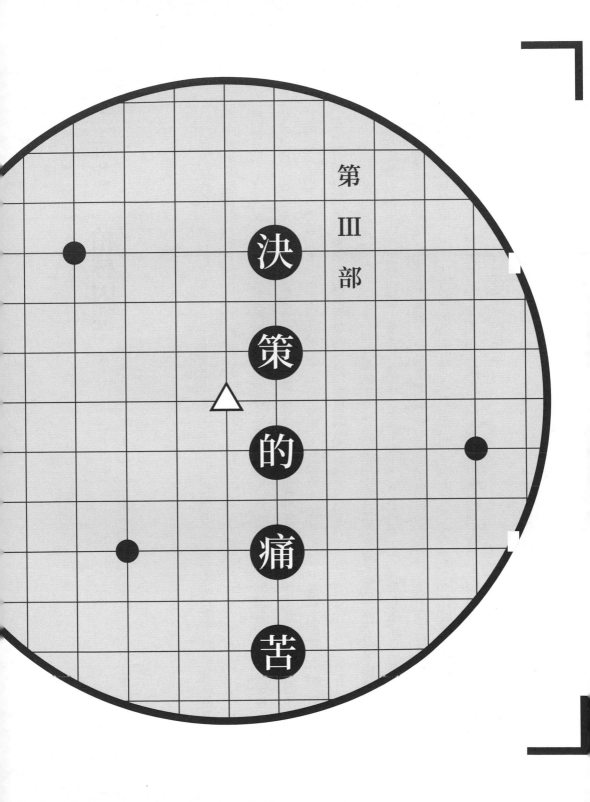

第8章 柏林囚徒

他們稱之為「週五新聞清倉」，也就是專把一些政治上的壞消息留在星期五下午發布，以免引起太多注意和媒體審視。到了那時候，報紙版面已經排滿了其他新聞，準備好送印刷。然而在八月三十一日星期五早上這一天（也湊巧是勞動節週末前的最後一個工作天），白宮收到的消息卻不能以這種方式淡化。就像一枚炸彈一樣，不管你在哪裡或何時發布，它都會激起千層浪。當天中情局代理局長卡特告訴甘迺迪，一架中情局的U-2偵察機在飛越古巴時發現了蘇製的「德維納75」地對空飛彈。它們和一九六〇年五月在蘇聯上空擊落鮑爾斯駕駛的U-2偵察機的飛彈是同一型。[1]

中情局的分析師從八月二十九日拍攝的照片中辨認出了一種與蘇聯其他地對空飛彈設施相似的模式：六座發射台由臨時道路連接，構成一個像「大衛之星」的六角形，中央設有指揮室和雷達。古巴島上有八個這樣的陣地，每個都配備六座飛彈發射台。由於拍攝這照片當日，古巴部分被雲層遮蔽，U-2相機無法看見整個古巴，所以整個島部署的地對空飛彈陣地大概不只八處。所有被指認的陣地都是在古巴西部，是古巴較為接近佛羅里達州和美國本土的部分。中情局專家有所不知的是，這些陣地屬於「第十二防空師」，是從七月起就部署在島上。[2]

甘迺迪知道自己手上有了難題。最直接的難題是政治難題而非軍事難題。中情局的報告正可供甘迺迪的共和黨對手大做文章。他們本來就預備好把古巴問題當成十一月國會選舉的關鍵議題。媒體有關大量蘇聯貨船去了古巴的報導，還有大量蘇聯人員在島上被看見的消息，本就給了共和黨人充分彈藥，讓他們可以指控總統對古巴迫在眉睫的危險無所作為。在甘迺迪獲報古巴部署了地對空飛彈的同一天，共和黨籍的紐約州參議員基廷告訴國會，蘇聯正在建置飛彈陣地，並派遣技術人員和專家操作它們。他宣稱：「我對此握有可靠情報。當我說我有『可靠情報』時，表示消息已經從五個不同源頭查證過。」[3]

基廷從一九六一年十二月以來就一直在反飛彈運動中與甘迺迪政府針鋒相對，當時關塔那摩的美國海軍基地司令奧唐納上將私底下告訴基廷的一個幕僚，他相信古巴正在建置飛彈陣地。那時候沒有證據可以支持此說，但現在隨著媒體報導，有在佛羅里達州尋求庇護的古巴難民表示，他們在古巴看見蘇聯人，基廷又回到了鎂光燈下。他告訴國會：「過去幾星期，有多於二十艘貨船從不同的共產黨港口到達古巴，很多都在最高安全警戒的情況下卸貨。過去一年有三千到五千名所謂的『技術專家』到達古巴。」他在結束發言時鼓吹行動：「時間短暫。情況正在惡化。我呼籲我們的政府迅速採取行動。」[4]

甘迺迪需要時間把整件事情好好思考一遍。他告訴中情局副局長卡特，他想要把有關防空飛彈的消息「放回箱子裡，把箱子釘牢」。卡特照辦了，為甘迺迪爭取一些額外的時間。總統要求國務卿魯斯克草擬一份公開聲明。因為被他和赫魯雪夫在維也納的會談嚇到，甘迺迪變得不信任赫魯雪夫，不相信透過外交管道求助於赫魯雪夫可以解決古巴的問題。他唯一可以訴諸的方法是發表公開聲明。那可以讓赫魯雪夫知道他對於蘇聯在古巴的駐軍可以容忍到什麼程度。[5]

當天稍後，甘迺迪飛到羅德島，跟賈姬、卡洛琳和小約翰共度週末，但古巴飛彈的事情盤據著他的心頭。九月一日星期六，在與卡特的電話交談中，甘迺迪放寬對古巴的消息的限制。現在消息被容許透露給一小群特定的官員，「以便他們有所準備，可以在星期二早上跟總統詳盡地討論這個問題。」[6]

於是古巴變成了甘迺迪外交政策團隊的絕對優先事項，這讓之前備受關注的西柏林黯然失色。軍事衝突的威脅正危險地向美國本土靠近，但總統身邊沒有幾個人相信古巴在蘇聯的戰略位置上就這樣取代了柏林。有一陣子，柏林危機被認為是更大、更有威脅性的。甘迺迪和顧問們會優先參考柏林局勢來判斷任何跟古巴有關的事情。

藉由自己的哈佛淵源和人脈，甘迺迪得以在華府集合了一支歷來最耀眼的外交政策團隊。其中一名成員是四十一歲的國家安全顧問邦迪，他原是哈佛文理學院院長。另一個是四十四歲的國防部長麥納馬拉，他是哈佛的企管碩士，也是福特汽車公司的前總裁。總統的弟弟羅伯特也是哈佛的畢業生，任職司法部長，是甘迺迪外交團隊的另一個關鍵成員。國務卿魯斯克曾經在牛津大學當「羅氏獎學金」的研究生。這四個人是甘迺迪外交政策團隊的骨幹，其他成員還有中情局和軍方的代表，以及其他部門的高級官員。[7]

總統的外交政策顧問把夏天大部分時間拿來琢磨怎樣處理柏林危機，用所謂的「貴賓犬毯子」構想來分析這個危機。他們預想柏林的危機會分四階段升級。第一階段是蘇聯阻止盟軍進入西柏林，第二階段是蘇聯封鎖西柏林，第三階段是傳統戰爭，第四階段是核子大戰。目前的情勢被認為是第一階段，預料也許會很快惡化。有些跡象顯示蘇聯已經準備好讓危機升級。

在一封七月五日送到白宮的信中，赫魯雪夫提出了要西方盟軍逐漸退出柏林的新要求，他保證如果這個建議獲得接受，美蘇關係就會進入一個新紀元；又威脅說不接受就會引發一場全球性危機。他寫道：「持續拖延跟德國和平解決方案有關的問題，將會導致對和平的威脅。現在就必須避免，為時還不晚。」甘迺迪在回信中表示，他擔心不管美蘇兩國領袖的主觀意願為何，柏林的局勢一樣可能會導致核子戰爭。他寫道：「在讀過去戰爭的歷史和它們是如何發生時，最令人印象深刻的是，溝通失敗、誤解和相互激怒往往是導致開戰決定的關鍵。」甘迺迪這裡的觀點是來自一本剛出版的書：芭芭拉．塔克曼的《八月砲火》。[8]

赫魯雪夫出人意表地做出了讓步。七月二十五日，他建議美國駐莫斯科大使湯普森「親自詢問總統而不透過國務院，是在我們*國會選舉之前還是之後讓柏林問題沸騰起來會比較好些？他不想讓總統感到為難——事實上還想幫助他。」同一個訊息也由蘇聯情報軍官博爾沙科夫傳達給羅伯特．甘迺迪，但加上一個額外的要求：赫魯雪夫希望甘迺迪中止美國飛機偵察前往古巴的蘇聯貨船之舉。甘迺迪總統在七月二十一日在白宮接見了博爾沙科夫，表達了他對赫魯雪夫的建議感興趣。當時，就甘迺迪所知，古巴幾乎不存在於美蘇的議題裡——主導這議題的完全是柏林。[9]

甘迺迪有所不知，赫魯雪夫這是要用打柏林牌來分散他對古巴的注意力。在赫魯雪夫看來，柏林圍牆的修築已經解決了危機，他不打算短期內再把這個危機揭開。九月二十八日，也就是美蘇坦克在查

＊譯注：這是湯普森寫給甘迺迪的信，故從湯普森的角度看事情，此處的「我們」為美國。

理檢查哨對峙的幾星期前，他在寫給東德領導人烏布利希的信上說：「就當前形勢而言，由於保障和控制東德與西柏林接壤界線的措施已經成功實施，西方列強傾向於談判，美蘇之間的接觸也已經在紐約展開，此時應該要避免採取會讓情況惡化的措施，在柏林尤其如此。」[10]

這位蘇聯領導人竭盡所能勸說烏布利希拋棄跟蘇聯簽署一份獨立的和平條約的念頭。「我們有什麼簽和平條約的必要呢？」他在一九六二年二月詢問不滿的烏布利希，然後又自己回答：「沒有。直到八月十三日〔開始建築柏林圍牆的日子〕，我們都想破頭要怎樣向前推進。但邊界現在已經關閉了。」一九六二年六月在對捷克斯洛伐克代表團致詞時，赫魯雪夫同時挖苦了烏布利希和簽署一份獨立的和平條約的想法：「條約的簽署也許會導致德意志民主共和國被經濟封鎖，然後烏布利希同志就會來向我們要黃金……德國人和我們打了一仗，但現在他們的生活水準比我們要高，然而我們卻被認為應該給了又給。」[11]

雖然赫魯雪夫並不準備升級柏林危機，但也不願意把它從國際議題除去。對他來說，這危機已經成為了討價還價的籌碼和勒索的工具，丟掉太可惜。赫魯雪夫將柏林比作為西方的睪丸，「每一次我想要讓西方尖叫，就會捏一捏柏林。」他也真的捏了。八月二十二日，赫魯雪夫在柏林所採取的行動被很多人認為是他邁向跟東德簽署和平條約的又一步。他廢除了柏林的蘇聯司令部，讓美國、英國和法國的司令部被迫要和東德人直接打交道，也因此為東德政權提供了些許的國際合法性。[12]

八月二十三日，甘迺迪和顧問們開會討論柏林危機。用國家安全顧問邦迪的話來說：「這危機在最近幾星期已經加溫很多，看來正在惡化。」甘迺迪相信，發生在柏林的事件將會在年底前導致美蘇的重大攤牌。[13]

對甘迺迪來說，古巴在一九六二年八月底以前並不是什麼優先事務。雖然羅伯特繼續監督「貓鼬行動」——美國政府對卡斯楚政權的搞破壞和心理戰措施——沒有人能夠想像有類似「阿納德爾行動」這樣的計畫正在古巴進行。

一九六二年八月一日，中情局發布了一個情報評估。該評估認為，蘇聯雖然為古巴提供軍火和軍事設備，古巴人的軍事能力仍然是「基本上屬防衛性」。它認為蘇聯集團不太可能會提供古巴人執行國外重大獨立軍事行動的能力。這個評估刊出不到一星期，事情有了急劇的改變。八月七日，一個操西班牙語的播音員在他位於邁阿密的古巴電台節目中告訴聽眾，有四千蘇聯士兵在七月抵達古巴。第二天，這消息登上了《紐約時報》。中情局查到消息出自流亡佛羅里達州的古巴人士，認定它基本上無誤。[14]

八月二十一日，麥科恩——艾森豪時代的原子能源會主席，在一九六一年十一月取代杜勒斯成為中情局局長——向甘迺迪政府的要員報告中情局最近的發現。根據麥科恩的備忘錄，在七月有二十一艘蘇聯船隻抵達古巴，在八月有十七艘已經靠港或正在前往古巴途中。光是七月這一個月就有四千到六千名蘇聯人抵達古巴。他們很有可能是軍事人員，但因為生活起居和古巴民眾分開，所以無法證實。蘇聯提供的設備也有同樣情形——它們都是在禁止當地人靠近的情況下從船上卸下。不過，裝載貨物的板條箱透露出內容可能是飛機零件和飛彈。另外，有清晰可辨的雷達設備。中情局分析師判斷，蘇聯有可能正在古巴部署地對空飛彈。[15]

羅伯特、麥納馬拉、魯斯克和邦迪那一天本來是要討論「貓鼬行動」的進展，但現在卻突然要面對完全不同的情勢。他們改為進行腦力激盪，要想出應對新情勢的方法。他們第一個想到的選項是對古巴實施封鎖，要麼是進行完全的封鎖，要麼是封鎖蘇聯船隻和蘇聯衛星國擁有或租用的船隻。這看來是個好主意，但白宮發言人邦迪馬上踩住煞車，他認為此舉有可能在全世界引起不良觀感。他是擔心世人會把古巴比作柏林。中情局做的會議紀錄寫道：「大家感覺，封鎖古巴會讓人自然地聯想起柏林的封鎖。」

因為這個緣故，大部分與會人士反對封鎖選項。麥納馬拉建議採取對付卡斯楚政權的祕密行動。羅伯特建議美國自導自演美軍基地被攻擊事件，以此為美國出兵提供藉口。麥科恩對這些建議感到擔心，指出古巴的安全措施正在收緊，很難進行祕密行動。卡斯楚政權正在密切注意潛在的間諜和破壞分子。但會議室中其他人不太理會麥科恩的擔心。他們感覺，因為柏林的形勢，他們的手被綁住。大家一致同意讓麥科恩向甘迺迪親自報告中情局的發現。[16]

在八月二十二日，麥科恩向總統報告了那些讓人不安的消息。這是一個令人不快的驚奇。事實上，在和麥科恩見面幾小時前，甘迺迪才在一個記者會上否認蘇聯有在古巴駐軍。他告訴一個記者：「部隊？我們沒有這種情報。我們只知道技術人員的數目增加了。」現在，麥科恩主張島上不但有蘇聯部隊，還有蘇聯飛彈。第二天，麥科恩告訴甘迺迪，他暫時還不能斷定蘇聯在古巴部署的是地對空飛彈還是可以危及美國國土的地對地飛彈。深感困惑的甘迺迪問了一堆問題：飛彈可以用空襲的方式消滅嗎？可以採取地面入侵的方式嗎？又或者可以想辦法找人破壞或唆使地方起義嗎？[17]

總統的問題麥科恩一個也答不出來，但他對整體的古巴問題有一個現成的解決方法。他呈遞給甘迺迪的備忘錄包含了一個三階段的行動，首先是進行破壞古巴政權名譽的國際宣傳，繼而加強島上的破壞行動和祕密行動，最高峰是「派出足夠的兵力占領該國，摧毀政權，解放人民，讓古巴成為一個和平的國家和美洲國家大家庭的成員。」麥科恩希望頭兩步驟的執行會讓第三步驟變得不必要，但不寄予厚望。他向羅伯特透露，他認為在古巴的發展是我們所面對的「最嚴重的問題」。

但甘迺迪總統和他的顧問們不為所動。中情局的會議摘要寫道：「很多參加會議的人把蘇聯在古巴的做法比作我們在土耳其、希臘、柏林、遠東和其他地方的做法。」麥科恩對解決土耳其問題有所建議，主張把攜帶核子彈頭的中程飛彈部署在土耳其和義大利並沒有戰略利益。麥納馬拉同意這些飛彈是沒有用，會著手研究是否把它們移除。但柏林問題卻是無解。會議紀錄這樣說：「總統提出說，如果蘇聯發動一場柏林危機的話，我們應該對古巴怎麼樣。這等於是換一種方式在問，如果我們對古巴怎麼樣，蘇聯在柏林會如何反應？」[18]

八月二十九日，也就是中情局的飛機偵察到古巴部署了地對空飛彈的那一天，甘迺迪公開否認蘇聯有可能在島上駐軍，也否認美國計劃入侵該島。再一次，當時他心裡想著柏林。他說：「美國對全世界都有責任，包括西柏林和其他地區，它們都非常敏感。所以，我認為在考慮我們應該採取什麼適當行動的時候，我們必須考慮我們全部的責任，也考慮我們在世界那麼多不同地方的責任。」在甘迺迪看來，最糟的情況就是他在古巴的行動會引發西柏林的危機，導致蘇聯封鎖該市、美蘇軍事對峙和最後引發核子大戰。[19]

九月四日星期二早上，甘迺迪剛結束勞工節週末的假期回到華府，和他的外交政策團隊會商。主要討論項目是他去度假前交代國務卿起草的聲明。魯斯克在聲明中警告赫魯雪夫不可部署進攻性武器，指出這是不被允許逾越的紅線。聲明草稿這樣說：「蘇聯把重要的進攻性武器交予古巴的侵略性政權之舉，將會構成對該半球直接和重要的挑戰，有必要立即採取適切的行動。」

魯斯克沒有闡明「進攻性武器」和所謂的「適切的行動」是指什麼。對第一個問題，麥納馬拉主張米格戰鬥機屬於進攻性武器之列，邦迪則認為地對地飛彈才算。有關「適切的行動」，邦迪主張，因為美國對古巴採取任何侵略性行動都有引發核子大戰之虞，所以最好不要這樣做。但麥納馬拉和魯斯克都不表同意，認為只要發現島上部署了核子飛彈，入侵古巴就是必要。魯斯克主張，如果要馬上入侵古巴的話，第一階段是封鎖該島嶼。

麥納馬拉認為封鎖本身即足以構成一種「適切的行動」。「既然我們以前這樣做過，為什麼現在不這樣做？」他問與會的每個人。他還沒有完全說完，總統便把他的話打斷。「我們不那樣做的理由，是因為我們猜想他們可能會想要封鎖柏林，那樣的話我們就可以封鎖古巴作為回敬。」他想要以古巴作為籌碼，制衡赫魯雪夫在柏林的行動。他也認為封鎖古巴「在短期內不會對他們構成太大打擊。」甘迺迪對封鎖選項的排除讓它沒有機會得到充分討論，也沒有人來得及表示支持。

麥納馬拉在當天不會再提封鎖的主意。他改為建議一個不同的策略，那就是動員後備軍人。這個行動除了是封鎖古巴也是入侵古巴的必要準備步驟，他還認為這一招可以安撫國會：「如果領導階層想要對古巴採取行動，我認為這正是最佳行動之一。」這個方法既可以向赫魯雪夫發出訊息又可以安撫國會，甘迺迪馬上就接受了這個提議。他想要聲明儘快草擬好。他在會議開始時對幕僚說：「我們不能容許有人比我們先把這件事情暴露出去。」[20]

九月四日傍晚，白宮新聞祕書薩林格終於把總統對古巴的一份聲明發佈給媒體。聲明上說：「過去四天來，本政府從不同管道獲得的情報明確無疑地證實，蘇聯為古巴政府提供一批防空飛彈。」在這份聲明定稿上，甘迺迪既沒有聲言一定會入侵古巴，也沒有承諾捍衛門羅主義（幾份草稿中有這一項）。相反的，他建議把「古巴問題」視為「共產主義對和平的威脅所構成的世界性挑戰的一部分。」甘迺迪做出了一個針對古巴而不是針對蘇聯而發的威脅。聲明上說：「美國的政策仍是不允許卡斯楚政權以武力或武力威脅輸出他的侵略目的。我們會動用所有必要的手段防止他對西半球的任何地方採取不利行動。」[21]

發表聲明前不久，甘迺迪會見了國會領袖們。他要求他們同意動員多達十五萬名士兵以對應古巴和可能的另一次國際危機，但力陳不應該立即入侵古巴。他指出，在該島上偵察到的飛彈對美國並無威脅。「我們不是在談核子彈頭。」他也反對封鎖，因為封鎖將會構成「戰爭行為」。他告訴國會領袖們：「我想柏林的局勢將會在這個秋天，在聖誕節之前，以某種方式到達白熱化。」赫魯雪夫打的柏林牌唬住了美國總統。[22]

第9章　催促

得知美國人發現古巴部署了蘇聯的地對空飛彈時，赫魯雪夫正在度假。他在七月底離開了莫斯科（當時普利耶夫將軍和第一支偵察隊已經派到了古巴），向南緩慢抵達黑海。他此舉是要視察他的土地和人民。他考察了俄羅斯南部省份的農業狀況，造訪自己的出生地卡利諾夫卡村，然後前往聶伯彼得羅夫斯克視察揚格利的飛彈工廠（那裡生產運往古巴的R-12和R-14火箭）。赫魯雪夫最後在八月一日到達克里米亞度假聖地雅爾達，而幾天前西多羅夫上校和他的R-12飛彈團才從附近的塞凡堡啟航，前往古巴。[1]赫魯雪夫除了曬日光浴和游泳也持續工作——他的好動個性讓他閒不下來。八月中他返回莫斯科待了幾天，慶祝蘇聯在外太空取得的另一項成就：蘇聯太空人波波維奇和尼古拉耶夫進行了人類歷史上第一次雙重太空飛行後成功返航。回到克里米亞之後，他接待拜訪他府邸絡繹不絕的訪客。八月三十日，赫魯雪夫歡迎卡斯楚的使臣切．格瓦拉，討論古巴問題。雖然持續受到古巴人的壓力，赫魯雪夫拒絕和哈瓦那簽署一份公開的防禦條約。他的國防部長馬利諾夫斯基向格瓦拉掛保證，如果美國人發現了飛彈和威脅要入侵古巴，他將會派遣波羅的海艦隊前往。赫魯雪夫和馬利諾夫斯基都相信美國人會接受既成的事實。根據與會者阿拉貢涅斯的回憶：「當時馬利諾夫斯基也在場，他（赫魯雪夫）告訴我和格瓦拉：『你們不必擔心，美國將不會有激烈反應。如果有問題的話，我們會派出波羅的海艦隊。』」[2]

九月初，赫魯雪夫搬入在黑海阿布哈茲海岸新蓋的皮聰達別墅，度過最後一階段的假期。九月四日，就在甘迺迪和顧問們忙於討論怎樣應對在古巴發現的地對空飛彈時，赫魯雪夫寫了一封信，表示願意接受甘迺迪和英國首相麥克米倫在八月二十七日所提議的，彼此簽署一份禁止在大氣層、海底和外太空進行核子試爆的條約。先前赫魯雪夫堅持條約要包括禁止在地底下核試爆（他相信美國人在這個領域領先蘇聯），但現在他把這個要求移除。他想要讓自己看似循規蹈矩，從核試爆到柏林的每一個問題上都做出戰術性讓步，好把美國的注意力從古巴引開，也讓甘迺迪更難對赫魯雪夫在古巴的作為有強硬反應。[3]

美國人發現古巴有防空飛彈的消息猶如晴天霹靂般在九月五日早上傳到皮聰達。赫魯雪夫在古巴進行的核子飛彈冒險明顯岌岌可危。他必須迅速採取行動。他仍然可以叫停彈道飛彈的部署，因為此時不管是飛彈和核彈頭都還沒有送達古巴。美國人的聲明主要目的是警告赫魯雪夫不要越過這條紅線。但他的反應卻恰恰相反——儘可能迅速地越過紅線。甘迺迪的聲明不但沒能起到警告作用，反而成為對赫魯雪夫的催促，讓他趕在被完全發現前完成他的祕密遊戲。他不但沒有退卻，反而決定繼續進擊。

———

美國記者科爾曼回憶他到赫魯雪夫的皮聰達別墅作客時之所見：「松樹林和三公尺高的三合土圍牆把巨大的海邊房產隔絕了偷窺的眼睛。圍牆後面是好幾棟客舍，每一棟都距離另一棟很遠，而且中間隔著樹木，無法瞧見彼此。主屋是一棟兩層樓的府邸，裡面裝飾著無價的東方地毯，屋頂有一個日式庭園，外牆上有一台升降機。附近有一個玻璃罩罩住的游泳池，天氣好的時候一按按鈕玻璃罩就會打開，讓人可以呼吸到外面的空氣。花園步道兩旁的樹木設有電話，尼基塔・謝爾蓋耶維奇（赫魯雪夫）喜歡在步道上散步。」[4]

九月六日，也就是得知華府發現了古巴的地對空飛彈的第二天，赫魯雪夫接見另一個來訪的美國人：內政部長尤德爾。尤德爾剛完成他參觀蘇聯水力發電站的行程。他會緊接在甘迺迪的聲明發表之後無預警地被赫魯雪夫找到黑海的別墅去，顯示出這兩件事情必然有關聯。交談時，赫魯雪夫採取攻勢，對美國在國際舞台的行動砲聲隆隆。他的殺手鐧是柏林。尤德爾在九月七日從莫斯科美國大使館打回國的電報中說：「他重申他的強硬立場，指出和平條約（蘇聯和東德的和平條約）一定會簽署。他斬釘截鐵地說他不會讓西方部隊留在柏林。雖然會容許平民進出，但不會容許進出的通道被用作軍事用途。」[5]

回到華府之後，尤德爾分享了他和赫魯雪夫風暴式會面的更多細節。某個意義下，那是他在維也納攻擊甘迺迪的延續，只不過這一次是透過一名閣員進行。赫魯雪夫一開始說：「我認識尼克森和艾森豪，而我必須說甘迺迪比他們好些。身為總統，他有理解能力，但迄今缺乏的是勇氣——解決德國問題的勇氣。如果他解決了這個問題，他的地位將會變得崇高。」然後赫魯雪夫再次拿出核子戰爭來當威脅：「我們將會把他放在必須解決問題的處境中。我們將會給他一個選擇：選擇戰爭或是選擇簽署和約。」有鑑於蘇聯的彈道飛彈已經瞄準西歐但還沒有瞄準美國，赫魯雪夫相信歐洲人將會阻止美國人發起戰爭。他宣稱：「在今時今日，戰爭意味著巴黎和法國的消失，而且只是一個小時內的事情。你們能夠把我們當小孩耍已經是很久以前的事了，現在我們可以踢你們屁股。」[6]

赫魯雪夫設法利用甘迺迪對核子戰爭的憂懼，不只是去「解決」柏林問題，更是要讓他在知道了古巴部署了核子飛彈之後「有勇氣」不去攻擊古巴。赫魯雪夫說：「至於古巴，那是一個真的能夠帶來一些意想不到後果的地方。」他承認蘇聯為卡斯楚提供了一些現代武器，但強調「他有防衛的需要」。「然而，」赫魯雪夫繼續說。「如果你們攻擊古巴，情況就會變得截然不同。」他在一分鐘後解釋自己的意思：「你們用軍事基地包圍我們。如果你們攻擊古巴，我們就會攻擊一個你們設有基地的鄰近國家。」這是對美國在土耳其和歐洲的部署的威脅。莫斯科將知會古巴的領導階層，在這一次與尤德爾的會面中，赫魯雪夫「不帶任何政治宣傳性質地警告美國人，對古巴進行陰險行動所會引起的全部後果」。[7]

會談之後是晚宴，出席的蘇聯官員包括蘇聯的首席古巴專家米高揚。幾星期之後他將會把蘇聯的談判策略歸結如下：「我們讓美國人知道我們想要在近期內解決柏林問題。我們這樣做是為了把他們的注意力從古巴引開，所以我們使用了聲東擊西之計。事實上當時我們並無意要解決柏林問題。」諷刺的是，米高揚同樣相信美國在古巴遊戲中使用柏林來作為誘餌。他爭辯道：「當美國人得知了我們把戰略武器運給古巴之後，他們也開始為柏林哭泣。雙方都在談柏林危機，但同時也相信在那一刻，他們的政策核心都是放在古巴上。」[8]

米高揚並不是在編故事，蘇聯人確實掉進了他們為甘迺迪設下的同一個陷阱——如果說甘迺迪相信蘇聯對柏林問題是嚴肅認真的，那麼蘇聯只會認為甘迺迪是在耍他們。赫魯雪夫在十月二十日對來訪的捷克斯洛伐克代表團說：「我們和美國人都談柏林，雙方都是抱著同一目的，就是把對方的注意力從古巴引開。美國人是為了想要攻擊古巴這樣做，我們則是為了讓美國不自在且延後攻擊古巴而這樣做。」[9]

赫魯雪夫利用柏林議題來爭取時間把飛彈和核子彈頭運送到古巴，但他也熱切利用多出來的時間來準備應對美國對古巴的可能入侵——這種入侵的可能性現在看來要比從來任何時間都大。他不只沒有退卻，反而加快了運送飛彈的步伐，又把新類型的核子武器增加到清單中。

在赫魯雪夫會見尤德爾的那一天，馬利諾夫斯基在莫斯科準備了一份由他手下一名高階軍官親筆撰寫的最高機密文件。馬利諾夫斯基建議用十到十二架能夠攜帶核子武器的「伊留申28」轟炸機加強駐古巴特遣部隊的實力。與轟炸機搭配的是六顆原子炸彈，每顆有八千噸到一萬兩千噸的威力，相當於在廣島投下的原子彈爆炸當量的三分之一到二分之一。這些炸彈被認為是戰術性，設計來用於戰鬥。不只這樣，馬利諾夫斯基還建議派出十八枚配備核子彈頭的「大地」巡弋飛彈以及兩或三個「月神」戰術飛彈師。總計有八枚或十二枚攜帶核子彈頭的月神火箭。現在，戰略核子部隊得到了戰術核子部隊的加強，可以在遭遇攻擊和地面入侵時保衛「大個子」*。

由於地對空飛彈已經被發現，時間變得很緊湊。運送核子武器最快的途徑是透過空運，但馬利諾夫斯基告訴赫魯雪夫，雖然蘇聯飛機可以運送飛彈和核子彈頭到古巴，但無法運送體積大得多的發射台。沒有發射台，飛彈和彈頭形同廢物。馬利諾夫斯基建議透過海運運送轟炸機、火箭、核子彈頭和核子炸子彈的轟炸機和三個有配備核子彈頭的「月神」戰術飛彈師前往古巴。[10]

定在九月十五日出發。戰術飛彈隨之在十月初送出。九月七日，赫魯雪夫批准透過海運運送六架帶著原彈。原子彈和戰術核子彈頭將會跟中程飛彈和中長程飛彈的彈頭一起由乾貨船「因迪吉爾卡號」運送，

赫魯雪夫在古巴部署戰術核子武器的決定反映出他在甘迺迪發表聲明之後的緊急心態——如果不是恐慌的話。那標誌著他的思考方式的一個激烈轉變。他本來是想用核子武器來嚇阻美國，讓其不敢入侵古巴，也是作為一種糾正雙方核武力不均衡的方法，但現在他卻準備用它們來與美國發生實際衝突。沒有任何赫魯雪夫的文件、宣稱和評論顯示他準備好在一個局部或全球的規模上跟美國進行核子戰爭，或顯示他偏好局部戰爭多於全球戰爭，或顯示他相信不可能發生局部核子戰爭而不引發全球性核子戰爭，但他派戰術核武到古巴的決定讓所有這些情況不只成為理論上可能，還成為實際上可能。[11]

九月八日，即赫魯雪夫批准把戰術核武運送的到古巴第二天，馬利諾夫斯基和蘇聯陸軍總參謀長扎哈羅夫元帥命令把六顆供「伊留申28」轟炸機使用的原子彈和十二顆供「月神」飛彈使用的核子彈頭起運。馬利諾夫斯基和扎哈羅夫還簽署了一項新的指令給古巴特遣部隊司令普利耶夫。指令上說：「蘇聯在古巴島上的軍群不可容許敵人登陸古巴領土。」他把飛彈部隊定義為「防衛蘇聯和古巴島的骨幹」，又命令他們「要準備好在莫斯科示意時用核子飛彈打擊美利堅合眾國最重要的目標」。屆時，核子潛艇

＊編注：核子武器有分戰術核武和戰略核武。戰術核武器爆炸威力較小，通常用於戰場上近距離使用。戰略核武設計於攻擊遠離戰場且有人居住之地，比如敵方內部，以破壞敵人發動戰爭的能力。這裡的「大個子」為戰略核子武器。

也將作為蘇聯海軍被派往美國進行攻擊。[12]

普利耶夫得到的指示清楚顯示，核武（不管是戰術還是戰略核武）都只有在得到莫斯科的命令（即赫魯雪夫本人的命令）的情況下，方可使用。但總參謀部又考慮過是不是應該讓普利耶夫在遇到入侵時可自行決定是否使用這一類武器。九月八日，也就是簽署主要指令的那一天，總參謀部有人草擬了一個附帶指令，規定哈瓦那在與莫斯科失去聯絡的情況下要怎樣做。

附帶指令這樣說：「當敵人登陸古巴島的時候，當載著兩棲部隊的敵人船隻集結在古巴海岸水域，不可能從蘇聯國防部獲得指令時，你們獲批准自行決定是否使用『月神』、『伊留申28』或FKR-1（短程巡弋飛彈）等核手段作為局部戰爭的工具，以此消滅在陸上和沿岸的敵人，完全摧毀古巴領土的入侵者和捍衛古巴共和國。」[13]

馬利諾夫斯基始終沒有在准許普利耶夫自行決定是否使用核子武器的指令上簽字。赫魯雪夫還沒有準備放棄他對核子武器——哪怕只是戰術核子武器——的獨立控制權。但允許普利耶夫這樣做的指令還是準備好了，只是缺少了簽名。

九月八日，也就是赫魯雪夫批准向古巴運送核子武器的同一天，白宮宣布甘迺迪正在向國會要求授權在必要的情況下動員十五萬後備役部隊。對總是想像美國會入侵古巴的赫魯雪夫來說，這只能意味著一件事：美國人要動手了。不過他如今已經用盡了他的核子彈藥；他擁有的幾乎每一類型核子武器都已經送去給古巴。他剩下的招數只有嚇唬，而他嚇唬人的本領是無窮的。

針對甘迺迪在九月五日的簡潔聲明，赫魯雪夫在九月十一日發表了自己的聲明。其篇幅是甘迺迪聲明的十倍長：四千六百字對三百七十七字。他在聲明中宣布，為了回應甘迺迪考慮動員後備役部隊的決定，他下令蘇聯三軍進入高度戒備狀態。

赫魯雪夫聲稱，雖然古巴境內確實有蘇聯的軍事教官，但他們比被派到該島的民間顧問要少得多。他這是在說謊。他也虛張聲勢：「我們的核子武器爆炸威力強大，蘇聯也有強力的火箭可以攜帶這些核子彈頭，所以無須在蘇聯境外的地方為它們尋找發射地點。」這聽起來像是向世人保證他沒有把核子武器送到古巴。與此同時，他警告華府不要入侵古巴：「沒有人可以攻擊古巴而指望不受懲罰。如果真有人進行這樣的攻擊，就會是戰爭的伊始。」他也特別強調他所謂的戰爭是指「用熱核武器進行的全面世界大戰。」[14]

甘迺迪拒絕用自己的聲明來回應赫魯雪夫，但後者卻在九月二十八日發出了他寫過的其中一封最長的信。全文近四千五百字，這封信幾乎就像九月十一日有關古巴的聲明一樣長。他的直接靶子是美國國會在九月二十日通過的決議案（決議案授權甘迺迪入侵古巴）。赫魯雪夫在信中再一次以核子戰爭作為威脅。他激烈抱怨美國船隻跟蹤和騷擾航向古巴的蘇聯船隻：「我以前說過而現在要重申的是，讓他們試試看攔截和擊沉我們的船。這將會是戰爭的開始，因為我們會以其人之道還治其人之身。」他也抗議美國偵察機對蘇聯船隻的凌空飛越。「我說得出來，在八月，有一百四十起這種嗡嗡聲。」

赫魯雪夫想要把甘迺迪的注意力從古巴引開和打消他入侵該島的念頭。又一次，他想透過胡蘿蔔和大棒來達成目標。胡蘿蔔是禁止核子試爆條約：「我可以很確定的告訴您，我們不會讓您等待。」他這裡是回應甘迺迪所建議的，希望條約在年底前有重大進展。至於赫魯雪夫的大棒子，一如往常的是柏林。他在信尾保證，他在美國國會選舉前不會動柏林，但又威脅說選舉之後會有大動作：「依我們之見，選舉結束後，也就是十一月下半，有必要恢復對話。」這種說法與其說是邀請對方對話，不如說是一種威脅。[15]

第二天，甘迺迪找來了他最有經驗的兩個蘇聯通：一個是前駐蘇聯大使波倫，一個是現任大使湯普森。當被問到赫魯雪夫為什麼要在古巴集結軍隊時，兩人都認為這個決定有意識形態成分：「在共產集團內部，這對他來說是一步好棋。」波倫想要甘迺迪對赫魯雪夫發出一個譴責，反駁他所說的，美國太過自由和軟弱，以至於無法為眼前的問題而戰。他告訴總統：「但他感興趣的，也是你唯一擔心的，是一場核子戰爭。」暗示赫魯雪夫在柏林問題上步步進逼是為了利用甘迺迪對核子對抗的憂懼。他補充說：「我想這是荒唐的。」

波倫設法讓柏林和古巴在甘迺迪心中脫鉤。當甘迺迪指出入侵古巴也許會導致蘇聯奪取柏林時，波倫承認有這種可能性，但又說：「有很多地方，有很多情況，如果我們採取某種強硬行動的話，俄國人是有可能會報復。我認為我們……不應該讓柏林的局勢主宰我們的全部行動。」甘迺迪不理會波倫的忠告，決定不在柏林的問題上針鋒相對。他給赫魯雪夫的回信（在十月八日送到莫斯科）也沒有觸及古巴。這位美國總統決定把焦點單單放在禁止核子試爆條約。在這件事情上，赫魯雪夫看來持開放態度，有可能會妥協。「我想我們應該努力在一九六三年一月一日的時限之前達成協議。」甘迺迪寫道。[16]

在禁止核子試爆條約的胡蘿蔔和柏林的大棒子之間，甘迺迪選擇了胡蘿蔔。但大棒子在接下來幾星期將會繼續盤據在他的心頭。赫魯雪夫沒有回信。這次通信是美國人發現古巴有地對地飛彈之前的最後一次——甘迺迪在九月四日的聲明中稱這種飛彈為「進攻性武器」。他有所不知的是，它們業已部署在古巴。[17]

第10章　蜜月

一頭銀髮、戴眼鏡的六十歲中情局局長麥科恩是第一個提醒甘迺迪總統古巴可能存在地對空飛彈的人，當時是八月。九月的頭幾星期，他是在法國利維拉度假。他錯過了總統和顧問們在九月四日舉行的重要會議，該會議討論要如何應對已經獲得證實的懷疑——蘇聯把地對空飛彈部署在古巴。麥科恩有很好理由不在華府，他剛剛娶了「太平洋汽車和鑄造公司」富有總裁皮戈特的五十歲遺孀蒂琳，正在度蜜月。[1]

雖然利維拉的蜜月之旅是一段長達幾乎三十年的幸福婚姻的開始，天氣又無比適合游泳和曬日光浴，但對麥科恩來說卻是一段飽受折磨的時光，因為他無法在華府決定他深感憂慮的事情時發揮影響力。閱讀下屬從華府每日發來的電文，他愈來愈相信蘇聯在古巴部署地對空飛彈是有理由的，那就是保護更加危險的飛彈的運送，比如能夠攜帶核子彈頭的飛彈。這位中情局局長把他的憂慮告訴他在華府的二把手卡特。他在九月十日發出的電文中指出，地對空飛彈的設置「是為了讓諸如中程彈道飛彈之類的進攻型武器在現階段得以祕密完成裝設，免於被飛機偵察到」。[2]

漸禿的卡特五十三歲，在馬歇爾將軍的陸軍參謀長、國務卿和國防部長任內擔任他的幕僚。他對古巴的看法和他的上司一樣，但他卻沒有把麥科恩的電文給白宮過目，所以他無法讓政府內其他人相信情形就像麥科恩所主張的一樣危險，需要不斷派飛機到古巴偵察。

中情局的U-2偵察計畫在前些天相當不順利。自從一架U-2偵察機在八月二十九日發現蘇聯地對空飛彈之後，中情局的這種偵察行動在世界各地受到了很多批評。第二天蘇聯又在庫頁島附近的空域發現了一架U-2。美國政府為這件意外事件道歉，而赫魯雪夫在九月七日會見尤德爾時對甘迺迪政府處理這起事件的方式表示滿意。但U-2繼續困擾美蘇關係，因為中國人在第二天又在他們的領空擊落一架U-2。發生在十天內的兩件U-2事故讓美國政府大為尷尬，這不得不影響其他地區的偵察行動。國務院對U-2飛越古巴的行動愈來愈有意見，因為對外界解釋的工作是由他們來負責。[3]

國務卿魯斯克請國家安全顧問為他安排一次跟中情局的會面。安迪照辦了，又轉達了魯斯克的一些問題和他希望這星期不要再有事故的想法。魯斯克想知道飛越古巴對於情報的搜集有多重要，是不是可以把情報搜集限制在國際水域。最後他想知道，在策劃U-2偵察行動的人中，有沒有人是蓄意要引起爭端。這位美國國務卿顯然是信不過他的中情局同僚們！[4]

魯斯克在九月十日邦迪為他安排的會面上第一個發言。他對卡特將軍說：「老哥，你就不能讓我好過一點？有那麼多的事故，你要我怎樣就柏林的問題進行談判。」在卡特能開口說些什麼之前，明顯偏好對古巴繼續進行空中偵察的羅伯特．甘迺迪用一句玩笑話回答魯斯克的問題：「怎麼回事，狄恩，沒膽子啊？」但魯斯克的主要論據卻讓他啞口無言——柏林是個比古巴更大和更迫切的問題。魯斯克希望停止對古巴進行偵察，但同意可以在國際水域偵察。[5]

作為折衷之道，邦迪建議U-2偵察古巴的行動可以繼續，但不是採取橫貫方式而是採取縱貫方式飛行，以避免被地對空飛彈鎖定和擊落。另外，如果該島有至少四分之一的面積被浮雲覆蓋，就應該停止飛行，否則偵察所冒的險就不能因拍攝的成果獲得正當性。卡特一點都不高興，認為那只是一個臨時的解決辦法。他告訴在座的人：「我想告訴諸位，我們還是想要直接飛越那些地對空飛彈，看看有什麼裝設在那裡。」他沒有得到回應，在會後抱怨說：「他們又是那樣毫無決斷。」[6]

正在法國蜜月旅行的麥科恩如坐針氈。蘇聯在古巴部署彈道飛彈的可能性重壓他的心頭。他在九月十六日打電報給卡特：「我們必須小心研究蘇聯中程飛彈祕密輸入和部署的可能性。如果古巴的防衛讓空中偵察無法進行的話，我們就會發現不了它們。」麥科恩的警告毫無效果。由於禁飛令和惡劣天氣，空中偵察要到十月十四日才恢復。蘇聯人因此賺到了五個星期的空檔，可以部署核子飛彈而不被美國飛機看見。赫魯雪夫的賭局看來有所斬獲。[7]

當麥科恩繼續設法享受他在法國的蜜月假期時，很少有真正的情報工作在進行。就連他自己在中情局的手下對蘇聯在古巴的兵力集結也是一樣不放在心上。九月十九日出刊的《特別國家情報評估》完全沒有驚惶之色，它的作者們寫道：「我們相信蘇聯會重視它在古巴的地位，主要是因為可以由此獲得的政治利益，也因此他們在那裡集結軍隊的主要目的是要加強那裡的共產主義政權。」文章推測蘇聯未來有可能在古巴部署核子飛彈，但認為目前不太可能。「因為那表示蘇聯有比迄今為止所表現的，更大的意願去拉高美蘇關係的風險層級，而那將會對其他領域產生重要的政策影響。」[8]

這些中情局分析師推斷駐古巴的蘇聯軍事人員不超過四千人。他們算出自從七月中以來，共有七十艘蘇聯船隻抵達古巴港口，帶來了大約十二架「米格21」噴射攔截機、六艘導彈巡洋艦，以及十二個地對空飛彈陣地的飛彈和設備。這種評估顯示中情局擅於計算船隻的數字，卻不太擅於計算軍火和設備的數字，在算人數的時候更是出奇的差。事實上，在一九六二年七月中到十月中之間，有超過四萬名蘇聯士兵抵達古巴，大部分都是九月中抵達，當時中情局正在準備撰寫《特別國家情報評估》。因為蘇聯官兵在海上航程中大部分時間都躲在甲板之間，他們就像大部分的飛彈和設備一樣是美國飛機所看不見的。[9]

在古巴，運送蘇聯飛彈和設備前往蘇聯指揮官和他們的古巴顧問選定的地點時，採取了極端嚴密的安全措施。古巴軍警會在蘇聯貨船卸貨時守衛港口，包括S-75「德維納」地對空飛彈，這些貨物在夜間被運到預定的地點。地對空飛彈和操作它們的組員屬於兩個防空師。他們的最高指揮是莫斯科地區防空司令格列奇科中將。格列奇科中將麾下的兩個師各有三個團，每個團有四個中隊。每個中隊有一個發射場和六座發射台。所以兩個師一共有二十四個發射場和一百四十四座發射台。計畫是為每座發射台提供四枚德維納飛彈，加起來一共是五百七十六枚。根據一份後來的中情局情報，在八月第一個星期，建築地對空飛彈發射場的工作開始在馬坦薩斯、哈瓦那、馬里埃爾、翁達灣市、聖卡西亞、聖胡利安和拉科洛馬附近的地點展開。[10]

U-2偵察機在八月二十九日拍攝到的發射場屬於第十一防空師所有，該師原駐紮在烏克蘭城市聶伯彼得羅夫斯克（R-12和R-14的誕生地），由少將托卡連科指揮。該師一名副團長埃夫多基莫夫上尉日後回憶說：「團的所有中隊在八月間各就各位。」他們「構成了一個覆蓋從北部開始的古巴西半部的防衛區。他們在戰鬥中的任務是保護兩個R-12飛彈師的發射場和攜帶核子武器的「伊留申28」轟炸機的機場（位於聖胡利安）。[11]

四十三歲的托卡連科是前飛行員，二次大戰期間完成四百六十五次任務，曾參與五十次對敵機的交戰，擊落二十架敵機。他在一九四五年四月被授予蘇維埃英雄金星勳章（蘇聯最高的軍事榮譽）。在一九六一年被委任為駐聶伯彼得羅夫斯克的防空師師長之後，他殷切要證明自己勝任愉快。事實證明太愛表現對他沒有好處，他在古巴將待不了幾週，一切都錯在他過於大嘴巴。

七月二十四日，托卡連科在古巴西部尖端的比那爾德里奧地區尋找一處適合設置飛彈發射場的地點時，決意要振奮在場古巴軍官的人心，指出蘇聯不會拋棄他們的國家。他說：「各位不用擔心，蘇聯人民在古巴受到威脅的現階段不會拋棄這個國家。就在我對你們說話的這個時候，船隻已經載著我們的部隊來協助你們防衛你們的獨立。」這番話讓古巴人大為受用，彼此討論了起來。但普利耶夫大將卻大為不悅，第二天就以洩漏國家機密的罪名解除托卡連科的師長職務。他的軍旅生涯也到此告終。那些聽過他說話的古巴軍官被拘留，以防他們會把蘇聯正在向古巴集結軍隊的消息進一步傳出去。[12]

載運中程飛彈R-12的蘇聯貨船——在法國度假的麥科恩對這種飛彈深感憂慮而托卡連科曾暗示它們正在前來古巴的途中——在八月最後幾個星期陸續抵達古巴港口。第一艘是「鄂木斯克號」，它是八月五日從塞凡堡出發，八月十九日抵達古巴中部千里達市附近的一個海邊漁村卡西爾達。船上載著六枚R-12飛彈，還有西多羅夫上校指揮的第六三七飛彈團的官兵。卡西爾達村蔗糖工廠的碼頭一次只處理得了一艘船，也沒有地方可以存放飛彈和設備，所以西多羅夫和他的人馬及貨物必須留在船上。根據斯塔岑科後來的報告，船上的六枚飛彈最後在九月九日卸貨。這是第一次有中程彈道飛彈出現在古巴的土地上。[13]

該飛彈師的師長斯塔岑科是第一個在古巴歡迎西多羅夫和部下的人。他是在七月的第三週坐飛機抵達古巴，而等到西多羅夫到達時，斯塔岑科已經曬出了一身古銅色，長出了八字鬍，在很多人的眼中看似古巴人。「阿納德爾行動」的其中一個策劃者格里布科夫將軍——他在斯塔岑科出發到古巴前見過他，然後又在十月在古巴見到他——對斯塔岑科印象深刻：「年輕，聰明，就像所有軍人和軍官一樣穿著平民服飾：深灰色的褲子，短袖格子襯衫。他無疵可尋的軍人氣勢讓人賞心悅目。」西多羅夫立刻喜歡上他的新長官。他後來回憶說：斯塔岑科是「熱愛生命、精力充沛和意志堅強的將軍，有著優秀的組織技能和在飛彈部隊服役的豐富經驗」。[14]

斯塔岑科的第一個任務是安排把飛彈、設備和陪同的人員卸下船隻。尤甚於地對空飛彈，卸下中程彈道飛彈的行動要絕對保密。斯塔岑科日後寫道：「卸下飛彈的工作只在晚上進行，船和港口的燈都完全關上。當飛彈被卸下時，港口的聯外道路由特別從馬埃斯特臘山區派來的山地步兵營三百人守衛。」這還不是全部的安全措施。「在港口的防禦範圍內，有新來的小分隊人員和參謀部指派的戰略工作組。海軍艦艇和巡邏艇保護卸貨船隻的出海通道，以及從當地古巴人中特別審查挑選出來的漁民。每兩個小時，特選的潛水夫會檢查船在水面下的部分和碼頭附近的港口底部。」[15]

飛彈卸載後，斯塔岑科的下一個任務是把它們運到部署地點。他的時間有限。因為U-2偵察機發現了地對空飛彈的緣故，赫魯雪夫和總參謀部被迫更改部署飛彈的時間表，削減運送和安裝飛彈所需要的時間。根據新的時間表，諸如西多羅夫指揮的R-12飛彈團應該在十一月一日以前做好戰鬥準備，而R-14中長程飛彈的飛彈團應該在一九六二年十一月一日至一九六三年一月一日之間做好戰鬥準備。問題是飛彈和相關設備到了九月九日才開始抵達古巴。西多羅夫的飛彈團是第一個到達古巴的，但他的所有人員、飛彈和設備得等到十月的前幾週才到齊。其他飛彈團的情況要更糟。[16]

運送飛彈到預定地點——有時和卸貨的港口相距達兩百公里——產生了無數的安全問題。車隊只會在午夜到清晨五點之間前進。斯塔岑科指出，為了讓路線和目的地保密，道路在封閉後會假裝發生交通意外。就像是這樣的措施還嫌不足夠，在飛彈車隊「出發一小時或一小時半前，一隊古巴拖車隊或重貨車隊會被派去行駛假路線。」蘇聯的車隊由幾十輛車所構成，一開始是「有無線電設備的摩托車，然後是由工人、翻譯人員和警衛坐的工作車輛，然後是兩輛載著車隊指揮官的輕型車輛，然後是一輛裝甲車」。然後才是拖著飛彈的曳引機、一輛起重機和額外的曳引機。車隊的最後是「一輛載著古巴警衛的裝甲車和配有無線電的摩托車」。蘇聯官兵穿著古巴軍服，禁止說俄語。他們靠著寥寥可數硬記下來的西班牙單字和句子溝通。[17]

把R-12飛彈運送到預定地點有許多後勤上的難題。因為超過二十二公尺長，飛彈需要更長的拖車運送。斯塔岑科親自監督他的師的第一個團移動，給西多羅夫上校一星期時間安排把飛彈從卡西爾達村運到卡拉瓜扎德薩瓜附近地點的路線——這路線的直線飛行距離大約一百公里，但沿著狹窄的古巴道路前進卻要走兩百公里。在一些地方，西多羅夫和他的人馬必須要為橋梁加固，在另一些地方要修築全新的道路。最困難的是穿過沿途城鎮的窄街。西多羅夫回憶說：「在考瑙鎮，有一個傾斜三十度的急右轉彎。為了取得必須的轉彎半徑，我們看來只能拆毀紀念第一個太空人加加林的銅像和三層樓的鎮公所大樓。」最後他想出了解決辦法：車隊沿著另一條路線去到鎮外，從另一個方向再進入鎮內，然後穿過它，這一次用不著轉那個直角形的彎和拆除兩座地標。[18]

到了九月中，斯塔岑科和西多羅夫已經把飛彈和其餘的裝備送到飛彈團的預定部署地點。現在他們必須要從無到有把飛彈發射台建立起來，而這工作比卸下和運輸飛彈還要難。蘇聯士兵習慣了俄國的艱苦環境和東歐的冬天，卻對颶風季節到來前加劇的熱帶氣候狀況毫無準備。斯塔岑科後來抱怨莫斯科選擇的飛彈部署時間點：九月和十月是熱帶風暴和颶風的月份。當「阿納德爾行動」策劃人之一的格里布科夫將軍在十月抵達古巴時，環境的惡劣讓他嚇一跳。他回憶他去視察斯塔岑科其中一個團時所看見的情況：「因為炎熱（溫度可達攝氏三十五度到四十度，甚至更高）和高溼度，團長決定每小時更換一批工作人員。地上岩石多多，在這種環境下，工程機具不是很有效率，所以大部分工作都要靠雙手。」[19]

雖然溽暑難耐、雨水不斷，而部隊又飽受疾病的困擾，斯塔岑科少將仍然命令西多羅夫在十月二十二日前讓部下做好作戰鬥準備——這比普利耶夫大將規定的最後時限還要早一星期。西多羅夫竭盡所能不讓師長失望。他回憶說：「在一段短時間內，在讓人筋疲力竭的環境中，人員……執行了巨大的工作：把帶有固定螺栓的三合土大石塊放入發射台下面一公尺深的深處，把存放核子彈頭的貯存室用預製件建築起來，十二公里長的石礫路建在了場地上，對岩層進行了一千五百次以上的爆破，儲藏室、食堂、居住用的帳棚蓋了起來並放入裝備。」[20]

西多羅夫在十月八日完成第一座R-12發射台的戰鬥準備，在十月十二日完成第二座的戰鬥準備。到了十月十八日，也就是斯塔岑科定下的最後期限的四天前，整個飛彈團都已完成戰鬥準備。他們準備好在接到命令的十個小時後發射飛彈——這個時間是用來運送核子彈頭到發射場。第一批核子彈頭在十月四日運往古巴，當時貨船「因迪吉爾卡號」載著六十顆供R-12和R-14使用的核子彈頭前往哈瓦那以西四十公里的馬里埃爾。[21]

被關在法國利維拉的蜜月囚籠裡，中情局局長麥科恩對於沒有蘇聯在古巴集結軍隊的新情報愈來愈感到不耐。他對自己的副手卡特特別不高興，考慮要把卡特炒魷魚。他認為卡特在他不在華府的這段期間對古巴局勢處理不當。首先是卡特沒有把他的電文拿給白宮看（但他並沒有指示卡特那樣做）。其次是卡特沒有跟魯斯克據理力爭，讓U-2因為魯斯克的反對而停飛。最後但重要的是，卡特批准《特別國家情報評估》在九月十九日出版，該報告認定蘇聯不會在古巴部署飛彈。[22]

麥科恩在九月二十六日返回華府，一回到辦公室就聽說了根據中情局的一個消息來源指出，有一枚蘇製的R-12「德維納」飛彈（在美國分類中類似SS-4「涼鞋」飛彈）在九月十二日被人看見在古巴的路上運送。他因此比原來更有擔憂的理由。他的下屬從古巴難民口中得知，古巴軍警採取了極端保密的措施去隱藏蘇聯部隊的抵達和部署。中情局的軍官盡責地報告了這個情報，但因為沒有使用U-2對古巴島進行從頭到尾的偵察，也就沒有方法查證情報的正確性和評估蘇聯部隊的人數與性質。

麥科恩在十月九日面見總統。在座的有羅伯特·甘迺迪、邦迪和其他總統顧問。他和副國防部長吉爾帕特里克一起建議恢復對古巴進行空中偵察。邊緣性飛行無法證實或否定中情局從地面來源得到的情報。麥科恩需要恢復對古巴的凌空飛越，他又特別對古巴西部的情況感興趣，因為那是第一批地對空飛彈被瞄到的地方，也是偵察機的照相機在進行邊緣飛行時無法企及的區域。U-2偵察機將要查證有關R-12的報告是否屬實，而且要評估地對空飛彈陣地是否已經完工（它們在八月底、九月初被發現時還在建造中）。[23]

離U-2在九月五日最後一次偵察古巴已經過了一個多月，迫使甘迺迪授權恢復偵察任務的壓力與日俱增。他和顧問們知道凌空飛越地對空飛彈陣地是危險差事。據估計，U-2有六分之一機會被擊落。因為沒有人相信政府承受得起中情局飛行員被俘虜的風險，國防部長麥納馬拉建議用空軍飛行員代替中情局飛行員。那樣的話，萬一U-2被擊落和飛行員被俘虜，他就可以辯稱他是對國際海域進行偵察飛行（這種行動一向都是由美國空軍執行），只是後來迷了路。[24]

甘迺迪在十月十日批准此議。然後，訓練空軍飛行員駕駛中情局的U-2偵察機和等待天氣晴朗又花了三天。這次凌空飛越聖克里斯托巴的任務稱為「第三一〇一號任務」，是交由三十五歲的韓戰老兵海瑟執行。他隸屬第四〇八〇戰略偵察聯隊第四〇二八戰略偵察中隊，在十月十三日晚上十一點三十分從加州的愛德華空軍基地出發。他的最終目的地是佛羅里達州中部的麥考伊空軍基地，不過那是在凌空飛越古巴西部之後才前往。全程預計要花七小時，但偵察機只有七分鐘是飛行在古巴上空。

海瑟少校在十月十四日清晨七點半進入古巴空域，在兩萬兩千零九十八公尺高空打開照相機，照相機能拍攝最高一百海里（約一百八十五公里）面積的景物。一切按照計畫進行。沒有飛彈從下方射來，地對空飛彈陣地——不管是不是準備就緒的——全都鴉雀無聲。海瑟在十月十四日星期日，美東時間早上九點二十分降落在麥考伊空軍基地，所拍的底片馬上被送到華府附近的安德魯空軍基地沖洗，然後送到「海軍照片情報中心」放大。馬利蘭州的「國家照片詮釋中心」的中情局專家在十月十五日星期一收到底片。他們將會以一個驚人的發現為一週揭開序幕──麥科恩說得沒錯，蘇聯在古巴部署了中程彈道飛彈。[25]

第11章 「剷除它們」

跟其他日子一樣，甘迺迪在十月十六日星期二以讀報展開一天。他已經養成了起床後先坐在床上讀報的習慣。那天早上，他不可能錯過《紐約時報》有關他接待貝拉的報導。貝拉是新獨立的阿爾及利亞的總理。報導的照片顯示，賈桂琳和總統二十二個月大的兒子小約翰在白宮玫瑰園樹叢後面觀看歡迎典禮和發射二十一響禮砲。貝拉是三個月前才從一座法國監獄被釋放，他來白宮是為了討論雙邊關係和感謝甘迺迪支持他的國家進行反殖民鬥爭。他是公開這樣做，所以報導對甘迺迪有利。[1]

同樣可喜的是《華盛頓郵報》的一篇報導，其中這樣寫道：「總統打消了貝拉認為自己或許能充當美國和古巴之間調停人的想法。」事實上，因為知道貝拉訪問華府之後的下一站是去哈瓦那，甘迺迪刻意利用他來給卡斯楚傳達一個訊息。他告訴這位阿爾及利亞總理，他準備要跟古巴的「民族共產主義」政權相安無事，但前提是卡斯楚不能挑戰拉丁美洲的現狀。當貝拉問甘迺迪想到的是不是南斯拉夫或波蘭的政權時，甘迺迪予以肯定回答。他還告訴貝拉，他的政府所不能接受的是，把古巴變成配備進攻性武器的蘇聯軍事基地，並努力把共產主義革命推廣到拉丁美洲其他國家。甘迺迪這是在沒有公開表示的情況下向卡斯楚提出協商。[2]

但任何在那天早上閱讀《紐約時報》頭版的人都會明白甘迺迪對古巴沒有太多轉圜的餘地。要求他對付卡斯楚政權的壓力愈來愈大。一篇報導的標題是〈艾森豪稱總統外交政策軟弱〉，該報導是有關艾森豪在甘迺迪政治據點波士頓舉行的共和黨餐會上發表的演講。這位前總統此前只會在私下批評甘迺迪和他的政府，但這次卻打破卸任總統不批評繼任者的不成文慣例，又否定甘迺迪早前所說的，他自己八年任內忽略了拉丁美洲。《紐約時報》引用艾森豪的話說：「在那八年期間，我們沒有給暴政留下方寸之地。我們見證沒有任何人放棄國際責任。我們不接受妥協承諾或背離原則。沒有圍牆被砌起來，也沒有具威脅性的外國基地建立起來。」[3]

所謂的圍牆是暗批甘迺迪默許柏林圍牆的存在。所謂的軍事基地明顯是暗示古巴的情況。有在追蹤愈演愈烈的古巴爭議報導的讀者都知道，共和黨籍的紐約州參議員基廷天天都宣稱古巴部署了核子武器，又指責甘迺迪政府對這個威脅無所作為。這對總統的形象來說不是好事。一九六二年的國會選舉正在進入高潮，而共和黨人在他們的軍火庫裡引入了一種威力最強大的武器：前總統。艾森豪巡迴全國各地，為共和黨的國會議員候選人背書，又攻擊民主黨籍的候選人，其中包括甘迺迪最小的弟弟愛德華——他競選參議員。艾森豪砲轟甘迺迪的餐會有六千人參加，演講受到了電視轉播，然後又得到媒體大幅報導。[4]

當邦迪在早上八點之後去到甘迺迪的臥室時，他發現總統因為艾森豪的話陷入沮喪。這位國家安全顧問並沒有好消息可以開解甘迺迪。他說：「總統先生，現在有了明確的照片證據，證明俄國人在古巴部署了進攻性飛彈。」幾天前由甘迺迪授權的偵察飛行發現了古巴部署了可以打到美東大部分地區的地對地彈道飛彈。邦迪是前一晚收到這個消息，但決定不去打擾甘迺迪，讓忙了一天的總統——他除了要

接待貝拉還要參加競選宣傳活動——可以有一覺好眠。[5]

邦迪帶來的消息讓甘迺迪有被出賣的感覺。「他怎麼能這樣對我？」他指的是赫魯雪夫。這位蘇聯領導人既違背了不在古巴放置進攻性武器的承諾，又違背了他在私下保證的，他在十一月的國會選舉前不會做出有損美蘇關係的事。甘迺迪在當天稍後見到弟弟時，罵赫魯雪夫是個「狗娘養的騙人精」和「不道德的幫派分子」。還是九月的時候，蘇聯的駐美大使多勃雷寧曾奉赫魯雪夫之命向白宮保證，蘇聯不會將柏林的局勢升級。十月四日和六日，也就是甘迺迪收到古巴部署了飛彈的消息僅一星期前，羅伯特和他的蘇聯聯絡人、軍事情報軍官博爾沙科夫會過面。博爾沙科夫九月中曾到皮聽達見過赫魯雪夫，後者命令他向白宮傳達一個訊息：蘇聯在十一月的選舉之前不會製造事端。[6]

甘迺迪要邦迪把總統的主要外交政策顧問在快要午餐時找到白宮來，那是他一整天繁忙行程的第一個空檔。當他陸續從事早就安排好的會面和儀式性活動時，他感覺這是他的總統生涯終結的伊始。在在看來，艾森豪和參議員基廷之類的共和黨人一直都是對的。他在早上會議之間的一個休息時間問他的行程祕書和密友歐唐納：「你仍然認為有關古巴的爭議是不重要的？」歐唐納回答說：「當然，選民不會把古巴當一回事。」當甘迺迪說出飛彈的事之後，歐唐納不敢置信地說：「我無法相信。」總統反脣相譏：「你最好相信。基廷大概會是下一任美國總統。」[7]

評估有關古巴的最新情報和討論應對手段的會議於十一點五十分在白宮西翼的「內閣室」展開，在座的除總統之外還有波比．甘迺迪*、邦迪、麥納馬拉和國務院及國防部的頂級官員。曾經錯過九月有

---

*　譯注：即羅伯特．甘迺迪。波比是他的暱稱。

關古巴的關鍵會議的中情局局長麥科恩再次缺席，而他的缺席再次和他的新婚妻子有關：他妻子在頭婚所生的兒子車禍喪生，他必須出席喪禮。他將會在第二天回到華府，目前代表中情局出席會議的人是他的副手卡特。[8]

開始簡報時，卡特把一幅U-2拍的照片拿給總統看，指出：「照片顯示有一個中程彈道飛彈發射場。」他的話被甘迺迪下令在「內閣室」裝設的祕密錄音系統錄了下來，所以後代子孫有機會聽見。總統是在一九六一年夏季尾聲時開始把他和顧問們的會議錄音。這個最高機密的計畫除了為一本自傳提供材料，大概也是為了讓總統可以重聽會議的內容以幫助下決斷。「你們怎麼知道這是中程彈道飛彈？」甘迺迪問在座的人。「是從長度來判斷的，總統先生。」倫達爾回答，他是「國家照片詮釋中心」建院主任，負責為卡特的簡報提供協助。他手下的照片測量師前一天用特殊設備量過照片的影像，斷定飛彈長約二十公尺。[9]

倫達爾的助理格雷伯給總統看莫斯科閱兵時拍到的蘇聯彈道飛彈照片。格雷伯是前飛行員，二次大戰期間出過三十二次戰鬥任務，戰後加入中情局，成為飛彈情報分析師。他比「內閣室」中任何人更加了解蘇聯飛彈。他向總統解釋，射程一〇一四公里的蘇聯中程飛彈長二十公尺，射程一七七〇公里的中長程飛彈長約二十二公尺。U-2照到的飛彈約二十公尺長，顯示它們是中程飛彈。不過如果照片中的飛彈是還沒有裝彈錐的話（每個彈錐長約一公尺到一公尺半），它們就有可能是中長程飛彈。「內閣室」裡任何願意算算數學的人都有理由感到憂慮。中長程飛彈不只可以打到華府和紐約，還可以打到波士頓、芝加哥和丹佛。

甘迺迪問下一個問題：「是準備好了發射的嗎？」指的是照片中看到的飛彈。格雷伯表示應該還沒有。只有一個發射場的一枚飛彈被拍攝到。在飛彈場附近找不到圍籬的跡象，如果核子彈頭已經運抵，應該有圍籬存在。被在場的人追問之下，格雷伯承認，如果一切就緒，蘇聯「兩、三小時就可以把一枚飛彈裝設好，準備發射。」甘迺迪想知道多一點飛彈的情況。他授權再派出一些U-2偵察機，但光是這樣還不夠。「內閣室」中沒有人認為他們在這樣的情況下還能夠好整以暇。他們必須想出一個行動計畫。[10]

甘迺迪要魯斯克——他在九月初發現地對空飛彈之後負責起草總統聲明——說說他的想法。魯斯克在前一晚就得知U-2的偵察結果，所以有很多時間思考這個問題，也準備好提議兩個可能的應對方案。他說：「我們必須啟動消滅這個基地的連鎖行動。問題變成是我們應該透過突襲，透過某種未預先告知的攻擊，還是我們把危機加溫，讓對方必須非常認真地考慮讓步，甚至會讓古巴人本身對此採取行動。」魯斯克這是為以後幾天的討論設定了範圍。「內閣室」內有一種沒有明言的共識，那就是無論如何那些飛彈都非走不可。剩下的問題變成是應該把外交行動還是軍事行動放在前頭。

魯斯克相信，如果軍事形勢不留時間給外交斡旋，則攻擊是有理的。攻擊可以是對飛彈的攻擊，也可以是入侵古巴的一部分，但如果時間允許，魯斯克偏好外交斡旋，這包括把事情告知（即便不是和他們商量）美國在歐洲的盟友和在拉丁美洲的夥伴與附庸。他也想要讓赫魯雪夫知道，「有一個極端嚴重的危機正在醞釀。」他補充說：「赫魯雪夫先生目前也許還沒有真正明白或相信這一點。」[11]

當討論推進到評估魯斯克提議的兩個選項的利弊時，甘迺迪擔心決策的時間會花太長，也擔心事情無法對他國內和國外的敵人保密。他問幕僚：「估計這件事能多久不洩漏出去？」他不知道在消息洩漏給媒體或他在國會的反對者以前，他有多少時間可以決定怎樣做。國防部長麥納馬拉認為是一星期：「我們相信這件事情過了一星期之後應該會相當廣為人知。即使不是為報界所知，至少也是被兩黨的政治代表所知。」魯斯克表示同意——基廷參議員在十月十日就談到了蘇聯建設長程導彈陣地的事。據推斷他是從古巴難民得到情報。[12]

不管時限是一星期或兩星期，甘迺迪都不能指望有太多時間留給他。但他應該採取哪種行動？隨著討論的深化，魯斯克的兩個選項——攻擊或外交手段——在甘迺迪的心目中變成了四個：對彈道飛彈進行外科手術式的空襲*；對古巴島上的各式飛彈和蘇聯空軍一律加以轟炸；除大轟炸以外還對古巴實施海上封鎖；外交手段。羅伯特．甘迺迪馬上提醒兄長還有第五個選項：入侵古巴。現在一共有五個選項，但只有一個是使用外交手段。

甘迺迪顯然不把外交手段放在眼裡。過去，尼克森曾暗示甘迺迪玩不過赫魯雪夫。在維也納會議之後，甘迺迪認為赫魯雪夫本人也是這樣想的，認為他「愚蠢」和「沒有膽量」。甘迺迪在峰會後向一個同情他的記者說：「如果他認為我經驗淺和沒有膽量，那在我們去除他的這些想法以前，我們和他將談不出什麼。」蘇聯在古巴部署了中程彈道飛彈的消息意味著甘迺迪必須採取一些激烈動作，以扭轉世人認為他是一個弱雞總統的觀感。[13]

甘迺迪猜想對赫魯雪夫提出呼籲可能會加快蘇聯對核武攻擊進行的準備工作。北約盟友不只在這件事情上不會幫得上多少忙，還會反對美國攻擊蘇聯在古巴的飛彈設施。多年來歐洲人都生活在蘇聯飛彈的威脅下，所以大概會認為美國的出擊將使他們成為蘇聯報復的對象。談到英國人的時候，甘迺迪對在座的人說：「我預料他們只會反對。我們自己決定了去做就去做。不過，大概得在發動攻擊的前一晚告訴他們。」[14]

會議接近尾聲時，甘迺迪複述了所有可能的選項，但他自己的喜好縮小為兩項：對飛彈採取外科手術式攻擊或大轟炸。他告訴顧問們：「我不認為這些飛彈留給我們多少時間。我們不能等兩星期再採取行動。」兩星期正是準備全面入侵所需的時間。甘迺迪中意的方法是外科手術式空襲。他又提議說：「也許我們在摧毀飛彈之後再繼續準備入侵的工作——如果我們是決意要入侵的話。」但稍後，他又更加堅定地補充說：「我們要選的當然是第一選項。」他指的是外科手術式空襲。他需要在消息洩漏到國會之前顯示自己決心及回應赫魯雪夫。他斷然不想讓基廷成為下一任美國總統。[15]

趕去和利比亞皇太子塞努西共進午餐前，甘迺迪交代在座的人傍晚六點回來繼續開會。我們可以從祕密錄音帶裡聽見他在會議結束時這樣說：「平白浪費六個小時真是討厭。」[16]

——

走出「內閣室」時，甘迺迪深信他必須使用武力。他抱持這種想法一整天。和塞努西吃午餐時，甘迺迪告訴駐聯合國代表史蒂文森：「我相信方法是從空中剷除它們或採取其他步驟讓武器變得無法使用。」史蒂文森呼籲總統在決定空襲前多考慮和平解決的可能性。但甘迺迪沒有回應。羅伯特比其他任

＊編注：外科手術式攻擊指用十分精準的武器摧毀目標物，不傷及目標物以外的物體，可避免無辜傷亡和武器浪費。

何人更看得透自己哥哥的心思。他相信總統傾向於用武力解決危機，也這樣告訴中情局負責對古巴進行祕密行動的人員（他在下午和他們見過面）。[17]

那天一整天，甘迺迪都絞盡腦汁想搞懂赫魯雪夫為什麼決定在古巴部署彈道飛彈，卻百思不得其解。當他的顧問們在黃昏重新聚集討論迅速演變的古巴危機時，他說：「我們顯然看錯了他在古巴的算盤。」六十歲的參謀長聯席會議主席泰勒將軍——他曾經奉甘迺迪之命領導一個調查團調查豬玀灣災難，然後又被任命取代雷姆尼澤將軍的職位——力主進行一次新的入侵古巴行動，指出蘇聯飛彈在古巴的象徵意義對美國來說非比尋常。他的幾個參謀長極言蘇聯在古巴的飛彈大大改變了戰略均勢。但麥納馬拉對此存疑。他相信飛彈的存在完全沒有改變戰略均勢。「我同意，但那有什麼差別？」甘迺迪回應說。「他們本來就有夠多的飛彈足以把我們炸飛。*」[18]

在討論的過程中，甘迺迪的心思反覆回到這個問題。幾分鐘之後，他再問一次：「如果那樣做沒有讓他們增加太多戰略優勢，他們為什麼要那樣做。有沒有蘇聯專家可以告訴我？」還沒有問完這個問題，他又說：「情形就像我們突然把大量的中程彈道飛彈部署在土耳其。我們現在該死的超級危險。」國務次卿約翰遜插嘴說：「但我們真的那樣做了。」甘迺迪不以為然：「對，但那是五年前的事。」約翰遜不願放棄這個論點，回說：「當時我們缺乏洲際彈道飛彈。」在不知不覺中，他指出了赫魯雪夫在古巴的作為的關鍵動機之一：缺乏遠程的洲際飛彈。但沒有人接續這種思路。甘迺迪特別未能看出蘇聯的行動和美國幾年前的行動的相似處。他告訴在座的人：「但那是不同的時期。」[19]

不管赫魯雪夫動機何在，甘迺迪都決定向國人和世人顯示他不是像艾森豪所暗示的那樣，是個弱雞總統，而是一定會把對國家的威脅消除。甘迺迪中意的軍事解決辦法是對古巴的蘇聯飛彈進行外科手術式突襲。讓人意想不到的是，在這次會議上，甘迺迪的偏好選項受到三個最不可能結盟的盟友聯合反對，他們是國務院、國防部和參謀長聯席會議。這一次，國務院和國防部在二十世紀美國歷史上的常見競爭不見了。麥納馬拉和魯斯克出於不同的理由而不喜歡總統的選項。受到邦迪的支持，魯斯克想要給外交斡旋一個機會。麥納馬拉是擔心突襲不會有效。參謀長們則是認為突襲會讓蘇聯人加強警戒，讓入侵古巴變得更難。

麥納馬拉在開第一次會時就已經反對總統的計畫。他只願意在蘇聯的飛彈未準備就緒之前支持突襲。當時他辯稱：「因為如果飛彈在空襲前就已經能夠運作，我不相信我們能在它們發射前把它們打掉。又如果它們發射，美國東岸或古巴半徑一千至一千六百公里內的地區幾乎肯定會陷入一片混亂。」軍方有相同見解。麥納馬拉在第一天晚上的會議告訴總統：「參謀長們強烈不贊成這一類攻擊，他們相信此舉很可能無法摧毀數量龐大的飛彈。」泰勒將軍補充說：「依參謀長們的看法，打擊這個非常狹窄、非常有選擇性的目標是個錯誤，因為它會招致報復，也許會有危害性。」那天下午參謀長聯席會議達成共識，不管蘇聯在古巴的核武有沒有準備就緒，都大力主張入侵。[20]

麥納馬拉不喜歡甘迺迪的外科手術式攻擊選項，但也批評了魯斯克提出的外交選項，認為那會讓蘇聯有時間集結核武力，提前準備美國入侵古巴的可能性。他改為提出一個新建議：對古巴進行海上

＊ 譯注：指蘇聯的核子飛彈雖然不如美國多，但已有的一些足以把美國炸翻。

封鎖。早上的時候，魯斯克曾把封鎖作為大轟炸選項的一部分提出來過，但現在麥納馬拉建議將兩者脫鉤。他想要總統發出一個有如下訊息的聲明：「我們會馬上實施封鎖，禁止進攻性武器進入古巴，而且計劃進行無限期的偵察行動。如果古巴對我國有攻擊性舉動，我們將會馬上準備攻擊蘇聯。」[21]

麥納馬拉的提議讓很多人嚇一跳。看來他是把核子戰爭的可能性提高而不是避免。「攻擊誰？」邦迪問他。「蘇聯。」麥納馬拉回答說。他補充說他提的這第三種方法「不會對古巴採取軍事行動。」甘迺迪表示懷疑。他一方面覺得麥納馬拉建議的聲明「可確保獲得大量政治支持」和「把壓力放在蘇聯人肩上」，另一方面它將會把軍事行動複雜化。「我們將會失去進行攻擊的所有好處。」甘迺迪說，他仍然偏好突襲的選項，強烈不願意在公開或私下對赫魯雪夫提出警告。甘迺迪認為他已經警告過赫魯雪夫一次，看不出來再警告一次有什麼好處。[22]

封鎖選項沒有通過。不只羅伯特，就連一向支持麥納馬拉的邦迪都質疑封鎖要怎樣實施——如果有任何一名蘇聯船長拒絕接受檢查，美軍是不是要開火，把船截停？麥納馬拉贊成開火。這看似是一種推遲的軍事行動，針對的不只是飛彈，還包含在國際水域航行的蘇聯船隻。麥納馬拉繼續為他的主張辯護。他的解決方法是監視古巴和用海上封鎖阻止任何新的進攻性武器的送達，又威脅說如果島上的飛彈準備好發射，則美國不只會攻擊古巴，還會攻擊蘇聯。沒有人附議。

麥納馬拉爭取支持者的努力失敗了。他說：「我不認為我的計畫有什麼軍事上的困難。」因為邦迪對他這話表示同意，他繼續說：「這是一個國內政治問題。在先前的宣言中，我們沒有說我們會殺進去幹掉他們。我們說我們會採取行動。」他是指甘迺迪在九月四日發表的聲明，他要把封鎖說成該聲明所承諾的行動。中情局的卡特將軍是有保留的人之一：「對美國人民而言，行動指的是軍事行動，就是這樣。」麥納馬拉回說：「封鎖也是行動，可以搜查和移除進入古巴的進攻性武器。」卡特不為所動。「我認為那是一個替代選項。」他說，堅持把封鎖和軍事行動區分開來，但暗示會考慮這個方法。固執的麥納馬拉回說：「我相信這方法在很多方面都是完美的解決辦法。」[23]

甘迺迪仍然屬意突襲飛彈陣地的選項，但因為還有時間，所以不急著做出最後決定。外科手術式攻擊是對其政治難題的軍事解決辦法。他告訴在座的所有人：「這除了是一場軍事鬥爭還是一場政治鬥爭。」他同意麥納馬拉所說的，蘇聯在古巴部署飛彈並不會改變雙方的軍事均勢，但在政治上，他感覺自己陷入困境。「上個月我說我們不準備『容忍』。我本來應該說我們不在乎。但我說的卻是我們不準備容忍，然後他們二話不說就幹了，在古巴部署核子飛彈。如果我們不做些什麼，我們的政治風險就會增加。」他覺得他有必要果斷行動。[24]

以前，甘迺迪每次被赫魯雪夫在會面中霸凌、棋高一著或打敗時，他就會透過要求國會增加國防預算或授權召集後備役部隊或兩者兼之，作為還擊。他在國內尋求對外交挫敗的過多補償不只是為了警告赫魯雪夫，也是為了在政治上保護自己。他加強了美國的軍事力量，把警告訊號傳給了死對頭。但這一次情況不同。甘迺迪感覺他必須訴諸武力。他弟弟羅伯特甚至更加極端。他建議對關塔那摩灣的美軍基地進行自導自演的攻擊或鑿沉一艘美國船艦，作為入侵古巴的藉口，又大力主張即使入侵會引發美蘇大戰亦在所不惜。他呼籲大家要「接受戰爭、挺過戰爭和接受損失」。[25]

會議沒有達成結論。按照羅伯特的計算，有十一個與會者贊成封鎖，有七個主張突襲。如果把總統和羅伯特自己算進去，主張突襲的事實上有九個人。儘管如此，大家仍然缺乏共識。魯斯克回國務院之後將會和自己的下屬繼續開會。麥納馬拉去了五角大廈，在那裡度過古巴危機的第一個晚上。甘迺迪去參加了歡送他的「俄國通」波倫的晚宴。波倫將會出任駐巴黎大使。甘迺迪因為重視他的長才，設法勸他留任，但波倫相信重作馮婦只會引起不必要的疑問和猜測。兩個人都決定要對媒體隱瞞古巴危機的祕密，能隱瞞多久是多久。[26]

當時甘迺迪和他的顧問們所不知道或不能想像的是，蘇聯的彈道飛彈已經完成作戰準備。核子彈頭十天前已經送抵西多羅夫上校的兩個飛彈發射場。很有可能，對古巴的彈道飛彈陣地施以突襲，會刺激蘇聯使用核武。莫斯科的總參謀部業已草擬了一道命令（只待簽署），容許駐古巴蘇軍指揮官們在受到攻擊時使用戰術性核子武器。這種武器亦已送抵古巴。如果甘迺迪的突襲計畫付諸實行的話，他心心念念想避免的核子戰爭將幾乎是會立即爆發。幸而他決定先拖一拖。

第12章 隔離檢查

在十月二十日星期六當天，美國政府的整個領導階層彷彿都感染了不知名的病毒。甘迺迪總統因為感冒，中斷了在中西部的助選之旅。他原定花三天時間遊走五個州，為民主黨的國會議員候選人站台。他正在返回首都的路上。副總統約翰遜也縮短了在檀香山的逗留時間，提前回到華府，據稱他也是得了感冒。

當記者團在芝加哥的喜來登黑石飯店登上一輛遊覽車要追隨總統前往下一站時，白宮新聞祕書薩林格通知他們甘迺迪改變行程的事。他告訴新聞記者，總統得了「輕微的上呼吸道感染」，正在服用「治療感冒的普通藥物，包括阿斯匹靈和抗組織胺。」總統的體溫比正常高一度。記者們覺得不可思議，因為甘迺迪看起來一切正常。薩林格同樣感到懷疑，所以決定不搭記者的專機返回華府，而是和總統一起搭乘「空軍一號」。只剩下他們兩人的時候，他問甘迺迪：「總統先生，你並沒有得到感冒。是不是有什麼奇怪的事情正在發生？」甘迺迪回答說：「等我們回到華府你就會知道，一旦知道你就會跳起來。」[1]

羅伯特後來回憶說，他在十點前打電話給兄長，要求他返回華府。他相信甘迺迪的幕僚現在需要總統對怎樣處理古巴做出最後定奪。「現在事情要由單一一個人來決定，沒有委員會可以代勞。」波比寫道。接到弟弟的電話之後，甘迺迪匆忙趕返華府。他有所不知的是他正在飛進已被古巴的蘇聯飛彈涵蓋的範圍內。當他的飛機還在空中飛行的時候，設置在西古巴大薩瓜的第一批R-12中程飛彈已完全準備就緒。[2]

西多羅夫上校和他第七十九飛彈團的部下舉行了一個小集會以慶祝這個成就。用從蘇聯帶來的十幾袋土堆成的臨時講台上的橫幅寫著：「我們要把古巴當成祖國來防禦。」講台旁邊插了一根紅白色相間的桿子，用來象徵蘇聯的邊界柱。聽眾對演講報以掌聲和槍聲，還有俄羅斯語和西班牙語的口號，例如「誓死保衛祖國」。蘇聯的火箭人已經找到了一個新祖國，他們準備好為它而死，並在這個過程中散布死亡。有鑑於R-12的射程是二〇八〇公里，西多羅夫的飛彈雖然打不到芝加哥（二二三三公里外），卻可輕鬆打到華府（僅一八一二公里外），而甘迺迪的飛機將會在下午降落在這裡。[3]

先前，總統是在十月十九日星期五早上離開華府。前一天，他和顧問們斷斷續續開了幾次會，就古巴問題進行腦力激盪。他們處理了新一批讓人不安的消息，帶來消息的人一如往常是中情局的影像情報專家倫達爾，他兩天前曾把U-2拍到的照片呈交給甘迺迪。

十月十八日早上剛過十一點，倫達爾告訴總統和他的顧問們，一架U-2偵察機在哈瓦那西南方大約三十二公里處偵察到一個發射飛彈的複合場地。根據推斷，該處是一處中長程彈道飛彈的發射場，而該型飛彈的射程大約是之前發現到的中程飛彈的兩倍。倫達爾指出：「我們從不確知蘇聯中長程彈道飛彈的模樣，其射程估計約三七〇〇公里。但從發射台的橢圓形布局和控制室碉堡的位置（每兩座發射台之間有一座），卻讓我們感覺那是中長程彈道飛彈的配置。」不管在座每個人本來有多麼心事重重，倫達爾帶來的壞消息都讓他們心情更加沉重。他告訴總統：「發射台的軸線方位是三一五度……順著這個方位可以讓你去到美國的中央山塊。」[4]

蘇聯把射程涵蓋大半個美國的中長程飛彈部署在古巴的消息加強了甘迺迪想對蘇聯飛彈設施實施突擊的主意。他曾經在危機的第一天採取這種立場。那天和甘迺迪一起開會的麥科恩在筆記裡寫道：「總統看來傾向於要行動的話就迅速行動，在沒有警告的情況下瞄準中程彈道飛彈陣地和可能出現在附近的機場。國會決議業已給了他需要的所有權力，而這一點得到了邦迪的確認，所以他看來傾向於採取行動。」[5]

倫達爾的報告對與會各人帶來極大衝擊。早前反對甘迺迪的外科手術式攻擊選項的魯斯克現在準備好站在總統這邊。他在宣布自己屬意突襲前表示：「我想這個報告改變了我對事情的看法。」但他希望美國進行襲擊前先對蘇聯提出警告。「我們全都記得《八月砲火》的內容，它指出某些事件讓各個被捲入的政府陷入了它們並不真正願意見到的局勢。」《八月砲火》是芭芭拉・塔克曼之作，檢視了歐洲像夢遊一般走進了第一次世界大戰的經過。魯斯克知道甘迺迪對這本書著迷，明顯想借它來把總統拉到自己這一邊。他繼續說：「有可能——只是有可能——赫魯雪夫先生會因此意識到他這一次必須退讓。」[6]

甘迺迪沒有因為塔克曼的書被提到而改變主意。他繼續堅持他前一天主張的，來一趟無預警的突襲。他不太有興趣找赫魯雪夫商量，因為據他所料，赫魯雪夫在收到警告之後一定會用另一個警告作為回應，諸如「如果你們幹掉飛彈我們就要把柏林拿去」之類的。甘迺迪相信，先攻擊再談判才是較佳的選擇。但他不能停止去想赫魯雪夫奪取柏林的可能，以及赫魯雪夫這行動對美國的歐洲盟友會有何種衝擊。甘迺迪指出：「如果他奪取柏林，所有人都會覺得我們是因為這些與他們無關的飛彈而失去柏林。」羅伯特問道：「如果他開入柏林，我們要怎麼辦？」幾個月來受夠了柏林問題困擾的邦迪輕笑一聲說：「那將會是一筆好交易，責任不在我們。」

這種事明顯是不可能被容許的。麥納馬拉說：「我們有部隊在那裡。他們會怎樣反應？」泰勒將軍回應說：「他們會戰鬥。」甘迺迪接著說：「然後他們會到處肆掠。」另一個與會者延續這種思路說：「然後就會是一場大戰。」「你是指核子戰爭？」甘迺迪問道。魯斯克這一次並沒有主張外交斡旋，他說：「你將必須至少使用戰術性核武。」甘迺迪回答：「真正重要的問題是我們要採取何種程度的行動才能減低發生核子戰爭的機會，與此同時又維護我們和盟國一定程度的團結性。核子戰爭顯然是一種失敗的終局。」他這是在為討論的方向設下底線。[7]

當甘迺迪離開幕僚去吃午餐和重新按照安排好的日程表行事時，情況看起來很嚴峻。不過，在他排定的各項活動中，卻有一項無心的安排也許會急劇改變正在迅速擴大的古巴飛彈危機——接見來訪的蘇聯外交部長葛羅米柯。

葛羅米柯在華府是稍事停留，接著便要到聯合國去。赫魯雪夫和他在主席團的同僚想要葛羅米柯去觀察甘迺迪，預測甘迺迪會對蘇聯計劃在美國國會大選後宣布的事情（在古巴部署了飛彈）有什麼可能的反應。但麥科恩卻給甘迺迪準備了一個不同的議程。在前一天呈遞給總統的備忘錄中，他提醒甘迺迪，美國「不應該在沒有事先警告的情況下採取行動，否則將會在不確定的未來持續受到『珍珠港指控』*」。他希望甘迺迪「知會葛羅米柯和卡斯楚我們已經知道了一切」，以及「給他們二十四小時拆除和移走中程彈道飛彈、海岸防衛飛彈、地對空飛彈和所有具有防衛性和進攻性雙重能力的飛機，包括『米格21』。」[8]

甘迺迪在魯斯克的陪同下接見葛羅米柯，而他們並沒有按照麥科恩的建議去做。甘迺迪仍然偏好出其不意的突襲，並相信在內部討論結束和總統有所決定之前對葛羅米柯提任何事情都是為時過早。所以無論是甘迺迪還是魯斯克都沒有提飛彈的事。葛羅米柯則是一副沒有飛彈這回事的樣子。他的主要話題是柏林，威脅說會在十一月的選舉之後把柏林的危機升級。在古巴問題上，他攻擊美國的老派帝國主義作風。他承認蘇聯為古巴提供武器和訓練古巴人使用這些武器，形容蘇聯運給古巴的武器都是防衛性，以此反駁甘迺迪在稍早談話中對它們的進攻性定位。根據這種理路，如果蘇聯的彈道飛彈只要用來防衛古巴，它們就不算是——就像甘迺迪在九月十一日的聲明中所指的那樣——進攻性武器。靠著這種外交戲法，葛羅米柯企圖證明甘迺迪政府沒有正當理由反對蘇聯在古巴部署武器。

「甘迺迪總統聞言後感到驚訝，但也有一點佩服葛羅米柯立場的大膽。」羅伯特在他的古巴飛彈危機記述裡這樣說。甘迺迪沒有提飛彈的事，但指出他曾經準備保證美國不會入侵古巴。然而，因為蘇

* 譯注：指突襲古巴將會受到如同日本人偷襲珍珠港的罵名。

聯從七月起把武器運到該島，情勢已經發生變化。甘迺迪稱之為「大戰結束後最危險的局勢」。葛羅米柯在回憶錄裡指出甘迺迪不斷談到「進攻性武器」，但始終沒有問他飛彈的事。按照葛羅米柯預先的構想，如果甘迺迪質問他飛彈的事，他就會回答說：「總統先生，蘇聯給古巴送去了數量有限的防衛性質的飛彈。它們永遠不會對任何人構成威脅。」但甘迺迪卻沒有問那個讓人擔心的問題。「所以我便沒有需要回答說有或沒有。」葛羅米柯回憶說。[9]

葛羅米柯注意到甘迺迪語氣的轉變，發現甘迺迪神經緊張而魯斯克異常緊繃，卻不知道他們的這種情緒是知悉了飛彈的存在所導致。與葛羅米柯一起會見美國總統的多勃雷寧後來回憶說，葛羅米柯對於會面的結果感到高興：「他完全被甘迺迪的行為誤導了。」在向上級報告他和甘迺迪的會面時，葛羅米柯指出，美國大眾對於入侵古巴的支持已經減弱。媒體的關注越來越放在柏林。他看不見有任何立即入侵的跡象。「就我們所知道的美國對古巴立場的一切，我們可以得出結論說，局勢總的來說完全讓人滿意。」他寫道。[10]

和葛羅米柯的會面從五點開始，到七點十五分結束。一整天甘迺迪都收到他的古巴顧問團的小組討論結果的報告。九點十五分，甘迺迪把顧問團全部集合到白宮評估形勢。雖然甘迺迪本人繼續偏好外科手術式攻擊，但這種解決辦法的勢頭（起於得知古巴設有蘇聯中長程彈道飛彈陣地的消息）已經消失。會議結束後，甘迺迪對著一個麥克風說道：「在這一天的過程裡，贊成攻擊飛彈基地和古巴空軍的意見顯然被贊成進行封鎖的意見取代。」在復述過各個顧問的立場之後，他說：「現在的共識是我們應該從星期天晚上開始展開封鎖。」[11]

先前麥納馬拉主張的海上封鎖在麥科恩呈交給總統的備忘錄中列為選項之一。它是在前駐蘇聯大使湯普森在早上和總統討論時重新引入（甘迺迪邀請他參與會議）。湯普森不贊成魯斯克所主張的，對蘇聯先發出警告，因為就像甘迺迪所暗示的，那將會讓赫魯雪夫用摧毀美國在土耳其和義大利的飛彈作為威脅。但他也不喜歡總統的無預警攻擊選項。「如果你進行先發制人的攻擊，一定會死很多俄國人。」他說。「那你喜歡什麼方法，湯米？」邦迪困惑地問他，因為大使先生一路下來都只有批評而沒有正面建議。「我喜歡的方法是封鎖。」湯普森回答說。[12]

回應湯普森的建議，甘迺迪問他：「已經到了古巴的武器要怎麼辦？」大使回答說：「要求他們拆除武器，並宣布我們將繼續進行偵察。如果武器已部署，我們就會把它們打掉。」甘迺迪並沒有被說服。他看得出來封鎖的好處，但又擔心赫魯雪夫會「奪取柏林」作為對美國封鎖古巴的回應。但在一天快結束時，隨著大部分人都反對發動突襲，甘迺迪明顯動搖了。根據他向祕密錄音機口述的會議摘要，他當時正考慮「採取為有限目的而進行的有限封鎖。」但他不急著做決定。甘迺迪對麥克風說：「我們決定了我應該繼續站台，不把這件事情透露出來，等星期日晚上回來再做決定。」[13]

甘迺迪所謂的站台是指原定在中西部進行的助選活動。他準備要維持一切正常的表象，假裝不存在任何危機，按照早早排好的行事曆行事。

—

十月十九日星期五早上，在動身飛往伊利諾州之前，甘迺迪和參謀長聯席會議成員開了一個會。除了他們的主席泰勒將軍以外，他們都被排除在甘迺迪的古巴危機顧問團之外，只能自己開自己的會。自豬玀灣災難之後，他們就一直鼓吹以全部兵力重回古巴。發現蘇聯的地對空飛彈，然後發現蘇聯的中程飛彈，再然後發現中長程飛彈的發射場，對幾個參謀長來說是天上掉下來的禮物——在他們看來，蘇聯在古巴部署飛彈一事讓美國入侵古巴成為絕對必要之舉。不過他們從泰勒和麥納馬拉（兩人都參加了甘迺迪的會議）得到的風聲卻不怎麼討喜。甘迺迪沒有多看重入侵的選項。他們等待總統召見已經等了很久。這個機會讓各參謀長有機會對總統大加遊說。

甘迺迪在會議一開始先說明了蘇聯的行動給他帶來的難題。「如果我們什麼都不做，他們在古巴就會有一個飛彈基地。」甘迺迪說，深知這個選項是一票將軍們完全不能接受的。他繼續說：「如果我們攻擊古巴或飛彈，就會讓他們有藉口占領柏林。」幾分鐘之後，他重提失去柏林的可能性：「那樣的話，我們就只剩下一個選項，那就是發射核子武器——但那是最爛的選項。」談到封鎖選項的時候，他語帶肯定，但仍然看出其中蘊涵的難題。蘇聯可以以此為由對柏林發起封鎖、責怪他創造了一個危機和讓美國在歐洲的盟友離心。「所以我不認為我們有任何讓人完全滿意的選擇。在考慮古巴的問題時，我們要考慮的不是只有古巴，而是還有柏林。」[14]

軍方將領知道封鎖已經慢慢成為了總統顧問們青睞的行動，所以決定改變戰術，不去鼓吹直接的入侵，而是主張對蘇聯設施進行全面空襲。他們希望此舉可以以某種方式為入侵鋪路。首先發難的是李梅將軍，他是空軍參謀長，措辭強硬和進取心強，曾指揮一九四五年三月對東京的轟炸、監督一九四八年至四九年的柏林空運和策劃成立投送核子武器的美國戰略空軍司令部。他出言反對封鎖，因為那將讓蘇聯有大量時間可以把飛彈藏起來，避免受到空襲。「至於柏林的問題，」李梅將軍接著說，打算消解甘迺迪的主要擔心。「我並不和您有共同的觀點，不認為如果我們攻擊古巴，他們就會攻擊柏林。如果我們對古巴什麼都不做，他們就會在柏林的問題上施壓，而且是施以真正的重壓，因為他們已經打敗過我們一次。」

李梅毫不掩飾他對這位稚嫩、缺乏經驗、在他看來優柔寡斷的總統的藐視。談到封鎖選項時，他說：「這一招幾乎就像在慕尼黑的姑息政策一樣差勁。」這話不只是對總統表示不同意，還近乎是一種人身攻擊，因為這是在含沙射影，挖苦二次大戰前夕在倫敦擔任美國大使的約瑟夫．甘迺迪*對姑息主義的支持。他沒有就此打住，繼續說：「您已經身陷糟透的情勢裡。」他力主，先封鎖再談判將會被國內外視為一種示弱的表現。甘迺迪受夠了。他打斷李梅的話：「你說什麼來著？」李梅把方才說的話重說一遍：「您已經身陷糟透的情勢裡。」甘迺迪面露一個僵硬的笑容反駁說：「情勢再糟糕，您本人都是和我在同一情勢裡。」[15]

這次會議並不愉快。若說它有什麼作用的話，那就是加強了甘迺迪對軍方的不信任。不過軍方對封鎖選項的反對不能說對他毫無影響，他對封鎖的成效產生了疑慮。但他決定不急著下最後定論。他將會繼續維持原來的主張，但讓他的顧問們繼續商議一或兩天。看見大部分顧問都傾向於封鎖選項，甘迺迪委託邦迪出面支持突襲選項。他把後續的討論交給羅伯特主持。[16]

在古巴問題上，羅伯特完全是個鷹派。當麥科恩在八月主張蘇聯可能在古巴部署了核子飛彈時，他便曾力挺這種看法。待飛彈在十月十四日被發現之後，羅伯特又不顧泰勒將軍的保留，大力主張入侵古

---

* 譯注：約瑟夫・甘迺迪（一八八八年至一九六九年）是甘迺迪總統的父親。

巴。在祕密錄音帶裡我們聽見他主張入侵古巴而不管此舉會不會引發核戰，又建議自導自演，炸沉一艘美國船艦或攻擊關塔那摩的美軍基地，以此作為入侵的藉口。他是對封鎖選項批評最力的人之一。[17]

但在代替總統主持危機會議之後，羅伯特改為以兄長的代言人自居。出於一種新產生的責任感，他現在改為鼓吹攻擊選項，但又主張攻擊前先對赫魯雪夫發出警告。在這一點上，他是反映了他哥哥的擔心——對蘇聯進行珍珠港式的突襲會讓美國大眾觀感不佳。當商議進行到星期五之後，隨著贊成封鎖的一派占了上風，羅伯特的立場進一步改變，加入了多數人的陣營，與此同時又擔心美國政府錯失了除去卡斯楚的機會。十月二十日星期六早上，羅伯特審閱了總統顧問索倫森草擬的關於主張封鎖政策的演講稿。他認定是時候把兄長叫回華府。[18]

—

甘迺迪回到華盛頓和顧問們再度開會時，一開始這樣說：「諸位，你們要來表現自己的能耐了。大家都應該希望自己的建議最後不會成真。」第一個報告的人是中情局情報部副部長克萊恩。他說：「我們相信，證據顯示今天有八枚中程彈道飛彈可能可以從古巴發射。」在上星期，他得知了有中程彈道飛彈部署在古巴，然後又得知中長程彈道飛彈正在準備部署。如此，明顯有些飛彈已準備就緒。[19]

聽過克萊恩的報告之後，甘迺迪讓大家展開討論。雖然在場大部分人偏好海上封鎖，但他們的用意和期望不盡相同。魯斯克認為此舉可以拖延時間和讓進一步行動（不管內容為何）的選項保持開放。麥納馬拉希望封鎖可以提供一個契機，讓雙方開始討論以撤走古巴的蘇聯飛彈交換撤走美國在義大利和土耳其的飛彈。湯普森和羅伯特則是希望封鎖政策可以作為促使赫魯雪夫移除飛彈的最後通牒，不排除封鎖之後會有空襲。只有泰勒將軍和邦迪繼續支持突襲選項，前者是得到不滿的參謀長們的支持，後者是總統親自交代。[20]

會議上，麥納馬拉提出了一個有利封鎖選項的理由。可運作飛彈的存在對他來說構成了一條紅線，他不準備用對古巴的軍事攻擊來跨越這條紅線。他偏好封鎖，然後有必要的話再採取軍事行動。但他又偏好談判，而且準備好在土耳其和義大利的事情上讓步，有必要的話甚至在關塔那摩美國基地的事上讓步。邦迪則為不示警的突襲提供理由。他拿出一篇總統演講的草稿，上面這樣說：「美國的國人同胞們：為恪守職責，我帶著沉重的心情特此下令，美國空軍執行如下軍事行動：美軍將使用常規武器摧毀部署在古巴的蘇聯核子武器。」羅伯特雖然表面上身在「封鎖」陣營，但所說的話卻顯示他的心跟「突襲派」一同在。就像泰勒將軍那樣，他相信突襲的時機一縱即逝。他建議把核子武器運送到西德以恐嚇赫魯雪夫。[21]

甘迺迪到了必須下決定的時候。現在看來總統下決定的關鍵因素變成中情局發現古巴的八枚可運作的飛彈這一點。這使得突襲會導致核子反應以及最終導致一場核子戰爭的機會大幅增加。甘迺迪不情願地放棄他領導了一整個星期的突襲陣營，改為加入多數派。會議摘要這樣說：「總統表示他準備好進行封鎖和採取必要手段行動，以保證我們到了星期一和星期二已準備好對飛彈和飛彈基地進行空襲。」甘迺迪會連帶提到空襲，是對那些想要進行軍事打擊甚至入侵之人的一個讓步。在準備好攻擊的情況下，將不會舉行談判，只會要求赫魯雪夫移除飛彈。從一開始甘迺迪偏好的就是有限攻擊，不是參謀長們主張的涵蓋飛機和其他設施的廣泛攻擊。[22]

十月二十二日星期一早上，和顧問們再一次檢討過他的各種選項之後，甘迺迪打了一通電話給前任總統艾森豪。老將軍支持封鎖選項，但明顯是視之為入侵的前奏。對於甘迺迪所擔心的，赫魯雪夫會以攻擊西柏林或動用核子武器來回應美國入侵古巴，他不以為然。甘迺迪指出：「這些人受了刺激會什麼都幹得出來。」（指動用核子武器。）艾森豪回答說：「我就是不相信這種事會發生。」「嗯，說的是。」甘迺迪說，笑了兩聲。他沒有被說服。[23]

星期一下午，他通知了參眾兩院領袖發生在古巴的危機和他準備封鎖古巴的計畫。然後到了七點，他站在電視攝影機前面，對全國發表演說。「晚安，各位國人同胞，」他說，聲音沉鬱，除了傳達出一種緊迫感，也傳達出決心與自信。「過去幾星期，有些明確無疑的證據顯示，在那座被囚的島上，有一系列的進攻性飛彈陣地正在修築。這些基地的唯一目的只能是提供對西半球的核武攻擊能力。」他警告赫魯雪夫，從古巴發射核子飛彈將會招來「對蘇聯的全面報復性反應」。

甘迺迪宣布他採取了七個步驟保護美國免於蘇聯飛彈的即時威脅。第一是宣布對運往古巴的「所有進攻性軍事設備進行嚴格的隔離檢查。」由於擔心蘇聯會在柏林採取報復性行動，甘迺迪特別指出這次封鎖的有限性：「這一次我們不會像蘇聯在一九四八年封鎖柏林的那樣，阻斷生活必需物資的輸入。」第七點，也是最後一點，包含一個對赫魯雪夫的要求：「我們呼籲赫魯雪夫主席停止和消除這種對世界和平與美蘇兩國穩定關係的祕密、不顧後果且挑釁的威脅。」

木已成舟。在經過長時間猶豫不決、讓蘇聯可以繼續建造飛彈陣地和把新的飛彈及核子彈頭運送到古巴之後，甘迺迪決定了採取行動。他完全不知道克里姆林宮會怎樣對待他的宣告，現在唯一能做的是等待。[24]

第IV部

見真章時刻

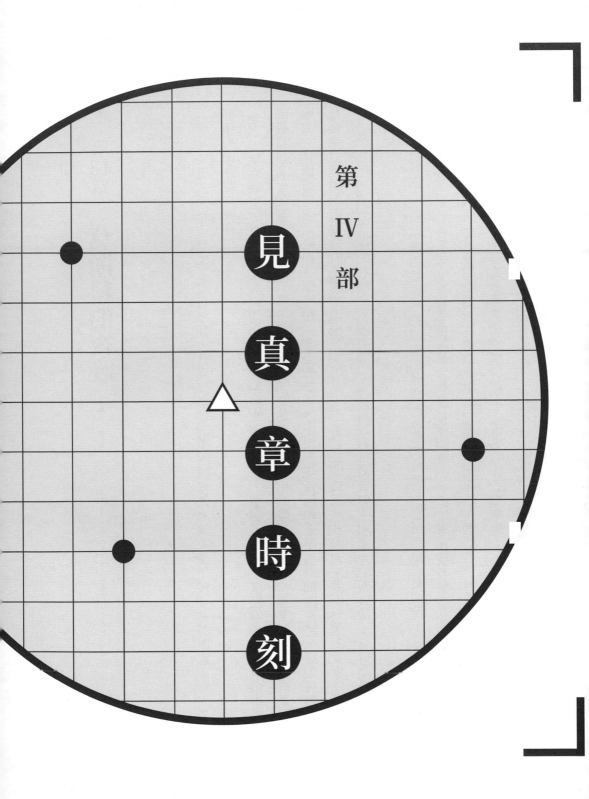

第13章　莫斯科的夜晚

在一九六二年十月二十二日星期一傳到莫斯科的美國媒體報導讓人毫不懷疑華府面臨了重大危機，而所有箭頭都是指向古巴。

一星期以來，甘迺迪成功把他和顧問們開會的事情保密，但到了週末，媒體嗅到了有事情不對勁：高級官員老是回到自己的辦公室，待到很晚，從他們窗戶映出的燈光把警報傳到了華府特區以外很遠的地方。甘迺迪要求《紐約時報》和《華盛頓郵報》不要刊登任何和這事情有關的報導。這兩份報紙都沒有刊登它們的記者從政府祕密來源挖到的消息，但基於公開資訊或非機密來源而寫成的文章陸續見報。記者們早已經猜到當前的危機和古巴有關，也猜到政府行將宣布一項重大的新政策：有可能是對古巴進行封鎖。[1]

十月二十二日《紐約時報》的頭條標題作〈首都的危機氣氛暗示古巴有情況；甘迺迪有可能發表電視演講〉。前一天的另一篇報導標題是〈高級幕僚開會，美國空軍在波多黎各外海演習——兩者被否認有關〉開頭說：「今晚的首都一片危機氣氛。」根據該報導（作者匿名）所述，甘迺迪在以健康欠佳為由回到白宮之後，華府的各種活動便沸騰起來。匿名的作者繼續說：「據猜測，這是因為古巴出現了目前還不能揭露的狀況。」他預料甘迺迪「在接下來一或兩天」將會發表電台和電視演說。十月二十二日早上，電台宣布了甘迺迪預定當晚七點發表演講的消息。對記者和大眾而言，唯一可做的事情是等待。[2]

在華府和紐約的今日新聞會變成莫斯科的明日新聞。十月二十三日早上，蘇聯的第一大報《真理報》出現了前一晚寫好的頭條標題〈美國的統治圈子正在玩火〉。蘇聯記者敘述了一篇前晚出現在《紐約先驅論壇報》的報導，其中包括了同一天其他美國報紙類似報導的特徵：甘迺迪中斷了助選之旅；華府官員辦公室的燈光開到星期日深夜；美國海軍在加勒比海進行演習。《真理報》還登出了一篇合眾社的報導，其作者指出海軍演習的指揮官會議已被取消，記者不被容許留在開往古巴的船上。[3]

美國和蘇聯的報導都沒有提到核子飛彈，但克里姆林宮中知其事的人都猜測美國的危機是這些飛彈引發的。當赫魯雪夫得知甘迺迪將要發表演說時，他告訴兒子謝爾蓋：「他們八成發現了我們的飛彈。」當時是莫斯科的十月二十二日晚上，赫魯雪夫人在列寧山（今沃羅別耶夫山）的自宅裡。他馬上把中委會主席團的成員召集到克里姆林宮。最反對在古巴部署核子武器的米高揚在他位於莫斯科附近的鄉村別墅收到開會消息。他打電話給赫魯雪夫的副手、中央第二書記科茲洛夫詢問原因，對方告訴了他理由：甘迺迪將要宣布一項重大的外交政策。[4]

根據克里姆林宮的會議紀錄，赫魯雪夫想要討論「對古巴和柏林採取的進一步立場」。諷刺的是，這個官方議程呼應了羅傑斯當天在《紐約先驅論壇報》發表的文章〈首都的最高機密：古巴─柏林戰略步驟？〉事實上，當晚在克里姆林宮受到討論的只有古巴。根據會議摘要和米高揚的回憶錄，柏林一次都沒有被提到。米高揚回憶說，一旦蘇聯領導層的成員聚在一起，他們就會意識到議題是什麼：「我們知道事情一定和古巴有關。」[5]

當時是十月二十二日晚上十點，蘇聯的領導階層已經知道甘迺迪的電視演講預定在美東時間晚上七點播出，那相當於莫斯科的十月二十三日凌晨兩點。在甘迺迪做出宣布前，他們有幾小時可以討論目前的形勢。米高揚回憶說：「因為不知道演講的內容，我們不斷就美國政府可能採取的立場交換意見，猜測他們可能會怎樣做而我們有什麼可能的反制措施。」他這樣形容會議室內的緊張氣氛：「他們可能搞出的事情我們一件都不放過。」[6]

—

會議一開始，赫魯雪夫讓國防部長馬利諾夫斯基率先發言。馬利諾夫斯基在古巴的事情上立場一向是鷹派。他設法安撫他的老闆和同僚，教他們不要急著採取行動。「我不認為美國會採取閃擊戰式的行動。它不是這樣作風的國家。」他預期甘迺迪的演講只是一個恐嚇，是「選舉前的一招花招」。馬利諾夫斯基繼續說：在最壞的情況下，「即便甘迺迪宣布美國將要入侵古巴，他也要再過二十四小時才會準備就緒。我相信我們將不會落入一個必須立刻讓飛彈進入最高戒備狀態的局面。」

繼馬利諾夫斯基之後發言的是國防委員會書記伊萬諾夫將軍。他報告了蘇聯在古巴的軍力：已經有超過四萬名官兵進駐古巴，四個R-12飛彈團中有三個的飛彈和器材已經就定位，負責戰術核子武器「月神」和核彈頭的單位也已經就緒。R-14飛彈團和他們的裝備仍然在途中。[7]

赫魯雪夫支持他的國防部長的意見——目前沒有理由要把戰略飛彈置於「最高戒備」狀態。他說：「重點是我們並不想引發戰爭。我們只是想威嚇美國，讓其對古巴有所收斂。」米高揚和在座其他人先前也聽過這樣的保證，但目前的形勢非常不同。美國人八成已經發現了飛彈，主導權已經不在赫魯雪夫手中。赫魯雪夫承認，美國總統有重大宣布一事讓他嚇了一跳。他繼續說：「麻煩的是我們還沒有鞏固好我們想要做的一切，也還沒有公布我們和古巴簽訂的條約。」然後他提到大概是在座每一個人都擔心的事：衝突會失去控制地升級。會議摘要記錄了赫魯雪夫的話：「會釀成悲劇的是他們攻擊而我們還擊。那有可能升級為一場大規模戰爭。」

赫魯雪夫深信美國正準備入侵古巴。會議摘要有這麼一句：「達成的結論是，一次對古巴的攻擊行動正在策劃中。」問題在於甘迺迪下一步會怎樣做。「他們也許會宣布進行封鎖，又或許不會有所行動。」赫魯雪夫或他的一個同僚這樣猜想。沒有行動就無須回應。但萬一發生攻擊，他們考慮了兩種可能的回應。會議摘要說：「第一個可能回應：用廣播宣布蘇聯和古巴業已簽訂了協議。」這一宣示是要警告美國人，如果把衝突升級，將會導致美蘇的直接對峙。赫魯雪夫的另一個選項是宣布蘇聯對美國和古巴的衝突並無法律或軍事牽扯：「遇到攻擊時，所有裝備都會是古巴人的，而古巴人宣布他們將會還擊。」[8]

根據米高揚的回憶，這選項的提出者是馬利諾夫斯基。米高揚回憶說：「這個主意吸引了赫魯雪夫。」他解釋了理由：「那樣子的話，甘迺迪要求蘇聯移除武器就沒有意義……談判應該和古巴進行，我們不再是有關方面。這樣子，蘇聯受到核打擊的危險就可以降低。」米高揚認為這種理路是膚淺的，堅決反對。他認為美國人已經習慣了蘇聯擁有核武的事實，但卡斯楚手中有能夠打到美國的核子武器卻完全是另一回事。他預言美國人將會「大為恐慌，馬上以全部力量攻擊古巴。那樣的話，古巴人和我們的部隊將會一個不剩。我們的努力將不過是個令人痛苦的笑話。」[9]

米高揚成功把赫魯雪夫和主席團其他成員拉到自己這邊。公布古巴和蘇聯之間軍事互助協議的主意最後亦被否定掉。大家都同意的一件事是讓古巴的蘇軍進入全面戒備狀態。米高揚回憶說：「最重要的是，我們決定了責成馬利諾夫斯基下令駐古巴部隊的司令普利耶夫準備好以軍事行動防衛古巴，以防美國的入侵，又如果防衛失敗。就使用中長程飛彈。」他們已經準備好使用戰略核子武器。馬利諾夫斯基給普利耶夫草擬了一封電報：「普利耶夫手上有的所有武器都應該準備就緒。」然後赫魯雪夫突然想到，他們這是在授權普利耶夫使用彈道飛彈。他說：「『所有武器』就表示包括飛彈，就表示不惜引發熱核戰爭。這怎麼可能！」這是馬利諾夫斯基的一大失策，米高揚在他的回憶錄裡不忘記下這件事情作為「極端不顧後果」的事例。發給普利耶夫的電報按照赫魯雪夫的反對意見改正。[10]

米高揚的回憶錄和當日的會議摘要都顯示不是所有核子武器都被排除。會議摘要上說：「竭盡所能不要一開始就使用原子武器。如果發生登陸性攻擊，就使用戰術原子武器，但不要使用戰略原子武器，除非是得到莫斯科的命令。」赫魯雪夫和其他人談到戰術武器時，心裡想的是「月神」核彈頭飛彈——該型飛彈已經在古巴部署好。至於戰略核武，他們則是明確地從他們的命令裡排除了「斯塔岑科負責保管的武器」。他們所指的是在斯塔岑科將軍指揮下的幾個R-12飛彈團。馬利諾夫斯基建議不要在甘迺迪發表演講前匆匆忙忙發出命令：「等到凌晨一點再說，否則就會給了美國人使用核武器的理由。」[11]

於是赫魯雪夫和同僚開始等甘迺迪演講。他們作了最壞打算，所以雖然繼續掌握戰略核武的控制權，但卻也準備批准駐古巴的蘇聯指揮官使用戰術核武。克里姆林宮內的情緒近乎恐慌。據「格別烏」

主席謝米恰斯內回憶，赫魯雪夫在得知美國人發現了古巴的飛彈之後的第一個反應是說：「完了，列寧的心血要毀於一旦了。」[12]

蘇聯駐美大使多勃雷寧接到電話，請他當晚六點到國務院去見魯斯克。當時是十月二十二日下午，他人還在紐約，為要返回莫斯科的蘇聯外長葛羅米柯送行（葛羅米柯帶了一個好消息回國：美國沒有出現不利古巴的最新發展）。多勃雷寧想要把會見魯斯克的時間改為第二天，但傳話人說國務卿堅持要在當天黃昏和他見上一面。多勃雷寧懷疑有什麼重要事情發生了，但又不知道是什麼事。

傍晚六點，也就是總統發表電視演說的一小時前，多勃雷寧去到魯斯克的辦公室。他後來回憶說：「魯斯克的神情異常凝重。」國務卿遞給他總統即將發表的演說的稿本，一起給多勃雷寧的還有甘迺迪給赫魯雪夫的一封私人信，信中表示甘迺迪渴望兩國政府不要產生誤解。他還對赫魯雪夫發出一個警告：「我必須告訴您，美國決定了要移除這個對西半球的威脅。」信的最後呼籲對話：「我希望貴政府不要採取任何會擴大或加深業已嚴重的危機的行動，好讓我們可以同意恢復和平談判的道路。」[13]

魯斯克提醒多勃雷寧不要低估美國的意志和決心。這也是甘迺迪信裡的重點。多勃雷寧完全不知道在古巴部署飛彈的事，所以總統的演講稿完全讓他出乎意料。根據魯斯克的回憶，多勃雷寧的臉色變得一片灰白。「我看見他在我面前立即老了十歲。」不管他告訴了魯斯克什麼，多勃雷寧都給莫斯科發去了一份鼓舞人心的報告。他寫道：「雖然設法掩飾，魯斯克仍然明顯處於一種緊張和焦慮的情緒。」因為沒有被自己政府告知飛彈的事，他繼續否認古巴有蘇聯飛彈存在。他告訴莫斯科：「魯斯克被告以美國政府的行動不是基於事實……上述行動可能帶來的嚴重後果的所有責任都完全是由美國政府承擔。」[14]

在克里姆林宮，赫魯雪夫和他的同僚們也收到了甘迺迪的演講稿，但不是來自多勃雷寧而是來自外交部：一個外交官在甘迺迪演講一小時前，也就是魯斯克把一份演講稿交給多勃雷寧的同時，將一份演講稿送到了蘇聯外交部。獲知甘迺迪要宣布的不是入侵古巴而是對古巴進行海上封鎖之後，大家都如釋重負，幾乎是喜氣洋洋。赫魯雪夫宣布：「這不是要對古巴發動戰爭，而是某種最後通牒。我們拯救了古巴！」他受得了封鎖。米高揚回憶說：「甚至更早前，當我們決定把飛彈送去古巴時，我們也是預期美國不會對古巴採取軍事行動，只是會進行封鎖。基於此，我們預期在事情發生這樣的轉折之後，我們可以透過聯合國獲得有關這事情的一個決議案而不用訴諸軍事行動。」[15]

問題是下一步要怎樣做。根據米高揚回憶，赫魯雪夫馬上就口授蘇聯回應美國封鎖行動的聲明的要點。會議摘要上說：「蘇聯政府籲請蘇聯人民繼續工作。我們將會採取措施，不讓我們冷不防著了道兒。」在赫魯雪夫口授完信件後，時間早過了十月二十三日凌晨一點。他們決定休息一下，睡一些覺，到早上再來討論進一步的行動。所謂的睡覺是指在各自的辦公室的沙發上打盹。赫魯雪夫沒有寬衣，他想要隨時準備好面對始料不及的消息。他後來回憶說：「我準備好了在任何時候收到讓人震驚的消息，我也想要準備好可以即時反應。」赫魯雪夫不想在一場重大危機的半途中被人發現沒有穿褲子——他相信法國外交部長在蘇伊士危機*期間就是這個樣子。[16]

根據米高揚回憶，會議原定早上八點重新召開，但後來延至十點。他們集中討論必須發布的聲明、信件和電文。授權普利耶夫使用戰術核子武器的構想現在被拋棄了。馬利諾夫斯基在前晚十一點半發往古巴的命令仍然有效。命令上說：「有鑑於美國人可能會參與在加勒比海對古巴的登陸，著令採取緊急措施增加戰鬥準備狀態，以及在古巴軍隊和蘇聯部隊的各單位的聯合努力下趕走敵人，但排除使用斯塔岑科的武器和別洛博羅多夫的所有船貨。」[17]

「別洛博羅多夫的所有船貨」同時指戰略飛彈和戰術飛彈使用的核子彈頭，它們由同一艘船「英迪吉爾卡號」運送，由別洛博羅多夫上校負責保管。上述的命令禁止普利耶夫使用任何核子武器。修改過的一道命令——就是給予他權力使用戰術核子武器和馬利諾夫斯基建議等到聽過甘迺迪的演講後再發出的命令——從沒有發往古巴。相反的，馬利諾夫斯基顯然擔心會對前線的情況失去控制，所以下令普利耶夫建立和莫斯科的可靠無線電聯絡。

當天早上的一個關鍵決定是關於正在開向古巴的蘇聯船隻和它們有可能會直接落入美國海軍手中的情形。米高揚回憶說：「我們決定叫所有運載武器和正在開向古巴的船隻掉頭，返回蘇聯港口，但讓運送技術設備的民用船隻繼續前進，直到封鎖的細節變得清楚為止。但我們不會馬上對美國宣布這件事。」會議摘要顯示這個決定得到一致通過，但不是所有船隻都被命令返航。載運第二批核彈頭的乾貨船「亞歷山德羅夫斯克號」當時正在接近古巴，被命令留在航線上。配備核魚雷彈的四艘蘇聯潛艇也是

＊編注：一九五六年發生的國際武裝衝突。起因於埃及將從殖民時代由英國控制的蘇伊士運河收歸國有，促使英國與法國決定採取軍事行動。因英法與以色列用自導自演方式取得出兵藉口，加上當時正值去殖民風潮，英法受到國際譴責，最終也以失敗告終。此事件一般認為象徵西方殖民體系的崩潰。

如此。[18]

主席團的會議摘要顯示，有關蘇聯船隻返航的決策分為四階段。第一階段是決定停止派出運載武器的新船隻，而且命令已經在地中海但還沒有越過直布羅陀海峽的船隻返回黑海。然後他們決定讓已經在大西洋但沒有機會在封鎖實施之前抵達古巴的船隻折返，但不包括「亞歷山德羅夫斯克號」。同樣複雜的是有關核子潛艇的決定。最初大家同意核子潛艇停留在通往古巴的路徑上，但後來又改變命令，要他們繼續向古巴前進。米高揚解釋說，要潛艇遠離古巴是他的主意。他擔心如果美國發現潛艇的存在，會出現與發現飛彈一樣的反應。[19]

米高揚幾個月後回憶他當時說了這樣的話：「讓我們的潛艇保持在三天距離之外，他們一樣可以準備好戰鬥，但那裡不是古巴水域，和古巴了無關係，美國人無法在那麼遠的距離拿我們怎麼樣。但如果他們在水底下逼近古巴，就可能會被美國潛艇發現，這樣我們的艦隊和美國人就可能會發生衝突。」赫魯雪夫表示同意，而米高揚的立場被記錄在會議摘要裡。但接著輪到馬利諾夫斯基發言，他堅持讓潛艇繼續前行。這個主張受到主席團兩、三個成員支持，而雖然赫魯雪夫本來支持米高揚的想法，但大家決定照馬利諾夫斯基的主張做。於是米高揚又輸了一次。原先他在要不要部署飛彈的爭論上落敗，現在是在潛艇的動向上。但他沒有放棄己見，將在接下來幾天繼續爭取。[20]

然後大家討論赫魯雪夫要寫給甘迺迪和卡斯楚的信件內容。在赫魯雪夫寫給卡斯楚的信件草稿中，這位蘇聯領袖不再誇耀勝利。他說：「我們勝利了一半，一半尚未達成。全世界的目光都集中在古巴是一件好事……時間將會沖淡一切，而如果有需要，我們將來會再運送武器。」主席團授意赫魯雪夫不理會甘迺迪所要求的把核子武器從古巴撤走。有關這一點，會議摘要這樣說：「不管武器的級別，它們都已經運出。它們的目的是協助古巴對抗侵略。」如果甘迺迪想要赫魯雪夫從古巴撤走核子武器，赫魯雪夫要求甘迺迪解除而不是實施封鎖。信上說：「我希望美國政府會謹慎行事和放棄您所追究的行動，這些行動對於全世界的和平有可能會帶來災難性後果。」[21]

到了十月二十三日中午，馬拉松式的會議終於結束。這會議開了超過十二小時，期間只有短暫休息時間以供小睡。赫魯雪夫和主席團的成員去用午餐。局勢看來重新受到控制。前一晚，赫魯雪夫就像甘迺迪在飛彈危機第一天時那樣，曾經想要訴諸軍事行動。甘迺迪是想要進行突襲，赫魯雪夫則是準備動用戰術核子武器，又如果局勢需要的話再動用戰略核子武器。不過後來因為甘迺迪改採溫和路線，選擇實行封鎖而不是突襲或者入侵，赫魯雪夫也沒有機會批准使用戰術核子武器。這讓他鬆了一口氣。不管這兩個人有多大差異，也不管他們在摸索正確的決定時有多少誤判和誤解，他們都有共通之處。他們都亟想避免一場核子戰爭。

第14章 在黑暗中眨眼

當羅伯特．甘迺迪在十月二十三日晚上與多勃雷寧會面時，他並沒有隱藏這位蘇聯大使帶給他的挫折感。他對多勃雷寧說：「如果就連大使先生——就我們所知應該得到政府全面信賴的人——都不知道不只是能夠保衛古巴的防禦性飛彈，而是能夠攻擊美國的長程飛彈已提供給了古巴，那麼我們透過祕密管道接觸您的意義何在？」從羅伯特的會面報告其中一個版本中看得出來，他是按照總統的指示行事，卻告訴多勃雷寧，去找他是自己的意思。

多勃雷寧在給莫斯科的報告上說，羅伯特「明顯處於激動狀態，說的話老是重複和離題」。羅伯特列出了赫魯雪夫和多勃雷寧在公開和私下對於運送到古巴的武器屬於防衛性質曾做過的保證。然後又提及赫魯雪夫承諾過的，不會在十一月選舉前做出惡化美蘇關係行動的保證。他對多勃雷寧說：「總統覺得他被騙了，而且是被蓄意欺騙。現在他對此深信不疑。他感到極度的失望，或者更直接地說，這對他所相信的一切，以及對他維持與蘇聯領袖互信的努力都是一個沉重的打擊。」

在羅伯特看來，多勃雷寧的神情「極其不安」。這位蘇聯大使堅持早前說過的：就他所知古巴沒有核子飛彈。他也即席杜撰，向羅伯特保證赫魯雪夫非常重視和他的兄長的私交，依循著赫魯雪夫最近官方聲明的路線。不管甘迺迪兄弟對他們的蘇聯同仁——約翰．甘迺迪總統對赫魯雪夫，羅伯特．甘迺迪對多勃雷寧——有過什麼信賴，這種信賴已不復存在。不過他們除了蘇聯駐美大使說的話以外，沒有其他可賴以預測蘇聯的行為，而他們也正確地猜到了，這位大使被自己的政府蒙在鼓裡。

臨走前，羅伯特問了多勃雷寧那個他專程要來問的問題：「在甘迺迪總統發表了昨天的演說和宣布他剛簽署了命令不讓進攻性武器進入古巴之後，開往古巴的蘇聯船隻的船長接到什麼樣的命令？」多勃雷寧就像不知道古巴有核子飛彈那樣，不知道前一晚莫斯科給了蘇聯貨船什麼命令。他告訴羅伯特，就他所知，那些船長是按照他們一般得到的指示去做，那就是「在公海上不要接受停船或搜查的非法要求，因為那是違反航行自由的國際規範。」羅伯特在離開蘇聯大使館前說：「我不知道情況將如何收尾，因為我們想要阻止你們的船。」多勃雷寧回應：「但那將會是戰爭行為。」他後來回憶，羅伯特聽到這話之後「搖搖頭然後走了」。[1]

雙方的溝通信號中斷，收到的訊號模糊不清，而他們自己發出的訊號又常常被對方誤解。他們在黑暗中移動，希望不會彼此相撞，但又不自覺地在一條將會發生碰撞的道路上加速。

十月二十三日，即甘迺迪發表演說第二天，怎樣落實對古巴的封鎖而又不引起美蘇戰爭成為甘迺迪的首要議題。那天早上，他把處理古巴飛彈危機的非正式顧問團正名為「國家安全會議執行委員會」，簡稱「執委會」。

「執委會」的第一個會議在十月二十三日星期二早上十點展開。羅伯特回憶白宮「內閣室」當時的氣氛：「雖然談不上興高采烈，但會議是在一種輕鬆的氣氛中進行，因為我們已經走出了第一步。這一步還不太差，我們畢竟還活著。」當天早上，由塔斯社發送的蘇聯官方聲明宣布蘇聯陸軍指揮部取消了計畫中的解除徵兵，但沒有有關軍事行動的消息。邦迪把蘇聯的聲明稱為「老調重彈」。魯斯克則是鬆了一口氣：「我們剛度過了一件不測事件——一次直接、突然和非理性的攻擊。」蘇聯看似採取守勢。華府完全不知道蘇聯核子潛艇抵近古巴的事情。[2]

那天早上第一個報告的人是中情局局長麥科恩。在U-2偵察機飛行員拍回來的新一批照片中，他的照片專家無法找到他們早前看見過的蘇聯飛彈。遺憾地，這並不表示赫魯雪夫聽從甘迺迪要求，把飛彈撤出了古巴。麥科恩指出，有證據顯示蘇聯的飛彈「採取了大規模的偽裝」。蘇聯人沒有移走飛彈而是把飛彈隱匿起來。「大家搞不懂蘇聯人為什麼這麼晚才做這種事。」羅伯特回憶說，道出了在場其他人的想法。國務院政務次卿約翰遜說：「我們在他們還沒有應變計畫時把他們逮住。」話中不無得意之色。[3]

根據羅伯特所述，當「執委會」開始討論如果蘇聯在古巴採取軍事行動的話（或者如甘迺迪所擔心的那樣在西柏林採取軍事行動的話）美國要怎麼應變時，會議室裡「本來較為放鬆的情緒完全消失了」。麥納馬拉提到蘇聯人可能會用飛彈擊落U-2偵察機時，大家一致同意美國對這種事的回應僅限於摧毀發射飛彈的陣地，不擴及古巴的所有蘇聯設施。在德國方面，大家同意不要暫停西德和柏林之間的正常交通。會議結束後，甘迺迪總統打電話給克萊將軍——他是一個善於解決麻煩的老將，也是西柏林的一個麻煩製造者。克萊將軍聽起來已經完全準備好在可說再次被認為是世界上最危險的地方報效國家。他告訴總統：「我隨時接受任何差遣。」[4]

「執委會」當天最緊急的議題是如何落實海上封鎖。到了傍晚六點，當「執委會」再次開會時，美洲國家組織傳來了好消息：所有成員國一致同意美國的封鎖行動。這是一個始料未及的結果，因為當初美國還擔心不容易得到三分之二的同意。他們現在可以振振有詞地把封鎖付諸實行了。但有一件事首先需要決定：要怎樣對待大西洋上的蘇聯船隻。「執委會」成員一致同意，應該截停前往古巴的船隻。但對那些折返的船隻又要怎麼辦？是不去騷擾它們還是照樣截停？甘迺迪相信不應該攔截返航的船隻，但在這一點上他發現難於說服自己的弟弟。

羅伯特較晚才加入封鎖陣營，視之為一個對古巴進行軍事攻擊的前奏。現在他把封鎖視為攔截和搜查任何蘇聯船隻的機會，要以此證明蘇聯真的把進攻性武器運往古巴，他告訴在座眾人：「能夠上船和拍下飛彈的照片將會好處多多。我也要指出，如果能夠檢查一些船上的貨物，也將會是一種情報上的利多。」他想建立一個範圍，讓所有範圍內的船隻受檢而不管它們是前往古巴還是返航。他為這種行動找到一個藉口：「就說我們不知道它們離開之後會不會設法以另一種方式重返古巴。」[5]

總統不以為然。他相信蘇聯會把所有載運武器的船隻調返，所以搜查只會一事無成和淪為國際醜聞。他也不確定應該攔截多少距離外的船隻：有一艘船被發現航行在離古巴二千九百公里之外。總統明顯對於這艘船構不構成一個正當的下手對象感到困惑。但他弟弟卻毫不困惑：「我不認為它距離太遠。如果它繼續前進的話……」麥納馬拉反對攔截距離那麼遠的船，主張靜觀其變：「我建議我們今晚不要決定是不是攔截那艘二千九百公里外的船。」他主張先追蹤船的動靜。羅伯特明顯感到失望。他說：「就像我說過的，我不認為進行攔截有什麼困難。我認為如果在船上找到證據的話，將對我們十分有幫助。」[6]

魯斯克站在總統那邊。他告訴在座眾人：「如果它們想要掉頭，我們應該讓它們有機會回頭和開走。」羅伯特重新加入討論，指出用什麼辦法來對付攔截船隻時所引發的喧鬧：「沒收武器和拍成照片將會讓蘇聯的抗議站不住腳。」明顯感到憂慮的魯斯克回答說：「我知道你的意思，問題在於從蘇聯的觀點看，這件事就跟膿瘡一樣敏感。」他提醒羅伯特和其他人，就他的理解，封鎖的目的是讓蘇聯離開古巴。甘迺迪以和事佬的姿態加入討論。他建議等到明天再下定論。

總統的建議被接受了。就目前情況，這大概就是魯斯克最想要的。延後做出決定讓他有機會使用外交手段。他和湯普森一起為甘迺迪草擬了一封給赫魯雪夫的信，敦促蘇聯船隻不要越過封鎖線。湯普森這樣解釋信的精神：「我們預計他們〔赫魯雪夫和蘇聯領導階層〕今天晚上就要決定對船隻發出什麼樣的指令。」信上這樣說：「希望你們會立刻發出必要的指令，指示你們的船隻遵守隔離檢查的規定……我們無意沒收船隻或向船隻開火。」甘迺迪同意寄出這封信，但堅持刪掉最後一句。[7]

讓魯斯克的和平倡議受到支持的，是總統愈來愈擔心封鎖的後果，特別是扣押蘇聯船隻的後果。「那樣的事是有可能發生的，」甘迺迪說：「在宣布實行封鎖之後，他們會繼續航行，而我們設法把船舵或鍋爐轟掉，然後我們想辦法登船，然後他們開機關槍。我想我們要登上船和控制它需要一堆時間，因為他們一定會頑強抵抗。船上說不定會有武裝士兵或陸戰隊員。」「又說不定他們會下令把船炸掉之類。」羅伯特接著說，把哥哥的思路接續下去。他已經不再堅持要攔截蘇聯船隻。最終他改為支持兄長的立場。他在回憶錄中沒有提自己的鷹派立場，但讚揚兄長的審慎。[8]

晚上七點之後，當與會者都離開，只剩下甘迺迪兄弟兩人的時候，他們反省了赫魯雪夫的欺騙和宣布封鎖所帶來的處境。總統對弟弟說：「我的這個方法很難看，對不對？」然後又補充說：「另一方面我別無選擇。如果他們這次得逞，就會有下一次。我別無選擇。我不認為我有得選擇。」約翰．甘迺迪思考的是赫魯雪夫的政策，但羅伯特卻同時想著國內的政治處境。他說：「對，是沒得選擇。我是說如果你不這樣做，你就會被彈劾。」總統表示同意：「我也是這樣想。不這樣做我就會被彈劾。」

羅伯特琢磨，在幫助哥哥和蘇聯人建立一條後門渠道時，自己是不是可以做得再好一些。甘迺迪對他所謂的「赫魯雪夫有關選舉的狗屁話」仍然很介懷，這些「狗屁話」是由羅伯特的主要祕密聯絡人、蘇聯情報軍官博爾沙科夫轉達。甘迺迪提起博爾沙科夫的名字，問他對於蘇聯船長接到的命令是怎樣說的？「他說他們將不會停船。」羅伯特說，說話口氣不再像個隨時找架打的無所顧忌少年。相反的，他現在建議美國人在登船搜查時最好有美洲國家的代表陪同，因為如果因登船而引發任何衝突，他寧願這衝突是國際性而不是美蘇之間的。若是後者有可能會引發大戰。[9]

「執委會」會議結束後，甘迺迪兄弟離開「內閣室」，去了橢圓形辦公室。在那裡，總統向羅伯特、索倫森和行程祕書歐唐納透露他擔憂「誤判導致錯誤決斷的危險」。根據羅伯特的回憶錄，甘迺迪提起了芭芭拉．塔克曼的《八月砲火》。他說：「他們多少是由於愚蠢、個人癖性、誤會、自卑感和優越感的個人情結而捲入戰爭的。」在羅伯特對這次對談的一個早期版本的記述中，沒有提到《八月砲火》，但在一個刪去的段落顯示出總統認為英國在一九三九年對波蘭做出安全保證是一個錯誤。就像他父親在一九三九年時那樣，甘迺迪相信英國不應該加入戰爭。更重要的是，在當前的危機中，他不希望美國會因為任何國際協議或自己弄出來的安排而不由自主地被捲入戰爭中。[10]

會議結束後，羅伯特前去找多勃雷寧，以確保雙方不存在誤解。

—

在莫斯科，赫魯雪夫正在為一個兩難困境而頭痛。他一方面不能讓美國人在國際水域或古巴水域搜查他的船，否則就會顯得軟弱。另一方面，他又負擔不起在加勒比海和美國發生軍事對峙，心知如果美國入侵古巴，就很難不使用核子武器。他最後想出來的解決辦法很簡單：下令那些在封鎖實施前可到達古巴的船隻加速前進，要那些做不到的船隻掉頭。

這項在莫斯科時間十月二十三日早上發出的命令差不多同一時間被地中海的船隻收到。乾貨船「梅德諾戈爾斯克號」的船長在十月二十三日早上十點十五分收到這道命令。命令是以加密電報的形式由蘇聯海運部部長巴卡耶夫發出。「梅德諾戈爾斯克號」當時去到了阿爾及利亞的地中海外海。該船載有兩千四百噸軍事物資和二百七十四名官兵。不理會巴望完成行程的船員的抗議，船長照命令去做，掉頭折返，在通過達達尼爾海峽之後進入黑海，朝著母港尼古拉耶夫而去。[11]

較接近古巴海岸的船隻奉命繼續前進。這些船一共五艘，其中乾貨船「季夫諾戈爾斯克號」在十月二十二日夜晚接近古巴時被美國飛機發現。根據船上一名「格別烏」軍官後來的報告，一架開著探照燈的美國飛機凌空飛越「季夫諾戈爾斯克號」——不是一、兩次而是七次。不過雖然有這些幾近騷擾的監視行為，偵察機沒有對「季夫諾戈爾斯克號」怎麼樣；沒有發訊號或下命令要求船隻停下來。「季夫諾戈爾斯克號」在十月二十三日凌晨兩點安全抵達馬里埃爾的港口。這時候船長才被告知，美國對古巴實施封鎖，「美國海軍船隻和飛機在加勒比海、海峽和古巴港口搜索，要奪取我們的貨物。」船上人人都鬆了一口氣。[12]

其中一艘接獲繼續前進命令的船是乾貨船「亞歷山德羅夫斯克號」。它運送的是最危險的貨物：二十四顆供R-14使用的核子彈頭。先前它已經把四十四顆供巡弋飛彈使用的彈頭送到古巴。赫魯雪夫和他的顧問們決定「亞歷山德羅夫斯克號」應該儘快朝最接近的古巴港口航行。它本來是要駛往馬里埃爾，但蘇聯截獲的美國人電報通訊顯示，他們正在搜索一艘運載著核子彈頭的船隻，而兩架美國飛機在十月二十三日下午曾凌空飛越馬里埃爾。進度已經落後的「亞歷山德羅夫斯克號」奉命改變航線，改變航道向伊莎貝拉前進。莫斯科焦急地等待它成功突破封鎖的消息。赫魯雪夫在十月二十四日一大早收到甘迺迪總統的信，信上寫明了封鎖政策實施的確切時間：格林威治時間十月二十四日下午兩點。[13]

在華盛頓，「執委會」在十月二十四日展開封鎖的同一時間點召開會議。當時是美東時間早上十點，格林威治標準時間十四點。一如往常，會議一開始先由中情局局長麥科恩報告。他告訴在座的人，共有二十二艘蘇聯船隻前往古巴。其中七艘在十月二十三日莫斯科時間半夜一點接獲緊急命令。全部二十二艘船隻在十月二十四日美東時間兩點半接獲額外命令。並不知道這些加密電訊的內容，但對這些船隻的控制權已經由敖得薩的黑海貨船船隊總部轉移給莫斯科的蘇聯海運部。

「執委會」已經準備好討論怎樣攔截那些不掉頭的貨船。昨天晚上甘迺迪在和老朋友英國大使奧姆斯比—戈爾談話之後，決定把封鎖線設在離古巴海岸五百海里（約二七七八公里）處。他馬上聯絡麥納馬拉，現在兩人口徑一致：封鎖圈應該從離古巴島五百海里處開始。魯斯克昨天所提的先攔截沒有運載武器的蘇聯貨船的建議沒有得到太多支持，因為如果海軍發現他們截停的船上載著嬰兒食品，將會引起美國政府尷尬。他們要找的是有載運武器的貨船。

麥納馬拉挑出「加加林號」和另一艘蘇聯乾貨船「基莫夫斯克號」作為頭一批下手的對象。他們昨天已經討論過距離古巴大約二千九百公里的「基莫夫斯克號」，最後決定再等一天看看它的航向。他們當時並不知道「加加林號」和「基莫夫斯克號」的所在位置，但猜測它們正在接近封鎖線。他們還猜測兩艘商船有蘇聯潛艇護送，這讓它們看起來更加有可能是運送飛彈。麥納馬拉指出，「加加林號」曾報稱它的貨物是技術設備，目的地是科納克里──在他看來，這套說詞是「載運進攻性武器的蘇聯船隻的標準說法」。他繼續說：「我們翻查過紀錄。這種說詞看來是他們用來迷惑人的典型方式。」[14]

麥納馬拉說對了：「加加林號」真的是運載著飛彈。這艘船在十月十日深夜離開尼古拉耶夫，船上載著原駐紮在烏克蘭城鎮阿赫特爾卡的兩個R-14飛彈團的裝備。通過博斯普魯斯海峽時，船長報稱船隻的目的地是科納克里，但一個土耳其引水人卻指出它事實上是要航向古巴，所以它的真正目的地看來是一個公開的祕密。在十月二十二日甘迺迪發表電視演說那天的一大早，「加加林號」接近巴哈馬群島，被一艘美國軍艦下令停船。船長沒有理會命令。經過好幾次向「加加林號」進一步示意未果後，美國軍艦最終離開，整個過程持續不到五十分鐘。[15]

「基莫夫斯克號」也被控有罪。八月的時候，這艘芬蘭建造和以列寧格勒為母港的貨船給古巴運去了三十一輛蘇製坦克和基輔軍區第六坦克軍的一百五十名官兵。九月二十二日，它再次前往古巴，這一次載運了兩千二百噸貨物，包括八枚R-12中程飛彈和西多羅夫上校的第七十九飛彈團的官兵——他的飛彈將會在十月十日完成作戰準備。此刻，「基莫夫斯克號」又返回古巴，運載著R-14或SS-5中長程飛彈和操作這些飛彈的部隊。[16]

麥納馬拉告訴「執委會」，「這兩艘船是我們首先開刀的好對象。」又補充說：「安德森上將的計畫是今天設法攔截它們其中一艘，或者同時攔截兩艘。」他所指的是海軍作戰部部長小喬治．安德森。甘迺迪關心行動的細節，他問他的國防部長：「他們打算攔截哪一艘？是兩艘都攔截嗎？」麥納馬拉給予肯定回覆，儘管他認為「基莫夫斯克號」是首選。甘迺迪繼續問：「我們準備用什麼軍艦去攔截？是一艘驅逐艦嗎？」他被告知，載有反潛直升機的航空母艦「薩克斯號」已經準備好幫忙攔截蘇聯貨船；反潛直升機可驅逐為蘇聯貨船護航的潛艇。

麥科恩突然打斷甘迺迪和麥納馬拉之間的談話：「總統先生，我剛收到報告……目前在古巴水域發現的所有蘇聯船隻六艘要不是停了下來就是掉了頭，我不知道這意味著什麼。」如果有人質疑中情局局長打斷國防部長報告的得體性，那麼他們的顧慮在聽到他說的消息之後會立即消失。魯斯克問他「古巴水域」是何指？麥納馬拉認為被提到的船隻是離開古巴的船隻，但甘迺迪要求釐清：「為什麼我們不查清楚他們是在談離開古巴的船隻還是前往古巴的船隻？」魯斯克補充的一句話引起一陣笑聲：「那可是有差。」[17]

麥科恩馬上離開，去弄清楚情況。甘迺迪繼續和顧問們討論要怎樣才能夠讓護送「加加林號」和「基莫夫斯克號」的潛艇浮上水面。麥納馬拉建議使用小型深水炸彈。根據羅伯特的會議筆記，麥納馬拉這樣說：「如果聲納訊號未獲回應，我們就投放警告性深水炸彈。」對此，總統的反應是說：「我猜如果我們擊沉一艘俄國船艦，他們就會封鎖柏林。」甘迺迪變得愈來愈緊繃。核戰的陰影從幾百里外的海浪下面撩起了他的想像力。

他告訴「執委會」的成員：「我不要我們第一個攻擊的是蘇聯潛艇。我們寧願是一艘商船。」麥納馬拉不願退讓，他堅持在對「基莫夫斯克號」和「加加林號」進行搜查之前，必需要逼蘇聯潛艇浮出水面。他告訴甘迺迪：「總統先生，我想在那樣的情況下延緩對潛艇的攻擊極端危險，那會讓我們輕易就損失一艘軍艦。」總統放棄了他的堅持，「內閣室」的隱藏麥克風錄到了他這樣說：「好吧，那就幹吧。」羅伯特後來寫道：「討論是由總統肇始，但他不再控制得住討論的方向。」這是商議的關鍵時刻，總統簽署了攔截蘇聯船艦的同意書。[18]

從桌子的對面，羅伯特看得出來哥哥的困擾。「他把一隻手伸到臉上蒙住嘴巴。他把拳頭放開又握緊。他的臉拉長了，眼神流露出痛苦。」兩人四目相接。「在轉瞬即逝的幾秒鐘之間，房間裡簡直好像除了他以外沒有別的人，而此刻的他也不再是總統。」羅伯特想起了兄長在人生中經歷過的幾次危難：生過幾乎要命的疾病；得知長子約瑟夫死去時的震驚；失去襁褓中的兒子帕特里克。「我覺得那幾分鐘是總統心情最沉重的時候。」[19]

甘迺迪為最壞情況做好心理準備。這些最壞情況包括擊沉一艘蘇聯船隻、蘇聯對柏林實施封鎖讓美國必須對柏林實施空運、蘇聯擊落美國飛機等等。「那樣的話我們要怎樣做？」他問在座的人。麥納馬拉的副手尼彩開始列舉可能的反應：「我們派戰鬥機飛到走廊上空，設法擊落他們的飛機。」當麥科恩回到「內閣室」的時候，尼彩仍然在陳述。「你有什麼消息，約翰？」麥科恩回答說：「那些船全是向西走，也就是全都是航向古巴。」他不知道那些船此刻是在哪裡，只知道它們「要不是停了下來就是掉了頭」，所以它們正在遠離古巴。名單上的六艘船包括了「加加林號」和「基莫夫斯克號」。

魯斯克聽說蘇聯貨船掉頭離開古巴後，低聲對邦迪說：「我們眼球對眼球，而對方先眨了眼。」*這時，甘迺迪建議說：「如果這份報告是正確的話，那麼我們就不準備對這些接近古巴的船隻做任何事。」麥納馬拉附和總統的說法：「我們不打算拘留任何不是開向古巴的船隻。」羅伯特已經放棄了早先的立場，不再主張不管蘇聯貨船是往哪個方向開去都必須加以攔截。回應麥納馬拉的話，他問：「這消息會通知海軍嗎？」他的話馬上就得到魯斯克的支持：「對，我們最好確定海軍知道他們不可以追逐這些船隻。」據羅伯特回憶：「會議以低沉的聲調繼續下去，但每個人都顯得變成了另一個人。地球好像一度停住不動，現在它又開始轉動起來了。」攻擊蘇聯貨船的命令被撤回了。[20]

「眼球對眼球」的比喻成為古巴飛彈危機史學的奠基性神話。甘迺迪在十月二十四日早上的會議中下令攔截蘇聯船隻，確實猶如羅伯特在回憶錄裡所豐富記述的那樣，充滿戲劇性和潛在的危險。這一刻也濃縮了甘迺迪所恐懼的一切，因為就像他老是提到塔克曼的書所顯示的那樣，他老是想著資訊失實和

* 譯注：魯斯克小時候在喬治亞州會玩這種遊戲：兩個男孩相距六十公分站著，互相盯著對方的眼睛，誰先眨眼，誰就輸了遊戲。

誤判的危險。受到過時和不完整的情報所誤導，他一度下達命令去攻擊那些他不知道早在二十四小時之前便掉頭和駛離古巴的貨船。

甘迺迪和「執委會」的成員都不知道海軍偵察機所獲得的最新資訊。這些資訊要幾小時後才送達白宮，這迫使總統和他的幕僚得在幾乎是一片漆黑中做出決定。當麥納馬拉在十月二十三日「執委會」的討論中第一次提到乾貨船「基莫夫斯克號」的時候，這艘船業已在返回蘇聯途中。十月二十三日下午三點，「基莫夫斯克號」被發現在離古巴東端五百海里（約二七七八公里）的預定封鎖線以東三百海里（約一六六六公里）處。到了十月二十四日早上十點，這艘船已經向東又行進了幾百海里。「基莫夫斯克號」的所在地點，還有從它被攔截到的電報通訊判斷它是正在往波羅的海走這一點，顯示它是在返回蘇聯途中，並不是要伎倆欺騙美國而從另外一個方向進入古巴。[21]

「加加林號」也是在返航，但不是去敖得薩或黑海，而是要到波羅的海的波羅的斯克。三十七歲船長戈盧邊科是在十月二十三日早上八點半接到返航令，馬上照辦。當「加加林號」在十月二十三日傍晚六點過後不久遇到一架四引擎美國飛機時，它業已在東返途中。當時飛機打開探照燈，在凌空飛越「加加林號」三次後投下兩次炸藥。不多久的七點零一分，另一架美國飛機出現。它探照燈打開，飛掠「加加林號」六次。七點四十分，第三架飛機在離船桅只有七十公尺處飛掠而過。在八點四十三分至九點十分之間，「加加林號」被第四架飛機飛掠。第五架美國飛機在十一點三十四分閃爍著探照燈掠過。直到十月二十四日半夜一點四十分之後，美國偵察機才沒有再騷擾「加加林號」。[22]

戈盧邊科後來將會向赫魯雪夫親自報告他前往古巴的經過，並從赫魯雪夫手中接過蘇聯的最高獎章：社會主義勞動英雄金星。他也將會和他的船賴以命名的人會面，並合拍一張照片，對方就是太空人加加林。日後一些故事將會聲稱戈盧邊科下令船員用消防水向一艘美國船艦噴水，逼對方退卻。據戈盧邊科所述，美國人懷疑他的船上載有祕密武器。所以說，蘇聯人在美蘇的大西洋對峙中也發展出自己的「眼球對眼球」神話。[23]

這兩個對手在加勒比海確實有眼球對眼球，而且其中一個首先眨眼。問題在於，他們幾乎看不見彼此的眼睛，更別說看見眼球。因為缺乏可靠和及時的資訊，欺騙和相互猜疑的黑暗房間變得更加黑暗，而當其中一方眨眼時，另一方要過了一天多才意識到發生了什麼事。核子時代的出現要比資訊時代至少提早幾十年。在一九六二年十月，這個落差本來有可能把人類帶回石器時代。

第15章　木刀

十月二十三日，羅馬尼亞共產黨領導人喬治烏—德治對印尼進行完國事訪問返國途中停留莫斯科，他發現赫魯雪夫處於高度焦躁，近乎恐慌的狀態。當國防部長馬利諾夫斯基向他報告美國海軍進入高度戒備而且準備好封鎖古巴時，赫魯雪夫極度不愉快。根據喬治烏—德治的回憶（馬利諾夫斯基報告時他在場，而羅馬尼亞情報首長帕切帕後來把他的話記錄下來）：「赫魯雪夫勃然大怒，又叫又罵，發出一大堆自相矛盾的命令。」

羅馬尼亞人懷疑赫魯雪夫那天早上喝了酒，但他們錯了。這位蘇聯領導人因為缺乏睡眠而筋疲力竭—他通宵開會，先是決定在美國入侵古巴時發射核子飛彈，然後又商討怎樣回應封鎖政策。他暴跳如雷。在克里姆林宮歡迎羅馬尼亞領導人時，赫魯雪夫「大罵華盛頓，威脅說要用核子武器攻擊白宮，又在每次有人提到美國兩個字時破口大罵」。然後讓喬治烏—德治嚇一跳的是，赫魯雪夫邀請他和其他蘇聯領導人到莫斯科大劇院看表演。[1]

赫魯雪夫後來回憶，他這一招是故作從容。他對幕僚們說：「同志們，讓我們到莫斯科大劇院去。現在世界的氣氛很緊繃，但我們會在劇院亮相。我們的人民和外國人會看見這一幕，會因此受到安撫。如果赫魯雪夫和其他領袖在這種時候可以坐在劇院裡，那每個人都可以放心呼呼大睡。」然後他又補充說：「但我們那時候都非常焦慮。」同被邀去看表演的外交部長葛羅米柯後來回憶說：「我不記得舞台上演些什麼。在座的政治局成員十之八九沒人注意舞台上正在演什麼。演的是歌劇、芭蕾舞或戲劇對他們來說是一樣的。每個人正在想的都是西半球將會發生什麼事。但他們全都坐姿端正，神情平靜，像熱情的觀眾那樣鼓掌。」[2]

正在演的是穆索斯基的古典俄國戲劇《鮑里斯．戈杜諾夫》，由大都會歌劇院明星海因斯擔綱演出。《真理報》第二天報導了海因斯非常成功的演出，他獲得了一次的起立鼓掌和六次的謝幕。根據羅馬尼亞領導人的回憶，赫魯雪夫「親自去向海因斯祝賀」。在喬治烏—德治和其他蘇聯領導人的陪伴下，他去到後台，稱讚海因斯俄語說得好，又為「我們兩國的和平與友誼」乾杯。[3]

對此，那些早前看見赫魯雪夫聽到「美國」二字便破口大罵的羅馬尼亞人不知該作何感想。赫魯雪夫顯然不知所措。他被當場逮到運送飛彈到古巴，現在不知道如何是好。他試著採取他一貫的欺凌策略，用不明言的核戰威脅甘迺迪，並在他的共產黨同志面前口氣強硬。這在羅馬尼亞人面前尤其重要，自從赫魯雪夫在一九五八年把蘇聯軍隊撤出他們國家之後，他們就開始疏遠莫斯科，即使在蘇聯與毛澤東發生衝突時，也拒絕站在蘇聯領導人這邊。[4]

但欺凌策略不再奏效。甘迺迪的封鎖政策實施在即，赫魯雪夫茫然若失，想不出有效的回應。他用來威脅甘迺迪的核子戰爭如今像迴力鏢一樣反過來讓自己提心吊膽。負責美蘇關係的蘇聯外交部次長庫茲涅佐夫告訴一個信得過的同僚，在甘迺迪發表電視演說的幾天後，莫斯科的領導階層受到「籠罩那裡的混亂」所癱瘓，這種情形只是「被赫魯雪夫強作鎮定的公開聲明掩蓋起來」。庫茲涅佐夫繼續說，事實上「從危機的一開始，對危機可能進一步惡化的恐懼便瀰漫在蘇聯領導階層中，而且隨著每一小時的過去而增加。」[5]

羅馬尼亞人在翌日的十月二十四日離開莫斯科，但在走之前目睹了赫魯雪夫的另一次爆發。當這位蘇聯領導人正在和他的羅馬尼亞客人共進早餐時，收到一份「格別烏」首長謝米恰斯內呈遞的報告。根據一份解密的電文，甘迺迪取消了他預定造訪巴西的計畫，下令對古巴進行海上封鎖。讀電報時，赫魯雪夫的臉色變得紫漲，然後他「像個平底船船工那樣」開始咒罵，把電報扔到地板上用腳跟踐踏，吼道：「我會用這種方式踩死那條毒蛇。」又把甘迺迪叫成「有錢人的娼妓」。喬治烏–德治在返回布加勒斯特途中告訴助理：「如果甘迺迪人在那裡，（赫魯雪夫）那瘋子一定會當場把他勒死。」[6]

喬治烏–德治不是赫魯雪夫在十月二十四日唯一接見的外國訪客。另一個是「西屋電力國際公司」的總裁諾克斯。諾克斯是知名商人，二次大戰期間負責管理他的公司與蘇聯外貿機構「蘇美貿易公司」的關係。當赫魯雪夫表示要在一個小時內見到他時，他正在蘇聯出差。《真理部》則報導這個會面是出於諾克斯的要求。會面持續了三小時，蘇聯最高領導人一開始採取攻勢，指出甘迺迪在十月二十二日的宣布是出於沒有經驗、選舉壓力和赤裸裸的歇斯底里。赫魯雪夫說，甘迺迪是年輕人，比他自己的兒子還要年輕，而他無法想像艾森豪會以同樣的方式做事。[7]

赫魯雪夫否定諾克斯所說的，他欺騙了甘迺迪，但接著又說出了最驚人的話，表示他不只在古巴部署了彈道飛彈，還部署了核子武器。國務院在他們的談話摘要中寫道：「蘇聯在古巴除了有防空飛彈，還有攜帶常規彈頭和核子彈頭的兩種彈道飛彈。」赫魯雪夫繼續說，飛彈百分百由蘇聯控制，只會在防衛古巴和他親自下令的情況下才會發射。如果美國人不相信，可以攻擊古巴看看。那樣的話，關塔那摩基地在衝突的第一天便會被夷為平地。根據另一個記載，赫魯雪夫告訴諾克斯他不想要戰爭，但如果美國決定啟戰，他已經準備好奉陪到底。他告訴吃驚的諾克斯：「到時我們全部人會在地獄相見。」

但赫魯雪夫並不是開口閉口戰爭。他想要諾克斯知道，他準備好和甘迺迪在美國、在蘇聯、在海上或任何地方見面。他指出現在發生衝突是不合時宜的，因為葛羅米柯和魯斯克就禁止核子試爆和歐洲邊界的事已經達成理解。然後他對諾克斯說了一個笑話：有個人雖然不喜歡自己的山羊的氣味，但最終會學會與山羊生活在一起；蘇聯在義大利和希臘有自己的山羊，也學會了跟牠們生活在一起，所以美國會習慣它在古巴的山羊的。他要給甘迺迪的訊息清楚不過——我確實在古巴部署了核子飛彈，但這只是以其人之道還治其之身。習慣這件事情吧！[8]

同一天，赫魯雪夫回應了甘迺迪的信件，他昨天要求赫魯雪夫把蘇聯商船從封鎖線撤離。上午稍早，他高興地得知攜帶著核子彈頭的蘇聯貨船「亞歷山德羅夫斯克號」成功抵達古巴。這讓他有信心在措詞上繼續使用攻勢。他指控甘迺迪宣布封鎖古巴「除了是出於對古巴人民及其政府的仇恨，也是為了美國的選舉需要」。他也宣稱封鎖是非法的。信上說；「蘇聯政府認為侵犯使用國際水域和國際空域的自由是一種侵略行為，會把人類推向世界核子飛彈戰爭的深淵。」赫魯雪夫拒絕命令他的船長們掉頭，威脅說他會命令船長們抵抗和報復：「為了保護我們的權利，我們將會被迫採取我們認為是必要和足以保護我們的措施。我們擁有一切的必要手段。」[9]

這封信獲得中委會主席團的贊成。主席團當天開會討論了演變中的古巴局勢。但赫魯雪夫顯然不認為他對甘迺迪的官方回應足夠強硬。他決定私底下再給美國總統一封信。他心目中的信使博爾沙科夫在九月曾經向甘迺迪傳達一個口訊：「我們再次重申蘇聯只給古巴運去了防衛性武器。」赫魯雪夫當時答應在通向十一月國會選舉這段期間不讓甘迺迪的處境為難。正是赫魯雪夫違背了這個透過博爾沙科夫轉達的承諾讓甘迺迪非常生氣。現在赫魯雪夫想要向甘迺迪傳達另外一個訊息，由於訊息的內容非常的長，所以無法背誦，必須寫成信件。[10]

當他口授回信回應甘迺迪提出的讓貨船掉頭的要求時，赫魯雪夫顯然情緒火爆。他說：「你一定記得希特勒和拿破崙當日向小國家說話時都是這種口吻。你真的認為時至今日美國還是一個量級而被你威脅的國家是另一個量級嗎？」為了模糊視聽，赫魯雪夫在他的信件和聲明裡都是拿甘迺迪所用的「進攻性武器」一詞來做文章，不提核子武器。他一方面以不具進攻性為由否認有蘇聯核子武器部署在古巴，另一方面他又暗示這樣的武器確實存在，而且是由蘇聯控制。

赫魯雪夫主張，這類武器——就像甘迺迪一樣他也從未稱之為「核子」的武器——只有在作為全面性核子裁軍協議的一部分才可以撤除。他繼續說：「在那樣的情況下，我們就不會從古巴撤走所有武器，而只會就地丟棄——如果你們也做一樣的事的話。」在他看來，把加勒比海變成一個世界的核子武器垃圾場是對雙方都有好處的解決辦法。全信以核子戰爭的威脅作結：「但如果有任何侵略者攻擊古巴，那些武器就會開始發射，作為報復。」[11]

赫魯雪夫顯然在是當天稍晚開完主席團會議之後才口授這封私函。他曾對諾克斯承認核子武器的存在，現在又在信中暗示這一點——古巴島上確實有核子武器，它們已經可以運作和受蘇聯控制，如果古巴受到攻擊就會發射，引爆美蘇衝突和一場核子大戰。赫魯雪夫沒有立刻把信寄出，計劃等第二天獲得主席團批准後才送出。到就寢時，他是鐵了心要動用核子武器來威脅甘迺迪不可入侵。

——

十月二十五日蘇聯報紙的頭條標題很能反映赫魯雪夫前一天的心緒。那一天，《消息報》（由他女婿阿朱別伊主編）在頭版登出了蘇聯知名詩人多里佐的一首詩。詩人在詩中攻擊美國對古巴的海上封鎖，又表達了堅信一定可以打破封鎖的信念：「波浪會突破封鎖，古巴／太陽會突破封鎖，古巴／勝利將屬於你的，古巴。」[12]

雖然蘇聯媒體鬥志昂揚，赫魯雪夫那天早上一起床就收到壞消息。對於他那封抗議封鎖政策的官方信件，甘迺迪以一封簡潔的電報回覆。整封電報只有兩段話，但足以顯示赫魯雪夫的欺凌策略並不成功。不管戰或不戰，甘迺迪都決心把封鎖實施到底：「主席先生，我要求您明確地承認，在此問題上並非是我首先發起挑戰，並且根據上述紀錄，在古巴的這些活動也需要我就此做出反應。我再次聲明我感到遺憾，這些事件將導致我們兩國關係的惡化。我希望貴國政府採取必要措施以期恢復事情的常態。」[13]

赫魯雪夫認為甘迺迪的簡潔回應指向了一個方向，也只指向這個方向：美國正在準備採取軍事行動，他們不只準備對付古巴，還準備對付蘇聯。全球核子戰爭迫在眉睫——不是幾天內的事而是幾小時間的事。十月二十四日早上，蘇聯駐華府大使館的蘇聯軍事情報官員攔截到給戰略空軍司令部各單位的一道命令：把戒備狀態提高到二級，即只比最高戒備狀態低一級（一級戒備狀態是戰時的狀態）。美國戰略空軍之前從來沒有進入這麼高級別的戒備狀態。一千四百七十九架轟炸機和一百八十二枚彈道飛彈（合計兩千九百六十二顆核子彈頭）就定位置，準備要攻擊蘇聯境內的目標。[14]

進入二級戒備狀態的命令在十月二十四日美東時間早上十點實施，跟對古巴展開海上封鎖的時間點一樣。十幾分鐘之後，說話強硬的戰略空軍總司令鮑爾將軍透過線路沒有加密的麥克風，對散布在全世界幾十處軍事基地和碉堡的人員說話。「我是鮑爾將軍。我對你們說話，是為了再次強調國家面臨的局勢的嚴重性。我們處於一種高級別的戒備狀態，以應付任何的緊急事件，而我覺得我們已經有了萬全準備。」鮑爾是獲得總統授權提高戒備狀態（通常以非保密通訊方式發送），但他沒有獲得授權以這種方式對他的部隊說話。他對此顯然並不在意，但甘迺迪卻因此失去了和赫魯雪夫溝通的專有權。鮑爾將軍等於是打開了他和蘇聯通訊的管道。[15]

雖然赫魯雪夫十之八九不知道鮑爾將軍的說話內容，但蘇聯軍事情報部門卻攔截到參謀長聯席會議在十月二十四日要求戰略空軍司令部進入二級戒備狀態的命令。我們不清楚這個情報是不是在十月二十五日呈給赫魯雪夫，也因此影響了他突然把蘇聯飛彈從古巴撤走的決定，還是說遲了一天，到了十月二十六日才呈報。不過我們知道赫魯雪夫讀到了這則命令，並大為震驚。蘇聯外交次長庫茲涅佐夫幾星期後向一個資淺同僚透露，在得知戰略空軍司令部把戒備狀態提高到非戰時最高等級時，赫魯雪夫「嚇得屁滾尿流」。[16]

甘迺迪的一些顧問相信提高戒備狀態級別是有用的，也許可以推遲蘇聯針對在歐洲的美國目標採取行動的時間，但這個消息卻讓赫魯雪夫深信美國人不只準備攻擊古巴，還準備攻擊莫斯科。由於甘迺迪看來對於任何長短的通信或談判不感興趣，赫魯雪夫必須嘗試其他策略。他斷定他本來打算透過博爾沙科夫轉達的那封信不會有用，所以沒有提出來讓主席團過目。相反的，他召集了另一次主席團的會議，要向同僚們提出一個非常不同的議題。他要打退堂鼓了。[17]

他告訴與會眾人：「美國人說蘇聯在古巴的設施必須拆除。」他們聽了這句話本來預期赫魯雪夫會破口大罵，接下來的事情卻讓他們傻眼。赫魯雪夫繼續說：「大概真的應該那樣做。這不代表我們投降，因為如果我們發射核子武器，他們就會還擊。美國人害怕了——這一點毫無疑問。」他這是把自己的恐慌狀態投射到他的美國對手身上。他繼續說：「甘迺迪是帶著一把木刀睡覺。」當困惑的米高揚問他這話是什麼意思時，赫魯雪夫解釋說，根據民間說法，那些第一次去獵熊的人都會帶一把木刀，以便可以清理褲襠*。

然後赫魯雪夫把他對古巴的新政策說成是一種勝利而非失敗。「我們已經讓古巴成為一個舉世矚目的焦點，我們讓兩種體制正面交鋒。」他聲稱自己的賭注已經得到回報。接著他解釋將會和美國怎樣討價還價：「甘迺迪對我們說：把你們的飛彈從古巴移走。我們回答說：除非是美國人堅定保證和承諾不會攻擊古巴。這個交易不賴。我們可以移走R-12，但留下其他飛彈。」他所謂的「其他飛彈」十之八九是指戰術核子武器。

* 譯注：指第一次見到熊的人會嚇得大便失禁。

「這不是懦弱，」赫魯雪夫回到投降的話題說：「是一種有所保留的立場。」這種說法是赫魯雪夫的同僚第一次聽見。他向他們保證撤走飛彈不會傷及蘇聯繼續跟美國平起平坐的前景。「另外，我們沒有必要把局面弄到不可收拾。我們一樣可以從蘇聯境內摧毀美國。我們應該扮演好我們的角色而不失去理智。主動權操在我們手裡，沒有什麼好害怕的。」然後他把害怕的話題翻了個底朝天。「開始了又臨陣退縮。」會議摘要記錄他這樣說，但因為文字過簡而讓人不清楚赫魯雪夫這話是指美國人還是他自己。接著他繼續說：「戰鬥對我們沒有好處：未來不是倚靠古巴而是倚靠我們自己的國家——這是確定的。」

主席團有些成員（例如米高揚）明顯鬆一口氣，表示支持大老闆的意見。「一個正確及合理的戰略。」會議記錄者總結他們的觀點寫道：「現在的古巴和事件之前的古巴不一樣了。不要讓局勢惡化。以這種方式，我們將會讓古巴變強。」這種意見和赫魯雪夫本人的論證相呼應。他告訴在座諸位：「古巴將會和原先的有別。美國威脅要進行經濟封鎖，但他們將不會攻擊古巴。我們不應該讓情況惡化，而是應該採取理性的政策。這樣我們將會讓古巴變強，幾年內它會變得更難被打敗。」

在達成共識之後，會議進而討論要怎樣告訴卡斯楚蘇聯要撤走核子武器的消息。「有些事情進展順利，有些則沒那麼順利。」赫魯雪夫試圖用一種哲學的語調說。「我們現在正處於一個積極時刻。它的積極性何在？在於全世界都聚焦在古巴。飛彈扮演了它們的積極角色。」為了減輕對卡斯楚的打擊，赫魯雪夫要求告訴他撤走飛彈之舉也許是暫時性的。葛羅米柯和另外兩名黨幹部奉命按照這種思路起草信件。[18]

不過，甚至在與甘迺迪進行談判和通知卡斯楚撤走飛彈之前，憂心忡忡的赫魯雪夫就決定馬上展開行動緩和局勢。昨天還被視為是好消息的事——「亞歷山德羅夫斯克號」把R-14中長程飛彈的核子彈頭運抵古巴——現在被他視為燙手山芋。在赫魯雪夫的命令下，國防部長馬利諾夫斯基打電報給駐古巴蘇軍司令官普利耶夫，要他把核彈頭重新裝船運回國。電文上寫道：「由於美國海軍正在封鎖進入古巴的路徑，我們決定不把第六六五和第六六八飛彈團送到你那裡去。你不應該從『亞歷山德羅夫斯克號』卸下供R-14使用的彈頭。」馬利諾夫斯基繼續說：「如果彈頭已經卸下，便靜悄悄把它們再裝回『亞歷山德羅夫斯克號』，然後載有彈頭的『亞歷山德羅夫斯克號』應該準備返回蘇聯。」如果遇到緊急情況，船長應該鑿沉船隻，讓船帶著核子彈頭一起沉沒到大海裡。[19]

—

十月二十五日，也就是赫魯雪夫決定從古巴撤走彈道飛彈以交換甘迺迪承諾不入侵該島那一天，蘇聯在聯合國安理會會議上遭遇重大的公關挫敗。會議上，蘇聯代表極力否認古巴有蘇聯飛彈的存在。

在這場電視轉播的會議上，關鍵人物是美國代表史蒂文森和蘇聯代表佐林。當佐林宣稱美國賴以證明蘇聯在古巴部署了飛彈的證據都是假證據，他讓自己受到史蒂文森的攻擊。他問道，為什麼甘迺迪在十月十八日會見葛羅米柯時沒有提到飛彈呢？他這樣回答自己的問題：「是因為沒有這回事。」他斷言：「美國政府手上沒有證據，有的只是情報機構炮製的假情報。這些情報被放在聯合國展示和送到報界。美國政府手上有的只是假證據。」[20]

史蒂文森加以還擊。他說：「我想告訴您，佐林先生，我沒有您混淆、扭曲和含糊其詞的才能，而我也必須向您承認我很高興我沒有這些才能。」他指出佐林在不管是古巴有沒有蘇聯武器，抑或它們是進攻性還是防衛性武器問題上前後不一之後，他繼續說：「我只要問您一個簡單的問題。佐林先生，您是否承認蘇聯在古巴部署了中程飛彈、中長程飛彈和飛彈陣地？不要等待翻譯，回答是或者不！」佐林還是等翻譯人員翻譯了史蒂文森的話之後才回答說：「我不是在美國法院，因此不需要回答以控方律師口吻向我提出的問題……您將在適當時候得到您的答案。」

史蒂文森繼續追問：「您可以回答是或不是。您曾否認它們存在。我想知道我對您的理解是否正確。我準備等待您的回答，一直等待到地獄結冰——如果那就是您的決定的話。我也準備要在這個會議廳裡提出證據。」史蒂文森的助理帶來了放大的蘇聯飛彈陣地照片，照片是U-2偵察機在聖克里斯托巴拍攝到。有些照片是在八月拍攝，當時同一個地點沒有任何建築物，但一星期前拍攝的照片卻顯示出地景發生了巨大改變，也出現了一些之前未見的帳棚和飛彈設施。從電視看到這一幕的甘迺迪總統對史蒂文森的表現大為讚賞：「棒呆了。我本來不知道阿德萊*這麼猛。」[21]

第二天，《紐約時報》在頭版登出了史蒂文森拿來當證據的一幅大照片，把發生在聯合國的攤牌寫成頭條新聞。赫魯雪夫看來從沒有被告知聯合國發生的公關慘敗。佐林設法在公眾面前和寫給克里姆林宮的報告中故作鎮定。他在報告中寫道：「我們取笑了史蒂文森的操作，他把美國情報機構虛構的照片拿來在會議中展示，作為證明古巴設有核子飛彈的『無可辯駁』的證據。」對於古巴的飛彈部署，在紐約的佐林就像在華府的多勃雷寧一樣，被自己的政府蒙在鼓裡。否則在他的大老闆決定要從古巴撤走飛彈那一天，他在聯合國的言行舉止一定會有所不同——根據佐林的說法，這些飛彈從未運送到古巴。[22]

---

* 編注：阿德萊是史蒂文森的名字。

第16章 美國人來了！

赫魯雪夫在十月二十六日星期五收到的每則重大情報都顯示，美國準備好進行以入侵古巴打頭陣的大型軍事行動。那一天，軍事情報部門有關美國的醫院正在為可能的傷亡作準備的情報受到「格別烏」軍官和駐華府外交官的補充。有些內容是蘇聯駐美大使本人提供。

前一天，多勃雷寧給莫斯科發了一通緊急電文：「這個晚上（華盛頓時間大約凌晨三點），我們的記者……在華盛頓記者俱樂部的酒吧，那裡總是聚集了很多特派員。酒保走近他，低聲說他無意中聽到兩個知名美國記者（多諾萬和羅傑斯）的談話，說是總統有意在今天或明天晚上做出入侵古巴的決定。我們的特派員也找了機會和羅傑斯談話，對方是《紐約先鋒論壇報》常駐五角大廈的特派員。羅傑斯證實了上述的說法。」[1]

多勃雷寧提到的蘇聯記者其實是一名「格別烏」軍官，他向上司——華府「格別烏」情報站站長費克利索夫——回報了他在華盛頓一間酒吧聽到的消息。費克利索夫除了把消息告訴自己在莫斯科的上司，還告訴了蘇聯大使。多勃雷寧曾透過羅伯特·甘迺迪建立了一條和總統本人的直接溝通管道，並熱心於把它作為與兩位美國領袖祕密接觸的唯一管道。他一向貶低他在華府和莫斯科兩地的競爭對手，例如費克利索夫和軍事情報軍官博爾沙科夫。但這次情形不同。隨著「格別烏」報告甘迺迪打算在二十四小時之內入侵古巴，多勃雷寧不再唱反調，反而渴望儘快把消息轉給莫斯科。[2]

赫魯雪夫毫無疑問相信自己必須快速行動。幸而，他可以向甘迺迪提供一個主席團昨天剛同意的解決辦法：把飛彈從古巴移走以換取美國不侵略該島的保證。剩下要做的只是找速記員記下赫魯雪夫口授的信件草稿，然後交由幕僚整理潤色。到了十月二十六日下午，信件已經準備好。一個信使把信送到莫斯科的美國大使館，當時是莫斯科時間下午四點四十三分。一如往常，這封信又長又雜亂無章，翻譯成英文後共兩千七百四十八字。把這封信電傳到華府花了幾小時。白宮要到晚上九點十五分才收到信。[3]

赫魯雪夫以求和的口氣展開全信：「尊敬的總統先生，收到您十月二十五日的來信。從您的信中，我感到您對當前的形勢已有所了解並意識到其嚴重性。」他指的來信是甘迺迪表示自己不會理會蘇聯抗議而執行封鎖的信件，但赫魯雪夫蓄意不提內容。他沒有尖酸刻薄，因為他想讓甘迺迪接受他的建議。這建議如下：「我們將會聲明，我們駛往古巴的船隻將不運載任何武器。你們將會聲明，合眾國將不派軍隊入侵古巴，並且不支持任何打算入侵古巴的其他勢力。這樣的話，我國軍事專家留在古巴的必要性也就消失了。」

赫魯雪夫準備提供給甘迺迪的東西遠少於主席團授權他提供的。他沒有承認核子飛彈的存在，也沒有答應移除它們。他只是模糊地承諾撤走「軍事專家」。他這樣做是在啟動一個討價還價的過程，直接目的是阻止衝突升級。他寫道：「總統先生，您我現在不應該拉緊已經被您打上戰爭之結的繩子兩端，因為您與我愈是用力拉那個結，結就會打得愈緊，最後可能會緊得連打結的人也解不開。那時就只得將它砍斷了。這將意味著什麼無須由我來向您解釋，因為您本人十分清楚我們兩國擁有多麼可怕的軍事力量。」[4]

在簽署了信件和把信送到美國大使館之後，赫魯雪夫唯一能做的事只有等待。他不知道是回信先到還是入侵會先開始。

在十月二十六日，赫魯雪夫不是唯一對於古巴即將被入侵深感憂慮的政治領袖。他的古巴盟友卡斯楚更加相信入侵的不可避免、迫在眉睫，以及會有什麼結果。

自甘迺迪在十月二十二日發表電視演說之後，卡斯楚就一直設法安撫人民和用保衛社會主義祖國的目標來凝聚他們的向心力。因為預感甘迺迪的演講是關於古巴，卡斯楚在演講幾小時前讓古巴軍隊進入最高戒備狀態。他在十月二十三日發表自己的電視演說，其中復述甘迺迪說過的一些話，取笑甘迺迪說自己關心古巴人的自由和幸福之說。卡斯楚表示自己不排斥對話，但強調「任何要來古巴檢查的人必須知道，他必須有戰爭的準備。這是我們對要在我們的領土實施檢查的幻想和建議的最後回答。」他沒有證實或否認古巴存在核子武器，但堅稱古巴所有武器都是防衛性質。[5]

卡斯楚的堅定立場有助於平復支持者的情緒。哈瓦那的統治階層在甘迺迪發表演說之後曾一片恐慌，卡斯楚的演說讓他們接下來幾天恢復相對鎮定。不過，隨著聯合國在十月二十四日至二十五日的一片鬧哄哄（最後導致史蒂文森和佐林的交鋒），哈瓦那的人心再次浮動起來。卡斯楚在紐約的特務——用國家通訊社《拉美社》的記者身分作為掩護——攔截到一封美國的電報，顯示甘迺迪準備對聯合國代理祕書長吳丹發出最後通牒，要求蘇聯從古巴移走進攻性武器。卡斯楚憂心忡忡。甘迺迪發出這樣的最後通牒，有可能是為入侵所作的外交準備。卡斯楚因為美國飛機飛掠古巴的次數增加而深信這情報的可靠性。[6]

十月二十六日星期五，駐哈瓦那的外國外交人員開始感受到緊繃的跡象。捷克大使帕夫利切克報告說：「古巴人進一步擴大他們的戰爭準備，現在已經處於最高就緒狀態。」那天下午，南斯拉夫大使維達科維奇拜見古巴總統托拉多，發現後者處於一種失魂落魄狀態。巴西駐古巴大使平托從他和維達科維奇的談話得知，托拉多「極端不安，告訴他不斷有美國飛機低空掠過古巴，而根據幾小時前獲得的消息，美國人攻擊在即；如果攻擊沒有在今晚發生，那簡直是『奇蹟』。重複一遍：就在今晚。」[7]

當托拉多會見友好的大使，希望動員國際社會反對他評估隨時可能發生的入侵時，卡斯楚則集結部隊，準備抵抗。他下令各軍事指揮官把戒備提高到最高狀態。他還在一份致吳丹*的公報中警告美國人：「古巴不接受任何飛機以海盜的方式侵犯我國領空。所以任何侵犯古巴領空的飛機都可能會遭遇我們的防空火力攻擊。」他不是說說而已。他下令在全國設立五十個高射砲陣地，從第二天早上開始擊落美國飛機。[8]

當天稍後，卡斯楚前往蘇聯軍隊總部，告知普利耶夫大將他發出的命令。兩人談了一整個下午。卡斯楚表示不能夠再忍受美國飛機飛掠古巴的行動，因為此舉會讓古巴和蘇聯的陣地暴露出來，在美國入侵時變得脆弱。他要求普利耶夫把蘇聯飛彈分散開來。然後他和托拉多造訪蘇聯大使阿列克謝耶夫。他想要蘇聯用美國侵犯古巴的領空作為藉口，宣布甘迺迪所說的武器確實存在，不過是處於蘇聯控制之下。赫魯雪夫在十月二十四日寫給甘迺迪的信件草稿上也說過類似的話，那封信本來原定由博爾沙科夫轉達，但後來因為赫魯雪夫改變心意而沒有寄出。[9]

入夜後，卡斯楚斷定他對普利耶夫和阿列克謝耶夫的口頭交代是不充分的。他得到更多情報支持他認為美國人要來入侵的想法。巴西總統古拉特告訴他，他有四十八小時拆除飛彈，否則就會被攻擊。卡斯楚想要讓赫魯雪夫知道正在發生的事。十月二十七日凌晨，他再去找阿列克謝耶夫，兩人一面喝啤酒吃香腸一面討論寫給莫斯科的信的內容。但阿列克謝耶夫認為卡斯楚要說的話極其緊急，所以不等信件起草完成，就給莫斯科捎話。他在電文裡說：「卡斯楚正在大使館裡構想一封寫給赫魯雪夫的私人信件，馬上就會寄出。」然後又補充說：「卡斯楚認為入侵幾乎是無可避免，會在大概二十四到七十二小時之內發生。」[10]

在阿列克謝耶夫的幫助下，卡斯楚花了快三小時才把信寫好，所以直到清晨五點才離開蘇聯大使館。就像阿列克謝耶夫早前報告的，卡斯楚預期美國會在未來一至三天採取空襲或陸地入侵的方式攻擊古巴。卡斯楚保證不管美國人的侵略採取何種形式，古巴人「都會強力且堅決地抵抗」，但又警告蘇聯領袖：「帝國主義者說不定也會對蘇聯發起一次核子攻擊。」卡斯楚繼續說：「在那樣的情況下，有權為消除這樣的危險而考慮合法的自衛。」他事實上是在建議赫魯雪夫先發制人動用核子武器。「不管這樣的決定有多困難和可怕，我都相信別無他法。」他說。[11]

博爾沙科夫——他幫助卡斯楚草擬信件，後來又因為參與這種鼓吹戰爭的行為而受到攻擊——否認

＊ 譯注：吳丹，緬甸人。於一九六一至一九七一年期間擔任聯合國第三任祕書長。

卡斯楚想要赫魯雪夫用核子武器攻擊美國。他在日後一次受訪時說：「我認為他只是提醒我們要提防任何事都有發生的可能，包括美國人可能會動用核子武器。」但這不是赫魯雪夫讀卡斯楚的信時所理解到的意思。他對古巴領袖的建議隨著時間的過去而愈來愈反感。他早前決定用核子武器對付美國入侵部隊的決心早已消失，現在想要的是幾乎不惜一切代價避免軍事衝突與核子戰爭。[12]

——

赫魯雪夫在十月二十七日星期六讀到的第一則重要消息，不是卡斯楚那封大敲警鐘的信，而是駐古巴蘇軍司令普利耶夫的一個報告。這個報告的語氣沒有那麼驚惶，但仍舊令人不安。

普利耶夫顯然受到了卡斯楚高度焦慮的影響。他也知道了美軍提高了戒備狀態級別，他也對愈來愈多的美國飛機飛掠古巴感到困擾。他報告說，古巴人預料將會有空襲降臨，時間不是十月二十六日晚上就會是十月二十七日清晨。「卡斯楚已經決定用高射砲擊落美國軍機以防他們會入侵古巴。」普利耶夫寫道。他自己也打算這樣做。他在報告裡說：「為防美國飛機攻擊我們的設施，我們決定動用所有可用的防空資源。」普利耶夫相信美國情報部門已經發現了「斯塔岑科同志一些設施所座落的地區」。普利耶夫沒有權在未得莫斯科授權前動用核子武器，但他可以發射地對空飛彈，而他也準備這樣做。[13]

普利耶夫的報告是由馬利諾夫斯基向在克里姆林宮開會的赫魯雪夫和主席團成員呈遞，開會討論古巴局勢現在已經是每日的例行公事。主席團批准普利耶夫的行動，但指示他不要把可能發生的常規衝突升級為核子戰爭。他再一次被提醒，在沒有得到莫斯科的明確指示下，不得使用軍機，也不得使用核子武器（包括戰術核子武器）。監督並不僅止於此：三封電報發給普利耶夫。馬利諾夫斯基在一封電報中命令說：「停止所有部署R-12和R-14的工作，因為這是在激怒聯合國。仔細偽裝一切，只在晚上工作。」電報也提醒普利耶夫務必把將中長程飛彈核彈頭載到古巴的「亞歷山德羅夫斯克號」運回蘇聯。[14]

這一天赫魯雪夫異乎尋常的冷靜。他要讓普利耶夫知所節制，不去給他跟甘迺迪和聯合國玩的外交遊戲添麻煩。他也從來自古巴的報告看見希望和新機會的跡象。主席團討論普利耶夫的報告的時候是莫斯科的下午。十月二十六日的夜晚和十月二十七日的早上都過去了，卻沒有看到美國人攻擊古巴。赫魯雪夫告訴他的同僚：「我們必須把美國不會攻擊古巴的可能考慮進來。」然後他又問：「他們會馬上攻擊我們嗎？」並馬上自己回答：「我想他們不會任自己那樣做。」

不同於卡斯楚和普利耶夫，赫魯雪夫不再相信美國入侵是迫在眉睫。這種預想讓他有了呼吸空間和更大的操作餘裕。他仍然抱著用撤走飛彈交換美國讓步的想法。為了得到這些讓步，他準備比昨天給甘迺迪的信裡所寫的更進一步，特別是公開承認迄今為止只有過暗示的事情：蘇聯在古巴部署了彈道飛彈。他告訴在座的人：「如果我們不能讓美國人滿足，不告訴他們我們在那裡設有R-12飛彈，我們就無法消除衝突。我認為我們不應太過固執。」[15]

但赫魯雪夫打算用條件交換這個坦承。他認為甘迺迪迄今沒有攻擊古巴是一個軟弱的跡象，而這個跡象可以大加利用。「我們有犯錯誤嗎？」他問主席團的成員，然後又說：「我們可以稍後再來評估。」然後他提出了一個厚臉皮的新建議：「如果我們能夠獲得以取消美國在土耳其和巴基斯坦的基地作為交換，那我們就是取得了勝利。」這個把土耳其的飛彈納入交易的想法讓他的同僚大感意外。赫魯雪夫見多識廣的盟友米高揚將會在一九六二年十一月初告訴古巴的領導階層：「老實說，在那之前我們完全沒有想過土耳其基地的事。」[16]

自從古巴事件開始以來，赫魯雪夫就常常想到土耳其的美國飛彈。他會在一九六二年五月公開譴責美國人在土耳其海岸設置軍事基地的同時，在黑海的瓦爾納想到要給古巴部署核子武器並非偶然。不過這還是他第一次提到要以土耳其來做一樁買賣，因為在這之前，他都是用土耳其的例子來主張蘇聯有權在古巴部署飛彈。他把巴基斯坦也放進籃子來，顯示他的構想還沒有充分成形。由於巴基斯坦並沒有核子武器，只是充當U-2偵察蘇聯的基地，赫魯雪夫只是把更多他可反對的美國戰略資產扯進來。不過，隨著他和幕僚開始草擬信件給甘迺迪推銷這宗新買賣，巴基斯坦被土耳其完全掩蓋過去。

如果米高揚的話可靠，那麼赫魯雪夫用土耳其的美國飛彈作為籌碼的想法就是受到美國媒體啟發。米高揚在幾星期後回憶說：「在我們討論危險局勢期間，我們收到一些美國的資料，其中包括李普曼寫的一篇文章（專欄作家李普曼在十月二十五日的《華盛頓郵報》所寫），文中說俄國人可以提出以取消美國在土耳其的基地作為交換。美國圈子裡提到這種要求的可能性，這個問題在美國受到討論。土耳其的基地對我們沒有很大重要性，爆發戰爭的話我們自會把它們消滅。不錯，它們是有一些政治意義，但我們並沒有認為它們特別重要，儘管我們還是會設法讓它們關閉。」[17]

赫魯雪夫在主席團的會議上開始口授要捎給甘迺迪的信。主席團的七個成員——包括米高揚、他的死對頭馬利諾夫斯基、謹慎的葛羅米柯和常常沉默的布里茲涅夫——參與討論，最後通過了信件的定稿。因為當時還沒有收到甘迺迪對赫魯雪夫昨天那封信的回覆，新信被包裝成為是回覆甘迺迪對吳丹的回應。吳丹曾經建議美國解除封鎖以交換赫魯雪夫承諾不運送武器到古巴。赫魯雪夫同意吳丹的建議而甘迺迪沒有同意，但這一點在赫魯雪夫給美國總統的新信中看不出來。

一如兩位領袖最近的通信常見的那樣，赫魯雪夫在新信的一開始也是客客氣氣。他說：「尊敬的總統先生，獲悉您給吳丹先生的回信，表示要採取措施消除我們兩國船隻的接觸，從而避免不可補救的後果的發生。我對此非常滿意。貴方做出的這一明智之舉使我堅信您對維護和平的關注。」不理會自己在主席團會議說過的話，赫魯雪夫信中沒有公然承認古巴島上有設置彈道飛彈和核子彈頭，只稱它們為「您所認為的進攻性武器」。但他表明這些武器完全由蘇聯控制。又因為他把這些武器跟美國在土耳其的飛彈相提並論，讓這些武器究竟是何種武器再無意義。

赫魯雪夫接著談到了要點：「古巴讓您不安。您說它讓您不安是因為它位於距美國海岸只有九十海里（約五百公里）處。土耳其與我們不也是相鄰的嗎？我們兩國的哨兵來回巡邏時能彼此看到對方。您認為您有權要求保障國家的安全和運走您所謂的進攻性武器，可您卻不承認我們有這樣的權利。要知道，您在土耳其簡直就是把您所謂的進攻性武器布置在我們身邊。然則，承認我們兩大國有平等軍事能力又是怎樣和我們這種不平等的關係相一致的呢？這是不可調和的。」

赫魯雪夫開出了這樣的條件：「我們同意從古巴撤走您認為是進攻性的那些武器。我們同意這樣做並向聯合國做出保證。您的代表也要聲明，美國考慮到蘇聯的憂慮和不安，也要從土耳其運走類似的武器。」赫魯雪夫進一步建議蘇聯會在聯合國安理會保證尊重土耳其的獨立和領土完整，美國應該對古巴做出類似保證。他承諾如果有關古巴和土耳其的交易得以達成，美蘇關係將會有一個光明的未來。這個未來包括了簽署甘迺迪求之不得的禁止核子試爆條約。這兩宗買賣可以同時談判和同時批准，而這只能是意味一件事——赫魯雪夫為了推動從古巴和土耳其撤走飛彈，願意在禁止核試爆條約一事上讓步。[18]

赫魯雪夫是看準了甘迺迪不願攻擊古巴而押下賭注，但他不能確定攻擊會不會很快來臨。因此當務之急是把信以最快速度送到白宮——時間不只要趕在美國可能攻擊古巴之前，還要趕在甘迺迪回覆赫魯雪夫昨天的信之前——該信沒有提及土耳其，只是建議用撤走蘇聯「專家」來換取美國保證不入侵古巴。他知道信要好幾個小時甚至一整天才能送達，經翻譯後再一段一段由莫斯科的美國大使館電傳到華府。新信要大大短於前一封，但字數仍然多達一千五百七十五個英文字。主席團決定儘快在蘇聯電台廣播信件的內容。[19]

信件被趕快送到莫斯科的廣播中心。它在莫斯科時間下午五點播出，在十月二十七日下午由北美的國際通訊社報導。在華府，甘迺迪和他的顧問們將會大吃一驚：赫魯雪夫在兩天內送出兩封信，傳達的訊息卻各不相同。

第V部 黑色星期六

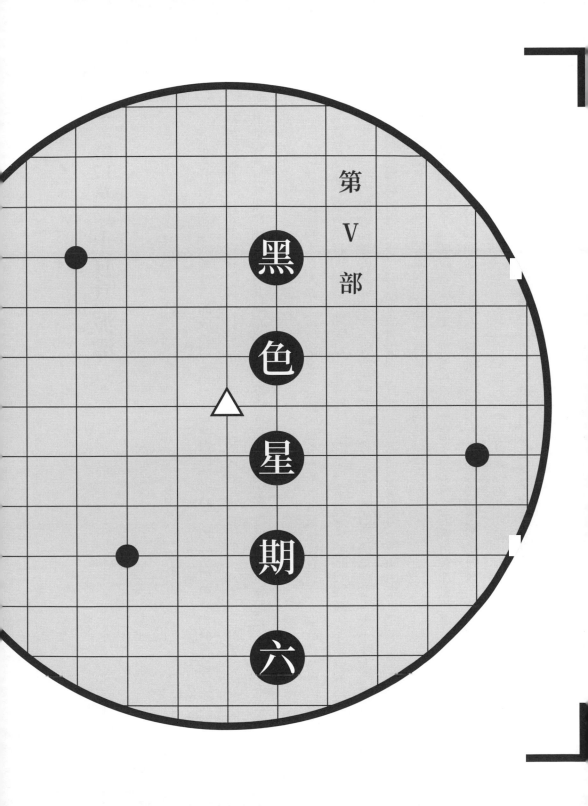

第17章 土耳其泥潭

正當甘迺迪和「執委會」的成員討論用U-2偵察古巴的事時，他的法律顧問和演講稿撰稿人索倫森靜靜遞給他一條新聞電報紙條。甘迺迪大聲讀出紙條的內容以供在座的人知悉：「赫魯雪夫昨天告訴甘迺迪總統，如果美國從土耳其撤走火箭，他就會從古巴撤走進攻性武器。」當時是十月二十七日早上十點過後不久。

第一個有反應的人是邦迪。這位國家安全顧問說：「唔，他沒這樣說過。」索倫森為自己辯護說：「兩家通訊社都有這樣的報導。路透社也是一樣。」邦迪再次否認：「他沒說過。」索倫森這時也遲疑起來：「他有說過那樣的話嗎？」「沒有。」邦迪回答。通訊社的說法是赫魯雪夫「昨天」的信，而邦迪清楚記得赫魯雪夫昨天的信中沒有提到土耳其。甘迺迪總統是第一個想出來可能是什麼狀況的人。他告訴顧問們：「他可能是發出了另一封信。」指的是赫魯雪夫。[1]

甘迺迪說對了。國際新聞社是在莫斯科電台廣播了赫魯雪夫的新信後加以報導。甘迺迪會是第一個想到這一點的人有很好理由。如果說赫魯雪夫把土耳其加入討價還價是最後一分鐘的決定，這卻是莫斯科最不出甘迺迪意表的一步。土耳其從危機的一開始就在他的心頭繞，但他不是要拿土耳其作為宣傳工具，而是要用它來作為克服危機的方法。甘迺迪相信他的前任艾森豪將軍在土耳其部署的「木星」飛彈過時和沒有用，早在赫魯雪夫建議前就已經想要用它來交換古巴的蘇聯飛彈。他和好朋友英國駐美大使奧姆斯比－戈爾在十月二十一日下午（也就是第一次發表全國演說前一天）討論過這種可能性。他當時並不確定這一招行得通，但現在看來這樣的機會已經打開。[2]

甘迺迪問顧問們：「我們和土耳其人談得怎樣了？」國防部副部長尼彩回答說：「赫爾說那絕對是威望和政治的毒藥。」他說的是美國駐土耳其大使赫爾的報告。尼彩明顯站在赫爾這一邊，認為撤走土耳其的飛彈將會引起美國是否打算把北約去核化的疑慮。甘迺迪知道如果歐洲人懷疑美國人移走他們的核子保護罩並把他們遺棄給蘇聯人，北約的團結性將會受到傷害。尼彩為甘迺迪提出一個可能的解決辦法：告訴赫魯雪夫他願意在古巴危機解除之後討論土耳其的事情。甘迺迪對此表示懷疑：「不行，我不認為他會答應。」

邦迪建議不要理會赫魯雪夫有關土耳其的提議，把注意力放在他早前一封信上，該信並未提及土耳其。「我們咬住他上一次的條件沒什麼不對的。」他說。甘迺迪不表同意。他相信除非美國撤走土耳其的飛彈，赫魯雪夫才有可能從古巴撤走飛彈。甘迺迪認為這是讓外交談判得以達成的唯一機會，所以他希望新聞電報紙條的內容是正確的，赫魯雪夫真的是提出了一個交易辦法。他告訴「執委會」的成員：「讓我們靜待音訊，好確認有關他提出了新建議的報導是正確的。」[3]

甘迺迪和顧問們第一次討論古巴飛彈危機時就討論過土耳其美國飛彈的問題。危機的第一天，也就是十月十六日，當魯斯克解釋赫魯雪夫為什麼會在古巴部署飛彈時，提到過土耳其。他主張，赫魯雪夫

知道美國對蘇聯擁有核子優勢。「另外，我們在土耳其之類的地方也就近設置了核子武器。」[4]

「木星」飛彈由希特勒的頭號火箭專家也是美國飛彈計畫奠基人之一的馮布朗設計，是第一種裝配核彈頭的中程彈道飛彈，能夠攜帶一個二千磅的核彈頭飛行兩千七百公里。它們主要是為歐洲設計，但法國人拒絕部署，戴高樂總統要開發自己的核子計畫和飛彈計畫。但自己沒有發展核武計畫的義大利人和土耳其人在一九五九年簽署的協議中接受了「木星」飛彈。這個決定是由艾森豪做出，但在義大利和土耳其部署飛彈的工作到了甘迺迪政府任內的一九六一年夏天才開始。

這種部署引起了一些政治憂慮。有些民主黨參議員——特別是未來副總統高爾的父親阿爾伯特・高爾質疑這種部署行動的明智性，認為此舉相當挑釁。他質問魯斯克說，如果赫魯雪夫在古巴部署飛彈，美國會作何感想。高爾的這個意見——發表在一九六一年二月參議院的一次閉門會議——並未引起注意。到了一九六一年底，土耳其有了十五枚「土星」飛彈，但需要由土耳其軍方和美國軍方共同行動才能發射；前者負責飛彈的操作，後者控制核彈頭。[5]

甘迺迪從來都不認為美國飛彈部署在歐洲對美國安全或歐洲安全有好處，因為一旦美蘇發生軍事對峙，「木星」飛彈將會是蘇聯的優先打擊對象。在十月十六日那一天，甘迺迪似乎忘了這些飛彈的存在。他對赫魯雪夫不計後果地把蘇聯飛彈部署在古巴感到震驚，顯然忘記了美國自己做了類似的事。邦迪和國務次卿約翰遜提醒總統美國在土耳其部署了核子飛彈。儘管如此，甘迺迪仍然看不出來赫魯雪夫在古巴所做的事和美國一九五九年在歐洲所做的事有什麼相似之處。他只是說：「那時候的情況不同。」但這顯然正是約翰遜要提醒總統的：赫魯雪夫因為缺乏洲際彈道飛彈，現在正和五年前的艾森豪處境相同。缺乏遠程飛彈對甘迺迪來說是過去式，但對赫魯雪夫來說卻是當前的現實。[6]

當時是危機的第一天，甘迺迪處於一種好戰的心緒，所以甚至否認赫魯雪夫的行動有一丁點兒正當性。只有到了第三天，也就是在十月十八日，甘迺迪終於承認土耳其和古巴的情況有相似之處。為了預測赫魯雪夫的下一步，他準備設身處地推敲赫魯雪夫的想法。他對「執委會」的成員說：「讓我們假設情況倒過來。他就土耳其飛彈發表了和我〔就古巴問題〕類似的聲明。他警告說，如果我們部署飛彈就會有嚴重後果，但我們不理會，還是去做了。然後他有一天把飛彈打掉。」當時，甘迺迪是想要把古巴的飛彈「打掉」而不是撤走。但他對土耳其飛彈的想法將會繼續演化。[7]

十月二十二日，就是他發表要封鎖古巴的演說的那一天，甘迺迪第一次有了用義大利和土耳其的美國飛彈來交換古巴的蘇聯飛彈的念頭。這是回應魯斯克的一個建議——強迫赫魯雪夫把對古巴的飛彈的控制權轉交給聯合國，以換取美國對義大利和土耳其的「木星」飛彈採取同一行動。魯斯克指出：「世界上只有三個地方雖然不是一個核子大國的領土卻仍然設有核子飛彈：古巴、土耳其和義大利。」甘迺迪回應說：「所以結論就是，任何不在核子大國領土的核子武器都得移走。」魯斯克回答說：「現階段不是把它們移走，是要擱置它們。」他只想要讓古巴的蘇聯飛彈無法運作。

甘迺迪卻想出一個更大的主意，那就是用義大利和土耳其的美國飛彈交換古巴的蘇聯飛彈。「為什麼我們不跨大步一些呢？」總統問他的國務卿說。魯斯克反對在他準備給聯合國的聲明中提到義大利和土耳其。但甘迺迪不在乎那聲明，他對自己的新主意感到著迷。「這讓我們有藉口把飛彈從土耳其和義大利移走……我們本來就試過把飛彈從土耳其移走。」[8]

當天稍後，甘迺迪交代副國防部長尼彩評估從義大利和土耳其移走飛彈的可能性。他認為這些飛彈毫無價值。軍方知之甚詳，因為需要十五至二十分鐘的發射準備工夫，這些飛彈乃是蘇聯第一擊的活靶——事實上，它們不只不能嚇阻攻擊，反而會招惹攻擊。不過尼彩用政治理由而非軍事理由來反對總統的想法——歐洲人可能會認為美國撤走飛彈是不願意為歐洲提供核子保護傘的表示。甘迺迪向憂心忡忡的尼彩保證，撤走義大利和土耳其的飛彈只是他的備用計畫。他的主計畫是要求蘇聯單邊撤走古巴的飛彈。[9]

然後古巴—土耳其的飛彈互撤選項從「執委會」的討論中消失。國務院反對這個主意，而國防部也只有負責裁軍事務的軍官對它感興趣。不過飛彈互撤選項成為了內部備忘錄的一個主題，而到了十月二十五日，媒體也出現了這樣的聲音。曾經在一九四七年創造「冷戰」一詞的李普曼在他《華盛頓郵報》的「今日與明日」專欄中提議這種方案。同一天，魯斯克在會見記者時攻擊了這個建議。他還發了一封電報給土耳其政府，保證美國將會繼續致力於維護該國的安全。但傷害已經造成。多勃雷寧在他給莫斯科的報告中放入了魯斯克對李普曼的反駁，而根據米高揚的說法，李普曼的建議便因此被赫魯雪夫圈子所熟知。[10]

十月二十七日早上，隨著赫魯雪夫的公開新建議傳到美國領導階層，土耳其—古巴飛彈互撤選項鹹魚翻身。在甘迺迪看來，它是和平解決古巴飛彈危機的唯一希望。封鎖古巴只是為了表示甘迺迪政府對此事非常認真，而且只能阻止蘇聯把新的飛彈運到古巴，對已經在古巴的飛彈毫無作用。如果進行交

換，就可以移除赫魯雪夫在封鎖開始前便已運到古巴的飛彈。

甘迺迪準備要把赫魯雪夫的新信——其存在和內容還沒有被單獨確認——視作赫魯雪夫的新立場且真正可以談判。甘迺迪看不出來有什麼理由要拒絕。他堅持要討論這個新建議，哪怕其全部細節尚未送達「內閣室」。他告訴他那些存疑的顧問們：「如果這是他的建議，我們會難以堅持原本的立場。首先，我們去年曾經設法把飛彈撤走，因為它們在軍事上沒有用處。這是第一點。第二點是，在聯合國任何人或任何有理性的人看來，這都是非常公道的交易。」[11]

甘迺迪的顧問們堅持己見，反對和赫魯雪夫就土耳其的飛彈進行討論。但隨著赫魯雪夫建議的更多細節被媒體所披露，甘迺迪的立場突然變得有力得多。愈來愈清楚的是，先前的媒體報導並沒有誤報。甘迺迪感覺自己的判斷是對的。他告訴幕僚們：「事情清楚了，那就是他們的建議。」他不想聽到任何反對聲音，打斷一個幕僚的話問道：「這星期我們找土耳其人談得怎樣？誰負責的？」魯斯克回答說：「我們沒有找土耳其人談，是土耳其人找我們談。」甘迺迪繼續追問：「他們在哪裡找我們談？」魯斯克回說：「在北約。」甘迺迪不再隱藏他的挫折感：「對，但在這之前我們有去找土耳其政府談嗎？我已經提了這事情一星期了。我們有在土耳其找土耳其人談嗎？」

魯斯克為自己辯護，指出國務院曾經問過美國駐羅馬大使和駐安卡拉大使的意見。副國務卿鮑爾解釋理由：「如果我們找土耳其人談，那會讓人極為不安。」甘迺迪不想聽這種話，反駁說：「喬治，情況現在就很讓人不安了。」然後補充說：「他〔赫魯雪夫〕讓我們有了一個很好的立足點。大部分人都會認為這不是一個不合理的建議。」不過反對飛彈互撤派沒有放棄。「但誰是大部分人呢，總統先生？」邦迪問道。甘迺迪沒有理這個問題，但把自己的想法解釋得更詳細：「當他說：『如果你們離開土耳其，我們也會離開古巴』……這個時候，我想我們會很難解釋為什麼我們要對古巴採取有敵意的軍事行動，對付那些飛彈陣地。」[12]

邦迪提出的解決辦法和尼彩早前討論的一個很相似：不要理會赫魯雪夫的土耳其建議。他說：「我不明白既然他在二十四小時之前出另一招，我們現在為什麼要接他這一招？」「因為這一招是新的。」甘迺迪回答說。再一次，他的主張是對牛彈琴。反對總統建議的人每過一分鐘就多一個。前駐莫斯科大使湯普森問總統：「你認為雖然我們收到他私下的信，但他的公開信才是認真的？」就連索倫森都加入到反對總統的陣營。他說：「我想，顯然這裡幾乎每個人都偏好那個私底下的建議。」他指的是赫魯雪夫的第一封信。[13]

甘迺迪努力捍衛自己的立場，指出新的建議讓赫魯雪夫有了新的談判立場，又指出他的第一個建議對美國有「嚴重不利」之處。但反對古巴—土耳其飛彈互撤的陣營占了上風。尼彩主張，蘇聯提出兩個不同的建議是要「迷惑大眾和離間我們內部」。邦迪和國務院的鮑爾相信找土耳其政府商討是不智的，因為那可能在北約內部引起懷疑，而美國打算對蘇聯讓步的消息也可能會傳到莫斯科。鮑爾的同僚約翰遜這時候指出，應該指示史蒂文森在聯合國辯論古巴問題時不要提土耳其的飛彈。

甘迺迪在自己的執委會裡勢單力薄。反對者的主要論據是，跟赫魯雪夫就土耳其達成協議將會動搖美國人在北約盟友中的信譽。邦迪力主：「如果我們找土耳其人談去，就會顯得我們是為了自己的利益而出賣我們的盟友。那將會是所有北約成員國的觀點。」甘迺迪要求知道美方為了說服土耳其人已經做過什麼。他要求他的幕僚們就第二個建議制定一種立場，「因為這個建議是攤開在我們面前和攤開在世人面前的。」沒有人有好建議。總統決定暫時讓步，讓時間來發揮作用。他說：「我們首先應該要求蘇聯澄清他們在說什麼。」這個建議終於獲得大家一致同意。[14]

——

會議在大概中午結束，然後甘迺迪前去見各州的州長——把他們召來華府是為了要求他們為可能發生的核子戰爭預作民防準備。由於「執委會」反對古巴—土耳其飛彈互撤，核子戰爭的前景變得更加真切。當時軍方正準備向甘迺迪建議，最早在明日即十月二十八日星期日或十月二九日星期一大舉轟炸古巴。轟炸之後將會是入侵。入侵是羅伯特喜歡的選項。一個和平的解決辦法雖然就在眼前，但甘迺迪卻難於力排眾議，接受赫魯雪夫提供的交易。[15]

白宮在當天稍後發出的官方聲明反映出甘迺迪的挫敗和他的顧問們的勝利。它提到，莫斯科在過去二十四小時提出了「一些前後不一和互相衝突的建議」；蘇聯製造的危機行將威脅西半球的國家；談判只會在古巴停止構築飛彈基地之後才有可能舉行。聲明中沒有提到土耳其、義大利和英國的名字。這聲明不只是甘迺迪的挫敗，也是赫魯雪夫的挫敗。赫魯雪夫既不知道美國總統的真正立場，也不知道他的公開聲明為甘迺迪創造了什麼困難。[16]

這還是危機以來甘迺迪第一次發現自己的想法要接近赫魯雪夫多於自己的顧問們。赫魯雪夫提供的交易是甘迺迪樂於接受的。問題在於他頂不頂得住政治壓力。他是「執委會」中唯一準備接受交換條件的人，其他所有人都反對。但作梗的除了幕僚的異議之外，還有赫魯雪夫的建議的公開性。甘迺迪不能接受一個讓他看起來軟弱的公開協議，好像是他在遷就赫魯雪夫反覆不定的立場。同樣重要的是，他不能讓北約盟國感覺他因為自己國家受到蘇聯的核子威脅而背叛他們——歐洲人多年以來都處於蘇聯的核子威脅之下。

那是一個陷阱。甘迺迪不能接受赫魯雪夫送給他的「土耳其禮物」，因為那將會需要收回他的前任送給土耳其的禮物，這在政治上是不可行的。兩位領袖都準備好甚至熱中於達成協議，但他們其中一個所呈現的協議內容卻是另一個人所不能接受的。

第18章 失控

戰略空軍司令部在十月二十四日早上便進入了二級戒備狀態，在任何時候都有多達七十二架攜帶核子彈的B-52轟炸機執行「鉻穹頂行動」：一旦蘇聯對美國進行核子攻擊，它們就會攻擊蘇聯的目標，作為報復。飛機和飛行員都是二十四小時輪值。與B-52一同飛行的是KC-135同溫層加油機，負責給B-52加油之用。較舊型的B-47同溫層噴射轟炸機被分散到全美國各地的機場，以免因為蘇聯的先發制人核子攻擊而摧毀泰半或摧毀殆盡。[1]

戰略空軍司令部已經準備好打一場核子戰爭，而其創辦者——現任美國空軍參謀長李梅將軍——準備好入侵古巴。十月二十七日早上，在五角大廈會議室（二次大戰期間被稱為「坦克」）一次參謀長聯席會議中，李梅主張起草一紙給總統的正式建議書，呼籲迅速入侵古巴。他在十點過後告訴在座的人：「我們應該寫一張簡單的報告，羅列最新的情報，再次推薦執行一次全幅度的OPLAN 312行動和繼其後的OPLAN 316行動。」

代號「OPLAN 312-62」的行動是要轟炸古巴境內的目標，首先是轟炸飛彈、飛機和防空設施，然後是轟炸運輸和通訊網絡，最後是摧毀集結的部隊。打頭陣的是五十二架飛機，六小時之後會增加至三百八十四架，十二小時後增加至四百七十架。「OPLAN 316-61」行動是要用兩個空降師和一個步兵師入侵古巴，輔助作戰的有一個海軍陸戰隊師和一個海軍陸戰隊旅，還有一支裝甲部隊。兩棲攻擊計畫在部隊收到命令三天後執行，空降攻擊預定在部隊收到命令五日後執行。[2]

麥納馬拉參加完早上的「執委會」會議之後，在下午一點半左右又參加五角大廈的會議，當時李梅的建議書已經擬好，交給他過目。李梅建議「及早和適時地執行」OPLAN 312行動。麥納馬拉問「及早和適時」是什麼意思，李梅回答說：「在星期日或星期一發動攻擊。」這表示明天或後天——十月二十八日或二十九日。麥納馬拉贊成攻擊，但需要多些時間，因為他必須等待土耳其境內美國飛彈的問題獲得解決。之後，參謀長聯席會議主席泰勒將軍建議一個妥協方案：「如果古巴的飛彈建設工作沒有停止，參謀長們建議在一個合理的時間之後進行攻擊。」麥納馬拉同意了，但加上一個條件：「我不會接受『馬上』進行攻擊的建議。」

就在麥納馬拉準備離開會議室時，聯合偵察隊隊長斯特克利上校走了進來（他曾經在十月十四日向甘迺迪簡報在古巴發現蘇聯飛彈陣地的事）。他告訴在場的人，一架執行例行任務飛越北極採集空氣樣本的U-2飛機出於未知原因迷失了方向，飛入了蘇聯的領空。據說麥納馬拉喊說：「這表示美蘇要開戰了。」當時是美東時間下午兩點零三分，離U-2返回基地的時間已經晚了三十到四十分鐘。麥納馬拉離開會議室去打電話給魯斯克。消息最終傳到甘迺迪耳中。[3]

國務院的情報首長希爾斯曼在白宮找到甘迺迪，當時後者就像平常那樣，為了緩解背痛剛剛游完泳。希爾斯曼報告說空軍有一架飛過蘇聯的U-2偵察機被蘇聯戰鬥機追逐，美國戰鬥機已經升空，設法去保護它。「這件事的涵義既可怕又明顯，」希爾斯曼寫道，回顧他當時對情勢的評估。「蘇聯人有可能會認為那架U-2是美國為了準備發動核子戰爭所作的最後一分鐘情報搜集。」

甘迺迪克制住情緒接受了這個消息：「總是有些聽不懂命令的王八蛋。」因為二次大戰時曾經在海軍服役，他深知軍方常常會自作主張，做些超出所接受命令之外的事。他也明白事態的嚴重。他不能不想起一九六〇年有一架飛越蘇聯的U-2被擊落所引發的危機：艾森豪和赫魯雪夫原定的峰會就此流產。現在，在一場更為嚴重的危機中，一架在蘇聯領土上空迷路的U-2很有可能會引爆戰爭。[4]

——

與一九六〇年五月一日鮑爾斯上尉那次飛越蘇聯的不幸飛行不同，莫茨比在一九六二年十月二十七日闖入蘇聯領空並不是有預謀的。就像鮑爾斯那樣，他是在搜集用來評估蘇聯活動的證據，但他本無意飛入蘇聯的天空。韓戰期間被擊落和在中國戰俘營關了二十二個月的他完全無意對中蘇的監獄和勞改營進行比較研究。他本來只是要在蘇聯邊界的外圍採集空氣樣本，卻迷失了航向。

身為「星塵計畫」的參與者，莫茨比奉命駕駛他的洛克希德公司U-2間諜機飛到北極，採集可顯示蘇聯或中國有沒有進行核試爆的空氣樣本。整個行程需時大概七小時。這種例行性飛行本來就存在著風險——因為地磁北極和地球北極並不一致，所以不能用磁極羅盤來導航，飛行員被迫利用星星來斷定方向。他們能運用的只有六分儀和星圖。他們也奉命要關掉無線電。所以U-2雖然是二十世紀後期科技的產物，但在從事這些飛行時卻要靠十八世紀的工具幫助導航。

莫茨比從阿拉斯加費爾班克斯附近的埃爾森空軍基地前往北極，大約是十月二十六日星期五的午夜出發，幾乎所有的飛行都是在十月二十七日凌晨時分進行。飛行員和地面的最後一次電子通訊發生在起飛大約一小時後，當時他接收到阿拉斯加北海岸外海巴特島無線電信標的訊號。這也是陪同他一起飛的搜救飛行員與他道別的時刻。

起初U-2的單獨飛行一切順利。靠著六分儀和星圖的幫助，莫茨比找出路線。但愈接近北極，他就愈難用六分儀來對準標示在星圖上的主要星星，因為天空上的閃爍彩色光讓他視線模糊。他看見的是北極光。這種光線是好些太陽的電磁場的碰撞所導致。莫茨比無法靠著六分儀和星圖斷定方向。他決定飛向他認為是北極的方向，透過專門設計的濾紙和瓶子搜集空氣樣本，然後返航。但因為他認定是北極的地點事實上並非北極，所以他迷了路，找不到歸途。

在飛了八小時並把燃油幾乎用光後，莫茨比才意識到自己迷路了。他本來預期會收到巴特島的無線電訊號，卻沒有收到。但他聽到一個救援機機師的聲音，要他根據星星報出所在位置。他看見獵戶座在機鼻左邊十五度的位置。救援機機師本來要在巴特島上方和他會合，所以建議他向左轉十度，然而接著另一個聲音指導他做相反的事——向右轉三十度。

莫茨比有所不知的是，第二個聲音發自一名蘇聯管制人員，他發現U-2飛在了蘇聯的堪察加半島上空，這裡距離U-2的預定路線和巴特島以西一千六百公里。在蘇聯領空被蘇聯雷達發現，這使得莫茨比身陷險境，但在內布拉斯加州奧佛特空軍基地的戰略空軍司令部情報軍官正在監視蘇聯的雷達訊號，攔截到蘇聯管制人員的指示，也知道了莫茨比的位置。但這並不代表莫茨比可以脫離困境，因為戰略空軍司令部不準備暴露自己有能力監視蘇聯雷達訊號的事實。

莫茨比沒有察覺到自從他闖入了蘇聯的領空，並在無線電聽到不熟聲音之後，他就被蘇聯戰鬥機追蹤。這些戰鬥機是從佩韋克和阿納德爾的空軍基地起飛，而諷刺的是，後者正是蘇聯古巴行動的代號。內布拉斯加州的戰略空軍司令部情報軍官一直追蹤著這架U-2和尾隨其後的蘇聯戰鬥機，但因為不想暴露他們對蘇聯的監視，所以什麼也不能做。[5]

事實上，他們什麼也不必做。蘇聯「米格」戰鬥機無法到達輕盈的U-2所飛行的高度。兩架來自第二十五戰鬥機師的全天候*「米格17P」時速超過一千公里，十五分鐘內就可以飛到一萬五千六百公尺的高度，然而它們仍然夠不著飛行高度超過兩萬一千公尺的U-2。米格機沒有機會逮到U-2，但為了以防萬一，阿拉斯加空軍司令部還是派出兩架F-102「三角劍」攔截機保護他們的偵察機，並且在有必要時在莫茨比一飛進美國領空之後和米格機對峙。[6]

F-102最高可飛到一萬六千三百公尺，不足以抵達U-2的飛行高度，但要攔截蘇聯戰鬥機卻綽綽有餘。米格機配備兩挺各有八十發彈藥的二十三公厘機砲和一挺四十發彈藥的三十七公厘機砲。F-102沒有機砲，但配備了二十四枚非制導火箭和九枚「獵鷹」空對空飛彈。在通常情況下，這便足以對付米格機的火力，可以和蘇聯戰鬥機駁火。但當日的情況卻不尋常。美國空軍處於二級戒備狀態，這表示兩架F-102所攜帶的「獵鷹」飛彈都安裝了核子彈頭。如果遇到攻擊，飛行員便只有發射裝有核子彈頭的飛彈方能自衛。[7]

---

* 編注：全天候戰鬥機（all-weather fighter）指專門在夜間進行戰鬥任務的機種。在早期雷達系統不成熟的時代具有很好的隱蔽性，適合祕密偵察，後來隨技術進步，今日所有戰鬥機均可全天候出勤，不須劃分日夜使用。

米格機出人意料地折返，因為燃油不足而沒有進入美國的領空。但莫茨比的U-2也是一樣。飛機上的油料可以飛行大約九個半小時，而飛機業已飛了超過九小時。為了節省汽油，他關掉引擎，利用U-2的巨大機翼進行滑翔。他只勉強聽見國內導航員指示他向東飛飛回美國領土的聲音。因為關掉了引擎和燈光，他的座艙失壓，飛行服膨脹。隨著飛機滑翔，它不斷地失去高度，在在看來，莫茨比不是會冷死在堪察加半島的雪原就是冷死在阿拉斯加的冰川。

然後幾乎就在失去一切希望之後，莫茨比看見兩架F-102伴著自己左右飛行。他現在得到了核子保護，但卻沒有剩下太多燃料，也沒有電力可以和F-102的飛行員通訊。然而他還是聽到了他們的招呼聲：「歡迎回家。」他們帶領他飛到楚科奇海科策布海灣雷達站一條結冰的跑道，在那裡，莫茨比成功讓沒有了燃料的飛機著陸。這件事是雙重奇蹟——不只莫茨比得以生還，美國和蘇聯的噴射機也沒有為了他的飛機而開火搏鬥。[8]

但這並不意味一定會有個快樂結局。蘇聯人有可能會誤以為莫茨比的飛行是美國為了對蘇聯展開全面核子攻擊所進行的預備步驟。甘迺迪和他的顧問們面對的問題變成是要怎樣處理這位飛行員和他的飛機。他們主要擔心的不是他的健康和飛機的安全，而是這事會在赫魯雪夫身上引起的反應。

「他們十之八九會在接下來一、兩天用這件事情大做文章。」魯斯克在下午四點開始的「執委會」會議上對總統和其他人說。不再擔心可能會引發核子戰爭（麥納馬拉當初一聽到U-2迷路時曾有這種擔心），魯斯克建議發表一個公開聲明，稱U-2是進行例行任務途中因機械故障而迷航。甘迺迪反對任何

聲明。他說：「如果消息沒有走漏的話，我想我們最好不要做這種事。因為我認為現在最重要的是維持我們對赫魯雪夫的信用。」

甘迺迪想著的是就飛彈互撤跟赫魯雪夫進行的未來談判。他準備在這個條件之下進行飛彈談判：赫魯雪夫必須停止部署業已運到了古巴的飛彈。他告訴在座的人：「我想如果他願意停止部署飛彈，那麼土耳其的問題和所有這一類的事情都是可以討論的。否則他就會宣布我們拒絕了他的建議。那樣的話我們要如何自處？」雖然仍然是少數派，但他不放棄飛彈互撤選項。在他外出片刻時，羅伯特感受到自己哥哥的新決心，告訴在座的人：「我想他已經幾乎表白了他願意跟他們討論土耳其的基地或任何他們想要討論的事情。」這裡的「他們」是指蘇聯人，特別是赫魯雪夫。

「執委會」大部分成員繼續反對撤走土耳其的飛彈，主張甘迺迪向赫魯雪夫提議待古巴飛彈危機解決後再來談判這個議題。「這不就是拒絕了他們在這個早上的提議了嗎？」甘迺迪問道。他希望「執委會」討論撤走土耳其飛彈的政治手段和外交手段，不要辯論這個提案本身。「我們有兩個選擇，一是透過我們和土耳其之間的雙邊安排。我們也可以透過北約施壓，另外向土耳其人解釋如果不那樣做的話對他們有什麼後果。」以邦迪和財政部長狄龍為代表的反對派已經改變了立場，不過他們不確定撤走飛彈的事可不可以在星期一前得到北約或土耳其的同意。[9]

甘迺迪繼續使力。他轉身對湯普森說：「按理來說，我們幾乎不可能透過談判把蘇聯人的武器從古巴弄走。我們必須從土耳其撤走我們的武器。既然他已經公開聲明過，我認為他不會不照做（從古巴撤走飛彈）。」湯普森回應說：「我並不這麼認為，總統先生。」看見會議拖沓下去，羅伯特說了一句話好讓哥哥可以擺脫困境：「我們為何要讓你為這件事煩心呢，總統先生？為什麼不交給我們處理就好？」總統回答，他們確實必須轉而談論別的話題了，但他們也必須決定他要怎樣回應赫魯雪夫。羅伯特回答：「為什麼不讓我們在沒有你在這裡挑毛病的情況下來幫你處理呢？」大家笑了起來。這件事在原則上沒有做出決定的情況下，交給了起草委員會。[10]

在這次的危機中，甘迺迪第一次受到自己的幕僚這麼強烈的反對。與赫魯雪夫的主席團的成員不同，他們名義上和蘇聯最高領導人平起平坐，有一樣的投票權，而「執委會」的成員是要給美國總統提供建言，並且為他的意願服務。但「執委會」比赫魯雪夫的同僚所能夢想的擁有更多捍衛自己立場的自由，而且幕僚的反對也只是甘迺迪碰到的問題之一。軍方也反對他，而隨著古巴人開始射擊美國飛機，甘迺迪只能任由他的軍事指揮官和他控制不了的前線發展擺布。

「執委會」在下午開會期間從五角大廈得到駭人消息：古巴的高射砲現在會射擊低飛的美國偵察機，讓其中一些被迫折返。麥納馬拉相信，如果砲火持續到明天，那美國空軍「就必須要反擊，要麼是對付地對空飛彈和米格機，要麼是對付地面的砲火。」他建議的另一個選項是在第二天大舉轟炸古巴境內所有的軍事目標。

當「執委會」聽說古巴發射高射砲時，邦迪提醒在座的人，古巴人之前就發出過要開始射擊美國飛機的警告。但麥納馬拉現在所提議的不是對付古巴的高射砲，而是對付蘇聯操作的地對空飛彈，而且還可能會對付他們的其他設施，包括裝有核子彈頭的彈道飛彈。「我傾向於採取更大規模的回應。」甘迺迪告訴他的顧問們。他不再相信摧毀若干高射砲或飛彈陣地會起作用。但他要求多給他一些時間以做出最後決定。他說：「我們明天來進行偵察。如果我們遭遇攻擊，我們就來開會決定是不是採行更大規模的空襲。」甘迺迪在拖延時間。如果他想嘗試外交解決辦法的話，他就需要時間。[11]

他很快就會發現，已經沒有時間可以耽擱。「U-2飛機被擊落了。」麥納馬拉打斷了「內閣室」內的討論來報告此事。甘迺迪才剛剛提醒顧問們，有必要儘快爭取到北約組織對古巴—土耳其飛彈互撤計畫的支持。麥納馬拉帶來的消息不是有關莫茨比的飛機而是一架飛掠古巴的U-2飛機。甘迺迪不敢置信地問道：「一架U-2被擊落？」羅伯特接著問：「飛行員死了嗎？」泰勒將軍回答說：「飛行員的屍體在飛機內。」他補充說，飛機是被一枚地對空飛彈擊中的，這表示攻擊U-2飛機的是蘇聯人而不是古巴人。[12]

這架U-2飛機的駕駛是三十五歲的韓戰老兵安德森少校。飛機屬於駐紮在德州勞克林空軍基地的第四〇八〇戰略偵察聯隊的第四〇二八戰略偵察氣象中隊。隨著古巴飛彈危機如火如荼，中情局也增加偵察次數，安德森便被調到了東岸。十月二十七日早上，他從佛羅里達州奧蘭朵的麥考伊空軍基地起飛，前往古巴。一離開美國領空之後，他發出了一封加密的訊息便進入古巴領空，當時是美東時間早上十點十二分。[13]

安德森的U-2飛機遲遲未返的消息在美東時間下午兩點零三分被報告給了參謀長聯席會議。四十四分鐘之後的兩點四十七分，美國海軍作戰部部長錄下了古巴國防部長宣布的一則消息——他的部隊「向一架有敵意的飛機開火」。到了那時，安德森的飛機已經比原定返抵基地的時間晚了一小時，但沒有跡象可顯示飛機已經被擊落。四點五十分，海軍作戰部副部長格里芬上將收到飛機被擊落的報告。他馬上命令修正「第三一二號計畫」（「黑鞋計畫」），這個計畫原指示「偵察機遇到攻擊時得採取針對性的報復措施」。接著麥納馬拉得到了通知。

甘迺迪聽到這消息的第一反應是說：「哼，現在他們可是讓局勢升級了不少。」「對，可不是嗎。」麥納馬拉回應說。甘迺迪設法搞懂為什麼赫魯雪夫過去二十四小時給他發了兩封信而現在又會發生這種事。他問道：「我們要怎麼解釋赫魯雪夫昨晚的訊息和現在的決定〔打下美國飛機的決定〕？我們要怎樣詮釋？」麥納馬拉回應說：「我不知道要怎麼詮釋。」[14]

會議室內的人本來就對於赫魯雪夫前後兩封信的自相矛盾感到費解，現在又因為收到讓人震驚的消息而更加困惑。「執委會」的成員想像不到他們不是唯一對地面和空中人員失去控制的人。赫魯雪夫也是面臨一樣處境，而以他的處境，後果要更加危險。

第19章 「目標已摧毀！」

到了十月二十七日早上，古巴領導階層或古巴蘇軍指揮官已經很少有人懷疑美國的入侵迫在眉睫。他們用不著來自聯合國總部的間諜或華府「格別烏」情報站的情報來達成這個結論。證據就在古巴的天空上。它來自美國海軍的F-8「十字軍」飛機的噪音。那是一種超音速戰鬥機，也可以用於轟炸或偵察。自十月二十三日以後，它們就以固定時間交叉飛掠古巴，集中偵察蘇聯彈道飛彈陣地和軍事設施。

在十月十七日啟動和在十月二十三日開始實施的「藍月行動」動用兩個照相中隊的飛行員和飛機，外加海軍陸戰隊的飛行員協助。他們駕駛的「十字軍」上有三具CAX-12三物鏡攝影機和兩具K-17垂直攝影機，全都是由「芝加哥航空工業公司」製造。「十字軍」在目標的約三百公尺上方飛行（U-2的飛行高度是約二萬一千公尺），飛行員可以拍得到飛彈陣地的特寫照片——大約每秒四格，每七十碼（約六十四公尺）拍攝一次。飛機成雙飛行，一架帶有攝影機，一架帶有機砲。它們一天兩次從佛羅里達州西嶼的基韋斯特海軍航空站出發，飛過目標之後返回佛羅里達州，降落在傑克遜維爾的海軍航空站。飛機上的底片會送到安德魯空軍基地沖洗，再送到中情局的照片分析中心。[1]

「十字軍」的飛行到卡斯楚在十月二十七日下令對低飛的飛機開火前一直通行無阻。史蒂文森十月二十五日在聯合國公布的照片就是「十字軍」所拍攝。「第六十二光學照相中隊」的VFP-62的指揮官艾克爾多年後回憶了在高射砲砲火中飛行的情形：「你可以在你的後照鏡裡看見爆米花。」「爆米花」指在快速飛行的「十字軍」後頭爆炸的高射砲砲彈的白色煙霧。艾克爾又說：「但我們從來沒有被擊中。」

蘇聯駐古巴空軍部隊的年輕軍官葉夫謝耶夫回憶，古巴人同時使用自動步槍和高射砲射擊「十字軍」。在有人對兩架飛過的「十字軍」發射自動步槍之後，古巴的防空部隊「以此作為訊號，開火射擊」。葉夫謝耶夫找到一個理想的高處觀看這種景觀。「我迅速爬上我飛機的一片機翼（用布蓋著的），看見砲彈在天空炸開，但不及美國人的飛行高度，所以一次又一次落空。美國人進行了三次飛掠，大口徑的大砲發射了三次。爆炸砲彈的彈片不斷落在我們中間。但美國人執行完任務之後平安無事地飛走了。」[2]

「十字軍」不停歇的飛掠讓蘇聯駐軍的指揮官們神經緊繃，也更加相信卡斯楚所說的美國人行將入侵。普利耶夫的副手、負責備戰的加爾布茲少將回憶說：「每小時都有十幾架飛機飛過我們頭上。引擎的嗡嗡聲震動空氣。感覺上就像是來了一場大轟炸，彈如雨下。美國人正在進行一場心理攻擊。」心理戰其實不是美國策略的一部分，不過美國的指揮官們倒是希望蘇聯人習慣了看到美國的飛機，乃至在真正空襲時把轟炸機誤為偵察機，來不及反應。[3]

十月二十六日晚上，加爾布茲被召到普利耶夫的辦公室，先前普利耶夫跟卡斯楚和其他古巴及蘇聯指揮官已經聊過大半天。在座的還有負責防空的副手格列奇科中將和蘇聯軍群的參謀長阿金迪諾夫中將。根據加爾布茲的回憶，他們的討論集中在美國人「已經發現了什麼和還沒有發現什麼……因為他們到了明天可能會進行轟炸，我們必須決定遷移哪些東西和替換哪些東西。」幾個將軍們斷定斯塔岑科指揮下的很多飛彈陣地已經被美國人發現。加爾布茲回憶說：「所以我們向莫斯科報告──我迅速地親筆把報告寫出來──我們的對手已經發現了一些戰略區域。」[4]

普利耶夫向莫斯科發出一封加爾布茲擬的電報，報告說「上級決定：運用所有可動用的防空資源，以防美國人的空軍會來攻擊我們的陣地。」赫魯雪夫和馬利諾夫斯基將會在當天稍後批准這個決定，但它已立即生效。「我們收到一封加密電報：『為軍事行動做好準備；預料美國人將會出兵。』我們被允許瞄準天空和打開雷達。每個人都感覺發生戰爭是可能的。」駐紮在東古巴巴內斯鎮的第二十七防空師第五〇七團飛彈營的參謀長安東尼斯上尉回憶道，當天晚上，在第二十七師總部值班的謝羅沃少校對美軍的入侵時間獲得更具體的指示。師長沃龍科夫上校在一通電話裡對謝羅沃少校說：「我們收到一封加密電報：『戰爭會在明天破曉爆發。』全師各個單位準備好作戰，但要祕密進行。」[5]

普利耶夫發出的新命令和莫斯科早前發出的指示一致。在十月二十二日那個緊繃的晚上，當焦躁不安的蘇聯領袖們在克里姆林宮等待甘迺迪發表有關古巴的演講時，國防部長馬利諾夫斯基曾經下令普利耶夫「採取緊急措施增加戰鬥準備狀態，以及在古巴軍隊和蘇聯部隊的各單位的聯合努力下趕走敵人，但排除使用斯塔岑科的武器和別洛博羅多夫的所有船貨」。這表示，普利耶夫獲授權使用所有非核子武器，包括防空部隊的地對空飛彈。不過有個但書，他只有在要「趕走敵人」時才可以這麼做。[6]

此時此刻，他們能夠做的只是等待美國人的攻擊。但隨著美國飛機的飛掠和古巴人的開火，美國人即將入侵的謠言像野火一樣傳開，而蘇聯指揮官們也發現即將發生攻擊與實際攻擊之間的界線變得模糊。

赫魯雪夫先後給甘迺迪捎去兩封信，希望找出辦法走出古巴夢魘。另一方面，甘迺迪設法和蘇聯達成飛彈互撤協議，好讓他不需要對古巴出兵。但在這個過程中，駐古巴的蘇聯官兵卻被蒙在鼓裡，完全不知道最高層級的外交行動。他們準備要抵抗入侵，而他們主要關心的是在最後期限前部署好島上的飛彈。

第五十一飛彈師的師長斯塔岑科——他的一些陣地就像普利耶夫向莫斯科報告的那樣被美國偵察機發現和拍了照——有充分理由為他所達成的事情感到自豪。在九月八日，總參謀部曾經命令斯塔岑科讓兩個R-12中程飛彈團在十一月一日前做好戰鬥準備。配備R-14中長程飛彈的部隊則是得在十一月和十二月做好戰鬥準備。在甘迺迪宣布封鎖古巴的時候，中長程飛彈團的大部分飛彈、人員和設備都仍然在運往古巴途中，必須折返。但三個中程飛彈團和一大部分的第四團已經在島上，斯塔岑科竭盡所能讓它們在十一月一日的期限以前準備就緒。[7]

負責讓飛彈能投入作戰的蘇聯官兵發現，他們身處惡劣地形和異常氣候下，而他們對此毫無準備。後來的國防部長亞佐夫回憶說：「我們的團所駐紮的地區沒有遮陽篷，一切都是貯存在露天之下。只有人員有帳棚居住。熱帶的高溫和高溼讓帳棚成為細菌滋生的理想環境。不到幾天，食物罐頭就開始膨脹並且像炸彈一樣爆炸。」亞佐夫的手下很快就發現了另一個問題：他們用來遮蔭的小樹林裡的樹木原來是有毒的。「這不是多麼讓人愉快的景象，」亞佐夫後來回憶他造訪簡陋的臨時醫院時之所見：「腫脹、水泡歷歷在目，還有潰爛的傷口。病人們設法驅趕成群籠罩著床鋪的蚊子。空氣中瀰漫著有毒番石榴的混濁氣味，一片不祥的大烏雲籠罩在營地上方。」普利耶夫在巡視過亞佐夫的軍團之後命令部隊遷移至更安全的地方。[8]

當時還年輕的士官沃羅帕耶夫回憶說，他的步兵團駐紮在哈瓦那附近的托倫斯鎮，腐敗的食物差點引發兵變。因為高溫和潮溼，食物壞得非常快，「蛆開始出現在麵食和麥片粥裡，隨著時間推移變得愈來愈多。」食物裡的蛆讓士兵想起愛森斯坦導演的經典蘇聯電影《波坦金戰艦》裡的兵變。該電影講述「波坦金號」戰艦上水手因為發現他們的羅宋湯裡的牛肉長蛆，憤而叛變。因為情況嚴峻，團長卡爾波夫中校把下屬找來談話。

沃羅帕耶夫回憶他的團長這樣說：「『怎麼，你們以為軍官的食物是不一樣的嗎？軍官和士兵的食堂不一樣，但食物是一樣的。餐盤裡的蛆也是一樣的。』昨天，他們給卡爾波夫中校和我吃罐頭肉醬義大利麵作為午餐。他的麵和我的麵裡都有蛆。我們望一望彼此，把蛆挑出來，然後開始吃能吃的部分。」卡爾波夫中校保證，一旦有新的食物供應船隻到達附近的海港，情況就會改善。士兵們沒有反叛，但他們的胃卻造反。沃羅帕耶夫後來寫道：「我不知道因為吃了蛆還是喝了直接鋪在地上的水管裡的水，瀉痢出現在部隊裡，很快就到達大流行的程度。在為數大約一千三百名人員中超過八百人進了『機槍部隊』——這話幾乎成了官方說法。」[9]

甘迺迪在十月二十二日晚上發表電視演講。第二天古巴時間早上八點，斯塔岑科下令他的整個師進入最高戒備狀態。當時的他指揮著近八千蘇聯官兵、三十六枚飛彈和同樣數目的核彈頭。西多羅夫上校的第一批中程彈道飛彈在十月八日準備就緒，第二批在十月十二日準備就緒。他回憶說，到了十月十八日，他的整個團都已為作戰做好準備（斯塔岑科在報告所說的日期是十月二十日）。在當時，西多羅夫只要提前兩個半小時接到通知，就能夠向美國的目標發射核子飛彈。但有一個條件：為了可以發射，他們需要把核彈頭運到發射陣地。但這只是時間問題，因為核彈頭已經運到了古巴。蘇聯人有他們所需要的所有時間，西多羅夫的飛彈在甘迺迪的電視演講的兩天前便已準備就緒。

十月二十四日，斯塔岑科命令西多羅夫團長和班狄羅夫斯基團長給索洛維約夫上校的軍團分享他們的一些燃料和其他裝備，後者所需的裝備因為美國封鎖的關係而無法送達。他們奉命行事。到了十月二十五日，班狄羅夫斯基的整個團和索洛維約夫麾下一個中隊同樣處於高度戒備狀態。十月二十六日晚上，核子彈頭從中央倉庫運送到西多羅夫的陣地。到了十月二十七日。他不只處於高度戒備狀態和準備好發射飛彈，而且完全準備好用核子武器攻擊美國。甘迺迪的最大夢魘忽然變成了現實。[10]

——

斯塔岑科少將和其他蘇聯軍官在十月二十六日一整夜枕戈待旦，準備迎接他們預期會在任何一刻開始的攻擊。攻擊沒有發生。「天亮了，一片平靜，雷達沒有發現天空上有目標。但每個人的神經都緊繃到了極點，每個人都因為一夜未眠而疲憊不堪。」謝羅沃少校回憶說，那天晚上他在古巴中部卡馬圭的第二十七防空師總部值勤。

十月二十七日大約早上八點，熱帶大雨開始下。因為看見惡劣的天氣讓美國人的入侵變得較不可能，普利耶夫向部隊發出了一個新的命令。謝羅沃少校回憶說：「我們奉令分散為較小的單位執勤，只有遇到敵人的直接攻擊時才開火。」因為整晚沒睡和精神緊繃而筋疲力竭的師長沃龍科夫和很多軍官離開了指揮崗位，去吃東西和睡一覺。謝羅沃繼續留在崗位上，開始值他連續第二個二十四小時的班。他筋疲力竭。「我們已經一整晚沒有睡覺。」他回憶道。[11]

早上九點左右，卡馬圭的雷達發現了一個目標：一架飛機在超過二十公里的高空向古巴島的東端飛去。飛機是由美國空軍第四〇八〇戰略偵察聯隊的安德森少校所駕駛，他是在佛羅里達州奧蘭治的麥考伊空軍基地登上U-2偵察機，然後在哈瓦那時間九點十二分被蘇聯雷達發現，當時他通過古巴中部的科島上空進入古巴領空。到了九點二十分，安德森已經飛過了沃龍科夫的防空師在卡馬圭的總部。然後他向南飛到曼薩尼約，再折而向東飛向古巴聖地牙哥，在越過關塔那摩海軍基地後猛地東轉，沿著古巴北岸，朝奧爾金省的城鎮巴內斯飛去。[12]

安德森少校在古巴上空飛了一個多小時，期間保持無線電靜默，也不回應要他表明身分的蘇聯無線電訊號。他的照相機全時間都在拍攝蘇聯飛彈陣地的照片。蘇聯軍官知道正在發生什麼事：他們辛辛苦苦建立起來的陣地已經暴露無遺。在第二十七防空師所在的卡馬圭指揮所，各軍團團長紛紛要求謝羅沃少校准予他們向闖入者開火。他們的S-75地對空飛彈——與一九六一年擊落鮑爾斯的飛彈類似——已經準備好發射。

謝羅沃回憶說：「防空飛彈團的團長開始堅持要求我批准他們開火，堅稱這確實是一次直接的攻擊。其他人認為不應該讓帶有我們陣地偵察資料的偵察員安然無恙地逃脫，因為他所獲得的資料會讓我們的陣地遭受致命轟炸。我反覆指出，當時我們只打算反擊敵人的攻擊。我們還沒有『冷靜下來』。」[13]

謝羅沃致電普利耶夫的總部——位於哈瓦那附近契科莊園一處地下碉堡。值班軍官是五十二歲的莫斯科防空軍團的參謀長格列奇科中將，他被派來古巴是擔任普利耶夫負責空防空事宜的副手。他麾下有兩個裝備著S-75地對空飛彈的飛彈師，他們被派來古巴是為了保護斯塔岑科的幾個飛彈團，讓後者不會被美國U-2偵察機發現。但現在美國人卻通行無阻地飛過斯塔岑科的設施，讓格列奇科中將的整個任務變得毫無意義。眼見就要發生一次突襲或入侵，格列奇科負責保護的核子飛彈陣地變成了美國轟炸機的活靶。

謝羅沃告訴格列奇科：「各團長堅持要把偵察機摧毀。」格列奇科不知道要怎麼辦，而普利耶夫又不在崗位上。這位司令官一夜未眠又為腎病所苦虛弱不堪，所以休息去了。加爾布茲少將在早上十點左右到達指揮崗位。他日後回憶說，格列奇科告訴他聯絡不到普利耶夫，因為普利耶夫病了。謝羅沃回憶說，格列奇科和團長們之間就是否要擊落美國飛機爭論持續了至少半小時。「格列奇科建議不要急，要等待，因為就像他說的那樣：『我聯絡不上司令官。』」[14]

當加爾布茲少將抵達總部時，格列奇科告訴他：「一位『客人』繞著我們轉了超過一小時。我認為必須下令擊落美國飛機，因為它能最全面性地發現我們的陣地。偵察資料在幾小時內便會到達華盛頓。」兩位將軍都知道，普利耶夫禁止在沒有他的直接命令下擊落美國飛機，但他現在不在附近，聯絡不上。格列奇科中將和普利耶夫的其他副手進行商議。他們大多是飛彈軍官，認為騎兵出身的普利耶夫不適合這份工作，因為他對飛彈一無所知。他們全都主張攻擊美國飛機。加爾布茲告訴格列奇科：「所有飛彈發射裝置都已經『點燃』，不能讓祕密情報有路回到五角大廈。」

格列奇科八成是覺得事情應該是由他決定，因為空防是他的責任。二次大戰期間，他在德國前線打了很多仗，深知敵機的偵察飛行會尾隨轟炸。格列奇科曾經在一九四三年德軍攻擊他所屬的軍團總部時受傷。格列奇科隸屬於一群跟赫魯雪夫關係密切的蘇聯指揮官菁英團體。團體成員包括了戰略火箭部隊前司令官莫斯卡連科和格列奇科在莫斯科防空區的直屬上司巴季茨基，後者曾在一九五三年十二月親自射殺赫魯雪夫的死對頭貝利亞。與普利耶夫的其他副手不同，格列奇科是直接從莫斯科派到古巴，不是從蘇聯外省調派，所以更有影響力。[15]

加爾布茲回憶：「聽到雷達員說美國飛機會在五分鐘內飛回關塔那摩後，格列奇科說：『我做出了把它擊落的決定。』」他對加爾布茲補充說：「我想我們將會一起為此負起責任。」加爾布茲表示同意。他在幾十年後承認：「我們倆都有責任。」在卡馬圭，謝羅沃少校從師長沃龍科夫獲得開火的命令，但沒有被告知是誰發出的命令，所以謝羅沃猜想是沃龍科夫自己發出的命令。他馬上把命令轉達各團，又立刻通知總部此事，但格列奇科既沒有確認也沒有否認該命令。不管實際的命令是如加爾布茲所說的那樣是發自他本人，還是如謝羅沃猜想的那樣是發自沃龍科夫，作為高級軍官的格列奇科現在都明顯要為一道違反普利耶夫指示的命令負責。[16]

然而就像命令沒有效力一樣，它沒有被立即執行，而是延宕了一些寶貴時間。就在格列奇科猶豫不決是不是要擊落U-2的時候，它從雷達螢幕上消失了。不過命令繼續有效，所以當幾分鐘後U-2因為從古巴的東端折向西飛（哈瓦納方向）而重新出現在雷達螢幕時，沃龍科夫的人馬準備好了。在巴內斯鎮附近的發射陣地，營長格爾切諾夫少校、他的參謀長安東尼斯上尉和里亞潘科中尉三人擠在發射艙裡，追蹤雷達螢幕上的目標。與團總部維持通訊的安東尼斯問格爾切諾夫：「我們要怎樣做？要射擊嗎？」他向總部確認了一次命令，然後又再要求確認一次。得到的回答是：「等一等，命令隨時會發出。」[17]

發射軍官里亞潘科中尉終於聽到了確認命令的格爾切諾夫少校的話：「發射三枚飛彈摧毀目標。」他日後回憶說：「當時我把三枚飛彈切換到作戰模式，然後按下第一管飛彈的發射按鈕。飛彈從發射台起飛，我報告說：『目標被鎖定！』在第一枚飛彈飛行了九或十秒鐘之後，團長下令說：『發射第二號。』我按下了第二枚飛彈的發射按鈕。當第一枚飛彈爆炸時，螢幕上出現了一團雲霧。我報告說：『一號飛彈爆炸了。觸及目標。目標受損了！』第二枚飛彈爆炸後，目標猛地開始失去高度。我報告說：『二號飛彈爆炸。目標已摧毀！』」

當時是哈瓦那時間早上十點十九分，華府時間早上十一點十九分，莫斯科時間晚上八點十九分。因為慌亂，發射飛彈時是先發射一枚然後再發射一枚，而不是像命令所要求的那樣，自動連續擊發。但這些都不要緊了，目標已經被摧毀。格爾切諾夫誇獎里亞潘科在巨大壓力下表現鎮定。當里亞潘科走出發射艙時，他受到同袍們的熱烈歡迎。「他們把我舉起來，拋到空中。這很容易做到，因為我的體重不過五十六公斤。」里亞潘科回憶說。這個幾乎引發一場核子戰爭的人二十二歲，重一百二十三磅。歡欣鼓舞的心情是短暫的。據里亞潘科的回憶，大家認為剛剛發生的事將會引來報復，是一場軍事衝突的開端。[18]

謝羅沃少校把擊落「第三十三號目標」的事向總部的格列奇科中將報告。格列奇科再一次陷入沉默，既沒有恭賀謝羅沃，也沒有因為他違反普利耶夫的命令而責備他。幾小時後，一群蘇聯軍官去到U-2的墜毀處。他們看來在座艙內找到了安德森少校的一些文件和個人物品。他們有沒有看見屍體則不太清楚。防空團譯電員托爾辛日後回憶了他為沃龍科夫上校發給普利耶夫大將的電報的內容：「致普利耶夫。在一九六二年十月二十七日十點二十一分，『第三十三號目標』——一架侵犯性的美國空軍U-2偵察機——被摧毀。駕駛員是美國空軍安德森上尉，他生於紐約市，遺有妻子和三名女兒。沃龍科夫上。」[19]

哈瓦那電台最先報告美國飛機被擊落的消息。「第三十三號目標」的摧毀不只對古巴士氣是一大鼓舞，而且還標誌著卡斯楚策略的成功——不管他自己是不是有意識到。他對美國人即將攻擊古巴的恐慌影響了普利耶夫，而普利耶夫最終失去了對部隊的控制——他們在生理和心理上都因為繃緊太久而筋疲力竭。當普利耶夫最終得知擊落美國飛機的事情時，他的態度就像格列奇科曾有的那樣模稜兩可。加爾布茲回憶說：「總司令並沒有指責我們。」至少就目前，他並不想要責怪副手違反他和莫斯科的命令。不管有意還是無意，他失去了對下屬的控制。就像里亞潘科和他的同袍一樣，普利耶夫和他麾下的軍官現在等待接下來會發生的事。就他們認為，美國人行將報復。[20]

第20章 祕密會合點

安德森少校駕駛的U-2飛機被擊落標誌著甘迺迪和他的顧問們當日研議的一個轉捩點。羅伯特後來指出，這個消息改變了白宮的「內閣室」的氣氛。他寫道：「我們對安德森及其家屬寄予同情。這讓我們理解到，必須採取軍事行動來保護我們的飛行員，我們意識到蘇聯和古巴顯然都在準備打仗。我們都覺得套索正緊套在我們大家、美國人和全人類身上，可以逃生的橋梁正在下塌。」[1]

然則應該做些什麼以應對這種情況？「是他們先開火的。」尼彩說。泰勒將軍建議摧毀擊落U-2飛機的飛彈陣地作為報復，又如果有其他飛機繼續被擊落則進行大轟炸。他說：「這是我們兩天前同意的事。」另一個「執委會」成員說（我們無法從錄音斷定他的身分）：「這在兩天前看來是好辦法，至今在我看來仍然是好辦法。」他看似是表達大多數人的意見。

在會議稍早，甘迺迪曾經支持泰勒所主張的，只要有一架美國飛機被擊落就採取全面性報復。但要對一個飛彈陣地採取立即報復是不可能的，因為古巴已經天黑了。麥納馬拉指出：「時間晚了，所以得等明天才能進行。」不管是總統還是他的顧問們都無法搞懂剛剛發生了什麼事。他們看來能夠確定的只有一件事：擊落一架美國飛機是克里姆林宮及其主人赫魯雪夫所玩的危險遊戲中的一項蓄意行為。[2]

「執委會」在上午和下午開會時都談過關於土耳其飛彈的問題，因為U-2的被擊落而有了新的急迫性。甘迺迪撤走飛彈的想法只有麥納馬拉一個堅定的支持者，但他所持的理由和甘迺迪毫無關聯。甘迺迪想要撤走飛彈是為了不用入侵古巴和防止引發大戰，但他的國防部長想撤走飛彈卻是因為他現在傾向於支持參謀長們所鼓吹的入侵行動。如果美國入侵古巴，蘇聯有可能會對某個地方進行軍事行動作為回應，而土耳其的飛彈有可能是他們的靶子。他說：「為了讓蘇聯在美國攻擊古巴之後對北約攻擊的可能性減到最低，我建議攻擊古巴以前先把土耳其的『木星』飛彈撤走。」但執委會大多數人不為所動。[3]

當甘迺迪在大約下午五點鐘離開「內閣室」去參加排定的活動時，大家對於如何回應赫魯雪夫互撤飛彈的建議還是沒有共識。甘迺迪走了之後，他的幕僚們繼續討論和草擬寫給赫魯雪夫的回信。羅伯特和索倫森都有為草稿潤色，草稿上沒有提到土耳其飛彈的事。麥納馬拉主張單方面從土耳其撤走飛彈，改以海面基地的「北極星」飛彈代替陸面基地的「木星」飛彈，與此同時中情局的麥科恩則在鮑爾的支持下草擬一個打算給赫魯雪夫的訊息，其中包含蘇聯不得再射擊美國飛機的最後通牒，這等同於接受互撤飛彈的建議。

每個人都在各行其是。大家疲累、煩躁和普遍感到不知所措。讓事情更複雜的是，李梅和軍方拒絕對地對空飛彈進行報復性襲擊，因為他們相信——事實證明是正確的——部署在古巴的核子飛彈已經準備好作戰。對地對空飛彈進行襲擊可能會引起蘇聯的核武回應，所以參謀長們希望的不是進行一場針對性的襲擊，而是儘快對古巴進行全面攻擊。甘迺迪和赫魯雪夫達成協議的機會之窗正在快速關閉，在十月二十七日下午，他們能否趕上最後期限仍是未知數。[4]

兩小時後，羅伯特向他的兄長私下簡報「執委會」後來的辯論。他在回憶十月二十七日晚上和兄長會面的情形時寫道：「他談到安德森少校，談到死的總是最勇敢和最優秀的人。」描述他的兄長的思想傾向時，他寫道：「政客和官員們坐在家裡神氣十足地高談重大的原則和問題，做出決定，同他們的妻兒們飲宴，而勇敢和年輕的人卻死了。」然後甘迺迪轉換到他喜愛的話題：誤判的危險。不過根據羅伯特所述，他們談話的要點在於「確保每個給予俄國人找到不會削弱國家安全和不致公開丟臉的和平解決辦法的機會」。[5]

不管羅伯特對兄長在那個晚上所說的話的記憶是否精確，毫無疑問的是，U-2被擊落和飛行員的死加強了甘迺迪儘可能避免戰爭的決心，而這表示他打算遷就蘇聯人。他一整天都在奮力說服一群幕僚，唯一可以弄走古巴飛彈的方法是以從土耳其撤走飛彈來交換。泰勒將軍在報告中告訴各個參謀長，在那天下午的「執委會」會議中，總統「被以土耳其飛彈交換古巴飛彈的主意給迷住了」。[6]

沒有跡象顯示甘迺迪對這個解決辦法的執著在一整天下來有所減弱。但在與羅伯特談話時，總統贊成他和索倫森草擬的那封給赫魯雪夫的回信。草稿本來有這句話：「您應該明白土耳其的基地是由北約組織管轄。」但信件的定稿完全把赫魯雪夫的飛彈互撤建議當成不存在。信件承諾如果赫魯雪夫中止在古巴建造飛彈陣地的計畫，美蘇就可以舉行談判。談判的基礎是在聯合國的監督下移除蘇聯飛彈。在那樣的基礎上，封鎖就會解除，而美國及其拉丁美洲盟友將會就不入侵古巴做出保證。[7]

甘迺迪會接受羅伯特的信件草稿是因為他心中已經有了另一個計畫：派弟弟去找蘇聯大使多勃雷寧祕密談判飛彈互撤事宜。與羅伯特談過話之後，甘迺迪回到「內閣室」（「執委會」仍然在開會），經過短暫的討論後要求「執委會」其中幾個成員隨他到橢圓形辦公室去。受邀的人不包括副總統約翰遜，但包括邦迪，後者為我們留下了在橢圓形辦公室裡發生的事唯一詳細的回憶。主要的討論議題是羅伯特將要向多勃雷寧傳遞的口訊，還有羅伯特和索倫森草擬的那封信件。

土耳其的美國飛彈是大家不願意提及的棘手難題。每個人都知道甘迺迪想用它們來做交易，但在要送給多勃雷寧的信中卻沒有提這回事。甘迺迪明顯想要弟弟和蘇聯大使討論這事情，但要怎樣說呢？魯斯克提供了一個解決辦法：羅伯特可以告訴多勃雷寧，雖然他們不可能公開宣布美國要以土耳其的飛彈作為交換條件，但危機一旦按照甘迺迪信中的要求解決，美國將會從土耳其撤走飛彈。[8]

這個解決辦法——搞祕密協議——就像外交本身一樣古老。魯斯克的構想是基於美國駐土耳其大使赫爾在當天稍早發給華盛頓的一封電報。電報中的其中一個主張是，美國要移走「木星」飛彈的話，可以「與古巴危機較明顯有關的方式」，也可以是「在與蘇聯做出絕對保密協定的基礎上」。他又補充說：「保密的要求也許不是太有保障，因為這需要蘇聯人的誠意，而他們總是可以選擇透露訊息去破壞美蘇關係。」沒有人比甘迺迪更知道赫魯雪夫信不過，因為這個人幾星期前才撒過謊否認飛彈的存在。但他別無選擇，只能再信任這個人一次。[9]

邦迪回憶說：「魯斯克的建議一提出，我們就知道我們都應該附和。」但交易的祕密條款不只要求赫魯雪夫保持沉默，還要求美方參與決策的人不漏口風。「因為擔心會被認為是在壓力下以犧牲土耳其為代價達成公開的討價還價，以及知道即便這種單邊的私下保證也可能看起來像是背叛了一個盟友，我們全都毫不猶豫地答應不把這附加訊息告訴橢圓形辦公室之外的任何人。」邦迪回憶說。[10]

邦迪提到的「附加訊息」事實上就是羅伯特要去傳達的主要訊息。而讓人驚訝的是，這訊息將會對「執委會」的其他人保密，這些人包括副總統約翰遜、參謀長聯席會議主席泰勒將軍和中情局局長麥科恩。為這件事情制定方略的魯斯克後來淡化自己的角色，強調自己一直堅持撤走土耳其飛彈並沒有被納入古巴的協議之中。

他寫道：「我主張由於土耳其的『木星』飛彈本來就會移走，我們應該告訴俄國人這是一個無關的問題，只會讓解決古巴飛彈陣地的事複雜化。我們同意讓波比（羅伯特）向多勃雷寧大使口頭傳達這一點。我們各自回到自己的辦公室不久後，我打電話給波比，強調他應該把這件事情作為訊息傳達給多勃雷寧，不是作為公開保證。波比告訴我多勃雷寧當時就在他那裡。他後來告訴我，多勃雷寧形容這個訊息『非常重要』。」魯斯克的記述會讓人產生一種印象：是羅伯特而不是他，跨越了互惠交易與從土耳其無關地撤走飛彈之間那條幾乎難以察覺的界線。但事實上，所有涉及其事的人都必然知道他們正在做什麼：進行一次祕密交換但卻不予以公開承認，甚至不予以私下承認。[11]

這群共謀者預定一小時左右後重新參加「執委會」的會議，討論解決危機的方法的選項，但對於羅伯特的任務守口如瓶。總統早早已經決定了要做這筆買賣。當然，在當時沒有多少人相信這個任務會成功。畢竟，祕密外交協議通常都是被盟友或準盟友破壞而不是被處於重大軍事衝突邊緣的對手破壞。新型核子武器讓雙方變成了可能的核子浩劫的人質。他們必須找出方法信任彼此——他們現在是在同一條船上，如果他們找不出方法信任彼此，船就可能會沉沒。

——

參加完總統在白宮的祕密會議之後不久，羅伯特在法務部的辦公室接見多勃雷寧。他在《十三天》裡寫道：「我先告訴他，我們知道古巴的飛彈陣地繼續動工，而且最近幾天更是加速進行。在幾小時之前，我們獲悉我們飛行於古巴上空的一些偵察機遭到射擊，一架U-2被擊落，飛行員身亡。我們覺得這是事態發展最嚴重的變化。甘迺迪總統不希望發生軍事衝突。他已盡一切可能避免與蘇聯和古巴打仗，但現在你們逼我們攤牌了。」[12]

在多勃雷寧自己的回憶錄裡，羅伯特把情勢的緊急性說得更加直接。據說他這樣告訴蘇聯大使：「美國軍方正在要求總統批准軍事報復。」在當晚稍後向莫斯科報告這次會面經過時，他進一步闡述了羅伯特對於新的形勢所引發的危險的說法：「美國政府決心要除掉那些基地，在最極端的情況下會炸掉它們，因為誠如我說過的，它們構成了對美國安全的重大威脅。但在回應這些基地的遭轟炸時（轟炸中可能會有蘇聯專家傷亡），蘇聯政府毫無疑問會在歐洲什麼地方以同一方法對付我們。一場真正的戰爭會就此展開，導致數以百萬計的美國人和俄國人死亡。」[13]

根據多勃雷寧的報告，他是首先提出土耳其的美國飛彈這項議題的人。當時羅伯特已說明過他兄長提出的官方建議：蘇聯以拆除古巴的飛彈基地和把核子武器撤出古巴交換美國的不入侵保證。就像多勃雷寧在幾十年後回憶的，在當時，他仍然沒有得到莫斯科對他應該怎樣和美國人打交道的指示，甚至沒有赫魯雪夫那封建議飛彈互撤信件的完整副本。他這方面的消息都是仰賴西方的廣播。不過，有鑑於莫斯科清楚支持這樣的交易，他決定提出這個議題。[14]

根據多勃雷寧，羅伯特對土耳其的問題「有一個現成的回答」。我們今日知道，羅伯特事實上正在等機會討論土耳其的飛彈。他告訴多勃雷寧：「如果那是達到我早前提到的解決方法的唯一障礙，那麼總統不認為在解決這個議題上存在任何不可克服的困難。土耳其議題的困難對總統來說是公開討論。形式上，在土耳其部署飛彈基地是北約委員會做出的一個特別決定。如果現在宣布美國總統單邊決定從土耳其撤除飛彈基地，將會有損北約的整個結構和美國在北約的領導地位，而正如蘇聯政府所深知的，北約組織本來就有很多爭執。簡言之，如果現在宣布這樣一個決定，將會嚴重撕裂北約組織。然而甘迺迪總統在這個問題上已經準備好同意赫魯雪夫的建議。我想，要撤除那些在土耳其的基地，我們需要四至五個月。」

羅伯特成功向多勃雷寧傳達了兄長委託他傳達的「附加訊息」，但這不是他的任務的結束；這任務的必要條件是確保交易保密。他告訴蘇聯大使：「總統不能公開就土耳其的事發表講話。」根據多勃雷寧的記載，羅伯特又補充說，甘迺迪總統「有關土耳其的態度極端機密，除了他和他弟以外，華府就只有兩三個人知悉」。甘迺迪不能要求多勃雷寧和赫魯雪夫發誓保密，但他清楚表示，交易只有在事情保密的情況下才會被遵守。羅伯特要求赫魯雪夫第二天做出回覆：一個「原則上清楚的答案，不要是拖泥帶水的商討，那是不必要的拖延。目前的形勢不幸地非常嚴峻，我們只有很少時間可以解決整件事情。」

羅伯特向多勃雷寧說再見，給了他一個直通白宮的電話號碼，以便他在收到赫魯雪夫的回覆時可以儘快轉達。羅伯特又告訴蘇聯大使，他將會去見他兄長，現在他「幾乎全部時間都是陪在他身邊」。多勃雷寧除了從羅伯特的說話內容，還從他的整個神情舉止完全明白局勢的嚴峻。多勃雷寧在發給莫斯科的報告的最後一段寫道：「在我們會面期間，羅伯特．甘迺迪非常憂愁，至少我以前從來沒有看見過他這個樣子。不錯，他有兩次試圖回到『欺騙』的話題（我們上一次會面時他很堅持要談這個），但每次都只是點到為止，不帶有稜角。他甚至不像他平常那樣就各種問題找架吵，而是不斷回到同一個話題：時間緊迫，我們不應該錯過機會。」[15]

兩人談話的結論部分我們是透過多勃雷寧的回憶得知，一部分記載在當晚他發給莫斯科的報告裡，一部分見於他在幾十年後寫的回憶錄。羅伯特的回憶少有用處。不管是在他在三天後就會面所寫的報告（當時危機最嚴峻的階段已經過去），還是在他幾年後與人合寫的《十三天》，都沒有提及土耳其。羅伯特就該會面所寫的備忘錄裡只有一句話談到這次談判的祕密部分，那是關於飛彈應該在多久之後撤走。他告訴魯斯克：「我說這件事情可以在過一些時間後圓滿解決：照你的指示，我提到四到五個月。」在今日可獲得的該備忘錄的副本裡，甚至這句話也被刪掉。[16]

羅伯特在晚上八點四十分左右回到白宮，當時他兄長正在和四歲的女兒卡洛琳講電話。卡洛琳人在維吉尼亞州格萊諾拉的家族莊園，跟弟弟約翰和媽媽賈桂琳在一起。因為華府和白宮成為了核子攻擊的可能目標，甘迺迪特意把家人遷移到可能被摧毀的地區之外。政府人員也會疏散以防核子攻擊。但總統幕僚的妻兒只能自行離開華府。雖然甘迺迪可以帶著家人一起疏散，但他希望減少他們的折騰。賈桂琳曾懇求丈夫讓她和子女週末留在華府，但願望落空。[17]

與兄長一起用餐時，羅伯特簡報了他和蘇聯大使的會面經過。在座的還有總統的密友和特別助理鮑爾斯。鮑爾斯參加過一些「執委會」的會議，但總是保持沉默，因為他奉了總統之命觀察會議的進展和總統的表現。在甘迺迪兄弟談話時，鮑爾斯大啖廚房工作人員為總統準備的雞肉和暢飲葡萄酒。「老天，戴夫，」甘迺迪對他的這位幕僚開玩笑說：「看見你大口吃肉、大口喝酒的樣子，任何人都會以為這是你的最後一餐。」鮑爾斯馬上回答說：「聽到波比所說的話，我想這是我最後一餐。」[18]

有鑑於當時局勢的危險，他這話有幾分道理。羅伯特在回憶裡說：「總統不樂觀，我也不樂觀。」甘迺迪已經準備好在晚上九點再開會，繼續討論。在當時，發生軍事對抗和全面戰爭的可能性要比之前的任何時候都大。討論按計畫恢復，但沒有誕生出新的政策決定。甘迺迪是在拖延時間。邦迪和其他知道羅伯特祕密見過多勃雷寧的「執委會」成員也是如此。總統正在等待對他的官方信件和他的私下提議的回覆。他也準備好了一個後備計畫。在他的指示下，魯斯克與曾擔任吳丹特別代表的美國外交官科迪爾接洽，請求說服吳丹提出美蘇互撤飛彈基地的建議。不過他首先必須聽聽莫斯科怎樣說。[19]

就寢前，甘迺迪和鮑爾斯看了葛雷哥萊．畢克和奧黛莉．赫本合演的一九五三年浪漫喜劇《羅馬假期》。在隔壁的房間裡，十九歲的麻州惠頓學院女學生咪咪．奧爾福德正在睡覺（如果我們相信她的話的話）。咪咪是甘迺迪的情人之一，鮑爾斯知道她和總統相好的事，所以在當天稍早利用總統夫人不在的機會把她帶到白宮來。根據咪咪的回憶，當晚她和總統沒有發生什麼事——甘迺迪對戰爭的前景太擔心了。她回憶說：「他的心思在別的地方。他的表情凝重。通常，他會把他的總統職責擱在一旁，喝一杯酒和盡情施展魅力，讓人完全放輕鬆。但那個晚上卻不是這樣。他甚至說起笑話來都有點有氣無力的樣子。」[20]

那個晚上甘迺迪有太多煩心事。他至少有兩個祕密要隱瞞：他的婚外情和他弟弟與多勃雷寧的祕密會面。沒有讓「執委會」全部成員知道這事情足以顯示它有多麼狗急跳牆。如果他的建議被赫魯雪夫拒絕和公開，不只和平會難以維持，而且他也會陷入一個不堪的政治處境。他的祕密建議的命運將會決定他的未來。

當他上床就寢時，美國海陸空軍已經磨刀霍霍。二十二點十分，空軍參謀長李梅將軍走訪海軍作戰部部長安德森上將，顯然是討論總統下令召集二十四個後備空軍中隊，共是一萬四千預備役人員的事。二十三點零三分，北美防空司令部總司令給部隊下達了新的交戰規則：「單是與古巴作戰的話不可使用核子武器。但是如果遇到駐古巴的中國／蘇聯部隊攻擊，就可以使用核子武器。」新命令沒有解釋要怎樣區分古巴軍隊和駐古巴的中國／蘇聯軍隊。[21]

第21章　百慕達三角洲

十月二十七日深夜，正當多勃雷寧在蘇聯大使館忙著寫報告告訴莫斯科羅伯特所提的祕密協議時，二十三歲的海軍信號士斯勞特和他「科尼號」的同袍終於看見了他們過去幾天一直在追蹤的獵物。一艘蘇聯潛艇從馬尾藻海的海面下浮了上來，這裡是以「百慕達三角洲」之名聞名於全世界水手的海域，它的其他名稱包括「魔鬼三角」和「颶風巷」。

潛艇近九十公尺長，吃水線的上方漆成黑色，以下漆成紅色。美國人稱之為「狐步」，它是蘇聯艦隊的最新Z級*攻擊潛艇之一。它的渦輪由三個柴油引擎和三個電力馬達驅動，有十根魚雷管，六根位於船首，四根位於船尾，共攜帶二十二枚魚雷。搭載八十名官兵，潛艇可潛至超過水面下兩百公尺和潛行多日。但如果電動馬達的電力減弱，它就別無選擇，只能浮出水面，以便發動柴油引擎給電池充電。[1]

斯勞特幾十年後回憶說：「隨著潛艇浮出水面，我們用藍白色的光照射它。」他看著「潛艇的隊員魚貫爬了出來，脫去吸滿汗水的制服」，呼吸新鮮的夜晚空氣，流露出「歡樂和鬆一口氣的表情」。潛艇內外的溫度至少差了攝氏三十度。在浮出水面前，潛艇人員因為高溫和氧氣短缺而滿身大汗。

一群蘇聯海軍軍官出現在艦橋上，紅旗在潛艇升起。「透過俄語羅馬化表、國際訊號本和摩斯密碼，我和我的主要信號員用閃光詢問潛艇。我要求潛艇報上身分。」斯勞特回憶說，他的專長是通信。潛艇艦長吩咐他的閃光燈操作員用閃光燈回答：「潛艇是蘇聯軍艦X號。」當斯勞特問他：「你們需要任何幫助嗎？」艦長的回答是：「不需要」。

這個時候，潛艇發動柴油引擎讓電池充電。艦長顯然是想儘快充好電以便潛入海底，再次跟美國人玩躲貓貓的遊戲。但充電是一個需時幾小時的緩慢過程，所以追逐者——除了「科尼號」之外，還包括由航空母艦「蘭道夫號」率領的一組艦隊——和獵物展開了瞪眼比賽。它們在溫暖的海水中緩慢移動——一艘落單的蘇聯潛艇被一群美國驅逐艦和輔助艦包圍。

「突然間，一個海軍飛行員擾亂了我們的安寧。」斯勞特回憶說，描述了發生在潛艇浮上水面大約一個半小時之後的情況。「他們的巨大P2V『海王星』巡邏機轟隆隆地飛過天際。他扔下了好幾枚燃燒彈以觸動飛機的光電攝影鏡頭。砰！砰！砰！閃光讓人眼花。」斯勞特看見艦橋上的蘇聯軍官紛紛回到潛艇裡面去。幾分鐘之後潛艇掉頭了。斯勞特寫道，潛艇艦長「以為他受到攻擊，所以把前魚雷發射管對準『科尼號』。」

這對驅逐艦上的人來說是極緊張的時刻，但艦長摩根保持冷靜。斯勞特回憶說：「『科尼號』的艦長指示我為P2V的侵略性行為道歉。」他回到閃光燈去發送訊息。幸而這是一條短訊息。斯勞特不可能想像得到，他剛才不只是消除了一個小誤會，還防止了一場核子戰爭。瞄準「科尼號」和美國海軍艦隊

＊編注：Z級潛艇又稱為祖魯級潛艇，建造於二次大戰期間，為常規動力的遠洋潛艇。

其他船隻的魚雷配備了核子彈頭。[2]

十月二十七日晚間被斯勞特看見站在潛艇艦橋上的蘇聯軍官包括了艦長薩維斯基和一支由四艘「狐步級」潛艇組成的特遣隊的指揮官阿爾希波夫。兩人是同一軍階，軍禮服上都別著二級艦長的肩章，這個軍階在陸軍相當於中校。薩維斯基指揮潛艇，但阿爾希波夫是他的上級。如果兩人不是相處愉快的話，那麼把兩位艦長放在同一艘船艦的安排有可能會引起麻煩。

阿爾希波夫是有經驗的軍官。他是在第一批配備核子武器的核子動力潛艇（在美國人的歸類裡屬於H級）服役過一段時間後調任為潛艇艦隊的指揮官。一九六一年七月，阿爾希波夫身在H級的K-19潛艇上，當時潛艇剛完成在格陵蘭外海的軍事演習，沒想到在返航途中核子反應器的冷卻系統出現一條大裂痕。潛艇沒有備用系統，因為它的建造過程匆匆忙忙，問題一籮筐。

一些船員被派到反應器間去建造一個新的冷卻系統以防反應器熔解。遵守命令的話將會一命嗚呼。在該船的後備指揮官阿爾希波夫支持下，潛艇艦長沒收海員的槍枝並將槍枝丟到海中，防止了一場兵變。八個成員在事故發生後的三星期內死亡，後來有更多人死亡。二〇〇二年的好萊塢電影《K-19：寡婦製造者》——由哈里遜福特主演——就是以這事故為藍本。[3]

阿爾希波夫活了下來，後來被任命為「第六十九潛艇旅」的參謀長。一九六二年秋天，他被責成指揮四艘派赴古巴的「狐步級」潛艇：B-4、B-36、B-59和B-10。起初，它們原定是派往古巴建立蘇聯海軍基地的一大批蘇聯船艦的一部分，其他船艦包括兩艘巡洋艦、兩艘飛彈艦、兩艘驅逐艦和兩艘潛艇勤務艦。除了四艘「狐步級」潛艇以外，原定還要派出七艘六二九型潛艇；這些潛艇由柴油引擎推動，但配備有能夠發射核子飛彈的發射器。

不過，到了一九六二年九月二十五日，海軍改變了主意，認為派出這麼大一批船艦前往古巴港口會引起全世界的注意，對蘇聯不利。海軍決定只派出配備魚雷的「狐步級」，把配備飛彈的六二九型留在國內。海軍不再計劃在古巴建立基地或用潛艇核子飛彈來威脅美國，而是只派出帶有射程十九公里的魚雷的潛艇，以保護運往古巴的貨物。[4]

阿爾希波夫很清楚「狐步級」潛艇既有優勢也有弱點。作為六四一項目的一部分，它在列寧格勒（今聖彼得堡）的「海軍上將船塢」建造，「狐步級」是蘇聯海軍比較新的潛艇，第一艘是在一九五八年著手興建。但它原是為了在北海的寒冷水域航行而設計，對橫貫大西洋的長程航程準備欠佳（蘇聯的潛艇也從沒有從事過這樣的航行）。它們的航程是水面上兩萬公里，浮潛時一萬一千公里，但速度相對較慢。「狐步級」無法在潛行時保持快速移動。其最高時速是每小時十六節（三十公里），潛行時是十五節，浮潛時是九節。

理論上，「狐步級」可以維持潛水長達十日，但這樣的話它們的速度會減少到不到兩節。問題在於缺乏電力。為了充電，潛艇必須浮在海面上。設計者曾經盡力解決這個問題，讓電池的空間占去潛艇的兩層甲板，這讓船員的生活空間變得極為壓迫（就算按當時的標準也是這樣）。核子動力的H級潛艇要更適合進行跨大西洋航行，因為它們速度更快，而且更重要的是，不必浮出水面才能為電池充電。不過就像阿爾希波夫自己親自見識過的，H級潛艇的核子反應器問題多多，不適合進行長程航行。[5]

十月一日，「狐步級」潛艇在當地時間凌晨四點離開了它們位於莫曼斯克的賽達灣的超祕密先遣基地。出發前一天，領頭潛艇B-59的艦長遭撤換成是薩維斯基。艦隊的指揮官阿爾希波夫也是坐鎮該艦。

就像前往古巴的蘇聯貨船上的人員那樣，潛艇的艦長和人員並不知道他們的最終目的地何在。在潛艇抵達巴倫支海之後，艦長可以打開一個祕密信封，從而得知目的地，但信的內容只有在潛艇通過了「格陵蘭—冰島—英國缺口」之後才可以告訴船員。「格陵蘭—冰島—英國缺口」是北約國家其中一個反潛艇的防禦屏障。阿爾希波夫麾下一名艦長杜比夫卡回憶了蘇聯北方艦隊資深指揮官們的一次會議：「我們並沒有獲得以下問題的回答：我們的潛艇要航向何處？我們的航行區域在哪裡？我們將要航行的地區的一般情況是如何？」

阿爾希波夫有他自己的疑問。他指揮的四艘潛艇都攜帶著一件異乎尋常的武器：它們的二十二枚魚雷中有一枚配有核彈頭，其威力是一千萬噸爆炸當量，破壞力相當於廣島原子彈的三分之二。根據阿爾希波夫麾下另一個艦長基托夫所述，阿爾希波夫在會議上詢問其中一個北方艦隊的資深指揮官：「我們不清楚為什麼我們要一直攜帶著原子武器。」他得到的回答是：「那是命令，你應該要讓自己習慣它（指武器）。」阿爾希波夫對這個回答並不滿意。他繼續問：「很好，但我們應該在什麼時候以及如何使用它們？」這個問題沒有獲得答覆。資深指揮官們對此支吾以對。阿爾希波夫麾下的四位艦長感到困惑，至少當他們回憶起收到有關核子武器的命令時是這樣。

基托夫後來回憶說，他從北方艦隊參謀長拉索科上將獲得了一個口頭命令：「碰到以下的情況時使用那種特別武器。首先是你受到轟炸，受壓的船殼出現了裂痕時。其次是你浮出水面卻受到攻擊和出現裂痕時。第三是在收到莫斯科的命令時。」杜比夫卡艦長回憶他們收到一個書面命令，上面說：「按照蘇聯海軍總司令的命令或者在潛艇受到武裝攻擊時使用標準武器。配有核子彈頭的魚雷只有得到蘇聯國防部或蘇聯海軍總司令的特別命令時才可以使用。」在在看來，每個艦長對於他在什麼情形下可以使用他的唯一一枚核子魚雷各有自己的理解。[6]

阿爾希波夫對他的任務有很多疑問，不過他也有一些答案。他是直接被告知潛艇的最後目的地的少數幾個人之一。這目的地是古巴西北海岸的馬里埃爾灣。他的四艘潛艇將會從巴倫支海前往挪威海，然後穿過北大西洋前往亞速群島，再從那裡前往巴哈馬群島。

四艘潛艇被認為應該神不知鬼不覺地到達古巴。但在莫斯科制定計畫的人卻又不知道該如何達成。有些人相信莫斯科並不完全了解被派到古巴的潛艇是由柴油引擎而不是核子反應器推動。如果不浮出水面，要維持莫斯科規定的速度是不可能的，但浮出水面又會有被發現和定位的危險。阿爾希波夫和薩維斯基別無選擇，只能冒這種險。根據潛艇的首席導航員米哈伊洛夫回憶，他們「做出了一個決定：日間以電力馬達推進，速度為六節至八節；晚上以三具柴油引擎推進，速度為十四至十五節，一面前進一面為電池重新充電。」[7]

在水面上航行的時候，他們也能夠和總部維持無線電聯絡，但隨著他們離開巴倫支海越來越遠，他們發現規定的電報聯絡時間雖然在莫斯科是晚上，但在大西洋卻是白天。他們只能夠在航行海面上時和莫斯科聯絡，但很容易被經過的任何船隻和飛機盡收眼底。在這之前蘇聯海軍從未進行過跨大西洋的潛航行程，阿爾希波夫的小隊在這方面是開創先驅者。

在接近馬尾藻海時，潛艇小隊碰到一個大型風暴，讓航行在水面上變得困難，拖慢了前往古巴的進程。不過風暴也讓他們比較容易避開監視，因為巡邏飛機停止飛行，反潛船艦的聲納系統也無法穿透被風暴攪亂的冷水層和溫水層海水。直到十月十三日，四艘航行於馬尾藻海內的潛艇仍然沒有被發現。當時風暴已經平息下來，海水溫度也穩定下來。那天，美國海軍油輪「育空號」的水手在卡拉卡斯以北約二百公里處看見了一艘航行在水面上的潛艇。這事情發生在美國發現蘇聯在古巴部署了中程彈道飛彈的一天前。兩日後，四艘潛艇將會改道。[8]

十月十五日，潛艇艦長接到莫斯科的命令，放棄前往馬里埃爾的原訂計畫，改為留在馬尾藻海就位，並採取四小時的戰備狀態。這個決定是在克里姆林宮的「鴿派」米高揚的堅持下做出。他甚至在甘迺迪宣布發現古巴部署了蘇聯飛彈之前，就說服了赫魯雪夫把潛艇停下。

米高揚回憶說：「考量到這一切，我認為在古巴部署飛彈本已經讓情況夠複雜，潛艇會引起新的複雜難題。」他說的飛彈是指地對空飛彈——美國人當時還不知道有彈道飛彈的存在。他繼續說，把思路貫徹下去：「我們不想為這件事情開打。如果潛艇停留在三天航程之外，並不會削弱它們的作戰準備，但那裡不是在古巴水域，和古巴無關，美國人在那麼遠的距離之外莫可奈何。」他指出了相反情況的可怕後果：「但如果它們從水底前往古巴，那麼它們就可能被美國潛艇發現，然後我們的海軍和美國海軍就會發生衝突，而有鑑於當前的環境，局勢會更加惡化，引發嚴重衝突。」

赫魯雪夫準備要聽從，但馬利諾夫斯基想要讓幾艘潛艇維持原來航線。在主席團有兩、三個人支持馬利諾夫斯基，米高揚的建議被否決。他說服赫魯雪夫讓大家再投一次票，但再次失敗。『我說古巴的海岸水淺風大，有很多島嶼，想要通過而不被發現非常困難。』米高揚寫道，顯示他在討論中利用他對古巴地理的第一手知識。「馬利諾夫斯基堅持己見，儘管在這個問題上他的無知是很明顯的。」直到海軍總司令戈爾什科夫上將加入會議，米高揚才轉占上風。

「我問戈爾什科夫，」米高揚回憶說，「你能說出來我們的潛艇在哪裡，以及它們能否進一步前進嗎？」戈爾什科夫在地圖上清楚指出潛艇小隊的所在位置，然後說明它們的前進路線。他指出，在一個設有美國基地的小島附近，幾艘潛艇必須要穿過一條狹窄的海峽。那裡設有定位器和其他設備，潛艇不可能穿過海峽而不被發現。所以他認為讓潛艇小隊停留在離古巴兩、三天航程之外是上策。馬利諾夫斯基無法反對。所有人都同意了。」[9]

主席團決定不張揚，不讓美國人發現有配備核子武器的潛艇航至古巴附近。這個決定被證明是徒勞的。十月十四日，也就是蘇聯潛艇被第一次看見的翌日，一架U-2飛機發現了古巴島上的彈道飛彈。十月二十二日，蘇聯潛艇艦長們從美國電台廣播得知，甘迺迪總統宣布實施海上封鎖。到了當時，蘇聯潛艇的數目和大約位置已經為美國海軍所知。中情局局長麥科恩也向甘迺迪報告了潛艇對實施封鎖的美國船艦的威脅。第二天，海軍作戰部部長安德森上將告訴麥納馬拉，一支由船艦和飛機組成的獵殺部隊已經成軍，要去把蘇聯潛艇揪出來。[10]

「執委會」在十月二十四日的上午會議討論了蘇聯潛艇的事。他們的主要擔憂是潛艇會阻止美國海軍檢查進入封鎖線的蘇聯船隻。「如果這潛艇擊沉我們的驅逐艦，我們應該如何回應？」甘迺迪問他的幕僚們說。泰勒將軍保證潛艇「會被我們的反潛巡邏隊發現」。他還告訴了總統指示潛艇浮出水面的程序。國務次卿約翰遜補充說，這些程序已經告訴了蘇方——他昨天晚上發了電報給莫斯科。麥納馬拉也描述了前一天制定的新程序，包括了投擲小型深水炸彈*（一種與聲納信號結合使用的戰術）。

甘迺迪按自己的思路追問下去：「如果潛艇不浮出水面或者採取行動呢？我們要到什麼程度才進行攻擊？」他又補充說他不樂見潛艇是美國海軍最先攻擊的蘇聯船隻。他寧願攻擊商船。泰勒將軍回答說：「我們不會這樣做，除非是潛艇遇到攔截時採取攻擊態勢。」麥納馬拉建議派遣反潛直升機去騷擾潛艇。他說：「我們的計畫是對潛艇施壓，用可能予以摧毀的威脅把它們趕出該地區，然後進行攔截。」「好吧，就這麼辦吧。」總統回答說。[11]

他們依計而行。在十月二十二日至二十六日之間，美國海軍巡邏飛機和聲波監聽系統操作員成功找出潛艇的位置和進行過多次聲納接觸。由航母「蘭道夫號」和「薩克斯號」率領的兩個獵殺小組的驅逐艦和巡邏飛機觀察到潛艇在接近封鎖線時有多次露出水面航行的情形。不過直到十月二十七日為止，美國海軍沒有強迫任何潛艇浮出水面。[12]

阿爾希波夫和薩維斯基所在的B-59潛艇艦在十月二十五日晚上在百慕達外海第一次被美國海軍發現。它將會以化名C-19被記錄在案。第二天晚上，一架巡邏飛機再次發現B-59，對B-59的追捕便自此展開。潛艇的導航員米哈伊洛夫在幾十年後回憶當時的日子：「反潛防衛艦用它們的水中定位儀盯牢我們

和開始『敲打』潛艇的船殼。它們的回波脈衝在第一艙段聽得一清二楚，令人難以呼吸。B-59的船員奉命就戰鬥位置，潛艇開始透過變換潛航深度、路線、速度和干預設備來逃避偵察。這個狀況持續了超過兩天。」[13]

不過對B-59的真正獵捕始於十月二十七日星期六的中午。「蘭道夫」航母群的三艘驅逐艦——「科尼號」、「比爾號」和「莫瑞號」——一起追捕這艘潛艇。當地時間快傍晚五點的時候，「比爾號」設法和潛艇取得聯絡，首先是透過發出聲納訊號，然後是投擲小型深水炸彈。海底深處沒有回應。半小時後，「科尼號」投擲了五顆手榴彈，但一樣沒有得到回應，讓人懷疑潛艇的軍官有沒有收到美方在十月二十三日晚上發給莫斯科的身分認證和浮上水面程序。事實上，阿爾希波夫和薩維斯基已經收到程序，但他們很難區分向他們投擲的是小型深水炸彈還是真正的深水炸彈。就他們而言，他們很可能是受到攻擊。[14]

潛艇上監聽小組組長奧洛夫中尉回憶了小型深水炸彈和手榴彈對他的同袍們所起的效果：「它們就在甲板旁邊爆炸。感覺上你是坐在一個被大槌敲擊的鐵桶裡。」已經被美國海軍追蹤了兩天，潛艇上的官兵此時更加垂頭喪氣。「蓄能器耗光了電力，只有緊急照明燈還亮著。各艙段的溫度高達四十五至五十度，安放電力馬達的艙段更是高達六十度以上。凝滯的空氣讓人無法忍受。二氧化碳濃度到達要命

＊　編注：指練習型深水炸彈，只有手榴彈大小。美軍投擲這種小型深水炸彈的目的並非攻擊，只是要迫使潛水艇浮出水面。

程度，幾乎可把人殺死。」潛艇是為北海的溫度而設計，但現在卻在水溫接近攝氏三十度的水域航行。「一個站崗的警衛昏迷倒地。然後是第二個、第三個……一一像骨牌那樣倒下。但我們仍然堅持，設法逃出生天。」[15]

為擺脫追逐者，艦長薩維斯基努力了快四小時，但毫無效果。然後，奧洛夫清楚記得，一陣巨大的爆炸聲震動整艘潛艇：「美國人用比手榴彈更強的東西敲打我們，顯然是一枚深水炸彈……我們心想：完了！在受到這樣的攻擊之後，完全筋疲力竭又聯絡不上總參謀部的薩維斯基勃然大怒。他召來發射核子魚雷的軍官，命令他做好發射準備。」奧洛夫記得艦長這樣說：「上面大概已經爆發了大戰，而我們在這裡簡直要瘋了……我們要用所有擁有的武器去攻擊他們！我們將會死掉，每個在船上的人都會淹死，但我們將不會讓艦隊蒙羞。」[16]

根據奧洛夫所述，薩維斯基在冷靜下來之後重新斟酌動用核子魚雷的命令，又找阿爾希波夫和政委馬斯連尼科夫討論這件事。三人決定把潛艇開到水面上。奧洛夫有關薩維斯基打算動用核子魚雷的記憶被二〇〇〇年代初期的古巴飛彈危機文獻接受，也是許多有關B-59的磨難的學術記述和通俗記述之所本。他們把阿爾希波夫美化為拯救世界的英雄，因為阿爾希波夫說服了薩維斯基打消發射核子武器的念頭。其實這種說法只是許多說法的其中之一。B-59其他軍官後來陸續提出的回憶跟奧洛夫的說法有些不同，儘管他們都對十月二十七日發生在馬尾藻海海面下那攸關命運的幾小時和幾分鐘的描繪同樣充滿戲劇性。

潛艇的導航員米哈伊洛夫和負責發射魚雷的軍官列昂年科都表示，浮出水面的決定不是由美國的深水炸彈和手榴彈促成（潛艇抵擋得了它們），而純粹是因為潛艇的電池已經用罄，無法繼續留在水面下。不過根據兩人的回憶，薩維斯基確實下令準備發射核子魚雷，後來才同意讓潛艇浮出水面。列昂年科回憶說薩維斯基命他到第七節尾艙提取魚雷，以備發射。

到達尾艙，列昂年科下令：「為發射準備器材！」但他的命令卻讓下屬們滿臉狐疑。他回憶說：「魚雷組組長拉雪特斯基大尉呆若木雞地站在原地，神情驚訝。過了半晌，魚雷組副組長卡利塔下士告訴我：『戰爭已經爆發，我們應該回國。我們的未婚妻在等著我們。』」列昂年科面對的情形近乎是不服從軍令。他用了他想得到的每句髒話破口大罵，然後大尉和下士才服從命令。列昂年科向薩維斯基報告，他的命令已經執行。然後他們開始浮出水面。[17]

美國軍艦「科尼號」的通訊軍官斯勞特在幾十年後鮮明地記得這一刻。被他看見站在艦橋上的蘇聯軍官是薩維斯基和阿爾希波夫。薩維斯基命令升起紅旗而不是蘇聯海軍軍旗，要以此顯示潛艇是屬於蘇聯。蘇聯人對於和美國人的這次直接碰面的記憶跟斯勞特大致相同。幾十年後，米哈伊洛夫寫道：「當潛艇浮出和停定之後，旅參謀長（阿爾希波夫）、潛艇指揮官（薩維斯基）和帶著探照燈的信號官去到了艦橋上。」列昂年科的回憶與此呼應：「雖然當時是漆黑的南方夜晚，艦橋上卻因為反潛飛機打在它上面的探照燈燈光而明亮有如白晝。」[18]

但蘇聯人也回憶了斯勞特沒有回想到的事情：美國飛機威脅和騷擾緩慢航行的蘇聯潛艇。米哈伊洛夫回憶：「它們低飛在潛艇上頭，用探照燈照射它，朝它上方發射曳光彈。」列昂年科則寫道：「美國的反潛飛機亮著探照燈，以落地飛行的方式從右邊掠過潛艇，接近甲板時猛烈開火，聲音大得讓中央控制台的語音通訊聲被機槍的怒吼聲掩沒。」[19]

前面說過，後來一架美軍飛機為了拍到更好的照片而對潛艇投擲燃燒彈。這讓薩維斯基和艦橋上其他人恐慌起來，認定他們正在受到攻擊。根據列昂年科的回憶，薩維斯基從艦橋上爬下來的時候發出命令說：「緊急下潛！一號魚雷發射管和二號魚雷發射管準備好發射！」薩維斯基這一次準備好使用他的核子魚雷。他之前的命令都是關於常規魚雷，但這一次是關於核子魚雷。列昂年科回憶說：「這個命令是發給第一艙段裝在一號魚雷發射管裡的核子魚雷。」在斯勞特的記憶中，那些對著「科尼號」的前部魚雷發射管中包括了一號魚雷發射管。

在當時，甘迺迪和他的顧問們都想像不到，對潛艇投擲燃燒彈的危險性不亞於投擲深水炸彈。但燃燒彈卻是副總統約翰遜在十月二十七日下午的「執委會」會議上主要關心的事，那時追捕B-59的戲劇性事件正好在加勒比海上演。他告訴「執委會」的成員：「自從他們提到之後，我就害怕那些該死的焰火*。」當時大家正在討論對古巴進行夜間偵察飛行的可能性。「那鬼東西爆炸開來照亮了夜空，想想某些瘋癲的俄國艦長會怎樣做。他可能會扣動板機。我們就像是在七月四日點燃煙火。」約翰遜用他的政治經驗作為例子：「你在心理上嚇唬他們。有個國會的傢伙教我：『如果你不喜歡誰，可以在他背上放一隻猴子※。』但每次我試著把一隻猴子放在別人背上，我自己背上就會多了一隻猴子。如果你想用焰火在心理上嚇唬他們，你很有可能會被別人打屁股。」[20]

約翰遜的觀點占了上風，所以對古巴進行夜間偵察飛行的建議沒有獲得授權。他當時並不知道當他在辯論中出言干涉時，一隻跳到薩維斯基艦長背上的猴子幾乎引發一枚核子魚雷射向美國人的屁股。這個始料未及的海上危機由加勒比海夜空上的空中攝影所觸發，卻因為一盞卡在蘇聯潛艇指揮塔裡的探照燈而避免了進一步升級；海上狩獵中最危險的一幕，幾乎是一發生就消失了。

是斯勞特的探照燈和他所發送的訊息讓局面轉危為安。但這需要一點運氣。在美國海軍飛機投下燃燒彈之後，薩維斯基馬上返回潛艇內部，下令準備核子魚雷。其他人，包括帶著探照燈的通信軍官和阿爾希波夫，也開始往潛艇裡面爬。不過依照列昂年科的回憶，「通信官因為拿著探照燈，體積太大，被卡在指揮塔上部艙口的通道裡，阻延了阿爾希波夫往下爬的時間。」留在艦橋上的阿爾希波夫這時注意到斯勞特的探照燈光，讀出了其中的訊息。那是一個道歉。就像列昂年科回憶的那樣，阿爾希波夫明白到美國護衛艦「是在用探照燈跟我們打信號，所以下令停止開火」。因此魚雷雖然已經裝好，但始終留在發射管裡。[21]

很久之後斯勞特在得知蘇聯潛艇艦長的名字後寫道：「薩維斯基他接受了我的道歉，關閉了魚雷發射管的門。他把潛艇轉向左，恢復向東行駛。我因為不需要繼續瞪著B-59的魚雷發射管，人大鬆了一口氣。」他繼續回憶說：「事態穩定下來後，摩根用水手的語言給了我一個停止的命令：『讓那些俄羅斯王八蛋保持快樂。』我照辦了。我點頭感謝薩維斯基*的耐性。那個俄國人竟然點頭回禮。我們的關係

＊　譯注：指燃燒彈。

※　譯注：「整對方」的意思。

變得稍為和睦一些。」[22]

他們當時有所不知的是，「科尼號」和「蘭道夫號」艦隊其他艦艇的所有官兵差一點就被核子爆炸引發的巨大波浪所殺死，船毀人亡。薩維斯基的其中一枚魚雷帶著爆炸威力一萬噸當量的彈頭。如果投擲在一個城市，這彈頭足以殺死八百公尺半徑內的每個人。另外，魚雷的核子彈頭專門設計來製造巨浪，以掀翻船隻。美國海軍在一九四六年進行的「貝克水底核子試爆」創造出高達約二十八公尺的巨浪。蘇聯一九五七年在北極新地島附近測試他們的T-5魚雷，但沒有公布結果。任何被該種魚雷擊中的船隻幾乎必定會被摧毀，而「蘭道夫號」艦隊的其他艦艇也一定會傷亡慘重。[23]

在馬尾藻海發生核子攻擊的政治後果要更加嚴重。甘迺迪在十月二十二日的電視演說上曾經宣布：「從古巴向西半球任一個國家發射的任何核子飛彈將會被視同對美國的攻擊，需要對蘇聯做出全面的報復性攻擊。」如果美國海軍受到核子攻擊，總統將沒有多少選擇餘地，必須下令對蘇聯的目標進行空襲。而到時蘇聯也沒有選擇餘地只能報復，不管他們想不想。[24]

＊ 譯注：當時應該是把阿爾希波夫誤為薩維斯基。

第VI部

起死回生

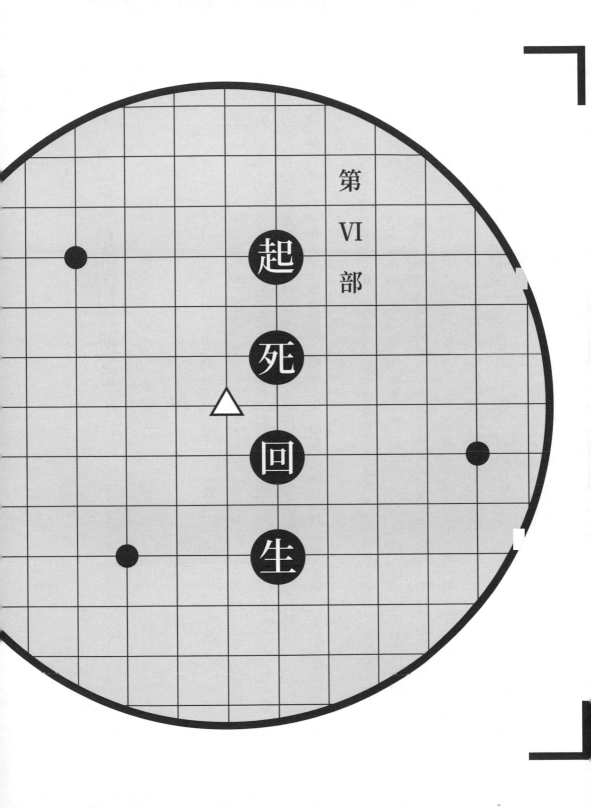

第22章 星期日恐懼症

一九六二年十月二十八日剛好是星期日。在俄國，一星期的這一天被稱為「復活日」。布爾什維克在一九一七年的奪權是以建立共產主義和消滅宗教為目的，對繼續用一個基督教名稱來稱呼每星期的休息天感到不自在。所以在一九二九年的反宗教運動期間，他們把一星期七日改為一星期五日，讓「復活日」沒有存在的餘地。新日曆加上一些假期，但民眾抗拒這種改變，繼續遵守舊曆法。一九四〇年，史達林因為要為戰爭作準備以及變得關心蘇聯人民的忠誠，所以逆轉政策，恢復一星期七日的制度，恢復了星期日。[1]

因為沒有剩下多少教堂，人民已不再把做禮拜視為當然。取而代之，他們把一星期唯一一天假期用來睡懶覺（星期六要直到一九六〇年代晚期才成為假日）。對那些擔心國際局勢迅速變壞的人來說，星期日早上給了他們一個跟進新聞的機會。大部分蘇聯報紙都不在星期日出刊。顯著的例外是《真理報》，它一星期發行七天。二十八日那天早上，《真理報》頭版登出了赫魯雪夫寫給甘迺迪那封提議土耳其－古巴飛彈互撤的信。《真理報》的報導又引用羅素*最近所說的一句話以顯示該負責任的是哪一方。這位著名哲學家曾經表示，如果甘迺迪不願意和蘇聯達成協議，後果有可能是一場人類空前未有的災難。[2]

根據《真理報》判斷，蘇聯人民完全支持他們睿智的領袖和他的政策。列寧格勒一個共產黨特別作業隊的工頭維琴科據稱這樣告訴《真理報》的記者：「赫魯雪夫呼籲美國總統在這個慘澹而嚇人的時刻保持審慎和進行談判是對的，一千次的對。理智應該勝出，而不是核戰的神經病。」他繼續說：「總統先生，你認為古巴是對你的威脅！但在土耳其的核子設施難道不就是直接壓迫我們的國土嗎？所以不要再以武力進行恫嚇了，坐下來談判吧，不要把人類帶到了軍事浩劫的邊緣！」這就是赫魯雪夫的宣傳機器在國內和國外所傳遞的主要訊息。[3]

一如既往，蘇聯報紙總是報導昨天的消息。凌晨一點以後從華府和哈瓦那送達莫斯科的報告顯示，局勢正在失控。不只卡斯楚和美國直接對著幹，在沒有徵求莫斯科的意見下下令部隊向美國飛機開火，而且莫斯科自己的指揮官們也參一腳，擊落一架美國飛機。戰爭在加勒比海實質上已經開打，赫魯雪夫必須立即反應，不容延宕。不過這一天是星期日，他要到接近中午才會見他的國防部長。[4]

—

馬利諾夫斯基元帥在早上十點四十五分之後某個時間點向赫魯雪夫報告古巴的最新發展——這個時間顯示在他交給最高領導人有關U-2被擊落的備忘錄中。他知道他搞砸了——雖然曾經獲得沒有受到攻擊不得開火的命令，但他的部隊還是擊落了美國飛機。在一份扼要的報告上，他把各項事實羅列出來。首先是有關那架U-2偵察機的資訊，它拍攝「部隊的作戰部署」花了一小時又二十一分鐘。他繼續說：

＊編注：羅素（一八七二至一九七〇），諾貝爾文學獎得主，其經典著作為《西方哲學史》。

「為了不讓照片落入美國人手中，第五〇七防空飛彈團在莫斯科時間晚間六點二十分用兩枚防空飛彈擊落在二萬一千公尺高空飛行的飛機。飛機落入了安蒂利亞的範圍內，搜尋的工作已經展開。」[5]

馬利諾夫斯基直言不諱是他的部隊擊落U-2飛機，但沒有對他們的行動做出評價，也沒有提起任何名字。為了解釋所發生的事，他補充說同一天美國飛機八次侵犯古巴領空。這份報告沒有解釋為什麼在莫斯科時間昨日傍晚六點二十分擊落美國飛機的事要等到第二天才向最高指揮官報告，期間相隔十個半小時。我們不知道馬利諾夫斯基私底下對赫魯雪夫說了什麼，不過蘇聯軍方名副其實是逍遙法外。雖然是普利耶夫對自己的副手失去控制導致事故的發生，但馬利諾夫斯基在電文中對他沒有怎樣批評，只說：「我們相信你擊落美國U-2偵察機的行為太倉促了。」[6]

赫魯雪夫的助理特羅揚諾夫斯基回憶說：「他對於一個中層蘇聯指揮官下令發射防空飛彈的消息感到極為震驚。他就像我們所有人一樣，強烈意識到在已經升溫的局勢中，當所有神經都緊繃到快要斷裂時，一星火花就可能足以引起大爆炸。」赫魯雪夫意識到危險所在：他的軍隊正在失去控制。不過他沒有歸咎軍隊，而是決定歸咎卡斯楚。在危機一開始，他已經考慮過要聲稱蘇聯飛彈是由古巴控制，因此把衝突從美蘇衝突扭曲為美古衝突。現在，他十之八九決定要採取同樣操作方式。他在當日稍後寫給卡斯楚的信上說：「您昨天擊落了一架飛機。」[7]

赫魯雪夫知道事實並非如此，後來也在回憶錄裡承認這個。他在多年後回憶說：「美國飛機老是凌空飛越古巴。卡斯楚被刺激得發瘋。他下令開火，而我們的軍人用飛彈擊落了美國的U-2偵察機。」與政治家赫魯雪夫不同，作為自傳作者的赫魯雪夫大多數時候說法正確。正是卡斯楚對美國入侵的恐懼和下令向美國飛機開火的決定讓蘇聯駐軍相信，他們即使還沒有受到攻擊，攻擊也有可能在任一刻發生，也因此認為使用防空飛彈是理所當然。[8]

赫魯雪夫明顯已經對古巴的情勢失去控制，但在那個星期日早上，並不是一切都是愁雲慘霧。雖然古巴的蘇聯駐軍帶給他壞消息，但白宮卻給了他意料之外的好消息。甘迺迪前一晚寫給赫魯雪夫的信讓逼近的核子衝突獲得了解決的希望。

甘迺迪提出了兩個條件：「一、貴方同意在聯合國適當的觀察和監督下從古巴撤走這些武器系統，並且應在適當的安全措施的保證下，不再將此類武器運往古巴。二、我方同意在透過聯合國做出充分的安排之後確保執行並繼續承擔下列義務：（一）立即取消現在實行的隔離檢查措施；（二）保證不入侵古巴。我確信其他西半球國家也會這樣做。」[9]

不錯，這封信是沒有提到赫魯雪夫有關互撤飛彈的最新建議。赫魯雪夫是比較晚才想出這個主意，是後來才添加的，斷然不是他要求的關鍵條件。是甘迺迪而不是赫魯雪夫相信美國放棄在土耳其的飛彈乃是和平解決危機的必要條件，而首先討論這個建議的也是美國的媒體（特別是李普曼）而不是蘇聯的媒體。撇開這個議題不談，甘迺迪實質上接受了赫魯雪夫在十月二十六日的建議。他在信中固然是要求撤走「武器」而不只是撤走操作武器的「蘇聯專家」，但這本來也是赫魯雪夫的想法。

不過甘迺迪倒是提出了一個本來不見於赫魯雪夫建議中的條件：由聯合國監督飛彈的撤除事宜。赫魯雪夫本來就從他在華府的「格別烏」頭子費克利索夫的報告知道這件事——費克利索夫聲稱他的消息是從跟國務院和白宮有直接關係的ＡＢＣ特派員斯卡利獲得。不過，赫魯雪夫不知道的是，費克利索夫——顯然是為了在作為通白宮的祕密管道一事上把多勃雷寧比下去——主動向斯卡利提了一個蘇聯領導層沒有授權他去提的建議：同意在聯合國監督下撤除飛彈。甘迺迪認為那是赫魯雪夫的立場，而赫魯雪夫現在別無選擇，只能相信那是甘迺迪的立場。[10]

赫魯雪夫業已採取行動。在擊落U-2之後，他不認為自己繼續有立場拒絕聯合國監督武器的撤走。來自哈瓦那的報告全都顯示，古巴和世界正在快速邁向戰爭。所以一看到甘迺迪提供一條出路，他就準備好接受。他看來就像美國總統一樣害怕迫近的戰爭。他們都熱心於接受他們相信是來自對方的最新提議，而現在輪到赫魯雪夫了。

——

赫魯雪夫中午在莫斯科郊外新奧加廖沃一幢別墅召集主席團開會。根據多勃雷寧所述，赫魯雪夫是在得知西方記者會報導克里姆林宮亮燈到多晚之後，把開會場地從克里姆林宮移師新奧加廖沃。米高揚告訴多勃雷寧，主席團在十月二十七日晚上到新奧加廖沃，並「一直待到星期日」。

別墅本來是沙皇亞歷山大二世的兒子謝爾蓋．羅曼諾夫大公的產業，被赫魯雪夫的盟友和後來的死對頭馬林科夫改為一處官邸。這地方將會世界知名，因為它是喬治．布希和戈巴契夫後來在一九九一年七月的會面之處，也是戈巴契夫在蘇聯末期議政的地方。此地後來成為普丁生活和工作的所在，曾招待過包括小布希總統在內的幾十個外國名流顯貴。在一九六二年秋天，新奧加廖沃別墅仍然是個隱蔽的所在，可以讓赫魯雪夫召開會議而不為人知。[11]

一如往常，首先致詞的是赫魯雪夫。在座的都是統治階層的關鍵人物，包括蘇聯的第二把交椅中央委員會書記科茲洛夫、蘇聯議會主席布里茲涅夫、國防部長馬利諾夫斯基和國防委員會書記伊萬諾夫將軍、外交部長葛羅米柯、「格別烏」主席謝列平，最後但重要的是蘇聯的主要古巴專家米高揚。從一開始，參加會議的人就處於一種高度緊張狀態。赫魯雪夫的助理特羅揚諾夫斯基在幾十年後回憶說：「會上幾乎都是赫魯雪夫一個人在說話，米高揚和葛羅米柯偶而回應一兩句。其他人選擇保持沉默，彷彿心裡都在想，既然是你把我們拉入這個爛攤子，你就自己爬出來。」[12]

赫魯雪夫和主席團的會議跟「執委會」的會議毫無共通之處。甘迺迪的所有顧問除副總統約翰遜以外，都是他所委任，多多少少要聽命於總統，反觀赫魯雪夫的幕僚是由黨大會或中委會選出，不只有權不同意第一書記的意見，還可以建議中委會撤除第一書記的職位。他們兩年後就真的這樣做了——一九六四年十月，他們罷黜赫魯雪夫，逼他退休。然而甘迺迪的幕僚除了少數例外，非常喜歡爭辯和提出異議，反觀赫魯雪夫的幕僚不是贊成赫魯雪夫的決定就是保持沉默，唯一例外是米高揚。赫魯雪夫召集他們不是要徵求他們的意見，集體制定政策，而是要他們為他的決定背書，以防事情出了差錯不用他自己一個人負責。到目前為止，事情確實出了大差錯。

赫魯雪夫此次的目的是要向同僚兜售另一次政策大轉彎。昨天他曾經說服他們同意把撤走土耳其飛彈加入到他給甘迺迪開的條件中，現在他想要他們同意刪掉這一項。他首先回顧了黨的歷史，回憶了列寧在革命和內戰時所採取的戰術：「有的時候我們曾經推進，例如一九一七年十月的時候。但在一九一八年三月我們必須撤退，跟德國人簽署《布雷斯特－里托夫斯克條約》。這個決定是由我們的利益授意：我們必須維持蘇維埃統治。現在我們發現我們與戰爭和核子災難的威脅面對面，人類文明有可能因此而毀滅。為了挽救人類，我們應該撤退。」赫魯雪夫這番話顯示，他現在不只要拯救蘇維埃統治，還要拯救全人類。[13]

「我找大家來商量，是要看看大家同不同意這樣一個決定。」赫魯雪夫就這樣結束了他的開場白。換言之，決定已經做出，他只是要大家背書。他有一個雙管齊下策略：「如果遭受攻擊，我們已經下令實施報復性還擊。另外為了和平，我們同意拆除飛彈設施。」會議摘要上顯示沒有人有異議。根據特羅揚諾夫斯基的回憶，葛羅米柯和米高揚都發表了意見：由於兩人都不是鷹派，他們十之八九是附和赫魯雪夫的既有決定。其他人繼續保持沉默，採取「你說什麼就什麼」的態度，赫魯雪夫因此獲得授權。[14]

特羅揚諾夫斯基在大家討論赫魯雪夫的提議中途打岔，因為他收到緊急訊息要告訴主席團。他回憶說：「開會期間，我接了一通電話，打來的人是外交部長的資深助理蘇斯洛夫，他說多勃雷寧發來的加密電報提到了羅伯特．甘迺迪一番新的談話。」羅伯特的訊息是不具最後通牒形式的最後通牒。他說美國人決定了要除去蘇聯的飛彈基地；軍方正在向總統施壓；時間正在流走；蘇聯應該在一天內做出清晰的回覆。特羅揚諾夫斯基回到會議室，把羅伯特的話從筆記上唸出來。赫魯雪夫和其他人要求他重唸一遍。[15]

在回憶錄裡，赫魯雪夫把多勃雷寧的電報稱為危機的高峰。如果說羅伯特的訊息在特羅揚諾夫斯基的回憶中被視為一種最後通牒，它在赫魯雪夫的回憶中則是一種乞求憐憫的表示。根據赫魯雪夫的理解，羅伯特是在乞求多勃雷寧諒解美國政治體制的獨特之處，幫忙總統為危機尋找一條出路。「總統本人不知道要怎樣才能擺脫困境，軍方正在向他施加強大壓力，要求對古巴採取軍事行動。總統的處境變得極度複雜。」這是赫魯雪夫在回憶中對羅伯特的談話的摘要。他是想設法證明，他的撤退事實上是為了回應甘迺迪兄弟的請求。不過這個解釋要稍後才會出現。在十月二十八日的下午，他熱烈地想要接受甘迺迪提出的條件，愈快愈好。[16]

根據特羅揚諾夫斯基的回憶，會議開到一半，國防委員會書記伊萬諾夫將軍接到一通電話。他向主席團報告說，根據軍方搜集到的情報，甘迺迪總統將會在莫斯科時間下午五點向全國演講。「當時參加會議的人大多做出最壞打算，相信甘迺迪要不是宣布攻擊古巴就是——這看來更加可能——轟炸飛彈設施。」他們必須迅速回應。給甘迺迪的信還沒有草擬，但赫魯雪夫下令葛羅米柯馬上打電報給多勃雷寧，要後者知會羅伯特，莫斯科準備接受他兄長的條件。他這樣告訴他的外交部長：「葛羅米柯同志，我們沒有冒險的權利。一等總統宣布了美國將要入侵古巴，他就不能收回成命。我們要讓甘迺迪知道我們想幫助他。」[17]

葛羅米柯立刻指示多勃雷寧聯絡羅伯特。他發到華府的訊息內容如下：「羅伯特．甘迺迪受總統委託所表達的看法在莫斯科受到理解。今天電台將廣播對總統十月二十七日來函的答覆，此答覆極其正面。讓總統感到不安的主要問題，即關於在國際監督下拆除古巴飛彈基地的問題，並未遭到反對，將在赫魯雪夫的信函中加以詳盡說明。」[18]

赫魯雪夫口授了他給甘迺迪的正式信函的草稿，再由助理趕工完成編輯和潤色（後來特羅揚諾夫斯基回憶說這些助理是他在外交部的同僚）。信上說：「我以尊敬和信任的態度對待您在一九六二年十月二十七日來信中所闡述的聲明。您在信中說：絕不存在對古巴的進犯，不僅美國方面不入侵古巴，而且西半球其他國家也不入侵古巴。這樣的話，促使我們給予古巴這種性質的援助的動機也就不存在了。因此我也給我們的軍官下達了指示，要他們採取相應措施，中止前述的設施，將設備拆卸並運回蘇聯（正如我已經告訴您的，這些武器是由蘇聯軍官所控制）。就像我在十月二十七日的信中告知您的，我們同意與您進行協商，以便使聯合國的代表能夠對這些武器的拆卸情況進行查驗。」[19]

就這樣，赫魯雪夫接受了甘迺迪的所有條件，包括立刻停止建設新的飛彈陣地、撤走飛彈並接受聯合國的監督。羅伯特曾向多勃雷寧要求一個簡短不囉嗦的回答。但寫短信和只講重點不是赫魯雪夫的本色。整封信超過一千五百字，長篇大論地談到蘇聯人民對和平的熱愛。他也沒有錯過機會譴責美國的不友好行為：昨天一艘不知名船隻對哈瓦那的砲轟和一架U-2飛機的飛越蘇聯領空。「你們的飛機侵犯我們的邊界，而且還是在我們兩國正處於如此令人憂慮，已經全部做好戰鬥準備之時。要知道，美國的闖入飛機完全有可能被誤當成攜帶核子武器的轟炸機，因而促使我們採取非常不幸的行動。」

這是扯淡：要搞混一架U-2偵察機和一架轟炸機幾乎是不可能的。不過，莫茨比最近的飛行卻曾讓甘迺迪和麥納馬拉擔心蘇聯人可能誤會，以為他的無意侵犯蘇聯領空是在進行核攻擊前的偵察飛行。赫魯雪夫沒有提安德森的飛機在古巴被擊落的事，但他指責美國侵犯古巴領空，又提到莫茨比的事，明顯是想要為擊落安德森的事找理由。「總統先生，我想提醒您注意，美國的飛機闖入古巴領空也有可能帶來危險的後果。如果您不希望看到這種事發生，就應該避免引起危險的形勢。」[20]

捎給甘迺迪的除了這封信外還有兩個額外訊息。第一個訊息是葛羅米柯在電報中吩咐多勃雷寧的，通知甘迺迪兄弟將會有好消息。第二個訊息寫在一封密信裡，該密信是寫於草擬公開信期間或緊接其後，預定是由多勃雷寧靜悄悄交給羅伯特，內容是關於互撤飛彈的祕密提議。赫魯雪夫寫道：「我同意我們之間透過羅伯特．甘迺迪和華盛頓的蘇聯大使就這個問題繼續進行祕密的討論。您大概注意到，我在十月二十八日寫給您的那封準備立即寄出的信中*沒有提這事，那是因為我考慮到這是您透過羅伯特．甘迺迪轉達的要求。我在該信中所提的所有建議都是以您同意我在十月二十七日的信中所要求的為前提，即以您同意解決貴國在土耳其的飛彈基地的問題為前提。這是您透過羅伯特．甘迺迪在同一天向多勃雷寧大使表示過的。」[21]

就這樣，赫魯雪夫敲定了他和甘迺迪的祕密協議。下一件事是要給卡斯楚寫信、給普利耶夫下達指示和知會吳丹。既然決定了要從不到二十四小時前公開宣示的互撤飛彈計畫退卻下來，赫魯雪夫就必須安撫他不高興的盟友、指示他的軍事指揮官和確保聯合國會合作（這一點現在被包括了在他和甘迺迪的交易中）。

赫魯雪夫日後回憶說：「我才剛剛口授了電文，就收到我們大使以電報轉來了卡斯楚的訊息。卡斯楚通知我們，從他獲得的確切情報顯示，美國將於數小時內入侵古巴。」他繼續說：「卡斯楚訊息中最重要的部分不是他所獲情報的內容，而是他得出的結論——他認為既然這一次進攻無法避免，就必須

* 譯注：指與這封密信差不多同一時間草擬的公開信。

趕在美國人之前動手。他建議為了不讓我們的飛彈被破壞，必須先發制人，立刻對美國實施核子飛彈攻擊。」據赫魯雪夫所述，這個建議讓他和桌子四周的人驚出一身冷汗。他說：「當信的內容唸給我們聽了以後，大家默默坐著，面面相覷。」[22]

經過一些討論後，赫魯雪夫開始口授給卡斯楚的信。這封信要比給甘迺迪的公開信簡短不少，也更緊扣重點。赫魯雪夫在信中說：「我們願意為您提供以下友好忠告：保持耐心、克制和再克制。當然，如果發生入侵，則有必要盡您所能進行反擊。但不要讓自己被激怒，因為目前對你們有利的方案（包括不入侵古巴的保證）已顯端倪，以消除雙方衝突之時，五角大廈那些狂熱的好戰分子看來就想破壞協議，要刺激您讓您做出對自己不利的行動。」[23]

然後會議又決定立即通知吳丹有關蘇聯要拆除飛彈陣地的決定。事實上，在吳丹預定造訪古巴的期間，他將會被邀請視察飛彈設施，而紅十字會的代表也會被請到停泊在古巴的蘇聯船隻上以確定他們沒有攜帶武器。葛羅米柯在電報中指示蘇聯駐聯合國代表佐林：「你應該告訴吳丹，供他本人知悉，目前駛往古巴的蘇聯船隻上根本沒有武器。」電報上沒有提吳丹將要造訪飛彈陣地的事，但主席團決定指示普利耶夫「配合吳丹和那些陪同吳丹一起到陣地去的人」。赫魯雪夫決心要把吳丹拉過來，以穩固他和甘迺迪的交易。[24]

普利耶夫那天所收到的兩通電文中，至少一通是赫魯雪夫口授。不同於他寫給甘迺迪那封囉哩巴嗦的信，也不同於他寫給卡斯楚那封較簡短但內容仍然豐厚的信，他透過馬利諾夫斯基發給普利耶夫的指示簡潔扼要。「我們相信你們擊落U-2偵察機之舉太過草率，因為當時正在達成協議，用和平手段避免對古巴的襲擊。」這番話傳達出赫魯雪夫對普利耶夫管不住手下的不悅，讓他需要為自己辯護。責備之後是一道命令：「我們決定拆除和撤走R-12。開始執行這項措施。確認收到電報。」電報是在莫斯科時間下午四點發出。到傍晚六點半，馬利諾夫斯基發出額外的指示：「除了不得使用S-75的命令以外，你們還不得派出戰鬥機，以防與美國偵察機發生衝突。」美國人將可以通行無阻地凌空飛越古巴領土。赫魯雪夫設法不讓五角大廈的「戰爭販子」有任何藉口可以破壞他和甘迺迪的交易。[25]

給甘迺迪的信不能透過外交管道送出，因為赫魯雪夫擔心那樣的話會因為來不及接受美國總統的條件而引發戰爭。他決定就像兩天前那樣透過電台把訊息廣播出去。私下去信當然會比較理想，因為那樣的話，他就用不著因為改變對土耳其飛彈的立場而尷尬，不過他看來對此已不在乎。負責意識形態事務的中委會書記伊里切夫受委託把赫魯雪夫的信送交蘇聯廣播委員會。他回憶說，他的司機以高速從新奧加廖沃開往莫斯科市中心，途中違反了所有速限和交通規則。他準時抵達。莫斯科時間下午五點，一個主播開始唸出赫魯雪夫給甘迺迪的訊息。

當時是華府的早上九點。這一天是星期天，甘迺迪並沒有計畫再次對全國發表演說。有關他要發表演說的事——赫魯雪夫等人就是因為聽了這事而恐慌起來並趕緊給甘迺迪寫信——乃是子虛烏有。蘇聯的軍事間諜其實是擺了烏龍：電視台計畫重播總統在十月二十二日的演說，他們卻誤以為有新演說要發表。就像古巴飛彈危機中很多其他插曲那樣，這又是美蘇雙方有一方大擺烏龍的例子。蘇聯人不只誤解了他們從電視和收音機聽來的事情（這大概是因為英語欠佳），他們對美國政治和文化的了解也少得可憐。如果甘迺迪真的有意在十月二十九日星期日發表電視演說，他不會安排在早上九點，因為他和他的國人同胞這個時間都要上教堂做禮拜。信奉無神論的蘇聯特工人員並沒有想到這一點。這是一個雙重烏龍，但卻是幸運的烏龍。到了這時候，不只戰爭的選項被排除，解決危機的辦法亦已經輪廓大備。[26]

第23章 贏家和輸家

華府的十月二十八日要比莫斯科晚八小時。到了早上九點（莫斯科時間是凌晨五點），有一大半美國人不是已經在教堂裡就是前赴教堂途中。

當赫魯雪夫即將演講的消息在美國電視和廣播網絡宣布時，中情局局長麥科恩正在參加一場九點鐘的彌撒。麥科恩不太清楚演講的內容可能是關於什麼。他的教友和愛爾蘭同鄉甘迺迪比他更了解情況。十點鐘，在鮑爾斯的陪同下，甘迺迪參加了在賓夕法尼亞大道「聖士提反殉道者天主教堂」的彌撒。準備離開教堂時，邦迪在電話裡把赫魯雪夫的演講摘要唸給他聽：赫魯雪夫接受了他的建議，準備拆除飛彈陣地。總統告訴鮑爾斯：「我感覺自己是一個新造的人。你知道我們已經準備好在星期二展開全面攻擊嗎？感謝上帝事情過去了。」[1]

我們不難猜測甘迺迪在做禮拜時禱告祈求了什麼。昨天下午，他打電話給很熟的約翰・斯卡利，感謝對方為了魯斯克和政府維持與「格別烏」的費克利索夫的非正式談判。「你有上教堂的嗎，約翰？」甘迺迪問，「會的，我會去，總統先生。」斯卡利回說。甘迺迪繼續說：「今天下午或今天晚上我們大部分人都應該上教堂去祈禱，祈求我們沒有誤解蘇聯人正在準備做什麼。因為明天可能是相當漫長的一天。」[2]

但那個早上不是每個人都上教堂。麥納馬拉待在五角大廈，努力安撫李梅將軍和他在參謀長聯席會議的同僚。他們對赫魯雪夫的信有不同的解讀。從早上九點開始，他們在五角大廈的會議室「坦克」裡展開會議，而李梅一開始就要求在第二天攻擊古巴。「我打算今天稍晚去見總統，我希望你們全都跟我一起去。」他對各參謀長說，「星期一將會是飛彈能夠完全運作前摧毀它們的最後機會。」當參謀長們在九點半讀到赫魯雪夫演說的電報紙條時，李梅一點都不高興。他說：「蘇聯人也許只是裝裝撤退的樣子，仍然在古巴保留一些武器。」麥納馬拉和與會的尼彩盡力安撫李梅等人，指出這協議將會讓美國在加勒比海有比蘇聯更強的地位。將軍們對於赫魯雪夫突然對甘迺迪的提議讓步感到困惑不解，但還是不得不軟化立場。[3]

甘迺迪以贏家的身分離開教堂。十一點過後不久，當他進入白宮的「內閣室」時，感覺到喜氣洋洋的氣氛。他的幕僚們剛剛聽完了赫魯雪夫信函的英譯本。魯斯克正在對大家講話，稱這消息為在座每一個人的勝利——不管他們在商議對策期間採取什麼立場皆是如此。「我想這對每種行動路線的人都有一些滿足感。」魯斯克說。邦迪對魯斯克的「感覺良好」並沒有完全滿意，表示今天是「鴿派的一天」。這一天毫無疑問是「甘迺迪的一天」——他在危機的一開始是個勉強的鷹派，但後來卻變成了全心全意的「鴿派」。

本來打開了錄音機的甘迺迪在聽了幾分鐘幕僚們沾沾自喜的發言後把錄音機關上。他對於官僚們的恭維不屑一顧。當甘迺迪在「內閣室」外和索倫森談話時，他們其中一人主張甘迺迪已經夠威望做幾乎任何事，包括調停中國和印度正在進行的戰爭。甘迺迪否認有這種可能性，該幕僚說：「可是總統先生，你今日極為自豪。」甘迺迪笑著回答：「這種情形大概會維持兩星期。」[4]

白宮中的這位和平締造者還沒有向他的將軍們和大部分幕僚解釋他出人意表的驚人成功。但他在國內和國際舞台上的地位僅僅在幾小時之間就改變了。他一直被前任總統批評為軟弱，然後又一次又一次地在和赫魯雪夫的對壘中落敗，但現在卻突然之間成為一個能夠堅守立場並迫使一個強大敵人撤退的英雄。如果說到目前為止他都只是在被動回應著赫魯雪夫，一個即使在撤退時都仍握有主動權的對手，那麼接下來他將一直維持上風。不過甘迺迪的桂冠卻是滿布荊棘，因為他還有一個不可告人的祕密：古巴—土耳其的飛彈互撤交易。

—

「執委會」接下來的會議成為了該委員會史上最短的會議之一：從十一點十分開至十二點十五分。會議決定取消當日的偵察飛行以防意外發生，研議了聯合國對撤走蘇聯飛彈的監督如何執行。美國將會準備代表聯合國監督飛彈的拆除和撤離，又或者是透過聯合國進行這項工作。在後面那種情況下，美國會為聯合國提供飛彈陣地的位置和性質的情報。

甘迺迪也想要蘇聯的「伊留申28」飛機離開。它們雖然老舊過時，但仍然能夠向美國領土投送核子彈而構成了威脅，因此可以歸類到甘迺迪在九月初的聲明中提到的「進攻性武器」的範疇。還是十月二十日的時候，他和顧問們開會時曾宣稱，他不介意蘇聯派駐在古巴的飛機，又建議大家必須「準備好適應生活在蘇聯轟炸機所代表的威脅之下。」但是情勢已經改變。他不再處於下風，處於下風的變成是赫魯雪夫，所以他大可隨意喊價。他可以把轟炸機拉進來。但他決定不馬上提這一點，以免他和赫魯雪夫的飛彈協議會橫生枝節。每個人都表示同意。甘迺迪要求「執委會」的人不要公開發表洋洋得意的言論，因為危機還沒有真正過去。[5]

甘迺迪稍後簽署要給赫魯雪夫的信與他先前曾送去莫斯科的信件完全不同。信的內容是他和幕僚們經過長久討論之後草擬的，對於要說些什麼，以及要回應赫魯雪夫哪些論證而費煞腦筋。信中也沒提及蘇聯先前的欺騙或不當行為，不過倒是有對莫茨比上尉誤飛蘇聯領空一事表示道歉。甘迺迪寫道：「由於你我肩負維護世界和平之重大責任，我想我們都很清楚事態已經朝著變得無法控制的方向發展。」

接著甘迺迪表示他了解怎樣才能達成協議，又說自己對協議有堅定追求：「我認為我在十月二十七日給您的信和您今日之回信，表達了我們兩國政府的堅定承諾，其付諸實施是刻不容緩的。」最後，他正面回應赫魯雪夫所建議的，重新對核子裁軍進行討論。「我認為我們應該優先解決有關核子武器在地球和外太空的擴散問題，盡最大努力禁止核子試爆。」甘迺迪寫道。他已經準備好透過恢復討論禁止核子試爆來超越古巴飛彈危機。[6]

這封信提到的是協議的公開部分。他八成寧願忘了透過羅伯特向多勃雷寧提出的建議，但赫魯雪夫卻不會不提醒他。那天早上，多勃雷寧打電話給羅伯特，要求會面。羅伯特回憶說，那天早上他沒有上教堂而是帶著三個女兒到華盛頓軍械庫參觀一場馬術表演。十點左右，他接到魯斯克的電話，告訴他赫魯雪夫接受了總統的條件。羅伯特趕回白宮，在那裡接到多勃雷寧的電話。兩人約好十一點在羅伯特的司法部辦公室碰面。[7]

一如往常，蘇聯大使是最後一個知道莫斯科有什麼決定的人。他向他的老闆們抱怨，他們給他的指示是在美國電台播出赫魯雪夫的回應約一個半小時後才到達。他還沒有收到赫魯雪夫致甘迺迪的公開信的文稿，也沒有赫魯雪夫給甘迺迪談土耳其—古巴互撤飛彈的密信的副本。他說的「指示」是葛羅米柯給他的電文，那是在莫斯科時間下午四點發出，要求他馬上接觸羅伯特，告訴他莫斯科欣賞他前一晚對多勃雷寧說的話，也將會對他兄長的建議做出正面回應。因此，多勃雷寧帶著昨天的消息前往司法部，告訴羅伯特一封寫給他兄長的信正在草擬中。事實上，在當時，信的內容已經透過電波放送各處。

見面後，多勃雷寧把他的慢半拍訊息歸咎於電報站的問題。不過羅伯特倒是因為他從白宮得到的消息獲得確認而感到高興。這是幾星期以來多勃雷寧第一次看見他微笑。「真是讓人大大鬆一口氣啊！」羅伯特說。多勃雷寧在後來給莫斯科的報告中說：「他說這些話的時候明顯是有點不由自主。」葛羅米柯的訊息暗示，羅伯特昨晚透過多勃雷寧傳達的提議是讓赫魯雪夫對甘迺迪的公開提議有止面回應的主要原因。這顯然就是羅伯特對他和多勃雷寧的會面的目的的理解。

在與蘇聯大使道別時，羅伯特請對方給協議中的土耳其部分保密。根據多勃雷寧給莫斯科的報告，羅伯特說：「特別是不能讓記者們知道。在我們這邊甚至連白宮新聞祕書薩林格目前還不知道這件事。」多勃雷寧向他保證，自己是整間大使館裡唯一知情的人。臨走前，羅伯特告訴多勃雷寧，他終於可以回家看小孩了，因為這段時間他「完全不在家」。[8]

「這次會面和昨晚的會面感覺上氣氛相當不同。」羅伯特在他的回憶錄裡說。接著他到白宮向總統簡報他和多勃雷寧的會面經過。[9]

羅伯特還在橢圓形辦公室的時候，他兄長打了電話給三位前任總統：胡佛、杜魯門和艾森豪。他是要報告他的勝利和隱瞞他是怎樣得到這勝利。在當時，他唯一能認定危機已經過去的憑藉只有多勃雷寧的保證。

甘迺迪把第一通電話打給對他來說最攸關重要的前任艾森豪將軍。「將軍，您好嗎？」他說，然後細述了他和赫魯雪夫的過招經過。他告訴艾森豪，赫魯雪夫曾經發布一個公開訊息，表示「如果我們從土耳其撤走飛彈，他就把古巴的飛彈撤走。您知道的，當時我們發表了一個聲明，表示不能接受這樣的協議。然後在這個早上，我們又獲得了現在這個訊息」。「但他沒有提任何條件嗎？總統先生。」艾森豪問道。甘迺迪撒了個謊：「沒有，除了要求我們不可入侵古巴。」艾森豪「唔」了一聲後，甘迺迪繼續說：「那是我們目前唯一接受的條件。」[10]

第二個電話是打給杜魯門。雖然杜魯門沒有提土耳其，但甘迺迪還是把謊撒了一遍：「然後，在星期日早上，在收到上一封信的十二小時後，我們收到這一封談及土耳其飛彈基地的完全不同的信。」杜魯門說：「他們都是那樣玩花樣的。」甘迺迪繼續說：「然後我們拒絕了。然後他們回頭……接受了早先的提議。」杜魯門稱讚甘迺迪做得對。胡佛的意見和杜魯門一樣，他說：「在我看來，最近這些事件都相當不可思議。」「它們是不可思議。」甘迺迪說。「那代表了您的一場漂亮勝利。」胡佛說道。[11]

自此，甘迺迪便再也不能不隱瞞他和赫魯雪夫的祕密協議，也決定了絕不把協議寫成白紙黑字。另一方面，赫魯雪夫卻希望甘迺迪做出書面保證。十月二十九日，多勃雷寧再一次去找羅伯特，這一次是轉交一封赫魯雪夫給美國總統的密函。信的一開始寫道：「尊敬的總統先生，多勃雷寧大使向我彙報了十月二十七日與羅伯特·甘迺迪的談話。」赫魯雪夫感謝甘迺迪要弟弟轉達美國打算撤走土耳其飛彈的提議，又指出他會同意甘迺迪的公開條件是因總統的不公開提議所致。赫魯雪夫完全不介意祕密協商，而且準備好保持該管道暢通。他說：「我認為有必要向您聲明，我理解公開表示研議取消在土耳其的飛彈基地對您來說確實有些微妙的困難之處。考慮到這一問題的複雜性，我認為您不公開討論它的要求是正確的。」[12]

第二天，羅伯特向多勃雷寧保證總統將會信守承諾，但不會簽署任何信件，包括最祕密的信件。他說：「在涉及如此高度敏感的議題時，我們不準備以信件的形式認證總統和蘇聯政府領袖之間的這個默契，即使是最機密的信件形式。坦白說，例如我本人就不想冒險轉達這一類的信件，因為天曉得信件會不會不知怎地被公開——不是指現在被公開而是指未來或事件的演變發生變化時。這樣的文件的曝光將會對我未來的政治生涯造成不可彌補的傷害。這就是為什麼我要求您把這封信收回。」

多勃雷寧因此不得不把信收回。十一月一日，這位蘇聯大使把赫魯雪夫的另一個訊息傳達給司法部長。蘇聯最高領導人表示信得過總統的話，所以因土耳其飛彈而爆發醜聞的可能性就全部消失了。[13]

這也讓赫魯雪夫有很多解釋的工作要做。如果甘迺迪必須把自己的政治讓步保密，赫魯雪夫就無法向自己人民和世人解釋他為什麼會放棄本來所要求的，要美國把飛彈從土耳其撤走。他必須撒謊才能讓協議獲得保全。赫魯雪夫十之八九深知走漏任何風聲都會讓甘迺迪不能保持承諾。不意外地，赫魯雪夫的作風和性情讓他自稱是古巴危機的勝利者。他聲稱他已經達成了拯救古巴的目的，又聲稱他不用基於地緣政治的理由把飛彈留在古巴，因為蘇聯大可以從本土攻擊美國。最後但重要的是，他已經從卡斯楚準備點燃的核子戰爭中拯救了世界。

他第一個為自己解釋的機會出現在十月二十九日，也就是危機結束的第二天。當時由捷克共黨領袖諾沃提尼率領的代表團訪問莫斯科。克里姆林宮的主人信守對甘迺迪的承諾，沒有向諾沃提尼提古巴－土耳其飛彈互撤的事，不過他暗示「有某些他們認識的人和我們聯絡，表示如果我們幫助他們擺脫這場衝突的話將會很感激。」赫魯雪夫接受甘迺迪所說的，政治形勢讓他無法把土耳其的協議公開。「我們了解這些問題＊離加勒比海和古巴的實際處境太遠，甘迺迪無法回覆，因為他還必須與北約其他成員國商議，而目前的處境又太嚴峻，不容我們拖延不去解決。」[14]

「這次誰贏了？」赫魯雪夫問捷克代表團，然後自己作答，主張他已經達成他的主要目的。「我認為是我們贏了。我們必須從我們最終的目的來衡量。美國人有什麼目標？攻擊古巴和廢除古巴共和國，在古巴建立一個反動政權。事情沒有按照他們計劃的發展。我們的目標是拯救古巴，拯救古巴革命。這是我們給古巴運送飛彈的原因。我們達成了目標。我們逼得美國人承諾不攻擊古巴。他們也承諾美洲大陸其他國家不會攻擊古巴。」

赫魯雪夫藉這個機會怪卡斯楚不該加劇衝突，主張對美國進行核武攻擊。他還強調了核戰的可怕──在這個問題上，他和他的主要共產黨內競爭對手毛澤東的態度大相逕庭。他想要證明中國共產黨的看法是錯誤的。「這次的衝突（我們真的走到了戰爭邊緣）證明戰爭在今日不是由命運決定，它是可以避免的。因此中國人的主張，以及他們有關當代局勢的評估都再一次被否認。就像我們看見的，帝國主義並不是紙老虎，它是一隻可以狠狠咬你屁股一口的老虎。」

赫魯雪夫不只把自己說成從帝國主義拯救了古巴，還說成從核子戰爭拯救了整個世界，是個老練和通情達理的政治家，知道何時以及該如何妥協，此外還是世界輿論場上的贏家，與資本主義者過招一樣可以得分。在共產主義同仁諾沃提尼面前，赫魯雪夫容許自己大言不慚：「這場衝突及我們的做法的重要結果就是現在整個世界都把我們視為拯救和平的人。現在，我在世人眼中是一隻羔羊。這也不壞。和平主義者羅素寫信感謝我，除了我們都想要和平之外，他和我當然沒有共通之處。」[15]

無論從哪方面來看，赫魯雪夫的同僚（事實上是他的下屬）都接受他的解釋和吹噓，毫不質疑。蘇聯的媒體也是一樣。《真理報》和其他大報不只刊登了羅素寫給赫魯雪夫的信，還刊登了第三世界國家元首——特別是印度總理尼赫魯之類的不結盟運動領袖——讚揚他維持和平的努力的恭賀信和賀電。

這一切並不是純然的政治宣傳。世界上很多人著實感激赫魯雪夫從核戰邊緣向後退，也有些人把危機的結果視為美國的一個失敗。十月二十八日，也就是世界各地報導了赫魯雪夫接受甘迺迪建議的消息那一天，巴西大使坎波斯從華府報告說：因為古巴被承認為一個可防衛自己的國家，「美國的道德姿態受到壓縮，而赫魯雪夫雖然是危機的始作俑者，但他在中立主義的世界輿論眼中卻是和平的締造者。」[16]

但在蘇聯控制以外和不結盟國家以外的地區，赫魯雪夫更多是被視為一個輸家而非贏家。美國人認為甘迺迪是勝利者。《紐約時報》十月二十九日一篇報導的標題為〈俄國人退讓：告訴總統基地建設工

＊ 譯注：指撤走土耳其飛彈的問題。

作中止，同意談判〉。巴西大使坎波斯感受到得到美國官員的洋洋得意情緒：「在華府，人們認為這事件（一）證明了北美指控有核子武器的存在是事實；（二）證明了五角大廈判斷正確，蘇聯人確實認定北美擁有核子優勢；（三）在經過四個月的極其辛勞和每日花費估計為一百萬美元的情況下，蘇聯人回到了原點，只從美國口中獲得一個不入侵的保證，而此保證是華府已經單方面宣布的。」[17]

西歐也是一樣的感覺。《紐約時報》駐莫斯科特派員托平根據莫斯科的西方外交官和記者的意見做出他的評估。他們認為「有關土耳其的建議在被甘迺迪總統拒絕之後就突然拋棄，是莫斯科的恥辱」。他繼續說：「這裡的西方觀察者相信，赫魯雪夫先生的信代表了對古巴議題的撤退，其後果可能會相當深遠。這個問題的處理方式——從祕密部署飛彈基地到因為美國的壓力而撤走——被認為有可能對蘇聯在海外的威望有損，也有可能影響當前蘇聯領導階層的國內政治地位。」美國新聞處為總統準備的一份談各國媒體對古巴危機結局的反應的報告指出：古巴媒體沉默了三個小時，北京「悶悶不樂」，西歐人大談權力的天秤正在向美國傾斜。[18]

蘇聯的海外記者發現自己處於守勢，被迫評論赫魯雪夫已經不在莫斯科掌權的說法。《真理報》記者朱可夫在跟湯普森見面時否認西方所報導的，赫魯雪夫在給甘迺迪的信中突然改變立場意味著他已經被同僚推翻。根據湯普森的報告，朱可夫馬上說：「這肯定不是事實，赫魯雪夫先生仍然是老大。」不是每個人都覺得這說法可靠。幾天前，因為被法國駐美大使阿爾方問及，魯斯克曾經給他看赫魯雪夫在十月二十六日寫給甘迺迪的信。讀信之後，阿爾方認為它顯示出「歇斯底里和心理失衡的症狀」。[19]

就像他在十月二十八日「執委會」會議結束時奉勸幕僚們的那樣，甘迺迪努力不去給赫魯雪夫做精神分析或者流露出洋洋得意。第二天，《紐約時報》登出了與甘迺迪關係親近的著名記者賴斯頓的文章。文章一開始這樣說：「甘迺迪總統沒有把古巴危機看成一場大勝，而只不過是『冷戰』一個單一孤立地區的高尚忍讓。」文章稱甘迺迪還沒有從這次危機中得出未來要如何與蘇聯相處的結論。不過，甘迺迪的顧問史萊辛格同一天寫的一份備忘錄正是建議他發表演講談這個問題：「演講應該把這次勝利詮釋為讓國人習慣在未來為了有限的目的而使用有限的武力，與此同時指出我們在古巴的成功並未證明武力可以解決一切。」[20]

甘迺迪和赫魯雪夫兩人都聲稱在危機中取勝。不過如果甘迺迪關心的是怎樣保障和利用他的勝利，那赫魯雪夫就更關心怎樣解釋他為什麼會突然改變立場，在土耳其問題上退縮。他只用一隻手來打這場仗，第二隻手則忙於遮掩甘迺迪給他的「禮物」：古巴—土耳其的飛彈互撤。不管他告訴別人什麼或別人告訴他什麼，後續事件都顯示赫魯雪夫對甘迺迪的態度已經激烈改變。這位一度被他視為又嫩又弱的年輕總統在他眼中突然變得令人生畏，不是他能夠牽著鼻子走，不能等閒視之。赫魯雪夫學會了尊重甘迺迪。

一個拒絕稱勝的領袖是卡斯楚。如果聽信赫魯雪夫的說法，卡斯楚就是從美蘇協議中獲益最多的人。他曾經把自己的威望和國家安全都押在了賭桌上，而現在古巴不但避免了被美國攻擊和占領，也避免了在一場核子衝突中化為灰燼。卡斯楚還得到了美國的不入侵保證。但卡斯楚的感覺不是這樣。他認為他不只喪失了他本已到手的飛彈和核彈頭，更重要的是他喪失了作為一個獨立國家領袖的尊嚴。而他並不準備在他新建立的共產主義的宗教祭壇上犧牲他的威望。

第24章　憤怒

幾十年後，卡斯楚回憶起他和同志們讀了赫魯雪夫給甘迺迪的信之後的反應時，這樣說：「我們國家的反應不是鬆一口氣，而是深感憤怒。」他不是從蘇聯大使或莫斯科電台得知信的內容，而是從美聯社的電傳打字電報。[1]

一份古巴報紙的主編在十月二十八日大約中午打電話給卡斯楚，想知道要怎樣處理這則新聞。「什麼新聞？」卡斯楚驚訝地問道。知道了是怎麼回事後，他勃然大怒，打碎了家裡一面鏡子。他連連咒罵本來是救星的赫魯雪夫是「狗娘養的」、「王八蛋」和「龜孫子」。他的情緒比甘迺迪在十二天前知道了蘇聯在古巴部署飛彈時還要激動。在一九九〇年初回憶這件事時，卡斯楚用了不同的措詞，但依舊感到痛苦：「聽到這個消息後，我們覺得我們變成了籌碼。」他的蘇聯盟友不只事前沒有問他意見，連事後也沒有告訴他美蘇協議。[2]

幾天後卡斯楚對來訪的米高揚說：「蘇聯方面的讓步產生了一種壓迫感。我們的人民並未為此做好心理準備。我們感到深深的失望、怨恨和痛苦，就像我們被剝奪的不只是飛彈，還是團結的象徵。有關飛彈發射台正在拆除和準備運回蘇聯的報導，起初在我們的人民看來是一個無禮的謊言。」卡斯楚覺得赫魯雪夫同意讓聯合國檢查古巴境內的飛彈陣地更加有冒犯性。這一次也是沒有事先問過古巴人的意見。卡斯楚告訴米高揚：「蘇聯同意檢查也沒有先知會過古巴領導階層。有必要考慮我們人民特別的敏感感情，那是由好幾個重大歷史發展所創造的。美國加諸古巴的《普拉特修正案》在這方面扮演一個特別重要的角色。」[3]

我們不清楚米高揚知不知道《普拉特修正案》的事。卡斯楚談的是一九〇一年美國國會通過的《陸軍撥款法》的一個修正案，該修正案以提案人參議員普特拉命名。它容許美國在古巴買地和租地，以興建軍事基地（關塔那摩基地是其中之一），禁止古巴負債，限制古巴對外交事務的主權。這些規定都沒有事先問過古巴政府意見。卡斯楚暗示蘇聯現在做一樣的事。卡斯楚自覺受到冒犯，而他的悲憤不只是對他受傷的自尊的一種反映，它們表達出古巴領導階層及支持革命的古巴人的感受，他們全都覺得受到了背叛。[4]

甘迺迪和顧問們為了如何能讓土耳其答應撤走「木星」飛彈和讓北約盟友同意這個決定而費煞思量，反觀赫魯雪夫卻沒有花太多時間或完全沒有花時間考慮卡斯楚和他可能的反應。赫魯雪夫預期卡斯楚會乖乖聽話。作為一個附庸和共產主義俱樂部的資淺成員，他理應會尊重他的保護人和共產主義最高領袖所制定的政策。東歐的共產國家領袖都是這個樣子。另外，赫魯雪夫也是衷心相信他達成的協議是符合卡斯楚和古巴的最佳利益。赫魯雪夫所未見的是，卡斯楚革命的民族主義成分要遠大於共產主義成分。這個革命的主要口號——「誓死保護祖國」——是關於民族主義而非共產主義。被當成另一個強權的傀儡對待或擺布是卡斯楚和他的支持者所能想像最糟糕的事情。

幾天前的十月二十六日的早上，甘迺迪的「執委會」曾經討論要不要指示美國駐巴西大使利用巴西的外交管道在卡斯楚和赫魯雪夫之間製造嫌隙。方法是佯稱莫斯科下令還沒有去到封鎖線的貨船折返蘇聯，以及散播謠言，指蘇聯準備好用古巴來交換美國在柏林的讓步，好讓卡斯楚看似是赫魯雪夫手上的一枚棋子。這個指示從來沒有發到巴西，而巴西人也沒有找過卡斯楚。但現在看來，卡斯楚自己得出了類似的結論。憤怒變成了卡斯楚對莫斯科的新態度的驅力，而赫魯雪夫必須找到方法處理一個新危機——這個新危機不只是他所未能預見，也是他所未能完全理解的。[5]

—

深受卡斯楚信任的阿列克謝耶夫——他是卡斯楚和赫魯雪夫之間的直接管道——在十月二十八日發現自己身處蘇聯—古巴關係的政治風暴的正中央。就像他在華府的同僚多勃雷寧那樣，當古巴總統托拉多要求他解釋美蘇達成協議的新聞時，他一頭霧水。因為對赫魯雪夫又寫給甘迺迪的信一無所知，阿列克謝耶夫叫托拉多不要信任美國的電台。托拉多表示，讓他介意的是該聲明是由蘇聯電台廣播。阿列克謝耶夫幾小時後就收到赫魯雪夫要他轉交給卡斯楚的信，他馬上設法轉交，但卡斯楚拒絕見他。[6]

在信中，赫魯雪夫想說服卡斯楚他和甘迺迪的協議是符合卡斯楚的利益，因為根據這協議，美國「不僅不會派自己的兵力入侵古巴，而且也將制止自己的盟友入侵」。不過，這封信的主要目的並不是告知卡斯楚，而是要安撫他，讓他不致做出可能會危害美蘇協議的行為。赫魯雪夫寫道：「我們想建議您，在現在如此危險的轉折時刻不要聽憑感情驅使，而要表現出克制。必須要說的是，我們理解您對美國侵略行為的憤怒，對它破壞國際法的基本準則的憤怒。但現在起作用的與其說是法律，不如說是五角大廈的好戰分子的輕舉妄動。現在，一份協議正在形成之中，五角大廈力求找到破壞這協議的機會。」

赫魯雪夫要求卡斯楚不要被挑釁擺布。[7]

受卡斯楚的拒見，阿列克謝耶夫改為安排一次跟托拉多和負責古巴農業改革的羅德里奎茲的會面，把信呈遞出去。托拉多對他說：「不幸的是，古巴和拉丁美洲的人民認為，只依靠甘迺迪的承諾就把特殊武器拆除的決定是蘇聯政府的失敗。」古巴人感到失望，而卡斯楚正煞費思量想辦法安撫忠心分子：他們相信整個蘇聯特遣隊正在離開古巴。他想要得到更強的保證，並提出自己接受美蘇協議的條件。阿列克謝耶夫在給莫斯科的報告中說：「古巴領導階層內部充滿混亂和困惑。」[8]

古巴會接受美國不入侵保證的五個條件在十月二十八日下午由哈瓦那電台廣播。內容包括結束對古巴看得見和看不見的攻擊，停止對該島的商業封鎖，美國人從關塔那摩海軍基地撤走。一起發表的還有一份聲明，內容相當於表示，古巴會射擊任何侵犯領空的飛機。美蘇協議中的一個重要要素是要核查飛彈基地的拆除情形，現在這個要素變成了卡斯楚的槓桿。他的五點條件暗示著核查只有在兩大超級強國——特別是美國——接受卡斯楚的要求時才會被接受。[9]

雖然這五點是正式向美國提出的，但古巴外交部長勞羅亞告訴南斯拉夫駐哈瓦那大使維達科維奇：「他們更多是說給赫魯雪夫聽的，而非給甘迺迪聽。」他又補充說：「事情既然關乎我們，我們就必須有發言權。」維達科維奇在另一封電文上引用勞羅亞的話說：「我們存在，這是他們必須知道的——『他們』包括這一邊和另一邊*。」南斯拉夫大使補充說，這解釋了為什麼卡斯楚要發表他的宣言。維達科維奇說得不錯。卡斯楚將會在幾日後向聯合國祕書長吳丹透露，發表五點宣言是要讓蘇聯更加為難。[10]

---

*譯注：指蘇聯與美國。

他在同一天回覆赫魯雪夫的信寫道：「我想要告訴您，我們原則上不同意對我國領土進行檢查。」但信的大部分內容都是用來解釋為什麼當初他要下令對美國飛機開火（赫魯雪夫認為這個舉動是導致U-2飛機被擊落的原因）。卡斯楚建議赫魯雪夫詢問他麾下的指揮官：「蘇聯軍事領導層會向您報告有關這架飛機如何被擊落的補充資料。」他沒有反駁赫魯雪夫所主張的，是他下令擊落U-2飛機，而幾天後他也告訴吳丹：「飛機是被我們的防空武力擊落的。」[11]

卡斯楚知道實際上發生了什麼事，但不準備承認在他領土上的外國部隊不受他的管轄。他曾經不遺餘力反對拉丁美洲國家讓外國駐軍，現在他看來默認了古巴有蘇聯基地。責怪蘇聯擊落U-2飛機將形同承認他對他領土上的外國軍隊沒有控制權。卡斯楚不準備這樣做。

——

卡斯楚最終在十月二十九日星期一，也就是赫魯雪夫給甘迺迪的信被廣播的第二天接見阿列克謝耶夫。阿列克謝耶夫還有另一封信要給他，但這一封不是以赫魯雪夫個人名義而是以整個蘇聯領導階層的名義發出。

主席團想要卡斯楚發表一個支持美蘇協議的公開聲明：「用你自己的話把我們已經說過的事情表達出來。」這個主意據說是出自美國人，赫魯雪夫想藉這個說法轉移卡斯楚對他的憤怒。為了顯示主意確實是美國人所出，主席團給了阿列克謝耶夫一份「格別烏」華府站長費克利索夫和他的美國聯絡人斯卡利之間的談話逐字稿。斯卡利（他的名字不會出現在逐字稿裡）保證卡斯楚的這種倡議將會在美國受到正面對待。赫魯雪夫這是想要安撫卡斯楚，靠著讓他在解決方案裡有一個角色而療癒他一些受傷的自尊。不過這角色是為一個沒有諮詢過他的決定背書。不讓人意外地，卡斯楚仍是一副愛理不理的樣子，只答應會研究信中的提議。[12]

阿列克謝耶夫向莫斯科報告說：「我沒有見過卡斯楚這麼沮喪和生氣。」卡斯楚告訴這位蘇聯大使：「我們不會容許任何人在我們的國土進行任何檢查。」他把檢查稱為一種「羞辱程序」。他也攻擊蘇聯人的弱點，指他們已經向美國人屈服：「蘇聯向美國的壓力屈服的印象已經形成了。」為了安撫卡斯楚，阿列克謝耶夫主張讓赫魯雪夫給他寫一封「熱情」的信和發表支持卡斯楚五點主張的公開聲明。[13]

赫魯雪夫這時已經充分知道自己有麻煩，而且這麻煩愈來愈糟糕。他日後回憶說：「卡斯楚沒有弄明白我們這一行動中所包含的全部深層含義，沒有弄明白這是個政治策略。他大動肝火，用各種方式抨擊我們——如果可以這樣形容的話。中國人又給卡斯楚的『革命主義』和『極端主義』煽風點火，而我們卻蒙受了道義上的損失。我們在古巴的行動本該受到褒揚，卻反而遭到貶損。卡斯楚認為我們出賣了古巴而中國人支持古巴。」危在旦夕的不只是美蘇協議的落實，還是蘇聯在共產世界的領導地位。[14]

赫魯雪夫的第一個反應是不理會阿列克謝耶夫的建議。他不但沒有給卡斯楚寫一封「熱情」的信，反而像平常那樣訴諸威嚇。他在十月三十日寫給卡斯楚的信中先是送暖：「我們了解您的處境，也把您的困難放在心上。」不過他接著採取攻勢，批評卡斯楚不應該在十月二十七日建議使用核武對付美國。「親愛的卡斯楚同志，雖然我明白您的理由，但我認為您的建議是不妥的。我們正處在熱核戰爭一觸即發的危急關頭。熱核戰爭當然會讓美國遭受巨大損失，但蘇聯和整個社會主義陣營也會受到嚴重損害。

至於古巴人民所要受到的損失就更加難以想像了……我們與帝國主義的鬥爭不是為了犧牲才去進行的，而是為了在這場鬥爭中充分利用我們所能爭取到的一切條件，用最少的代價來贏得更多的東西，是為了奪取共產主義的勝利。」[15]

不過赫魯雪夫的威嚇策略或邏輯假設都沒有產生他所希望的效果。卡斯楚第二天的回信一樣桀驁不遜。他寫道：「我不明白您怎麼能說您我曾就您的決定有過商量。」這是回應赫魯雪夫在來信中高高在上的一句話：「親愛的卡斯楚同志，就在您給我們發來一份比一份更緊急的電報時，我們就同您商量過了。」卡斯楚不隱瞞他不贊成美蘇協議，也不信任甘迺迪的保證，他寫道：「帝國主義者正在再次叫囂要入侵我國，這證明了他們的承諾是轉瞬即逝，根本不值得信賴的。」阿列克謝耶夫建議莫斯科不要回信，這一次赫魯雪夫聽從了。他必須想出不同的戰術，但不能改變戰略。如果卡斯楚不同意受檢，美蘇協議就不能夠落實。[16]

卡斯楚堅持己見，決心要推行自己的外交政策，讓自己成為國際舞台上的一名獨立演員。十月三十日下午，當他在哈瓦那的總統府歡迎來自紐約的貴賓聯合國祕書長吳丹時，他證明了自己不只完全獨立於美國，還完全獨立於蘇聯。

聯合國是蘇聯及古巴和美國及其盟友爭奪大眾支持的主要戰場。史蒂文森所出示的蘇聯飛彈陣地照片，以及他和蘇聯大使的脣槍舌劍是這鬥爭的重頭戲，但不是鬥爭的唯一戲碼。緬甸外交官出身的聯合國代理祕書長吳丹在阻止危機升級為公開對峙一事上扮演重要角色。他是第一個公開提出危機解決辦法的人，在公開場合和私底下都不遺餘力推廣自己的建議：蘇聯以撤走飛彈交換美國保證不攻擊古巴。[17]

美國人鼓勵吳丹提議聯合國對古巴飛彈陣地進行檢查已經有一段日子，但赫魯雪夫在接受甘迺迪建議的「飛彈應該在聯合國監督下移除」之前，從來沒有問過吳丹是否願意擔任這種角色。不過一接受建議之後，赫魯雪夫就指示葛羅米柯不只要透過多勃雷寧把這消息告訴羅伯特，還要他透過蘇聯駐聯合國代表佐林知會吳丹。同一天，也就是十月二十八日，吳丹寫信給赫魯雪夫，表示他對蘇聯決定拆除飛彈陣地「無比欣慰」，並已經準備好「就聯合國代表查核飛彈基地拆除一事達成協議」。[18]

卡斯楚在十月二十七日邀請吳丹造訪古巴，當時他和古巴的蘇聯駐軍指揮官們都對迫在眉睫的入侵提心吊膽。他不只需要祕書長作為調停人，並在信中表示他準備好討論他和美國的分歧，他同時也需要用祕書長作為抵抗入侵的盾牌。到了吳丹接受邀請，降落在哈瓦那機場的柏油路上時，古巴的情勢已經徹底改變。美國媒體猜測吳丹去古巴是要說服卡斯楚接受甘迺迪和赫魯雪夫說好的檢查。祕書長宣布他準備好討論範圍廣泛的一系列議題，但沒有反駁媒體所說的，檢查飛彈陣地的事是他此行的主要目的之一。那確實是他的主要目的。[19]

吳丹在十月三十日下午和卡斯楚第一次會面時就提到了檢查飛彈基地的問題。他指出美國有這種建議，但沒說這也是自己的意思。卡斯楚不打算改變立場：

「我們所不明白的正是為什麼要這樣要求我們。我們沒有觸犯任何法律……正好相反，我們才是受害者，是封鎖的受害者，那是一種不合法的舉動。其次，我們是另一個國家的受害者，這個國家聲稱他們可以決定我們有權在我國國界之內做什麼和無權做什麼。在我們的理解裡，古巴是一個主權國家，與聯合國任何其他成員國所享有的主權相比沒有更多也不會更少……在我看來，所有檢查的言論都是再次羞辱我們國家的企圖。我們不會接受。」

當吳丹試圖以剛果政府曾邀請聯合國人員進入其領土的例子反駁國家主權論點時，憤怒的卡斯楚反駁說：「曾經做出這要求的剛果政府已經死了和被埋葬了！」他指的是剛果共和國前總理盧蒙巴在一九六一年一月被西方支持的反對者謀殺一事，當時該國雖然駐有聯合國維和部隊，一樣無濟於事。除了不讓聯合國人員檢查飛彈陣地，卡斯楚也不讓他們檢查把武器載運回蘇聯的船隻，只要它們還是在古巴港口就不容檢查。在這次會面，卡斯楚大談國家主權和國恥，吳丹大談國際和平所受到的威脅，兩人沒有交集。[20]

在第二天和卡斯楚再見面時，吳丹採取一種不同的戰術。這一次他把蘇聯人也拉進來。他問卡斯楚，他對於赫魯雪夫接受甘迺迪所建議的由聯合國檢查古巴的飛彈陣地有何感想。這一問觸到了卡斯楚的最痛之處——赫魯雪夫的態度不只讓卡斯楚顯得對蘇聯飛彈沒有控制權，還顯得對古巴領土沒有控制權。但這位古巴領袖早已經準備好答案：「就我們的理解，他們是指在古巴國土外進行的某種檢查。這是因為蘇聯總理不能夠談論古巴境內的查核，那是古巴革命政府才有資格談論的事。」

卡斯楚預訂在同一天晚上發表的演講中說一樣的話。吳丹勸他不要：「那可能會導致蘇聯和古巴之間的分裂或誤解。」諷刺的是，擔心莫斯科和哈瓦那可能產生誤解的人竟不是卡斯楚而是聯合國祕書長吳丹。[21]

卡斯楚是可以阻止聯合國人員檢查飛彈陣地，事實上他也禁止吳丹造訪它們，但他卻無法阻止這位祕書長和古巴的蘇聯軍官們見面。赫魯雪夫已經準備好為祕書長提供這些會面，企圖以此滿足美國的一半要求。十月三十一日下午舉行的會面不只包括蘇聯駐古巴大使阿列克謝耶夫，還包括飛彈師的師長斯塔岑科少將。

這次會面是用來補償吳丹因為卡斯楚抗議而無法造訪蘇聯飛彈陣地的遺憾。吳丹第一次提到想要造訪飛彈陣地是在十月二十九日，也就是前往古巴的前一天，當時他和蘇聯第一副外交部長庫茲涅佐夫見面，後者是赫魯雪夫派到紐約，好在危機期間擴大蘇聯在聯合國的外交實力。吳丹問庫茲涅佐夫，他在古巴期間是不是可以去看看正在搬走的飛彈。庫茲涅佐夫認為調查員應該是在飛彈搬走之後再進行查核，而不是監督移除飛彈的過程，所以沒有同意。

同一天，庫茲涅佐夫致電莫斯科，要求他的政府加快拆除飛彈基地的步伐。他在給上司葛羅米柯的電文中說：「如果拆除工作在短時間內完成，那在拆除期間進行監督的問題根本不會被提起。」不過，庫茲涅佐夫也想遷就吳丹的要求，向他展示業已拆除的發射台。他寫道：「我們認為應該讓吳丹在十月三十日和三十一日在古巴期間親眼看到某些裝置正在拆除。在這種情況下，他會採取較為堅定的立場，而美國想要恢復對古巴的『隔離檢查』也更加困難。如果認為這樣做是合宜的，請即刻向哈瓦那下達相應的指示。」[22]

赫魯雪夫認為庫茲涅佐夫的建議有理，所以十月三十一日吳丹在古巴時，葛羅米柯向駐哈瓦那大使阿列克謝耶夫下達緊急指示：「在莫斯科，我們認為有必要滿足吳丹的願望，讓他和他的隨行人員看一看正在拆除的發射台。」阿列克謝耶夫的另一個任務是通知普利耶夫，莫斯科決定要讓吳丹和隨行人員看看發射台。電文上說：「我們的假定是古巴政府和普利耶夫同志會在飛彈陣地現場採取所有必要措施。」[23]

交託給阿列克謝耶夫的任務最終是無法達成的，因為卡斯楚和他的政府不允許吳丹造訪飛彈陣地。阿列克謝耶夫因此決定滿足曾擔任吳丹軍事顧問並陪同他出訪的瑞克將軍的要求，讓吳丹見一見古巴的蘇聯駐軍指揮官。普利耶夫大將顯然拒絕晤見瑞克將軍，所以改由自告奮勇的飛彈師師長斯塔岑科少將會面。

會面在吳丹的臨時住處舉行，在場的還有阿列克謝耶夫。斯塔岑科後來回憶說，吳丹是唯一問問題的人，瑞克始終保持沉默，只管做筆記。對斯塔岑科來說，在最後一分鐘才被要求去見吳丹完全出乎意料，尤其是因為他被要求在會面時要表現出開誠布公的態度。「他們知會我們，簡報應該要完整，包括這個師及其組織的資料、飛彈發射台的數目、飛彈的數目、拆除飛彈和把它們運回蘇聯的計畫。」「阿納德爾行動」策劃人之一的格里布科夫回憶道，他當時是總參謀部駐古巴的代表。斯塔岑科遵照普利耶夫的命令，做了一個儘可能完整的報告。[24]

就像美國人後來知道的那樣，斯塔岑科告訴吳丹，拆除飛彈的工作已經展開，很快就會完成。他說：「我們在星期日下午五點開始拆除工作，會在明天晚上全部完成，最遲不會超過星期五（十一月二日）。到時我們將會用推土機把陣地推平……我們要了船隻。我們不知道它們什麼時候會入港，但設備會在星期四晚上或星期五早上送達港口。我們在港口把設備裝箱，準備海運。大部分設備都不必裝箱，直接放在甲板上。基地不復存在。就連發射台也會消失，但沒有古巴人獲准觀察拆除過程。」[25]

斯塔岑科說的是真話。他在回到蘇聯幾個月後交了一份報告交代拆除飛彈的過程，內容和他對吳丹所說的基本一樣。他告訴上級，陣地的整個拆毀過程不到三天。「在一九六二年十月二十八日十五點，蘇軍駐古巴團的司令給我第七六六五號命令——蘇聯國防部長基於蘇聯政府的決定，下令拆除飛彈發射陣地，把飛彈師全員重新部署到蘇聯。在一九六二年十月二十九日至十月三十一日，本師各單位的發射陣地全部拆除完畢。」

格里布科夫回憶說，他在那段日子觸目所及的不是「拆除飛彈」而是「花費大量士兵勞力去興建的陣地結構的解體」。斯塔岑科明顯感到不悅。他向格里布科夫抱怨說：「當初是你催促我建築這些陣地設施，但現在你卻責備我拆除它們拆除得太慢。」庫茲涅佐夫提的儘快拆除飛彈的建議看來獲得確實執行，甚至在十月三十一日晚上吳丹離開古巴以前便已完成。赫魯雪夫急著要完成買賣中他負責的部分，不惜代價也要辦到。但他碰到一個麻煩，這個麻煩的名字是卡斯楚。[26]

在十月三十一日發表的一場重要演講中，卡斯楚拒絕接受檢查，並表示就像他對吳丹說過的那樣，美國人堅持檢查是意在羞辱古巴政府。他也提到蘇聯政府和古巴政府之間存在「若干分歧」，但他不準備細談，以免給予敵人見縫插針的機會。卡斯楚繼續說，這些「分歧」應該在黨和政府的層次討論，「因為首先必須聲明我們是馬克思主義者和列寧主義者，必須說我們是蘇聯的朋友。」這些話獲得熱烈掌聲。不過除了在形式表現之外，這個演講針對的更多是蘇聯人而不是美國人，又特別是針對赫魯雪夫本人。[27]

第VII部

塵埃落定

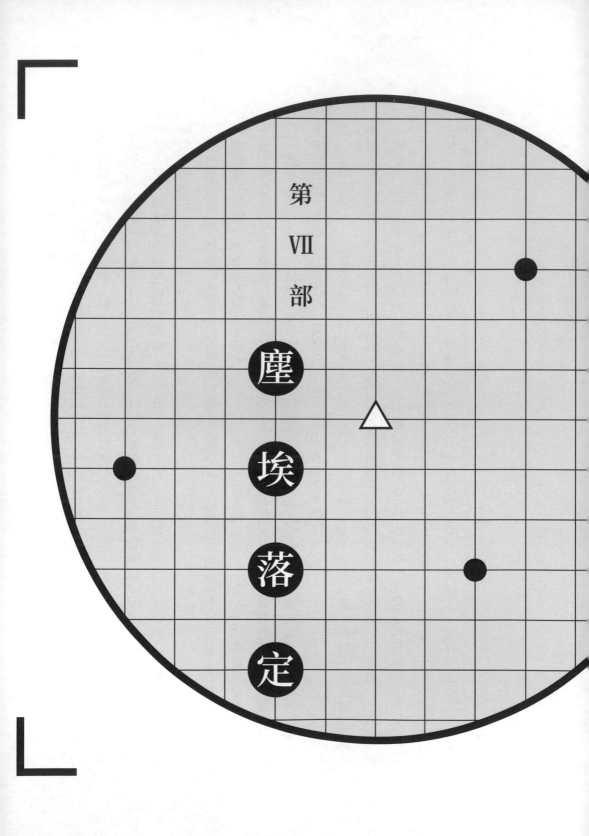

第25章 不可能的任務

赫魯雪夫給卡斯楚的信未能產生這位蘇聯領導人想要看到的效果。頑固的卡斯楚一意孤行，拒絕認可美蘇協議。赫魯雪夫本來一直扮演黑臉人物，現在他斷定自己也用得著一個白臉人物。他認為米高揚可膺此任。米高揚是主席團裡唯一反對在古巴部署核子武器的人，也曾經設法阻止配備核武的蘇聯潛艇靠近古巴。赫魯雪夫想要米高揚前往古巴改善蘇古關係。他日後回憶說：「我這時提議派米高揚前往古巴。我認識米高揚多年，認為他的外交家素養在這種場合非常有用。他很鎮定，為人沉著穩重，可以把同一論據重複多次而不提高嗓門。這一點很重要，特別是在跟卡斯楚這樣暴烈性格的人談判的時候。」[1]

米高揚回憶，赫魯雪夫在收到阿列克謝耶夫十月二十九日跟卡斯楚會面的報告之後找上他。「你看，他不了解我們拯救了他們，讓他們免於遭受入侵。我們拯救了他們，但他卻不了解我們的政策。」赫魯雪夫說，話中的他是指卡斯楚。「你不能透過信件解釋這一點，但你必須去解釋，否則他們就不會明白。有人必須跑一趟，把一切解釋清楚。」米高揚繼續保持沉默。他的六十五歲妻子阿什肯病得厲害，命在旦夕。赫魯雪夫知道她的情況，但說現在沒有人幫得上她的忙。「你必須跑一趟，阿納斯塔斯，」他這樣告訴他最親密的盟友和批評者。「如果出現最壞的情形，我們會好好照顧的，你不用擔心任何事。」米高揚在幾個月後這樣回憶他們的談話：「他說古巴人認識我。我去過那裡，和他們說過話，由我去解釋現在的情況比較容易。」他最後同意了：「我說我已經準備好了。」[2]

赫魯雪夫有一次這樣形容米高揚的外交技巧：「他說話時不是每個人都明白他在說什麼，不過他是個講理的人。」米高揚這個「講理的人」成為了赫魯雪夫一次解決兩個古巴危機的最佳利器：所謂兩個危機，一個是指莫斯科和華盛頓之間的危機，第二個是指莫斯科和哈瓦那之間的危機。他必須把美國人排除在古巴之外，讓蘇聯人的勢力留在古巴，而可以達成這種目的的方法是說服卡斯楚接受聯合國的檢查。對克里姆林宮來說，箇中的利害相當巨大。赫魯雪夫認為，他甘冒大險從甘迺迪手中救了古巴，但現在又行將失去古巴——要不是丟失給甘迺迪就是丟失給毛澤東。曾經看似避免掉的戰爭再一次出現在華盛頓和莫斯科的門口，而米高揚所肩負的看起來是不可能的任務。到了十月中，古巴發現自己處於一場新國際危機的中央，核子戰爭的可能性重新浮上檯面。[3]

——

赫魯雪夫在十月三十日晚上命令米高揚前往古巴。第二天晚上，米高揚向他病重的太太告別，乘坐「俄羅斯航空」的特別航班飛赴紐約。當初，蘇聯飛彈分遣隊的指揮官們是取道科納克里和百慕達偷偷前往古巴，反觀米高揚這一次卻是公開為之，而美國人對他的外交技巧所寄予的厚望並不亞於蘇聯人。在十一月一日飛抵紐約後，米高揚和吳丹見了面，並與兩個直接處理古巴危機的美國人共進晚餐，他們是美國駐聯合國代表史蒂文森和外交關係委員會主席麥考伊。[4]

兩個美國人在米高揚一九六〇年訪美時便認識他。他們的晚餐會面持續了四小時：從晚間七點到深夜十一點。好些蘇聯官員參與其事，其中包括外交部次長庫茲涅佐夫、駐美大使多勃雷寧和駐聯合國代表佐林。史蒂文森向華府報告說：「米高揚一開始採取咄咄逼人的態度，堅持美國現在就要停止隔離檢查。」米高揚的要求是根據他剛從莫斯科收到的最新指示，但並沒有如願，因為史蒂文森告訴他，在紅十字會人員檢查過蘇聯船隻以前，隔離檢查不會解除。「會面進行到後來變得比較和睦友好，談話內容完全是由米高揚主導。」史蒂文森在報告裡說。[5]

米高揚在自己寫給莫斯科的報告裡則說，史蒂文森和麥考伊主要感興趣的是查驗蘇聯飛彈從古巴撤走的事。他們清楚表示，如果古巴也在簽署國之列，美國將不會簽署保證不入侵古巴的聯合聲明。不過，據稱他們並不反對在包含美國、蘇聯與甚至包含古巴的三方聲明的系列文件中的一部分中做出不入侵保證。而在史蒂文森的報告中，他否認曾經同意讓古巴參與，但這卻是米高揚想要獲得的承諾，好讓他可以以此取悅卡斯楚。米高揚在寫給莫斯科的報告中說，史蒂文森和麥考伊直接拒絕討論關閉美國在關塔那摩的基地的問題。這是卡斯楚提出的解決危機的五條件之一，而因為美國人連關閉基地的可能性都拒絕討論，米高揚只能兩手空空前往哈瓦那。

查驗蘇聯飛彈撤走一事在史蒂文森和麥考伊看來是重中之重，但兩人都完全明白卡斯楚不肯接受查驗的立場讓蘇聯備感為難，所以他們準備讓步。查驗的事要麼可以透過對古巴的持續空中偵察達成，又或者由蘇聯提供一份移除武器的清單。他們希望這些武器包括地對空飛彈（其中一枚曾在十月二十八日擊落U-2飛機），但米高揚拒絕討論地對空飛彈，因為它們不在赫魯雪夫和甘迺迪的交易之中。他也拒絕讓美國偵察機飛越古巴作為查驗的方法。他在給莫斯科的電報中說：「麥考伊獲得一個非常堅定的答覆：美國無權飛掠古巴，也沒有人能保證這一類非法飛行的安全。」[6]

米高揚在十一月二日從紐約飛往哈瓦那。在前往機場前的最後一刻，他看到了史蒂文森和麥考伊認為具有進攻性，因而希望從古巴撤走的武器的名單。其中不包括地對空飛彈，但卻包括「伊留申」轟炸機——這種轟炸機有能力攜帶原子彈，因此被認為具有進攻性。

這份清單和附函是交給蘇聯外交部次長庫茲涅佐夫，他在昨晚陪同米高揚參加晚宴。原來史蒂文森忘了在晚宴時把清單交給米高揚。米高揚懷疑美方在最後一分鐘提出一項不在原協議中的要求是作弊。幾日後他將會把這兩個美國人稱為「鼠竊」，但目前為止，他並沒有多想。擺在他前頭的是說服卡斯楚接受赫魯雪夫建議的艱鉅任務。他口袋中的唯一法寶是蘇聯願意支持卡斯楚的五點要求，米高揚在離開紐約前發表了一個形同有這種效果的聲明。事實證明這是聰明的外交策略。[7]

卡斯楚直到最後一分鐘仍然猶豫不決，不知道是應該到機場迎接米高揚還是冷落他，以表示對赫魯雪夫的不悅。他最後決定到機場接機，不過是在他聽說了這位蘇聯代表在紐約公開聲明支持五點要求之後。那天晚上，卡斯楚和米高揚有簡短的會談，雖然卡斯楚儘量友善，但正如米高揚後來向莫斯科報告的：「感覺得出來卡斯楚對我們的政策強烈不滿。」談判於第二天（十一月三日）早上在卡斯楚的官邸展開。一開始為了表示友善，卡斯楚引用赫魯雪夫曾說過的一句話：「有一個古巴人置身蘇聯共產黨中央委員會，而這個古巴人名叫米高揚。」但聽到米高揚說他來古巴是為了「以最坦誠的方式討論所有對古巴同志們來說不清楚的問題」時，卡斯楚一股腦兒把蘇聯上星期的舉動讓他積累的不滿宣洩出來。[8]

他告訴米高揚：「報告說赫魯雪夫在十月二十八日下達拆除飛彈發射台的命令。這些指示只對蘇聯軍官下達，完全沒有獲得古巴政府的同意，人民為此感到震驚。」古巴人被一種失望、困惑和怨恨的感覺所吞噬。「走在街上和開車前往部隊的時候，我觀察到人民並不了解那個決定。」卡斯楚還提到美國人在一九〇一年剝奪古巴主權的《普拉特修正案》。在在看來，蘇聯人正在做一樣的事。[9]

米高揚設法為蘇聯的立場辯護，卻被一個從莫斯科發來的不幸消息打斷。他結褵四十一年的妻子身故了。談判因此中斷，每個人都默默離開會議室。米高揚返回住處，暗自神傷。赫魯雪夫給了他慰問，又讓他可以選擇返回莫斯科。但米高揚決定留下來。「我不能把這麼重要的事丟下不管。」他這樣告訴陪他一起到古巴的兒子塞爾戈。他要求塞爾戈一個人回到莫斯科埋葬母親，唯一的要求是告訴他葬禮的日期和時間。

阿什肯在十一月五日下葬於莫斯科的新聖女公墓，米高揚在回國後將會觀看到葬禮的錄影。派他到古巴的赫魯雪夫曾經答應參加葬禮，卻沒有出現在影片裡。他後來告訴塞爾戈：「我不喜歡葬禮，參加葬禮和參加婚禮畢竟不一樣，對不對？」小米高揚備感震驚。赫魯雪夫對他父親反諷的恭維——「只有以他牛一般的不屈不撓可以挺得住這個。如果是我，就會跺一下腳走掉。」——這一點也不能緩解塞爾戈對赫魯雪夫自私寡情的震驚，而米高揚將永遠不會原諒赫魯雪夫的背叛。不過就目前，他留在了哈瓦那，儘可能用他「牛一般的不屈不撓」取得希望的結果。[10]

翌日，他已經準備好繼續談判。他的主要目的是消弭雙方的互不信任，為此，他解釋蘇聯把飛彈放在古巴的原因。他力稱，重點不是在古巴設立一個軍事基地而是為了對抗美國的入侵。接著，他提到有關這個主意的由來的官方說法：「當赫魯雪夫訪問保加利亞的時候，他向我們表達了很多想法。他說：『雖然我人在保加利亞，卻總是想著古巴。我擔心洋基佬會直接或間接地攻擊古巴，我想像古巴革命的失敗對我們有什麼影響。我們不能容許這種事情發生，哪怕保衛古巴會讓我們冒很大的風險，因為那會讓我們暴露在戰爭之下。絕不能讓古巴失守。』」米高揚也解釋說，赫魯雪夫向甘迺迪提出建議前沒有時間和卡斯楚商量：「協商是可以更加妥當些，但那時古巴可能不復存在，而世界也會被戰爭吞噬。」[11]

古巴人問了跟美國保證不入侵有關的問題，問了跟古巴—土耳其飛彈互撤有關的問題，問了跟赫魯雪夫和甘迺迪的祕密通信有關的問題。米高揚不只準備好分享他的記憶，還準備好分享赫魯雪夫給甘迺迪的信件副本。古巴人繼續懷疑，但在米高揚看來情況正在好轉。他決定在第二天的會談順著這種好轉的勢頭去說服卡斯楚接受檢查制度。面對古巴人堅持反對外國人在他們領土內進行任何查驗，米高揚想出一個別出心裁的主意：為了美國人不會入侵的官方保證，古巴人必須對吳丹做出讓步，准許聯合國人員在古巴港口檢查蘇聯船隻。這將可以避免對古巴主權有任何侵犯。

這個策略起了適得其反的後果。卡斯楚顯然受夠了米高揚堅決要求古巴人去做他們一再拒絕的事。以平靜的聲音，他告訴米高揚，他們不會接受任何種類的查驗：這是古巴人民的意志。「如果我們的立場是將整個世界的和平置於險地，那麼我們認為最好是當成蘇聯沒有責任，而我們自行抵抗。不管會發生什麼事，我們有權自行捍衛我們的尊嚴。」這聲明有著炸彈般的威力。米高揚向莫斯科報告說，在卡斯楚說了這樣的話以後，在場每個人都一聲不響。然後古巴總統托拉多重新掌控局面表示，卡斯楚已經表達了整個古巴領導階層的立場。米高揚腳下的大地似乎搖晃了起來。「我不理解我的建議為什麼會招來如此激烈的反應。」他對眾人說。[12]

在寫給莫斯科的報告中，米高揚要求赫魯雪夫不要從卡斯楚的聲明推論出任何最後結論，表示不能把卡斯楚的話當真，因為這個人為人善變。「我們不應該忘記卡斯楚個性中的複雜成分。當權之後，他因為一時的喜怒說了很多不用大腦的話，說了之後又後悔。」但他又說如果卡斯楚在反對那麼多次之後改為接受某種形式的查驗，那他在古巴和拉丁美洲的威望將會受損。這表示莫斯科不可能指望在古巴領土或水域進行查驗。[13]

在赫魯雪夫出人意表地公開宣布從古巴撤走蘇聯飛彈之後，蘇古聯盟大廈的裂痕一天比一天更深和更闊。十一月七日，蘇聯人慶祝他們的一個重大節日：布爾什維克革命週年紀念。這是一個特別日子，是發生在俄羅斯帝國彼得格勒的不流血政變的四十五週年紀念。全世界的蘇聯大使館都舉辦了特別的慶祝活動，哈瓦那亦不例外。因為對蘇聯人不滿，卡斯楚沒有應大使阿列克謝耶夫的邀請參加大使館的筵席，不過其他高級古巴官員在卡斯楚的弟弟、國防部長勞爾的領導下出席。

蘇聯人準備好原諒古巴首席共產黨人和馬克思主義者的缺席，但卻對古巴官員在宴席上的行為感到不快。席間，古巴軍事情報首長羅德里格斯建議大家為卡斯楚和史達林敬酒。在座的格里布科夫少將和其他蘇聯軍官——他們先前曾為赫魯雪夫和卡斯楚敬酒——拒絕舉杯。「他的話讓人感覺如果史達林還活著，那麼飛彈準會留在古巴。」古巴蘇軍總參謀部的代表格里布科夫回憶道，他和羅德里格斯同坐一桌。當天稍晚，他在給馬利諾夫斯基的報告中提到了羅德里格斯的事。馬利諾夫斯基把報告呈給赫魯雪夫，後者怒不可遏，下令調查。在他看來，古巴人正在造反。[14]

到了一九六二年秋天，史達林在蘇聯已經變成不受歡迎的人物。當年，在未來總理柯錫金為十月革命週年紀念撰寫的官方報告中，史達林的名字沒有被提到，而該報告又為一九五三年之後蘇聯的經濟成就鼓掌，那正是史達林去世的那一年。前一年秋天舉行的黨大會決議把史達林的屍體從列寧的陵寢移走，改為葬在克里姆林宮的圍牆附近。蘇聯的領導人把史達林當成不存在。不過赫魯雪夫的古巴盟友現在卻很記掛史達林，因為他們對赫魯雪夫在世界帝國主義前退讓感到失望。[15]

赫魯雪夫下令調查羅德里格斯事件對米高揚來說是雪上加霜的壞消息。他不是史達林的崇拜者，但他對格里布科夫寫給莫斯科的報告一無所知，而在他自己寫給莫斯科的報告中也沒有提羅德里格斯的事情。現在，他看起來若不是對蘇聯大使館裡他眼皮底下發生的事不知不覺，就是更糟糕的情況在為自己的古巴朋友隱瞞。米高揚把格里布科夫找來，在普利耶夫面前狠狠訓斥沒有向他報告這個事件。正如格里布科夫後來回憶的那樣，米高揚「意在提醒每一個人，特別是提醒我，他是代表中委會，必須知道誰向莫斯科報告了什麼」。米高揚想要成為莫斯科和古巴之間的唯一資訊管道。[16]

古巴人不是唯一在十月革命日行為不規矩的人。蘇聯的官兵以一種不同的方式引起麻煩。十一月七日，駐守在聖克里斯托巴地區洛斯帕拉西奧斯第一八一飛彈團中，二等兵維斯洛夫斯基向一支巡邏的民兵開火，幸而沒有人被殺或受傷。整件事情被隱瞞了起來。喝醉酒的士兵是共產黨的候選黨員，因為這件事而被取消入黨資格，但沒有遭受刑事起訴。[17]

撤退的消息引起蘇聯部隊極大的困擾，讓本來就低落的士氣更加糟糕。他們先是奉命建造發射陣地，然後又奉命拆除或者甚至摧毀這些陣地。「他們為什麼要派我們來古巴呢？為什麼把這些設備帶來又帶走？」乘坐「阿諾索夫號」離開古巴的二等兵斯托亞諾夫這樣問同袍。他的同志想要讓他冷靜下來，便說「如果我們沒有來這裡，大概我們沒有一個能活到今天，因為有可能已經發生了一場熱核戰爭」。斯托亞諾夫沒有被說服。蘇軍不只士氣低落，軍紀也越來越差。

離開駐紮地的時候，蘇聯官兵沒有如預期那樣獲得當地人的歡送。負責管理戰術核子彈頭的指揮官扎基羅夫回憶說：「從古巴撤退的程序在我們戰士的靈魂裡烙下一個深深的傷口。撤退是在祕密中進行，大家在夜間上車，沒有古巴同志們的相送。船是在空蕩蕩的碼頭上駛離。雖然每個人都光榮和無私地盡了自己的軍事責任去執行祖國的命令，但我們離開古巴的樣子卻像是問心有愧地潛逃。」那些有機會向古巴朋友和熟人說再見的人一樣暗自神傷。坐「季夫諾戈爾斯克號」離開的軍官告訴「格別烏」軍官，有些古巴農民在得知蘇聯人離開的時候淚水在眼眶裡打轉。據西多羅夫上校回憶，有些古巴人對於他的部隊的離開傷心失望，他們表示：「我們的朋友要離開了，但我們的敵人卻留了下來。」[18]

在港口等待著士兵的事也沒有能夠提振他們的精神。由於船隻仍然在前來古巴途中，他們必須等幾天甚至幾星期才能登船。第一八一飛彈團的波爾科夫尼科夫中尉回憶，當他去到馬爾埃里的港口時，情形混亂到了極點。「我們把我們的裝備卸在港口的地上，地上滿布我們的飛彈設備，包括R-14火箭的一些部分、拆解了的轟炸機等等。」他要等一整星期才上得了船，這期間他「睡在露天，大雨如注時儘可能找遮蔽的地方，餵蚊子，回憶那些最危急的時刻，還有吃配給的乾糧。」

原來他們的船「勝利號」（先前曾把未來國防部長亞佐夫載到古巴）正在哈瓦那等他們。在哈瓦那，這些疲倦和骯髒的士兵才得到了恰當的送別，但送別他們的不是古巴人而是他們自己的指揮官。波爾科夫尼科夫的軍團的團長科瓦連科上校對部下發表了講話：「我們站在歷史的刀鋒處，光榮地執行了分派給我們的任務，捍衛了革命的古巴。」波爾科夫尼科夫注意到，沒有古巴官員或者古巴武裝部隊的代表出席送別儀式。[19]

—

斯塔岑科少將在十月二十八日下午接到命令，要他拆除那些他花了大量時間和心血所修建的飛彈陣地。他在第二天早上開始執行命令。三天後，即十月三十一日，他向來訪的聯合國祕書長吳丹報告說拆除工作已經全部完成。事實上，飛彈陣地要在當天結束時才能全部拆除。

第二天的十一月一日，斯塔岑科接到另一個命令：先把飛彈裝船，其他一切（包括士兵在內）可以等等。原訂在十一月十日運離古巴的飛彈開始了它們返回海岸的旅程，這一次是在大白天進行，也沒有古巴警察的護衛。它們離開基地的步伐要比抵達的步伐快了許多。到了十一月二日，第一批R-12飛彈已經運到了古巴港口，等著吊掛到甲板再送入貨艙裡。自從美國實施了封鎖之後，至少有十幾艘蘇聯貨船滯留在古巴，但它們有能力運載飛彈的並不多。儘管如此，還是有八艘船被指派執行這項任務。

裝船工作在十一月三日展開，至十一月八日完成。「飛彈的裝船在特別複雜和困難的環境下進行。古巴當時都是舊型號的船隻，甲板上擠滿各種不同的上層建築，普遍缺乏能夠搬運沉重貨物的起重機，港口設有起重機的也不多。裝船工作日夜不停地進行。」斯塔岑科在回到蘇聯之後報告。[20]

R-12飛彈的彈頭被裝上「亞歷山德羅夫斯克號」。當初就是這艘船把R-14中程飛彈的彈頭運來古巴，不過飛彈本身因為封鎖的關係從未運抵。「亞歷山德羅夫斯克號」成功在封鎖實施幾小時前到達古巴，後來一直停泊在港口，始終沒有卸下核子彈頭，可說是提供了美國人空襲的絕佳靶子。

十月二十七日是飛彈危機最危險的一天。馬利諾夫斯基在這一天命令普利耶夫儘快讓「亞歷山德羅夫斯克號」帶著核彈頭回航。但回航的事情延宕了，因為在第二天馬利諾夫斯基給普利耶夫發出了另一道命令：「我們決定了要拆除R-12和撤走它們。開始執行這項措施。」「亞歷山德羅夫斯克號」的出發因此延後了，而在兩天後的十月三十日，馬利諾夫斯基又發來另一道命令：「把R-12的彈頭裝上『亞歷山德羅夫斯克號』，將這批貨物運回蘇聯。」[21]

現在，「亞歷山德羅夫斯克號」奉命同時把R-12和R-14的彈頭運回蘇聯。這艘世界上最危險的船隻行將變得更加危險。R-12的核子彈頭在十一月四日晚上在伊莎貝拉德薩瓜裝船。第二天，它前往馬里埃爾跟乾貨船「季夫諾戈爾斯克號」會合。後者是一九六〇年在波蘭建造的全新型號船隻，是在十月二十三日趕在封鎖幾小時前抵達古巴。斯塔岑科的部下在十一月二日開始裝船工作，最後船上共裝進四枚R-12飛彈和三百一十名官兵。由於「季夫諾戈爾斯克號」是第一艘準備好回航的船隻，它被選擇來陪伴「亞歷山德羅夫斯克號」和它的核子貨物。[22]

「季夫諾戈爾斯克號」和「亞歷山德羅夫斯克號」在十一月六日啟程，前者跟在後面五到八公里。兩船維持無線電通訊，遇到緊急情況雙方會用燈光訊號聯絡。派駐在「季夫諾戈爾斯克號」的「格別烏」軍官普羅塔索夫少校命令手下與受監視的「亞歷山德羅夫斯克號」保持通訊。他們也奉命留心可能的間諜或破壞分子。他們自己的官兵也受到懷疑：其中一個在十月乘坐「亞歷山德羅夫斯克號」抵達古巴的士兵被人聽到在打探古巴和美國之間的交通路線。普羅塔索夫認為這是準備叛逃的清楚信號。沒有人能說得準這支從古巴打道回府的新分遣隊會碰到什麼事。[23]

直到十一月十日之前，兩艘船都一前一後航行，但去到東經三十度之後便分道揚鑣。「亞歷山德羅夫斯克號」朝波羅的海而去，「季夫諾戈爾斯克號」朝黑海而去，要返回母港敖得薩。普羅塔索夫少校在報告中指出，兩艘船一起航行期間一直有美國飛機尾隨。飛掠的情況在航行的第一天特別頻繁，普羅塔索夫形容這是心理攻擊。他寫道：「甚至在惡劣天氣或霧中，他們一樣會繞著船隻進行貼面式飛行，不顧一切規則，也不打訊號燈光。」有些飛機就飛在離水面十到十五公尺高。普羅塔索夫認為他們是在搜尋蘇聯潛艇。十一月六日晚上大約六點，一艘美國潛艇在離「季夫諾戈爾斯克號」約一點六公里外浮出水面，尾隨它航行了約十分鐘。

雖然有好多次的飛掠，但直到十一月九日晚上為止，「季夫諾戈爾斯克號」或「亞歷山德羅夫斯克號」都沒有被要求出示他們的貨物。那天晚上七點之後，美國驅逐艦「布蘭迪號」逼近「亞歷山德羅夫斯克號」，用擴音器要求他們把中甲板打開。這要求沒有被理會。然後在追逐了「亞歷山德羅夫斯克號」四十五分鐘之後，「布蘭迪號」改為逼近「季夫諾戈爾斯克號」，先是用英語然後是用俄語要求船員出示甲板上的貨物和打開中甲板。「根據你我兩國政府的協議，請出示飛彈和貨物。我們要錄影。」「季夫諾戈爾斯克號」上的人注意到「布蘭迪號」的甲板上有人在拍照和攝影。普羅塔索夫少校堅持要因太熱而打赤膊的士兵進去中甲板，只讓軍官留在主甲板。軍事指揮官們對這要求不高興，但照辦了。[24]

「季夫諾戈爾斯克號」的船長米羅什尼琴科完全不知道美蘇政府之間的協議，拒絕和「布蘭迪號」溝通。代之以，他打無線電報給蘇聯海運部部長巴卡耶夫和黑海—亞速海蒸汽船公司老闆丹欽科尋求指示。來自敖得薩和莫斯科的無線電報隨即抵達，指示船長出示飛彈，但不可以打開中甲板或允許任何人登船。蘇聯的領導階層認為，「亞歷山德羅夫斯克號」上的貨物——一份「格別烏」的報告稱之為「特別重要的貨物」——必須保持祕密。幾乎在收到他在莫斯科和敖得薩上司訊息的同一時間，米羅什尼琴科船長接到「布蘭迪號」的一通無線電訊息：您剛剛得到指示，向我們出示飛彈吧。原來美國人攔截到了「季夫諾戈爾斯克號」和海運部的通訊。

米羅什尼琴科船長最終打算遷就美國人的要求，但他沒有足夠的權限，得需要船上軍官的配合。但船上的最高軍官巴拉諾夫中校和政委庫里蕭夫少校拒絕配合，聲稱他們是向國防部長負責，不是向海運部長負責。後來經過船長的堅持和得到「格別烏」軍官的支持，軍方才願意讓步，同意將甲板上蓋著飛彈的帆布挪開。「布蘭迪號」從右邊靠近，然後要求把放在左邊的飛彈也顯露出來。雖然受到軍方的抗議，船長還是再次照辦。[25]

——

檢查把飛彈載回蘇聯的船隻的做法一開始是由蘇聯外交部長葛羅米柯在十一月一日對他的副手庫茲涅佐夫授意，後者當時正準備陪同米高揚跟史蒂文森和麥考伊共進晚餐。庫茲涅佐夫得到指示，如果美國人要求，可以提供他們飛彈撤走後的發射場的照片。指示上說：「我們也不反對在近距離出示蘇聯船隻運載的飛彈。」葛羅米柯顯然是代表赫魯雪夫發出命令，後者因為卡斯楚拒絕讓外人在古巴境內進行查驗而費煞思量，要找出一個方法讓美蘇協議可行。[26]

美國人起初不是太有熱忱。麥考伊表示：「蘇聯和古巴必須就查驗的方式取得協議。」他這樣說就是把問題拋回給蘇聯人。但史蒂文森比較有彈性，他告訴共進晚餐的同席者：「如果我們無法進行地面檢查，就讓我們找出其他方法向我們保證武器已經撤走。否則，衝突的危險就會復燃。」米高揚在他的報告裡並沒有漏掉這番話。他寫道：「美方準備不堅持他們在給赫魯雪夫的信中提過的查驗方法，而是準備好尋找新的方法，好讓美國人能夠確認我們已經執行了撤走武器的承諾。」[27]

十一月七日，麥考伊和史蒂文森告知庫茲涅佐夫，美國準備接受蘇聯早前提議的，讓美國在中立的水域檢查把飛彈運回蘇聯的船隻。查驗的難題現在從美蘇的困難清單中移除，而成為蘇聯單方面的難題。自此，赫魯雪夫有了解決這個難題的責任。在十一月六日，乾貨船「阿諾索夫號」離開古巴，船上載著八枚飛彈。當天，它奉命要向掛著聯合國旗幟的船隻出示飛彈，但不向掛著美國旗幟的船隻出示。第二天，命令更改為飛彈要向美國直升機出示。又一天後的十一月九日，蘇聯商船的船長們接獲命令：挪去帆布向美國人出示甲板上的飛彈，但不打開中甲板。[28]

「季夫諾戈爾斯克號」是最先服從這個要求的蘇聯船隻之一。但蘇聯人竭盡所能拖慢檢查的過程，方法是指控美國人的行動超出正式協議的範圍，為此提出抗議。十一月九日，當美國驅逐艦「布蘭迪號」檢查「季夫諾戈爾斯克號」和逼近的「亞歷山德羅夫斯克號」的時候，蘇聯人就抗議美國船隻強行檢查蘇聯船隻的貨物。「亞歷山德羅夫斯克號」、「季夫諾戈爾斯克號」和另一艘船隻「沃爾戈利斯號」都有在外交照會中提到。十一月八日早上，載著八枚飛彈的「沃爾戈利斯號」被美國驅逐艦「索夫利號」逼近。船長承認船上確有飛彈，但拒絕向美國人出示，因為他當時得到的命令是只可以向掛聯合國旗幟的船隻出示飛彈。第二天，因為接獲不同的命令，船長按照要求出示飛彈。

聯合國軍事參謀團美國代表團主席韋爾伯恩中將在回應蘇聯的抗議時指出，美國軍艦從來沒有對蘇聯商船出言威脅或者要強迫檢查。如果「沃爾戈利斯號」馬上出示飛彈，它就不會被再次逼近。至於「季夫諾戈爾斯克號」，韋爾伯恩認為檢查要花那麼長的工夫，是因為語言的障礙。他發現要解釋發生在「亞歷山德羅夫斯克號」的情況要比較難，因為這是沒有被蘇聯列為運送飛彈的船隻，因此理應可以豁免檢查。不過韋爾伯恩又指出，美國軍艦之所以還是會靠近它，是因為其他船隻提供的飛彈數目並不正確，所以美國指揮官決定也要查一查「亞歷山德羅夫斯克號」。[29]

在十一月的頭十日，斯塔岑科少將把四十二枚飛彈、一〇五六件設備和三二八九名官兵送上了船，要運回蘇聯。十一月九日，最後一艘運載R-12飛彈的船隻從卡西爾達的港口離開古巴，新的檢查規定也是在這一天生效。這艘船是蘇聯建造的「列寧共青團號」，運載了八枚R-12飛彈和西多羅夫的副團長哈恰圖羅夫中校指揮下的三百二十名官兵。同一天，「列寧共青團號」上的飛彈受到了美國軍艦「諾福克號」的檢查和拍照。[30]

斯塔岑科後來報告說，在把他的師從古巴撤出的第二階段期間（從十一月十八日持續至十二月十二日），共有三七一六名官兵和九八五件武器及設備被送上了十二艘船隻。西多羅夫上校的彈道飛彈團是在八月最先抵達古巴，而現在則是最後一個離開古巴的火箭人。他回憶說：「我在一九六二年十二月中旬隨最後的海軍梯隊離開古巴。我們的梯隊在西恩富戈斯的港口登上「阿爾卡達克號」，但目的地已經不是塞凡堡而是波羅的斯克。」在前往古巴的路上，士兵們在中甲板的酷熱中大汗淋漓，但這一次他們卻在接近波羅的海時冷得瑟瑟發抖。他們之所以是前往波羅的斯克而不是返回塞凡堡的理由很簡單：所有核彈頭都是要透過該港口運回蘇聯，而「阿爾卡達克號」多的是核彈頭。[31]

在蘇聯這一邊，接下來幾十年裡，這將是一段祕密的歷史，被諱莫如深地保持沉默，充滿困惑與相互矛盾的說法，以及最後但並非最不重要的，讓人倍感屈辱。

第26章 回到路障

甘迺迪在古巴飛彈危機那幾週非常關切的國會選舉在十一月六日舉行。他有各種理由為選舉結果高興。選舉加強了民主黨對參議院的控制，多獲得了四個議席。在眾議院，他們得票率增加了百分之五，卻失去了一個議席。然而席次仍然維持大多數。在州長選舉中，兩黨都占不到便宜，維持原來的局面。不管怎樣說，這都是一場勝利。四年前，在一九五九年十一月，雖然有一個共和黨總統在位，但共和黨在眾院、參院和州長選舉三方面都慘敗。現在，一個年輕而沒有經驗的總統成功穩住自己的陣腳，甚至稍稍改善了自己政黨的地位。[1]

在舉行選舉的十一月六日，甘迺迪給赫魯雪夫捎去一封信，明確要求「撤走飛彈和轟炸機，撤走相關設備，允許足夠的查驗和設立持續的監督機制」，以此「作為走出危機的必要第一步」。他向赫魯雪夫解釋說，他十二月二十二日在全國演說中提過轟炸機也是進攻性武器的一部分，所以是他和赫魯雪夫的協議所涵蓋的範圍，因為總統在協議裡提到了「各種類的進攻性武器」。他向赫魯雪夫保證，他不會把這個詞的意義做出進一步的延伸，唯一讓他介懷的只有轟炸機。甘迺迪寫道：「除了飛彈和它們的器材以外，清單上只有一個真正重要的項目，那就是輕型轟炸機和它們的器材。這項目對我們極其重要。」[2]

赫魯雪夫一定是覺得被拐了。現在，他已經把彈道飛彈拆除了，但美國卻還沒有兌現解除古巴封鎖的承諾，聯合國安理會也還沒有確認美國不入侵古巴的承諾，這讓他的古巴冒險之旅完全沒有東西可以拿出來炫耀，反而同時破壞了蘇聯跟美國和古巴的關係。美國的另一個承諾——從土耳其撤走飛彈——除了仍然保密之外，現在看起來也是遙不可及。

面對甘迺迪堅持整個有關古巴的協議繫於撤除轟炸機，又面對卡斯楚和古巴人的造反，赫魯雪夫靜下來琢磨這件事情。至少到目前為止，他不只想要他的轟炸機留著，還想要讓他的戰術核子武器留著。美國人還不知道有這些配備核彈頭的「月神」飛彈存在。在赫魯雪夫的命令下，馬利諾夫斯基這樣指示在古巴的普利耶夫：「有關『月神』的彈頭、巡弋飛彈和轟炸機，目前還沒有討論到它們的存廢。它們應該留在古巴，受你的指揮。」[3]

—

對於要怎樣對待甘迺迪的新要求，主席團在十一月十日星期六的會議上有關鍵的討論。赫魯雪夫自從甘迺迪宣布在古巴發現了彈道飛彈之後，就一直退讓，這一次他決定要退讓更多，以確保美蘇在十月二十八日所達成的協議。他在第二天寫信給米高揚說：「我們在我們的集體領導階層和軍方符合法定人數的情況下討論了這些議題，在場所有人一致同意，按照以下方式行動是合理的——從古巴撤走所有『伊留申28』。」在他看來，擺在他面前的選擇是一清二楚的：「要麼是留下轟炸機，那麼會破壞了履行撤走飛彈的責任……要麼是像撤走飛彈的那樣撤走『伊留申28』，卻可因此達成一個不入侵的協議。」他選擇了後者。現在主要的問題是怎樣向古巴人說明這個新讓步。[4]

十一月十一日星期日，赫魯雪夫口授了一封長信給米高揚，其內容更像是意識流獨白而不是外交指令。赫魯雪夫現在更關心的是蘇聯的利益和威望，不是古巴的利益和世界革命的利益。「如果我們從古巴撤走『伊留申28』會失去什麼，又會得到什麼？」他這樣問他吃盡苦頭的古巴使者，然後又自己答道：「不會有特別損失，只會對古巴有所虧欠。」到了這時，他已經徹底把莫斯科的利益和哈瓦那的利益區分開來。他用體諒米高揚的語氣說：「我們可以想像要讓我們的朋友理解這一點有多麼難。」但接著又話鋒一轉，對米高揚施加額外壓力：「但這就是政治家的藝術之所在——遇到困難的時候表現出克服困難的能力。」[5]

現在，米高揚回想起史蒂文森在他十一月二日離開紐約前遞交給蘇聯的「進攻性武器」清單。他在幾天後對古巴的領袖們談到這清單帶給他的震驚：「在我要離開紐約的半小時前，那些鼠竊（這裡是說史蒂文森）送了一封信給庫茲涅佐夫同志，表示他們忘了提有關某些武器的問題。」他指示蘇聯的外交官們不要討論這張清單，因為在甘迺迪和赫魯雪夫的書信往返裡，除彈道飛彈外沒有提別的武器。然而這問題並沒有隨著米高揚離開紐約而消失，而只是被傳遞到了一個更高的層級。[6]

赫魯雪夫放棄了說服卡斯楚允許在古巴境內進行任何查驗的希望。他寫信給米高揚，表示他準備和美國人達成協議，讓蘇聯貨船在中立水域接受檢查。但他想要米高揚說服卡斯楚同意蘇聯撤走轟炸機，赫魯雪夫指望米高揚在哈瓦那創造奇蹟。總是忠心的米高揚回覆說：「信收到，讀過，想過。我認為那個指示『伊留申28』的決定無比正確。」他知道他別無選擇，只能說好。那個他圓滑地稱為「指示」的決定已經作成。米高揚在莫斯科的話是有可能影響決策過程，但既然他現在人在古巴而赫魯雪夫又說所有主席團成員都已經同意，他只不過算是一個高階的信使，肩負著推銷員的任務。

他在十一月十二日的私下會面時把這個壞消息傳達給了卡斯楚。他的說詞是撤走轟炸機有助於鞏固和美國人的協議。卡斯楚十之八九是目瞪口呆，又或者得洋洋得意，因為他早預言過美國人會得隴望蜀。不管怎樣，卡斯楚都拒絕接受米高揚的理由。「不管蘇聯是什麼立場，也不管你們是不是撤走轟炸機，美國都會堅持查驗，而且會以古巴不肯接受查驗為藉口，維持封鎖。」他說。經驗老到的米高揚並沒有堅持要一個立刻的答覆，反而鼓勵卡斯楚好好想想，並跟同志們談談。[7]

古巴人在翌日的十一月十三日做出回覆，場合是米高揚在哈瓦那的臨時住處和古巴領導階層舉行的一個會議。卡斯楚打斷了米高揚會議前愛閒談的習慣，宣布他和他的政府對轟炸機的立場：「我們基本上不同意撤走戰略飛彈，就像我們不同意從古巴撤走『伊留申28』轟炸機一樣。」然後他解釋理由：「這些措施讓我們處境艱難，它們動搖了我們決定自己可以使用何種武器的主權，也動搖了我們認為可以同意何種協議的主權。」

卡斯楚知道他不可能阻止蘇聯人做他們想要做的事。他的新策略是用撤走武器從美國人榨出儘可能多的讓步。他告訴蘇聯使者：「我們的立場如下：以解除封鎖和停止侵犯古巴領空交換轟炸機的撤除。」他以一個威脅作結：「如果不能滿足這些要求，我們無法同意。」[8]

以撤走轟炸機換取解除封鎖本來就是蘇聯的立場，但要美國停止飛越古巴領空卻是一個棘手的條件。美國人堅持要用這種方法來代替地面檢查，而卡斯楚表示反對。米高揚在十一月一日在紐約和史蒂文森會面時也是這種立場，但沒有方法說服美國人以停止飛掠古巴來交換蘇聯轟炸機的撤除。與此同時，卡斯楚堅決要求美國停止對古巴進行空中偵察。他說：「美國人霸道蠻橫。他們低飛過古巴領土，在一百公尺高的高度飛越我們的軍事基地和單位。這對我們的民心士氣是一大打擊，大家都恨得牙癢癢。我們現在落入了被敵人知悉一切的境地。」

當米高揚拿解除封鎖的需要來遊說時，卡斯楚問了他一個直接的問題：「這立場包括要求他們停止侵犯我們的領空嗎？」米高揚拒絕把空中偵察和撤走轟炸機掛鉤。他告訴卡斯楚：「我們認為這種飛行是非法的。我們正在計畫把你的抗議送到聯合國。那將是對美國人一個嚴重的警告。」簡言之，他的回答是撤走轟炸機不能換取美國答應停止空中偵察的保證。[9]

卡斯楚感覺受到冒犯。他第二天沒有和米高揚會面，第三天也沒有見他的計畫。就這樣，蘇聯主席團的一個高階成員在哈瓦那坐困愁城，正當華盛頓、莫斯科與哈瓦那之間的氣氛日益緊張之時無事可做，也無人可見。他心中驚恐，亟欲有所作為。他拜託阿列克謝耶夫邀請古巴領導階層十一月十六日到蘇聯大使館出席晚宴。出乎他意料的是，卡斯楚接受了邀請，而更讓人意外的是卡斯楚對他的態度極為友善。一見面，卡斯楚就給了他個子較小的蘇聯朋友一個熊抱。事實上，他有一個驚奇要帶給米高揚：他在到大使館之前才剛到過哈瓦那的一個高射砲陣地，在那裡，他下令恢復對低飛的美國飛機進行射擊。

實際的命令是在十一月十七日簽署，也就是參加完米高揚晚宴的第二天。高射砲部隊奉命從十一月十八日早上六點開始對任何闖入的飛機開火。這是自從蘇聯在十月二十七日擊落一架U-2偵察機之後首度有這樣的命令。卡斯楚也寄了一封長信給吳丹，拒絕讓外人在古巴境內進行任何查驗和抗議美國的空中偵察。聽到卡斯楚剛剛所做的事之後，米高揚表示抗議：為什麼沒有事先通知他呢？卡斯楚不當一回事，表示他和其他同志已經討論過，也不準備取消已經發出的命令。米高揚設法說服卡斯楚、格瓦拉和出席晚宴的其他古巴領袖，指出若對美國偵察機開火，美國將永不會保證不入侵古巴。本來每個人都相信因古巴而發生軍事衝突的威脅已經消失，但隨著卡斯楚的命令的發布，這種威脅挾著新的力量捲土重來。[10]

—

十一月十二日，多勃雷寧向甘迺迪呈遞克里姆林宮的回信。這封信還是一貫的冗長，信中赫魯雪夫對轟炸機的問題提供了一個相當於土耳其式的解決辦法；他向甘迺迪保證轟炸機將會在未來撤走。赫魯雪夫寫道：「我們將不會堅持永遠把那些飛機留在古巴。我們在這個問題上碰到困難，所以我們做出君子承諾，保證飛機還有所有相關的人員和設備都將會撤走，但不是馬上而是稍後。」[11]

多勃雷寧除了把赫魯雪夫的信交給羅伯特傳遞，還請他轉達了赫魯雪夫對甘迺迪在中期選舉*取得成功的口頭祝賀。羅伯特對蘇聯最高領導人的建議表示懷疑。他希望蘇聯公開宣布撤走轟炸機的日期，保證美國會在聽到這樣的宣布後解除對古巴的封鎖。多勃雷寧抗議說這樣的解決方法對蘇聯行不通，因為蘇聯政府不願意讓事情公開化。羅伯特對此很能體諒，答應和兄長談談。然後他在一個半小時後回到大使館，當時多勃雷寧正在主持一個酒會，接待到華府演出的莫斯科大劇院劇團。羅伯特把總統的口訊帶給多勃雷寧：如果赫魯雪夫同意在三十天內撤走轟炸機，美國就會宣布解除對古巴的封鎖。羅伯特這一次的心情要比他前幾次跟多勃雷寧見面時都好很多。與大使談過話之後，他參加了酒會，得知自己與蘇聯芭蕾舞女星瑪雅・普利謝茨卡婭同一天生日，並為此親吻了後者。[12]

赫魯雪夫在十一月十四日召開了一個主席團會議討論甘迺迪的新建議，又在同一天口授了一封給甘迺迪的信。信的一開始語氣正面：「您提出的三十日之內撤走『伊留申28』一事並不構成任何複雜的問題。」但緊接著就話鋒一轉：「但這個時間限期十之八九是不足夠的。」他要求兩到三個月去完成這事。更重要的是，他除了爭取解除封鎖，還爭取美國答應不再從空中偵察古巴和保證不入侵古巴。「如果要我們現在就完成撤走的事和加以宣布，那麼就應該為我國創造更有利的條件以解決撤走的時間表的問題。」赫魯雪夫寫道，更多是為卡斯楚爭取好處。

多勃雷寧再一次把赫魯雪夫的信轉交給羅伯特。羅伯特沒有隱藏他對回信內容的不悅。他告訴多勃雷寧：「總統收到這封信之後會失望的。」甘迺迪果然失望了。他在回信中說：「『伊留申28』仍然在古巴，對我們整個半球的人民來說都是一個重大憂慮。所以，您那方的三個重大任務——撤走『伊留申28』、安排查驗工作和引入監督制度——還沒有落實。」他以一種建設性的語氣作結，答應一旦當前的問題解決就會就不入侵的保證展開談判：「第一步是撤走轟炸機和解除封鎖，兩者都是緊張的來源。與此同時可以就問題的其他方面繼續討論。」這封信在同一天交給多勃雷寧，連帶附上的是一個警告：「事情正在邁向一個轉折點。如果不能取得進展的話，我們也許很快就會發現自己回到日益緊張的局

* 編注：或譯為「期中選舉」，指美國每四年的總統任期中間舉行的定期選舉。美國國會大部分成員皆會在中期選舉中改選。

面。」[13]

現在變成甘迺迪而非赫魯雪夫是提出要求和威脅的人。兩位領袖已經轉換了戰術和角色。如果說在較早期，議題和事件的步伐主要是由赫魯雪夫所設定（甚至在他退卻時也是如此），那麼現在主導局勢的人就變成是甘迺迪。總統和他的顧問們現在有一種贏者全拿的心態，不再擔心赫魯雪夫會為古巴發動一場核子戰爭，敢於肆意施壓迫使對方做出新的讓步。甘迺迪在十月二十日曾奉勸他的顧問們學習忍耐蘇聯轟炸機在古巴的存在，但現在他卻確信這樣的容忍是不必要的。

隨著來自甘迺迪的壓力與日俱增，和自己使用核武的準備心理的日益減少，赫魯雪夫必須在卡斯楚及世界革命的夢想和國家利益之間做出選擇。他的國家並不想要和美國發生戰爭。當他在十月二十八日寫信接受甘迺迪的提議時，他還以為他可以調和兩者。但現在，作為革命家的赫魯雪夫卻與作為國家領袖的赫魯雪夫發生衝突，他必須在兩者之間做出取捨。

卡斯楚在他十一月十五日寫給吳丹的信中首次威脅要恢復對古巴上空的美國偵察機開火，把局勢帶回到戰爭邊緣。史蒂文森一得知便立刻向現任蘇聯駐聯合國最高外交官庫茲涅佐夫提出抗議，警告他這是一件非常嚴重的事情，後果可想而知。他告訴庫茲涅佐夫：「由於蘇聯未能讓古巴接受查驗，空中偵察是我們可以確保自己安全的唯一方法。」庫茲涅佐夫盡其所能撇清自己和自己國家與卡斯楚行動的關係，表示：「他對蘇聯先前在空中偵察問題上的立場沒有任何要補充的。」[14]

隔天十一月十六日，赫魯雪夫召開另一次主席團會議，討論古巴正在升級的局勢。表面上，會議的議題是如何回應甘迺迪所提的以撤走轟炸機換取解除封鎖的要求，但討論的焦點事實上是放在卡斯楚而不是甘迺迪身上。最先發言的人是赫魯雪夫，然後是國際關係的主要發言人葛羅米柯，接著是布里茲涅夫、柯錫金和科茲洛夫——他們是黨與政府內負責國內事務和經濟的人。最後說話的是意識形態理論家蘇斯洛夫和波諾馬廖夫。這三群黨官員和國家官員一致同意，卡斯楚的立場是「不合理且刺耳的」。

「讓這次作為我們的一個教訓。」會議摘要記下的這句話十之八九是出自赫魯雪夫。「我們正到了要做出艱難決定的時刻。要麼他們將會配合，要麼我們將會讓我們的人離開。」蘇聯撤出古巴的主意幾天前被認為是卡斯楚的不成熟、感情用事和自我中心的表現，但現在卻被蘇聯領導層視為一個有正當性的選項——只要卡斯楚拒絕配合他們的政策就有權選擇。他們不再看得見有任何轉圜的空間。在討論到米高揚所提的讓他和卡斯楚再見一次的要求時，主席團決定通知他，不管他和卡斯楚談什麼，撤走轟炸機都是一個既成的決定，並且已經通知了美國人。[15]

赫魯雪夫親自口授給米高揚指示。他指出古巴人向美國偵察機開火的行為有可能會導致戰爭。「現在以這種方式採取行動很有可能會導致軍事衝突，而且繼續如此的話，衝突將會擴大。這種做法是沒有任何理由可以證明其為合理的。」赫魯雪夫指示米高揚給古巴人一個不同種類的最後通牒：「如果古巴的同志們不願意在這個問題上和我們合作，不願意採取步驟幫助我們解決這個問題，並避免與我們一起被拖入戰爭，那麼我們在古巴的存在現在對我們的朋友並無幫助。如果他們是這樣想的話，那就讓他們大聲說出來，我們將會自行得出結論。」

這個訊息是清楚的。如果卡斯楚不撤回命令而他的部下真的向美國飛機開火的話，那麼不只蘇聯不會跟隨他的步伐（就像十月二十八日不經意發生的事件那樣），而且赫魯雪夫會從古巴撤走部隊，留下卡斯楚和他的同志們單獨面對甘迺迪。美國保證不入侵仍然是赫魯雪夫解決危機一事上的主要目標，而他做出最後的嘗試要說服卡斯楚乖乖聽話。米高揚奉命提醒卡斯楚查驗的三個可能選項：透過聯合國、透過拉丁美洲國家大使或者透過十個中立國的代表。卡斯楚早前曾否決所有這些選項，但在主席團會議結束之後，一個與會者說服赫魯雪夫重提它們。但成功的機會渺茫。赫魯雪夫建議米高揚，如果覺得沒有達成協議的希望就離開古巴，但如果認為有可能取得任何進展便留下來。[16]

赫魯雪夫暫緩他和甘迺迪的通信。他在爭取時間，希望米高揚說服得了卡斯楚不只答應以撤走轟炸機換取解除封鎖，還接受某種形式的聯合國查驗以得到美國的不入侵保證。來自古巴的報告顯示仍然有時間可以談判。米高揚在十一月十八日告訴他，卡斯楚決定開火是出於一時的情緒化，而他也向米高揚承認，他想制止的只是低空飛行；他對高空飛行一直不加理會。由於美國人在十一月十六日已經中止了低空飛行，米高揚看不出來有發生衝突和戰爭的即時危險。[17]

十一月十八日星期日，也就是古巴原定恢復對美國飛機開火的一天，哈瓦那一整天都沒有出現高射砲砲火。這是因為不再有美國飛機低空飛行，而卡斯楚又對持續在高空偵察的U-2無可奈何。在他十一月十五日致吳丹的信中，他指出古巴人將會「在我們的防空武器火力所能及的程度上」摧毀侵犯領空的飛機。馬利諾夫斯基在十一月十七日向中央委員會報告說，他禁止普利耶夫「用蘇聯武器對侵犯古巴領空的美國飛機開火，哪怕有來自卡斯楚的命令也是一樣。」一天後的十一月十八日，葛羅米柯指示米高揚，如果有古巴人問及蘇聯駐軍為什麼拒絕向美國人開火，應該這樣回答：「有鑑於向美國飛機開火的決定並沒有得到我們的同意，我們並不認為我們有可能參與其中。基於這個理由，我們指示我們的部隊不要向美國飛機開火。」[18]

當卡斯楚和同志們在十一月十九日下午跟米高揚見面時，這位古巴領袖對美國的空中偵察還是一樣的生氣。他告訴米高揚：「U-2繼續在偵察。他們想去哪裡就去哪。」但他不再設法用撤走轟炸機來作為換取美國中止空中偵察的方法。他看見了不祥之兆。卡斯楚對米高揚指出（他說這是代表自己而不是代表整個領導階層說話）：「如果我們能夠用撤走『伊留申28』作為代價換取封鎖的解除，將會是踏出重要一步。」在離開了至少兩小時與同志們討論過之後，卡斯楚晚上九點左右回到米高揚的住處，傳達整個古巴領導階層的決定：如果符合他們給吳丹寫成書面的條件，他們同意撤走轟炸機。當晚他們就和米高揚討論了書面條件的內容。其中關鍵性的一句是：「假如蘇聯政府認為撤走這些飛機有助於談判的順利進行和危機的解決，古巴革命政府將不會反對這個決定。」[19]

到了十一月十九日晚上，卡斯楚意識到自己已經輸了對轟炸機的爭奪戰。無視他的抗議，赫魯雪夫決定要與美國人達成交易。卡斯楚也輸了宣傳戰——拉丁美洲國家領袖和世界媒體都指責古巴，認為古巴是讓兩大超級強權無法達成協議以阻止一場核子戰爭的主要障礙。他還有一個憂慮的理由：美國媒體宣布，總統即將會召開一個記者會。他擔心甘迺迪會抨擊和羞辱古巴，「把我們抹黑成一條髒抹布」，讓古巴民心士氣盡失，甚至逼迫他們拋棄領袖。卡斯楚考慮發表一場演說來反駁甘迺迪的演說。米高揚設法阻止他發表任何有違蘇聯立場的聲明，又寫信要莫斯科指示多勃雷寧透過羅伯特警告甘迺迪不要抨擊卡斯楚，以免讓他和赫魯雪夫之間的協議橫生枝節。[20]

卡斯楚既害怕甘迺迪發表演講，又對演講內容抱有很高的期望。他害怕的是甘迺迪攻擊和侮辱古巴，期望的是被攻擊和侮辱的是蘇聯。他對米高揚說：「我想你們達成了撤走『伊留申28』的決定，但如果甘迺迪做出了具威脅性且狂妄的宣布，就會讓蘇聯陷入一個不愉快和困難立場。」他向米高揚保證，古巴人已經準備好對抗封鎖：「我們不應該害怕封鎖，革命不會因此摧折。」米高揚對卡斯楚的革命詞令無動於衷，在寫給莫斯科的報告上說：「因為感覺得到卡斯楚的疲憊，我不認為有必要解釋他在那番談話中的判斷錯誤。」他決定不再提這個議題，讓卡斯楚至少保有一絲希望，以為藉由甘迺迪的演講，他可以把轟炸機保留下來。[21]

米高揚的報告經打字後在十一月二十九日早上十一點四十分發給主席團各成員。但當時赫魯雪夫早就打定主意。

第27章 感恩節

當赫魯雪夫在爭取時間的時候，甘迺迪和他的很多顧問相信他們的時間已快用盡。白宮宣布在十一月二十日舉行一個大家等待已久的記者會。這是兩個多月來第一次。每個人都預期總統會在記者會上宣布接下來會是什麼情形，是危機已經解除還是有新的和更危險的威脅出現在地平線上？甘迺迪非常想要宣布危機已經解除，但除非撤走轟炸機的事達成協議，他不能這樣宣布。赫魯雪夫還沒有回答是否答應在三十日內把轟炸機撤走。

政府裡有些人認為甘迺迪提供給赫魯雪夫的交易是不適當的讓步。中情局和軍方都不滿意總統給蘇聯領導人的提議，無論赫魯雪夫是不是答應在三十日內撤走轟炸機。在十一月十六日的「執委會」會議上，中情局局長麥科恩對蘇聯在古巴的持續駐軍表示了擔憂，會議摘要上這樣記錄：「他認為這是比轟炸機更重要的考慮。」麥科恩對能夠擊落U-2的地對空飛彈特別感到不自在，認為蘇聯在這種飛彈的掩護下有可能把核子飛彈再次靜悄悄運到古巴。

甘迺迪第二天和一眾參謀長會面，他們也是一樣意見，不只擔心剩下來的地對空飛彈，還擔心蘇聯的米格戰鬥機。他們重申他們建議的解決方案：入侵。三軍參謀長們告訴總統，武裝部隊正處於執行入侵的最佳狀態。因為知道甘迺迪內心深處記掛著柏林，他們又補充說：「我們不只準備好奉您的命令在古巴採取任何行動，還處於極佳狀態，可以在全世界反擊蘇聯對這種行動的任何軍事回應。」[1]

十一月十九日（白宮記者會的前一天）舉行的下一次「執委會」會議中，樂觀地認為一紙美蘇協議可以達成的人數銳減。赫魯雪夫對三十天時間底線的條件還是沒有表態。會議摘要顯示魯斯克這樣說：「我們還沒有收到赫魯雪夫的消息。」魯斯克報告了在紐約和庫茲涅佐夫繼續談判的情形，但庫茲涅佐夫的態度沒顯示克里姆林宮有改變原來的立場。然而時間之所以愈來愈緊迫，除了因為白宮記者會馬上就要舉行，還是因為美國空中偵察的中斷。現在，面對卡斯楚的威脅，這種中斷被認為是危險的，因為它讓美國人對古巴正在搞什麼一無所知。

甘迺迪授權U-2對古巴進行高空偵察，但命令延後恢復低空偵察的日期。羅伯特在一張白宮的信紙上潦草寫道：「總統不願意派遣飛機進行低空偵察。」儘管如此，甘迺迪無法無限期延後低空偵察。他要求部隊準備好在十一月二十四日星期三恢復這種偵察。由於沒有獲得赫魯雪夫的正面回應，卡斯楚又下令向低飛的偵察機開火，會損失飛機和飛行員在所難免。甘迺迪想要商討「被擊落時進行報復所採取的軍事行動」。參謀長聯席會議主席泰勒將軍指出：「目前的計畫要求偵察機武裝，並向攻擊的防空陣地開火。」甘迺迪指出：「我們面臨一個選擇，要麼是轟炸機撤走而我們繼續進行高空偵察，要麼是俄國人拒絕撤走轟炸機而我們在星期四或星期五來一次新的攤牌。」

副國防部長尼彩主張攻擊。他相信因為蘇聯人和古巴人談不妥，他們無論如何會想要美國人去攻擊古巴的高射砲陣地。國務次卿傾向於收緊對古巴的封鎖。他談到他到巴黎參加一次北約會議的觀感，會議上的人「一致認為我們太過便宜俄國人，沒有要求關閉古巴的蘇聯基地」。他又補充說：「我們的歐洲盟友會支持我們完成這件工作……沒有人會反對我們透過封鎖對俄國人再次施加壓力。」

但是甘迺迪態度保留。他懷疑收緊封鎖將會讓對方有理由擊落偵察機和拒絕撤走轟炸機。「赫魯雪夫怎麼可能再次屈服呢？」總統問道。尼彩預期武力威脅可以取得希望的後果，主張「根據共產主義理論，一個共產主義國家在面對一個強大得多的敵人時是可以退讓的」。邦迪看來同意此說，指出有需要區分蘇聯目標和古巴目標，這位國家安全顧問說：「我們攻擊古巴的時候應該避開蘇聯人。」明顯是傾向攻擊選項。

所以他們又回到了原點，就像甘迺迪和赫魯雪夫在十月二十七至二十八日之間的重大通信從未發生過一樣。正如危機最初的日子那樣，總統現在傾向於鷹派要多於鴿派。會議摘要這樣說：「他要求準備一份聲明以供他在俄國人沒有回應撤走轟炸機的要求時使用。我們應該強調卡斯楚拒絕接受地面查驗，因此需要進行持續的空中偵察。我們應該尋求美洲國家組織支持我們繼續進行空中偵察的權利。」[2]

在過去，甘迺迪都是依賴弟弟維持和赫魯雪夫溝通的管道，不過這條透過多勃雷寧本來有效的管道現在卻不再行得通。雖然羅伯特在十一月十八日晚上曾經提醒過多勃雷寧，總統在等待回答，卻不見效果。十一月十八日羅伯特去見他的另一個蘇聯聯絡人，軍事情報軍官博爾沙科夫。他要轉達的訊息簡短而清晰：甘迺迪需要在十一月二十日美東時間傍晚六點白宮記者會召開之前得到赫魯雪夫的答覆。如果轟炸機不撤走，低空偵察飛行就會恢復。就像他一貫的那樣，羅伯特並不是虛張聲勢。[3]

在莫斯科，赫魯雪夫決定他不能再等待米高揚變出一個古巴奇蹟。在不知道卡斯楚已經在轟炸機的議題上讓步的情況下，他急忙給甘迺迪捎去一封信，接受對方的條件。信是由多勃雷寧在十一月二十日晚上轉交給羅伯特，距離白宮記者會只有幾小時。

這封信一如往常又長又雜亂無章，信中的兩句關鍵句子說：「我們表達我們準備從古巴撤走飛機的意願。我通知您我們打算在一個月的條件內移除它們，甚至可能會更快，因為移除飛機的時間條件並不是我們的原則問題。」赫魯雪夫不再堅持美國中止偵察飛行或保證不會入侵古巴，把這些問題留待將來的談判。在解除封鎖一事上，他寫道：「請容許我表達這個希望：在收到我的這封信之後，您將會下達命令，立即解除隔離檢查，從加勒比海地區撤回您的海軍和其他軍事單位。」[4]

美國人有所不知的是，赫魯雪夫致甘迺迪的信包含兩個他從未寫出或口授的段落，它們顯然是在信已經寫好並電傳到大使館之後，由多勃雷寧奉莫斯科的指示或莫斯科某個人的指示所添加。增補部分的關鍵字句為：「赫魯雪夫相信，如果總統在記者會發表的聲明中不引入任何傷害古巴人民感情的成分，將是好事一樁。」

加入這些重點的動力來自米高揚。他終於說服了卡斯楚同意撤走轟炸機之議，但時間上比赫魯雪夫做出決定慢了幾小時。他成功在十一月十九日深夜敲定協議，而當時是莫斯科的凌晨。到了他的報告印刷好分發給主席團的成員時，赫魯雪夫的信業已發送到了華府的蘇聯大使館。他們唯一能做的是給信加上兩段話以顧及卡斯楚所擔心的，甘迺迪會在即將發表的聲明中出言不遜。[5]

甘迺迪和他的顧問們有所不知的是，赫魯雪夫的信中至少有一句不準確的陳述：「所有核武業已從古巴移除。」這句話用在彈道飛彈上是正確，但用在「伊留申28」配備的原子彈和戰術核子武器卻不正確，因為它們依然留在古巴。美國人對它們一無所知。但赫魯雪夫顯然決定了不再玩火。他決定也要把戰術核子武器撤除。十一月二十日，就是他去信甘迺迪的同一天，馬利諾夫斯基給古巴的普利耶夫大將下達了一道命令：「『月神』和巡弋飛彈的常規載荷導彈應該留在古巴。將六顆原子彈、十二顆『月神』的彈頭和八十顆巡弋飛彈的彈頭裝上蘇聯蒸汽輪船『阿爾卡達克號』。」[6]

赫魯雪夫洗新革面，而一切看來在他的控制之下。但卡斯楚不準備完全配合。十一月二十二日，驚惶的米高揚通知赫魯雪夫，古巴人告訴他們的聯合國代表萊丘加，他們擁有戰術核子武器。他們讓蘇聯大使阿列克謝耶夫知道他們要挑戰蘇聯決定撤走島上所有核武器的決心。米高揚敦促赫魯雪夫阻止古巴人的這種操作，建議他欺騙性援引一條不存在的蘇聯法律，禁止把核武器轉移給別的國家。

赫魯雪夫急得像熱鍋上的螞蟻。他想要古巴人撤回他們的指令。他在寫給米高揚的信上說：「如果美國人得知他們獲得的訊息不符事實，情況有可能會橫生枝節。」如果被逮到對美國總統說謊，赫魯雪夫面對的不只是另一個尷尬時刻，還是一個極端危險的時刻。與甘迺迪的整椿買賣端賴相互信賴，如果信賴破功，買賣就有可能會流產。戰術核武仍然在古巴的消息有可能會讓交易泡湯，讓世界陷入一個新的和更深重的危機。[7]

同一天的十一月二十二日，米高揚會見卡斯楚，就甘迺迪的聲明討論進一步的行動。卡斯楚覺得不高興，也再一次沒有對他面前的蘇聯高級官員隱藏這種感情。米高揚問他：「您因為封鎖解除而心情不好？」卡斯楚反擊說：「壞的不是解除封鎖，而是我們失去了『伊留申28』飛機。」然後他要求蘇聯保證不向美國承諾移除戰術核子武器。米高揚拒絕做出這種保證，指出美國並不知道島上有這樣的武器存在，也不知道它們是受到普利耶夫大將的節制。當卡斯楚問蘇聯是否可以把戰術核子武器轉移給其他國家時，米高揚佯稱，蘇聯有法律禁止這樣的轉移。然後米高揚又拒絕了卡斯楚所建議的，核子武器以由蘇軍控制的情況下留在古巴，理由是古巴沒有蘇聯基地。古巴沒有蘇聯基地對卡斯楚來說有著象徵上的重要性，因為他一直都想辦法讓美國關閉在關塔那摩的基地。[8]

他們繼而討論了其他問題。過程中，卡斯楚就像開始時一樣不高興，不過米高揚卻辦到了一件他從危機一開始就認為是正確的事——不只不讓卡斯楚控制核武，還把核武完全移出古巴。這一次他得到赫魯雪夫的全力支持。蘇聯最高領導人最終決定了把國家利益放在世界革命的共產主義烏托邦的利益之上。

如預定的那樣，十一月二十日傍晚六點，甘迺迪出現在國務院坐無虛席的禮堂前方，閱讀一份聲明。聲明的一開始是報告赫魯雪夫同意在三十日之內撤走「伊留申28」轟炸機。

「我在今天下午指示國防部長解除對古巴的隔離檢查。」甘迺迪宣布說。「現已知悉的證據顯示，古巴所有的進攻性飛彈陣地都已經拆除。飛彈和相關設備已經裝上蘇聯船隻，我們在海上對這些返航船隻的檢查證實蘇聯運到古巴的所有飛彈已經移除了——蘇聯向我們知會過這些飛彈的數目，這數字也和我們自己的情報十分接近。另外蘇聯政府表示，所有核子武器已經從古巴撤走，也不會再重新引進進攻性武器。」

這則聲明刪去了見於較早草稿的一句話：除非古巴容許在該島上確立國際檢查機制，否則美國不會做出任何不入侵古巴的正式保證。再過兩天便是感恩節，所以總統有很好理由以感恩調子結束他的聲明。「在這個感恩節的星期，當我們回顧才四星期前的情況時，著實有很多東西值得感恩。」危機看來結束了。甘迺迪堅持不撓，赫魯雪夫節節後退。[9]

在莫斯科，赫魯雪夫盡其所能讓古巴危機的發展顯得是他和蘇聯的勝利。他在十一月二十三日告訴中央委員會的全體會議（黨的最高決策機構）：「透過通信，我們榨取出美國總統的一道聲明，表示他無意入侵古巴。然後我們發現，如果是那樣的話，我們也可以考慮撤走我們的飛彈和『伊留申28』。這是一個讓步嗎？是的，我們讓步了。美方有讓步嗎？他們不是公開保證不會入侵古巴嗎？所以他們也讓步了。所以有誰是不讓步的？」[10]

赫魯雪夫面對的是一群友善的聽眾。他們為他的論調鼓掌良久，例如當他這樣說的時候：「我們的部隊射了兩枚飛彈，擊落了一架U-2飛機——我們的開銷就這麼多。不賴啊。」不過他也覺得有必要反駁他在共產陣營裡的主要對手對他的批評，也就是反駁中國人的批評。他的話雖然從來沒有刊登在蘇聯的報章，但卻不只是為國內的聽眾而說，還是為國際的聽眾而說。在反駁中國人的說法時，他顯然處於守勢：「有些自作聰明的人說你不能相信帝國主義者。多了不起的發現啊！所以你要怎麼辦，殺了他們？哈，殺了他們！那些自作聰明的人很會教人，卻在自己家裡聞到資本主義大便的味道，容忍澳門存在於他們的領土裡……葡萄牙人的大便；他們給自己蓋茅廁和在香港過夜。就這麼回事！」[11]

聽眾組成大多數是黨書記們和工業部門經理，對赫魯雪夫的虛張聲勢和粗俗笑話報以笑聲和掌聲。

他確實是個有效果和有娛樂性的演講者。不過不管聽眾對他的政策是何感想，他們都沒有分量反對他或者對他的行動表示懷疑。對領袖有任何不忠的表現或是被懷疑不忠都會讓他們大禍臨頭——在史達林的時代會性命不保，在赫魯雪夫的時代會失去事業。儘管如此，大家愈來愈不滿他的膽大妄為，除了將國家和世界推向核戰邊緣，還讓蘇聯的軍隊受辱。

同一批中央委員會的成員將會在兩年後的一九六四年十月投票罷黜赫魯雪夫。當這群聽眾聽著主席團成員狠狠批判他們領袖的狂妄冒進和在國內外所犯下的錯誤時，他們也是熱烈鼓掌。被選出來數落赫魯雪夫的副總理波利安斯基在指責大老闆的外交政策失敗時，特別聚焦在古巴事件。

波利安斯基在古巴危機期間的主席團會議一直沒有發言，以前也從來不敢批評赫魯雪夫，但這一次豁出去，指陳了赫魯雪夫的核子邊緣政策有多麼讓自己和同僚們膽顫心驚：「赫魯雪夫同志在一次講話中表示，如果美國敢碰古巴，我們就會予以打擊。他堅持把我們的飛彈送到古巴。那造成重大危機，把世界帶到了核戰邊緣，也讓這麼危險的冒險的策劃者本人驚恐莫名。在沒有其他辦法下，我們被迫接受了美國口授的所有要求和條件，包括丟人地讓美國檢查我們的船隻。在美國的要求下，我們的飛彈以及大部分的武裝部隊從古巴撤走……不過正如你們知道的，赫魯雪夫同志把加勒比海危機中的失敗說成是一次勝利。」[12]

波利安斯基繼而主張，古巴冒險除損害了蘇古關係以外，還有損蘇聯國家和武裝部隊的地位和國際聲望。如果說黨和國家的國際聲望還有蘇古關係的惡化只是蘇聯非常高層的人所知道和關心的事，那麼軍隊的受辱卻是從古巴千里迢迢返國的數以千計蘇聯官兵所感受得到的。

載著飛彈設備和官兵的蘇聯船隻在離開古巴之後受到美國飛機的追逐，必須出示他們在前往古巴途中小心隱藏的飛彈。這是一支敗北軍隊的撤退，而很多人相信，這支軍隊是受到他們的領袖所出賣。

馬利諾夫斯基在古巴危機期間是赫魯雪夫的左右手，但他在一九六四年赫魯雪夫被逐後這樣對他的參謀人員說：「俄國軍隊和蘇聯軍隊以前從未受過被敵人檢查武器運輸這種奇恥大辱。」米高揚把馬利諾夫斯基視為死對頭，認為他是幫助赫魯雪夫弄出古巴爛攤子的鷹派。但在對自己麾下的司令官們說話時，馬利諾夫斯基知道他是在表達他們很多人甚至大部分人的感覺。[13]

不過赫魯雪夫也確實達成了他的目標。他拯救了古巴，讓其免於受美國可能的入侵。他把古巴留在了共產主義陣營，又防止它投入中國人的懷抱。他固然無法把火箭留在古巴以消解美國人的長程導彈優勢，但他也讓甘迺迪從土耳其撤走了美國的中程飛彈。除了他的自我標榜以外，赫魯雪夫從來沒有為他達到的成就得到好評。這是因為每個人——美國人、古巴人和蘇聯人——都在他的冒進裡付出了太大的代價，讓他功不抵過。

後記

在犯了幾乎每一個可以想像的錯誤，以及幾乎每一個可以想像將引發核戰的步驟之後，甘迺迪和赫魯雪夫最後避過了核子戰爭。他們沒有踏入他們自己精心創造的陷阱是因為他們不相信自己能夠贏得一場核戰，也不準備為這樣的勝利付出代價。如果兩個超級強權是由別的領袖統治的話，古巴危機的後果實難想像。

兩人都在本書描述的事件後不旋踵就離開了政治舞台。古巴飛彈危機正式結束一年後，甘迺迪於一九六三年十一月二十二日在達拉斯遇刺身亡。赫魯雪夫——他說甘迺迪的「悲劇性」死亡「對所有珍惜美蘇合作的和平事業的人來說是沉重打擊」——在一九六四年十月十四日下野，也就是美國U-2偵察機發現古巴的蘇聯飛彈的恰恰兩年後，但不是被外國部隊奪去權力，而是被自己本來諂媚的下屬所罷黜。[1]

不管在世人眼中是贏家還是輸家，兩位領袖都留下了一筆持久的共同遺產，而且這遺產不僅限於古巴飛彈危機的教訓。他們在一九六三年八月簽署的《部分禁止核試爆條約》透過大幅限制輻射的落塵，第二次拯救了世界。如果人類夠幸運，可以在新的核子時代再活上三千萬年或四千萬年的話，那麼研究冰芯、珊瑚和岩石的未來地質學家將能夠精確鎖定甘迺迪和赫魯雪夫簽定條約的時刻。

正是地球科學家所做的研究所顯示的，碳十四、鈽二三九和碘一二九的沉積物（三種元素的半衰期分別是接近六千年、兩萬四千年和一千六百萬年）將指向同一個方向——在一九五〇年代和一九六〇年代之間，有一系列的爆炸震動了這個星球。這段期間，碘沉積物是那麼的厚，讓現在的地質學家認為它們是一枚「金釘子」，即一個由一件全球規模事件引起的地質學標誌，可顯示地球歷史一個新時代的開始。「金釘子」時期開始於一九五〇年代早期，在一九五四年尤其顯著，那一年美國在馬歇爾群島進行了氫彈試爆，該氫彈的威力高達一千五百萬噸爆炸當量，是學者預測的二．五倍，比在廣島和長崎投下的原子彈的威力要大一千倍。一九六一年，蘇聯在北極洋新地島試爆了五千八百萬噸爆炸當量的「沙皇炸彈」，威力「只」超出預期八個「百萬噸」。[2]

一九六三年的條約打開了控制和削減核子武器的後續談判的大門。在不到二十年間，從一九七二年五月至一九九三年一月，美國總統尼克森、卡特、雷根和老布希跟他們的蘇聯和俄國同儕布里茲涅夫、戈巴契夫和葉爾辛簽訂了一系列的協議，不只限制了還實際把核武的數目減少了八成。不幸的是，由古巴飛彈危機肇始的核武管控時代已經走到盡頭，因為保證世界安全的舊條約正在一一被廢除。一個特別矚目的發展是美國和俄國在二〇一九年退出了《中長程核子武器條約》（該條約是由雷根和戈巴契夫在冷戰末期的一九八七年簽署）。雙方都宣布他們從二〇一九年八月二日起最終退出該條約。[3]

隨著美俄拋棄該條約，我們正在進入一個重整核子軍備的新時代。在其中，老舊的飛彈會被更新、更精準和更小的飛彈所取代。這意味著戰術核子武器可能會使用在戰場上，讓世界倒退回一九六〇年代，當時使用戰術核子武器是冷戰雙方軍事思想的一部分。不管自柏林圍牆倒塌、冷戰結束和蘇聯解體以來世界發生了多少戲劇性變化，世界現在仍然是有兩個核子強權，即美國和俄國，後者繼承了蘇聯的全部核子軍火庫。這兩個國家的關係隨著每一年的過去愈發緊張。

在今天，莫斯科與華府的關係跟冷戰高峰時期多有相似之處。在蘇聯消失後，在它的領土和國際威望消失後，俄羅斯現在是一個「修正主義」*強權，就像它在一九五〇年代和一九六〇年代早期的那樣，當時它努力在一個去殖民化的時期改變世界的權力均衡。意識形態也沒有從核子邊緣政策的當前階段消失。美國即便不再銳意推廣民主制度，也仍然感興趣於捍衛民主制度。俄國不再是共產國家，但它在拋棄共產主義的擴張主義之餘，致力於捍衛保守的價值觀和支持獨裁政權。這兩個核子強權的文化差異也繼續倔強，造成了無數誤判對方意圖的機會。[4]

不過現在除了舊的威脅捲土重來以外，還出現了新的威脅，讓局面更加不穩定和危險。核子武器和飛彈技術空前未有的進展大幅增加了能夠發動核武攻擊的國家的數目。即便極端貧窮但決心如鐵的政權（例如北韓）一樣可以用核子戰爭威脅一個超級強權。印度和巴基斯坦這兩個死對頭皆擁有核武。伊朗獲得核子技術引起暗中擁核的以色列的強烈擔心，也引起非核的地區霸權沙烏地阿拉伯的嚴重關切。網路戰爭也讓當前的局勢比一九六〇年代初期危險得多，因為這種戰爭讓一個強國可以不費一槍一彈就奪得對另一個強國的核子軍備的控制。

與往昔情況大體差不多的是核子武器仍然是控制在非常少的幾個人手裡。世界上其他人想要存活，需要仰賴這幾個人的領導才能、政治技巧、明智判斷和膽識。世界之所以能夠安度古巴飛彈危機在於美蘇雙方的領袖都認為核子戰爭是打不贏的。這種情形已經改變了，隨著舊的軍備限制條約被撕毀、核子軍事競賽的再起，以及執行極端精確核武攻擊新技術的發展而改變。這些因素降低了使用核子武器的心理門檻，讓核子交鋒變得更有可能。

我們可以做些什麼？我們不可能指望民粹主義和民族主義政客停止在言論和行動上的不負責任，不可能指望修正主義的獨裁者會搖身變為現狀的捍衛者，不可能指望擁有政治立場的領袖都會開始聽取專家們的忠告，也不可能指望那些專家會完全擺脫他們的政治和文化偏見。當核子「駕駛員」的數目在沒有規則的國際政治高速公路上以驚人的速度持續增加時，這些都是我們不可仰賴的。不可仰賴的還有對於被核武全面摧毀的恐懼，因為這種恐懼未嘗不會促使一個核武國家先發制人，從而帶來無可估計的後果。只有在恐懼核子戰爭的心理占上風的時候，舊有的相互毀滅保證策略才會行之有效。但這樣的恐懼已經隨著超級強權退出禁止核試爆、冷戰的終結和人們愈來愈相信使用戰術核武不會導致更大規模戰爭的想法而衰退。

今天我們回到了一個類似古巴飛彈危機之前的時期，當時普遍還沒有認識到邱吉爾在一九五〇年代提出的所謂「恐怖平衡」，各國競相改善和擴大自己的核子軍備。這是核武歷史上最危險的時刻之一。雷根的時期※是核武歷史上另一個高度不穩定的時期，因為當時美國花在核武上的錢多於蘇聯。我們是有可能再一次比俄國人花更多的錢在核武上。但中國人又怎樣？我們可以不用向他們借錢而做到這一點

＊ 編注：「修正主義」係指對馬克思主義做出修正的流派。一般都違背馬克思主義基本原則，而並非對馬克思主義的繼承與發展。

※ 編注：雷根於一九八一至一九八九年擔任美國總統，對蘇聯他採取較為強硬的態度，發起「戰略防衛倡議」（俗稱「星戰計畫」），要在太空建立防護罩抵抗蘇聯的核子飛彈。

嗎？這不言而喻。

為了避免核子戰爭，我們必須擺脫一個錯覺——核子武器是老古董，與現在不再相干，最終會自行消失。這是一種直到最近還在學術圈和政治圈具有主導性的後冷戰觀點。我們應該重回談判桌，恢復在古巴飛彈危機後的醒悟所展開的軍備控制進程。我們不能等待另一次同樣規模的危機讓領袖們覺醒過來，因為下一次的危機有可能會比上一次嚴重得多。

在冷戰的高峰期，公共辯論把軍備控制放上了政治日程；光靠政府不會有這種效果。所以作為公民，我們必須再教育自己去認識核武的歷史和它蘊涵的危險，以便新的軍備控制方案能夠被拿出來談判。當選的從政者最終會聽從選民的呼籲。作為民主政治的參與者，我們必須重新學習被遺忘了的過去的教訓，好讓施政者有所依從。回顧是向前邁進的基本先決條件。

致謝

我很高興在這裡盡任何作者都樂意為之的責任，感謝那些對我研究和寫作本書幫助最大的人。我首先要感謝哈佛大學歷史系在二〇一八年秋天給我的教授休假，並感謝富布賴特計畫（Fulbright Program）幫助我在烏克蘭度過休假。我利用了部分休假時間來寫這本書。

談到書中使用的主要資料來源和有用材料時，我特別感謝烏克蘭安全局檔案館的安德烈・科胡特（Andriy Kohut）和瑪麗亞・帕諾娃（Maria Panova），他們讓我可以參閱「格別烏」有關古巴飛彈危機的尚未開放檔案。我還要謝謝烏克蘭外交部檔案館的斯維特拉娜・科夫通（Svitlana Kovtun），啟動了對舊時機密文件的解密工作。感謝甘迺迪總統圖書館的查爾斯・博索斯（Charles Borsos）在我取得本書使用的照片時所提供的建議和幫助。感謝阿爾希波夫家族和「民主面孔倡議組織」（Faces of Democracy initiative）的斯文・利連斯特倫（Sven Lilienström）為我提供瓦西里・阿爾希波夫上尉的照片，他是這場危機的關鍵人物之一。

談到手稿本身，我要感謝我的前阿爾伯塔大學同事梅羅斯拉夫・尤克維奇（Myroslav Yurkevich）編輯了手稿的初稿，感謝我哈佛大學的同事弗雷德・羅格瓦爾（Fred Logevall）對初稿提出了非常有用的評論。我還感謝弗雷德・羅格瓦爾和瑪麗・薩羅特（Mary Sarotte）的鼓勵。莎拉・查爾凡特（Sarah

Chalfant）和她的團隊讓我在Wylie Agency感覺受到歡迎，並為這本書找到了一個絕佳的歸宿：諾頓公司（W. W. Norton & Company），它出版的有關古巴飛彈危機及其關鍵人物的著作比世界上任何出版社都多。我感謝諾頓公司的約翰・格魯斯曼（John Glusman）、海倫・托梅德斯（Helen Thomaides）和南希・格林（Nancy Green）的指導、支持和他們對文本非常有用但非侵入性的編輯。

我還要感謝我在哈佛大學的學生，他們過去幾年裡選修了我開的「冷戰史」和「冷戰峰會」課程。他們提的許多問題引出了我在本書提供的答案。在我所在的哈佛大學烏克蘭研究所，執行主任泰米什・霍洛溫斯基（Tymish Holowinsky），以及該研究所「執委會」（ExCom*）的同事蒂姆・科爾頓（Tim Colton）、喬治・格拉博維奇（George Grabowicz）、邁克爾・弗利爾（Michael Flier）和特里・馬丁（Terry Martin），都對我的學術努力予以大力支持，在此謹致謝忱。擔任了我們的小型「執委會」的主席後，我對一九六二年的「執委會」的實際運作方式有了重要了解。

跟我以前的所有書一樣，如果沒有妻子奧萊娜（Olena）堅定不移的支持，本書的研究和寫作工作都是不可能的，我對此深表感謝。

* 譯注：ExCom 這個縮寫詞原指甘迺迪政府為應對古巴飛彈危機而成立的執行委員會。

注釋

獻詞

1. John F. Kennedy, Address before the General Assembly of the United Nations,September 25, 1961, John F. Kennedy Presidential Library and Museum,https://www.jfklibrary.org/archives/other-resources/john-f-kennedyspeeches/
united-nations-19610925.
2. Nikita Khrushchev quoted in Norman Cousins, *Improbable Triumvirate: John F. Kennedy,Pope John, Nikita Khrushchev* (New York, 1972), 46.

序

1. Nicole Tam, "A moment of panic in paradise. Some university students franticallylooked for shelter fearing ballistic missile attack," *Ka Leo*, January 22, 2018,http://www.manoanow.org/kaleo/news/a-moment-of-panic-inparadise/ article_ab93266c-ff27-11e7-94fa-7342ef31d879.html; "False alert of ballisticmissile threat to Hawaii sent by human error," *Xinhua*, January 14, 2018,http://www.xinhuanet.com/english/2018-01/14/c_136894618.htm.
2. Matt Stevens, "Trump and Kim Jong-un, and the Names They' ve Called Each Other," *New York Times*, March 9, 2018,https://www.nytimes.com/2018/03/09/world/asia/trump-kim-jong-un.html;David E. Sanger and William J. Broad, "Iran Challenges Trump, Announcing End ofNuclear Restrictions," *New York Times*, January 14, 2020,https://www.nytimes.com/2020/01/05/world/middleeast/trump-iran-nuclearagreement.html.
3. "John Bolton: North Korea standoff comparable to Cuban Missile Crisis," Fox News,August 11, 2017, https://www.foxnews.com/politics/john-bolton-north-korea-standoff-comparable-to-cuban-missile-crisis; "Panetta: North Korea 'most seriouscrisis' involving nukes since Cuba," CNN, August 12, 2017,https://edition.cnn.com/2017/08/11/politics/leon-panetta-nuclearwar/index.html; Andrew Osborn, "Putin to U.S.: I' m ready for another CubanMissile-style crisis if you want one," Reuters, February 21, 2019,https://www.reuters.com/article/us-russia-putin/putin-to-u-s-im-ready-foranother-cuban-missile-style-crisis-if-you-want-one-idUSKCN1QA1A3; Ray Sanchez, "Putin boasts military might with animation of Florida nuke strike," CNN, March 2,2019, https://www.cnn.com/2018/03/01/europe/putin-nuclear-missile-videoflorida/index.html; Andrew Osborn, "Putin to U.S.: I' m Ready for another CubanMissile-style Crisis if You Want One," Reuters, February 21, 2020,https://www.reuters.com/article/us-russia-putin/putin-to-u-s-im-ready-foranother-cuban-missile-crisis-if-you-want-one-idUSKCN1QA1A3; Fred Kaplan, "ThePeople around Trump are Totally Unqualified to Stop the Iran Crisis," *Slate*, January 6,2020, https://slate.com/news-and-politics/2020/01/trump-team-iran-crisispompeo-esper.html; Larry Provost, "Trump Acted ss Great As JFK in Missile Crisis," *Townhall*, January 9, 2020,https://townhall.com/columnists/larryprovost/2020/01/09/trump-acted-as-greatas-jfk-in-missile-crisis-n2559201.
4. Robert F. Kennedy, *Thirteen Days: A Memoir of the Cuban Missile Crisis,* with a newforeword by Arthur Schlesinger Jr. (New York,

1999); cf. Sheldon M. Stern, *TheCuban Missile Crisis in American Memory: Myths versus Reality* (Stanford, CA, 2012), 32–39, 68–98, 148–54.

5. *The Kennedy Tapes: Inside the White House during the Cuban Missile Crisis*, ed. Ernest R.May and Philip D. Zelikow, concise ed. (New York and London, 2002); GrahamAllison and Philip Zelikow, *Essence of Decision: Explaining the Cuban Missile Crisis*, 2nd ed.(New York, 1999); Aleksandr Fursenko and Timothy Naftali, *"One Hell of a Gamble":Khrushchev, Castro and Kennedy, 1958–1964* (New York and London, 1997); Michael Dobbs, *One Minute to Midnight: Kennedy, Khrushchev and Castro on the Brink of Nuclear War*(New York, 2008); Tomás Diez Acosta, *October 1962: The "Missile" Crisis as Seen fromCuba* (New York, 2002).
6. Barbara Tuchman, *The Guns of August* (New York, 2012; first ed. 1962).
7. Robert Kennedy, *Thirteen Days,* 97–98; Barbara Tuchman, *The March of Folly: From Troyto Vietnam* (New York, 1984).
8. C. Todd Lopez, "U.S. Withdraws from Intermediate-Range Nuclear Forces Treaty," August 2, 2019, US Department of Defense,https://www.defense.gov/explore/story/Article/1924779/us-withdraws-fromintermediate-range-nuclear-forces-treaty/; David E. Sanger and Andrew E. Kramer, "U.S. Officials Suspect New Nuclear Missile in Explosion That Killed 7 Russians," *NewYork Times*, August 12, 2019,https://www.nytimes.com/2019/08/12/world/europe/russia-nuclear-accidentputin.html.
9. Simon Craine and Noel Ryan, *"Protection from the Cold": Cold War Protection inPreparedness for Nuclear War* (Sheffield, UK, 2010), 12; Joseph M. Siracusa, *NuclearWeapons: A Very Short Introduction* (Oxford, 2015), 60–61, 107; Paul Bracken, *TheSecond Nuclear Age: Strategy, Danger, and the New Power Politics* (New York, 2012), 49–50.

序幕

1. Juan O. Tamayo, "Secret Nukes: The untold story of the Cuban Missile Crisis," *MiamiHerald*, October 13, 2012,http://www.cubademocraciayvida.org/web/print.asp?artID=18987; James G.Blight, Bruce J. Allyn, and David A. Welch, with the assistance of David Lewis,foreword by Jorge I. Dominguez, *Cuba on the Brink: Castro, the Missile Crisis, and theSoviet Collapse* (New York, 1993), 40, 56–65, 258–60; Don Oberdorfer, "CubanMissile Crisis More Volatile Than Thought," *Washington Post*, January 14, 1992, https://www.washingtonpost.com/archive/politics/1992/01/14/cuban-missilecrisis-more-volatile-than-thought/359ba0c1-1e6b-48b5-a0f2-82ceafb4262f/?utm_term=.235cb732df89.
2. Arthur Schlesinger Jr., "Four Days with Fidel: A Havana Diary," *New York Review ofBooks*, March 25, 1992, https://www.nybooks.com/articles/1992/03/26/fourdayswith-fidel-a-havana-diary/.
3. James G. Blight et al., *Cuba on the Brink*, 40; Martin Tolchin, "U.S.UnderestimatedSoviet Force in Cuba During ' 62 Missile Crisis," *New York Times*, January 15, 1992,https://www.nytimes.com/1992/01/15/world/us-underestimated-soviet-force-incuba-during-62-missile-crisis.html.

第1章

1. "The Inauguration of John F. Kennedy, the 35th President of the United States," TheMovietone Production, 1961, https://www.youtube.com/

watch?v=syWo_gzGSoY.

2. Cited in John Burnside, *The Music of Time: Poetry in the Twentieth Century*(Princeton andOxford, 2020), 251.

3. "For John F. Kennedy Inauguration" by Robert Frost, John F. Kennedy PresidentialLibrary and Museum, https://www.jfklibrary.org/learn/about-jfk/life-of-john-fkennedy/fast-facts-john-f-kennedy/for-john-f-kennedys-inauguration-by-robert-frostundelivered-poem; "Poets and Power: Robert Frost' s Inaugural Reading," Poets.org:From the Academy of American Poets,https://web.archive.org/web/20140112072836/;http://www.poets.org/viewmedia.php/prmMID/20540#sthash.TVpwYYIc.dpuf;Arthur M. Schlesinger Jr., *A Thousand Days: John F. Kennedy in the White House* (Boston,1965), 1–3.

4. "Ask Not What Your Country Can Do for You . . . ," Elementary School CurriculumResources, John F. Kennedy Presidential Library and Museum,https://www.jfklibrary.org/learn/education/teachers/curricular-resources/elementary-school-curricular-resources/ask-not-what-your-country-cando-for-you.

5. "Inaugural Address of President John F. Kennedy, Washington, DC, January 20,1961," John F. Kennedy Presidential Library and Museum,https://www.jfklibrary.org/archives/other-resources/john-f-kennedyspeeches/inaugural-address-19610120.

6. Clifford L. Staten, *The History of Cuba* (New York, 2003), 11–44; Jay Sexton, *TheMonroe Doctrine: Empire and Nation in 19th-Century America* (New York, 2011), 85–122.

7. Louis Pérez, *Cuba under the Platt Amendment, 1902–1934* (Pittsburgh, PA, 1986).

8. Staten, *The History of Cuba*, 45–70.

9. Aviva Chomsky, *A History of the Cuban Revolution* (Chichester, West Sussex, UK, 2015),28–44; Staten, *The History of Cuba*, 71–106; Schlesinger, *A Thousand Days*, 215–23

10. Maurice Halperin, *The Rise and Decline of Fidel Castro: An Essay in Contemporary History*(Berkeley, Los Angeles, and London, 1972), 46–48; Stephen G. Rabe, *Eisenhower andLatin America: The Foreign Policy of Anticommunism* (Chapel Hill and London, 1988), 117–25.

11. Memorandum Prepared in the Central Intelligence Agency, Washington, January 26,1961, Cuba, *FRUS*, 1961–1963, vol. 10, Cuba, January 1961–September 1962, no.27, https://history.state.gov/historicaldocuments/frus1961-63v10/d27.

12. Memorandum for Discussion on Cuba, Washington, January 28, 1961, Cuba, *FRUS*,1961–1963, vol. 10, Cuba, January 1961–September 1962, no. 30,https://history.state.gov/historicaldocuments/frus1961-63v10/d30.

13. Memorandum of Meeting with President Kennedy, Washington, February 8, 1961,*FRUS*, 1961–1963, vol. 10, Cuba, January 1961–September 1962, no. 40,https://history.state.gov/historicaldocuments/frus1961-63v10/d40; Paper Preparedin the Central Intelligence Agency, Washington, March 11, 1961, Proposed Operationagainst Cuba, *FRUS*, 1961–1963, vol. 10, Cuba, January 1961–September 1962, no.58, https://history.state.gov/historicaldocuments/frus1961-63v10/d58.

14. Paper Prepared in the Central Intelligence Agency, Washington, March 15, 1961,Revised Cuban Operation, *FRUS*, 1961–1963, vol. 10, Cuba, January 1961–September 1962, no. 61, https://history.state.gov/historicaldocuments/frus1961-63v10/d61; Schlesinger, *A Thousand Days*, 223–68.

15. Jim Rasenberger, *The Brilliant Disaster: JFK, Castro, and America's*

Doomed Invasion ofCuba's Bay of Pigs (New York, 2011), 180–88.

16. "Bay of Pigs. Forty Years After. Chronology," National Security Archive,https://nsarchive2.gwu.edu/bayofpigs/chron.html; Rasenberger, *The BrilliantDisaster*, 189–206.
17. "The Bay of Pigs Invasion," Central Intelligence Agency, https://www.cia.gov/newsinformation/featured-story-archive/2016-featured-story-archive/the-bay-of-pigsinvasion.html; Rasenberger, *The Brilliant Disaster*, 207–59.
18. Richard Bissell Jr. with Jonathan E. Lewis and Frances T. Pudlo, *Reflections of a ColdWarrior: From Yalta to the Bay of Pigs* (New Haven and London, 1996), 184–204;*Operation ZAPATA: The Ultrasensitive Report and Testimony of the Board ofInquiry on the Bayof Pigs*, introduction by Luis Aguilar (Frederick, MD, 1981), 20–21.
19. Peter Wyden, *Bay of Pigs: The Untold Story* (New York, 1979), 277–78;Rasenberger,*The Brilliant Disaster*, 260–312.
20. Rasenberger, *The Brilliant Disaster*, 313–18; "The Bay of Pigs Invasion," CentralIntelligence Agency; "Bay of Pigs. Forty Years After. Chronology," National SecurityArchive.
21. Evan Thomas, *The Very Best Men: Four Who Dared: The Early Years of the CIA* (New York,2006), 261–72.

第2章

1. William Taubman, *Khrushchev: The Man and His Era* (New York, 2003).
2. Aleksandr Feklisov, *Priznanie razvedchika* (Moscow, 1999), 376.
3. Sergei Rogoza and Boris Achkasov, *Zasekrechennye voiny, 1950–2000* (Moscow, 2004), 195.
4. Fursenko and Naftali, *"One Hell of a Gamble,"* 81–82. Cf. idem, *Adskaia igra: Sekretnaiaistoriia karibskogo krizisa, 1958–1964* (Moscow, 1999), 85.
5. Larry Tart and Robert Keeffe, *Price of Vigilance: Attacks on American Surveillance Flights*(New York, 2001), 100–12; Andrew Glass, "JFK Holds First Televised NewsConference," January 25, 1961, *Politico*, January 25, 2018,https://www.politico.com/story/2018/01/25/jfk-holds-first-televised-newsconference-jan-25-1961-355093; Frederick Kempe, *Berlin 1961: Kennedy, Khrushchevand the Most Dangerous Place on Earth* (New York, 2011), 73–75.
6. Andrei Sakharov, *Vospominaniia* (Moscow, 1990), 288.
7. Memorandum of Conversation, Vienna, June 3, 1961, in *FRUS*, 1961–1963, vol. 5:Soviet Union, no. 83.
8. Telegram from the Department of State to Secretary of State Rusk at Geneva,Washington, May 16, 1961, in *FRUS*, vol. 6, Kennedy-Khrushchev Exchanges, no. 15.
9. David Reynolds, *Six Summits that Shaped the Twentieth Century* (New York, 2007), 185–94.
10. Roger G. Miller, *To Save a City: The Berlin Airlift, 1948–1949* (College Station, TX,2000), 14–18, 36–86; Daniel F. Harrington, *Berlin on the Brink: The Blockade, the Airlift,and the Early Cold War* (Lexington, KY, 2012).
11. Kempe, *Berlin 1961*, 22–24; Richard Millington, *State, Society and Memories of theUprising of 17 June 1953 in the GDR* (New York, 2014); Christian F. Ostermann andMalcolm Byrne, eds., *Uprising in East Germany, 1953* (Budapest, 2001).
12. Vladislav Zubok and Constantine Pleshakov, *Inside the Kremlin's Cold War: From Stalin toKhrushchev* (Cambridge, MA, 1997), 194–200.

13. Kempe, *Berlin 1961,* 25–38.
14. Memorandum of Conversation, Vienna, June 3, 1961, in *FRUS*, 1961–1963, vol. 5,Soviet Union, no. 83, https://history.state.gov/historicaldocuments/frus1961-63v05/d83.
15. Memorandum of Conversation, Vienna, June 4, 1961, in *FRUS*, 1961–1963, vol. 5,Soviet Union, no. 87, https://history.state.gov/historicaldocuments/frus1961-63v05/d87; Kempe, *Berlin, 1961*, 241–45; "Research Starters: Worldwide Deaths inWorld War II," The National World War II Museum, New Orleans,https://www.nationalww2museum.org/students-teachers/studentresources/research-starters/research-starters-worldwide-deaths-world-war.
16. Memorandum of Conversation, Vienna, 3:15 p.m., June 4, 1961, in *FRUS*, 1961–1963, vol. 5, Soviet Union, no. 89,https://history.state.gov/historicaldocuments/frus1961-63v05/d89; Schlesinger, *AThousand Days*, 358–74; Reynolds, *Six Summits*, 210.
17. Becky Little, "JFK Was Completely Unprepared For His Summit with Khrushchev," *History*, https://www.history.com/news/kennedy-krushchev-vienna-summitmeeting-1961.
18. Michael R. Beschloss, *The Crisis Years: Kennedy and Khruschev, 1960–1963* (New York,1991), 224–28; Reynolds, *Six Summits*, 210–13; Taubman, *Khrushchev*, 495–96.
19. Richard Reeves, *President Kennedy: Profile in Power* (New York, 1993), 175.
20. "Radio and Television Report to the American People on the Berlin Crisis, July 25,1961," JFK Presidential Library and Museum,https://www.jfklibrary.org/archives/other-resources/john-f-kennedyspeeches/berlin-crisis-19610725; "Legislative Summary: Defense and Military, 1961," JFK Presidential Library and Museum, https://www.jfklibrary.org/archives/otherresources/legislative-summary/defense-military.
21. Taubman, *Khrushchev*, 501.
22. Andrei Sakharov, *Memoirs* (New York, 1992), 217.
23. Hope M. Harrison, *Driving the Soviets Up the Wall: Soviet-East German Relations, 1953–1961* (Princeton, NJ, 2003), 139–223; "Berlin Wall and Migration," *The Business ofMigration*, https://www.business-of-migration.com/migration-processes/other-regions/berlin-wall-and-migration/.
24. Taubman, *Khrushchev*, 503–6.
25. August 1961, *Chronik der Mauer*, http://www.chronik-dermauer.de/en/chronicle/_year1961/_month8/?language=en&month=8&moc=1&year=1961&opennid=180144&filter=1&dokument=0&audio=0&video=0&foto=0.
26. Letter from Chairman Khrushchev to President Kennedy, Moscow, September 29,1961, *FRUS*, 1961–1963, vol. 6, Kennedy-Khrushchev Exchanges, no. 21,https://history.state.gov/historicaldocuments/frus1961-63v06/d21; letter fromPresident Kennedy to Chairman Khrushchev, Hyannis Port, October 16, 1961, *FRUS*,1961–1963, vol. 6, Kennedy-Khrushchev Exchanges, no. 22,https://history.state.gov/historicaldocuments/frus1961-63v06/d22.
27. Zubok and Pleshakov, *Inside the Kremlin's Cold War,* 256–57; Kempe, *Berlin, 1961*, 470–79.
28. Theodore Voorhees, *The Silent Guns of Two Octobers: Knnedy and Khrushchev Play the Double Game* (Ann Arbor, 2020), 42-45.

第3章

1. *Materialy XXII s"ezda KPSS* (Moscow, 1961); Arkadii Minakov, *Konservatizm v Rossii Imire*, pt. 2 (Voronezh, 2004), 232.

2. "Tsar Bomba," *Aic Heritage Foundation*,https://www.atomicheritage.org/history/tsarbomba;Vitaly I. Khalturin, Tatiana G. Rautian, Paul G. Richards, and William S.Leith, "A Review of Nuclear Testing by the Soviet Union at Novaya Zemlya, 1955–1990," *Science and Global Security* 13, no. 1 (2002): 18–19.
3. Aleksandr Ėmelianenkov, *Arkhipelag Sredmash* (Moscow, 2000), 71.
4. Jeremy Friedman, *Shadow Cold War: The Sino-Soviet Competition for the Third World*(Chapel Hill, NC, 2015); "Current Intelligence Staff Study. The New Stage of theSino-Soviet Dispute (October 1961–January 1962)." Central Intelligence Agency,https://www.cia.gov/library/readingroom/docs/esau-16.pdf.
5. "Doklad Tovarishcha N. S. Khrushcheva," *Izvestiia*, October 18, 1961; "Vystuplenietovarishcha Blas Roka," *Izvestiia*, October 23, 1961.
6. Peter Shearman, *The Soviet Union and Cuba* (London, 1987), 6; Fidel Castro, "May DayCelebration (1961): Cuba Is a Socialist Nation," Castro Internet Archive,https://www.marxists.org/history/cuba/archive/castro/1961/05/01.htm.
7. Fursenko and Naftali, *"One Hell of a Gamble,"* 139–40.
8. *Fidel Castro Speaks on Marxism-Leninism,* December 2, 1961 (New York, 1962),http://www.walterlippmann.com/fc-12-02-1961.html.
9. "Na poroge novogo goda," *Izvestiia*, December 30, 1961.
10. *Khrushchev Remembers*, with introduction, commentary, and notes by EdwardCrankshaw. Trans. and ed. Strobe Talbott (Boston, MA, 1971), 544–45.
11. Fursenko and Naftali, "*One Hell of a Gamble*," 146.
12. Fursenko and Naftali, "*One Hell of a Gamble*," 162.
13. Fursenko and Naftali, *"One Hell of a Gamble,"* 163–65; "Fidel Castro Denounces Bureaucracy and Sectarianism," March 26, 1962 (New York, 1962), http://www.walterlippmann.com/fc-03-26-1962.html.
14. "Fidel Castro Denounces Bureaucracy and Sectarianism," March 26, 1962,http://www.walterlippmann.com/fc-03-26-1962.html; Maurice Halperin, *The Riseand Decline of Fidel Castro: An Essay in Contemporary History* (Berkeley, Los Angeles, andLondon, 1972), 145–48.
15. Fursenko and Naftali, *"One Hell of a Gamble,"* 169; "Splochenie sil Kubinskoi revoliutsii," *Pravda*, April 11, 1962.
16. "Alexei Adzhubei' s Account of His Visit to Washington to the Central Committee ofthe Communist Party of the Soviet Union," March 12, 1962, History and Public PolicyProgram Digital Archive, Archive of the President of the Russian Federation (APRF),Moscow, Special declassification, April 2002; translated by Adam Mayle (NationalSecurity Archive), http://digitalarchive.wilsoncenter.org/document/115124.
17. Fursenko and Naftali, *"One Hell of a Gamble,"* 170.
18. "Zapiska zamestitelia predsedatelia Goskomiteta Soveta Ministrov SSSR po vneshniměkonomicheskim sviaziam I. V. Arkhipova, May 7, 1962, *Khrushchev. K 120-letiiu so dnia rozhdeniia,* http://liders.rusarchives.ru/hruschev/docs/zapiska-zamestitelyapredsedatelya-goskomiteta-soveta-ministrov-sssr-po-vneshnim-ekonomicheskim;Proekt rasporiazheniia Soveta ministrov SSSR o spisanii zadolzhennosti s Kuby: May,1962, http://liders.rusarchives.ru/hruschev/docs/proekt-rasporyazheniya-sovetaministrov-sssr-o-spisanii-sovetskim-soyuzom-zadolzhennosti-s-kuby.
19. Aleksandr Alekseev, "Kak ėto bylo," in *Nikita Sergeevich Khrushchev: materialy k biografii*(Moscow, 1989), 67. Cf. Fursenko and Naftali, "*One Hell of a Gamble,*" 172–75.

20. Fursenko and Naftali, *"One Hell of a Gamble,"* 175; "Postanovlenie Prezidiuma TsK KPSSob utverzhdenii pis' ma N. S. Khrushcheva F. Kastro," *Khrushchev. K 120-letiiu so dniarozhdeniia*, http://liders.rusarchives.ru/hruschev/docs/postanovlenie-prezidiuma-tskkpcc-ob-utverzhdenii-pisma-ns-khrushcheva-f-kastro-ob-okazanii-pom.

21. Fursenko and Naftali, "*One Hell of a Gamble*," 170; Nikita Khrushchev, "TovarichshuFideliu Kastro Rus," *Izvestiia*, April 19, 1962.

第4章

1. Ivaila Vylkova, "Serdtse za sedtse, vernost' za vernost' ," *Ogonek*, May 27, 1962.
2. "Rech' N. S. Khrushcheva na mitinge v sele Osnova," *Izvestiia*, May 20, 1962.
3. *Khrushchev Remembers*, 545–46.
4. Andrew Glass, "U.S. Resumes Testing Bombs in the Atmosphere, April 25, 1961," *Politico*, April 24, 2017, https://www.politico.com/story/2017/04/25/us-resumestesting-bombs-in-the-atmosphere-april-25-1961-237478; "Nekotorye napravleniia vamerikanskoi propagande v sviazi s vozobnovleniem Soedinennymi Shtatami Amerikiiadernykh ispytanii v atmosfere," Archives of the Ministry of Foreign Affairs of Ukraine(Kyiv), fond 7, opys 11, no. 641, ark. 7.
5. "Postanovlenie TsK KPSS i Soveta ministrov SSSR 'O vazhneishikh ra zrabotkakhmezhkontinental' nykh ballisticheskikh i global' nykh raket i nositelei kosmicheskikhob "ektov," April 16, 1962, in *Sovetskaia kosmicheskaia initsiativa v gosudarstvennykhdokumentakh, 1946–1964 gg.*, ed. Iu. M. Baturin (Moscow, 2008), http://www.coldwar.ru/arms_race/iniciativa/o-vazhneyshih-razrabotkah.php.
6. "Minuteman Missile," National Historic Site, http://npshistory.com/publications/mimi/srs/history.htm; Gretchen Heefner, *TheMissile Next Door: The Minuteman in the American Heartland* (Cambridge, MA, 2012).
7. Sergei Khrushchev, *Nikita Khrushchev: krizisy i rakety* (Moscow, 1994), 154; "Moskalenko, Kirill Semenovich, "*Generals DK*,http://www.generals.dk/general/Moskalenko/Kirill_Semenovich/Soviet_Union.html; Taubman, *Khrushchev*, 253–56, 320, 362.
8. Ekaterina Sazhneva, "*Katastrofa na Baikonure: pochemu pogibli 124 cheloveka vo glave smarshalom?*" *Moskovskii komsomolets*, October 29, 2015,https://www.mk.ru/incident/2015/10/29/katastrofa-na-baykonure-pochemupcgibli-124-cheloveka-vo-glave-s-marshalom.html; Aleksandr Zhelezniakov, *"Baikonurskaia tragediia," Ėntsiklopediia Kosmonavtika*,http://www.cosmoworld.ru/spaceencyclopedia/index.shtml?bay24.html.
9. Sergei Khrushchev, *Nikita Khrushchev: krizisy i rakety*, 159; "Mezhk ontinental' naiaballisticheskaia raketa R-16," https://web.archive.org/web/20020117180901/;http://rau-rostov.narod.ru/01/rvsn-mbr/r-16.htm.
10. Sergei Khrushchev, *Nikita Khrushchev: krizisy i rakety*, 159.
11. "R-7," *Encyclopedia Astronautica,* http://www.astronautix.com/r/r-7.html; Steven J.Zaloga, *The Kremlin's Nuclear Sword: The Rise and Fall of Russia's Strategic Nuclear Forces,1945–2000* (Washington, DC, 2002), chap. 3; Khrushchev, *Nikita Khrushchev: krizisy irakety*, 159.
12. "Postanovlenie TsK KPSS i Soveta ministrov SSSR 'O vazhneishikh razrabotkakhmezhkontinental' nykh ballisticheskikh i global' nykh raket i nositelei kosmicheskikhob "ektov," April 16, 1962; Zaloga, *The Kremlin's Nuclear Sword*, chap. 3; AntonTrofimov, "Kak

gensek Khrushchev vybral samuiu massovuiu raketu RVSN," *Voennoeobozrenie*, March 30, 2017, https://topwar.ru/112160-ur-100-kak-gensek-hruschevvybral-samuyu-massovuyu-raketu-rvsn.html; Fedor Novoselov, "Proton ot Chelomeia," *Nezavisimoe voennoe obozrenie*, July 9, 2004,http://nvo.ng.ru/history/2004-07-09/5_chelomey.html; V. Petrakov and I.Afanas' ev, "Strasti po Protonu," *Aviatsiia i kosmonavtika*, no. 4 (1993),http://www.astronaut.ru/bookcase/article/article42.htm?reload_coolmenus;Zaloga, *The Kremlin's Nuclear Sword*, chap. 3: "Deploying the First Generation, 1960–1965" ; "Moskalenko, Kirill Semenovich, " *Generals DK.*

13. Taubman, *Khrushchev,* 537; Nikita Khrushchev, *Vremia, liudi, vlast'. Vospominaniia*(Moscow, 1999), 1: 651.
14. Fursenko and Naftali, *"One Hell of a Gamble,"* 176–77.
15. "Rech' tov. N. S. Khrushcheva [na mitinge v Sofii, 19 maia 1962], *Izvestiia*, May 20,1962, 3.
16. "Rech' tov. N. S. Khrushcheva v Varne," *Izvestiia*, May 17, 1962, 2.
17. Ed Kyle, "King of Gods: The Jupiter Missile Story," *Space Launch Report* (August 14,2011); Nur Bilge Criss, "Strategic Nuclear Missiles in Turkey: The Jupiter Affair,1959–1963," *Journal of Strategic Studies* 20, no. 3 (1997): 97–122,https://www.tandfonline.com/doi/abs/10.1080/01402399708437689?journalCode=fjss20; "Kratkoe soderzhanie politicheskogo otcheta posol' stva SSSR v Turtsii za 1961g.," Archives of the Ministry of Foreign Affairs of Ukraine (Kyiv), fond 7, opys 11, no.635, ark. 67, 72.
18. Sergei Khrushchev, *Nikita Khrushchev: krizisy i rakety*, 173; *Khrushchev Remembers*, 546;Taubman, *Khrushchev*, 541; Beschloss, *The Crisis Years*, 380–93.
19. Zaloga, *The Kremlin's Nuclear Sword*, chap. 3; "R-12," *Encyclopedia Astronautica,*http://www.astronautix.com/r/r-12.html; "R-14," *Encyclopedia Astronautica,*http://www.astronautix.com/r/r-14u.html.
20. Andrei Gromyko, *Pamiatnoe. Novye gorizonty* (Moscow, 2015), 523–24.

第5章

1. *Khrushchev Remembers*, 547–48.
2. "Central Committee of the Communist Party of the Soviet Union Presidium Protocol32," May 21, 1962, History and Public Policy Program Digital Archive, RGANI, F. 3,Op. 16, D. 947, Ll. 15–16, trans. and ed. Mark Kramer, with assistance fromTimothy Naftali, http://digitalarchive.wilsoncenter.org/document/115065. Cf.*Prezidium TsK KPSS, 1954–1964*, ed. Aleksandr Fursenko (Moscow, 2003), 556;Fursenko and Naftali, "*One Hell of a Gamble*," 180; Sergo Mikoyan, *The Soviet MissileCuban Crisis: Castro, Mikoyan, Kennedy, Khrushchev, and the Missiles of November* (Cold WarInternational History Project) (Stanford, CA, 2014), 93.
3. Cited in Mikoyan, *The Soviet Missile Cuban Crisis*, 91–93.
4. Mikoyan, *The Soviet Missile Cuban Crisis*, 92; *Prezidium TsK KPSS, 1954–1964*, 556.
5. John Erickson, "Rodion Yakovlevich Malinovsky," in Harold Shukman, ed., *Stalin'sGenerals* (New York, 1993); "Malinovskii, R. Ya," in A. N. Kutsenko, *Marshaly iadmiraly flota Sovetskogo Soiuza. Forma, nagrady, oruzhie* (Kyiv, 2007), 232–41; "Biriuzov,Sergei Semenovich," *Geroi strany,*http://www.warheroes.ru/hero/hero.asp?Hero_id=717.
6. Priscilla Roberts, ed., *Cuban Missile Crisis: The Essential Reference Guide* (Santa Barbara,CA, 2012), 72–74; Anatolii Gribkov, "Karibskii

krizis," *Voenno-istoricheskii zhurnal*,1992, no. 10: 41.

7. R. Malinovsky and M. Zakharov, "Memorandum on Deployment of Soviet Forces toCuba," May 24, 1962, in Raymond L. Garthoff, "New Evidence on the Cuban MissileCrisis: Khrushchev, Nuclear Weapons, and the Cuban Missile Crisis," *Cold WarInternational History Project,* Bulletin 11 (Winter 1998), 251–62, here 254–56,https://www.wilsoncenter.org/sites/default/files/CWIHP_Bulletin_11.pdf.
8. *Prezidium TsK KPSS, 1954–1964*, 556.
9. S. P. Ivanov, "Untitled notes on the back of the May 24 Memorandum to Khrushchev," in Garthoff, "New Evidence on the Cuban Missile Crisis," 256–57; *Prezidium TsK KPSS,1954–1964*, 556.
10. Mikoyan, *The Soviet Missile Cuban Crisis*, 96–97.
11. Gribkov, "Karibskii krizis," 45; Fursenko and Naftali, *"One Hell of a Gamble,"* 179–80.
12. Gribkov, "Karibskii krizis," 45; Mikoyan, *The Soviet Missile Cuban Crisis*, 97.
13. A. I. Alekseev, "Karibskii krizis: kak ėto bylo," in *Otkryvaia novye stranitsy . . .Mezhdunarodnye voprosy: sobytiia i liudi*, comp. N. V. Popov (Moscow, 1989), 157–72,here 160.
14. Alekseev, "Karibskii krizis: kak ėto bylo," 160; Gribkov, "Karibskii krizis," 42.
15. Alekseev, "Karibskii krizis: kak ėto bylo," 160.
16. Fursenko and Naftali, *"One Hell of a Gamble,"* 181–82.
17 Acosta, *October 1962*, 100.
18. Fursenko and Naftali, *"One Hell of a Gamble,"* 187; Fidel Castro in Carlos Lechuga, *Cubaand the Missile Crisis*, trans. Mary Todd (Melbourne and New York, 2001), 24.
19. Castro in Lechuga, *Cuba and the Missile Crisis*, 24; Alekseev, "Karibskii krizis: kak ėtobylo," 161.
20. Alekseev, "Karibskii krizis: kak ėto bylo." 161; Castro in Lechuga, *Cuba and the MissileCrisis*, 24.
21. Alekseev, "Karibskii krizis: kak ėto bylo," 161.
22. Castro in Lechuga, *Cuba and the Missile Crisis*, 25; Acosta, *October 1962*, 101–3.
23. Acosta, *October 1962*, 103.
24. Gribkov, "Karibskii krizis," *Voenno-istoricheskii zhurnal*, 1992, no. 11: 37.
25. "Central Committee of the Communist Party of the Soviet Union Presidium Protocol,no. 35, June 10, 1962," trans. and ed. Mark Kramer, with assistance from TimothyNaftali, *Cold War International History Project* (CWIHP), http://digitalarchive.wilsoncenter.org/document/115066; Mikoyan, *The Soviet Missile Cuban Crisis*, 97; Fursenko and Naftali, *"One Hell of a Gamble,"* 189.

第6章

1. Leonid Garbuz, "Zamestitel' komanduiushchego gruppy sovetskikh voisk na Kube vspominaet," *Strategicheskaia operatsiia "Anadyr'." Kak ėto bylo*, Memuarno-spravochnoe izdanie, ed. V. I. Esin (Moscow, 2000), 80–89, here 80–82, http://cubanos.ru/texts/kk11.
2. Acosta, *October 1962*, 103–4.
3. V. I. Esin, "Uchastie raketnykh voisk strategicheskogo naznacheniia v operatsii "Anadyr' ," in *Strategicheskaia operatsiia "Anadyr',"* 55–64, here 56; A. M. Burlov, "Vospominaniia glavnogo inzhenera raketnogo polka," in *Strategicheskaia operatsiia "Anadyr' ,"* 99–108, here 100, http://cubanos.ru/texts/kk14.
4. Igor Kurennoi, cited in Igor' Prokopenko, *Iadernyi shchit Rossii: kto*

pobedit v Tret'ei mirovoi voine? (Moscow, 2016), 107–8.

5. "R. Malinovsky and M. Zakharov, 'Memorandum on Deployment of Soviet Forces to Cuba,' " May 24, 1962, in Garthoff, "New Evidence on the Cuban Missile Crisis," 254.

6. Andrei Grigor' ev and Igor' Podgurskii, "Dostoinyi syn otechestva. Iz vospominanii polkovnika N. I. Antipova o general-maiore Igore Demianoviche Statsenko," *Krasnaia zvezda*, October 3, 2008, http://old.redstar.ru/2008/10/03_10/6_01.html; A. I. Gribkov, "Razrabotka zamysla i osushchestvlenie operatsii "Anadyr' ," in *Strategicheskaia operatsiia "Anadyr' ,"* 26–53, here 41.

7. V. Nikitchenko, Chairman, Committee of State Security attached to the Council of Ministers of the Ukrainian SSR, to N. V. Podgorny, First Secretary, Central Committee of the Communist Party of Ukraine, "Spetsial' noe soobshchenie," February 15, 1962, in the Archive of Security Service of Ukraine (henceforth: SBU Archives), fond 16, opys 11, no. 2, vol. 1, fols. 39–40; "General maior Kobzar Dmitrii Aleksandrovich," Kto est' kto v RVSN, http://rvsn.ruzhany.info/names/kobzarj_d_a.html.

8. "43-ia Krasnoznamennaia raketnaia armiia," in *Raketnye voiska strategicheskogo naznacheniia. Spravochnik,* https://rvsn.info/army/army_43.html; "43-ia gvardeiskaia raketnaia Smolenskaia ordenov Suvorova i Kutuzova diviziia," in *Raketnye voiska strategicheskogo naznacheniia.*

9. " Interview with General Leonid Garbuz by Sherry Jones," in *Mikoyan's "Mission Impossible" in Cuba: New Soviet Evidence on the Cuban Missile Crisis*, National Security Archive Electronic Briefing Book No. 400, https://nsarchive2.gwu.edu/NSAEBB/NSAEBB400/docs/Interview%20with%20General%20Garbuz.pdf.

10. Khrushchev, *Vremia, liudi, vlast'*, 2: 510.

11. "Pliev Issa Aleksandrovich. Biografiia," *Ėntsiklopediia*, Minoborony Rossii, http://encyclopedia.mil.ru/encyclopedia/heroes/USSR/more.htm?id=11904755@ morfHeroes; "Legendy armii. Issa Pliev"

12. Petr Siuda, "Novocherkassk, 1–3 iiunia 1962, zabastovka i rasstrel, "*Voennoe obozrenie*, June 4, 2012, https://topwar.ru/15007-novocherkassk-1962.html; V. A. Kozlov, *Neizvestnyĭ SSSR: protivostoi□a□nie naroda i vlasti, 1953–1985* (Moscow, 2005), 333–45.

13. Aleksandr Solzhenitsyn, *Sobranie sochinenii*, vol. 6: *Arkhipelag Gulag*, chaps. 5–7 (Moscow, 2000), 547; Tatiana Bocharova, *Novocherkassk: krovavyi polden'* (Rostov na Donu, 2002), 73; Urusbii Batyrov, *Gordost' Osetii: Issa Pliev, Georgii Khetagurov, Khadzhi-Umar Mamsurov* (Moscow, 2005), 97–99.

14. Acosta, *October 1962*, 107–10; Khrushchev, *Vremia, liudi, vlast',* 2: 510.

15. Gribkov, "Razrabotka zamysla i osushchestvlenie operatsii "Anadyr' ," in *Strategicheskaia operatsiia "Anadyr' ,"* 32–33. Cf. Gribkov, "Karibskii krizis," *Voenno- istoricheskii zhurnal*, 1992, no. 11: 35; 51-ia raketnaia diviziia," in *Raketnye voiska strategicheskogo naznacheniia,* https://rvsn.info/divisions/div_051.html; Esin, "Uchastie raketnykh voisk strategicheskogo naznacheniia v operatsii "Anadyr' ," 56.

16. "Tochno po raspisaniiu," *Izvestiia*, July 11, 1962, 5; *40 let grazhdanskomu vozdushnomu flotu. Sbornik statei* (Moscow, 1963); Acosta, *October 1962*, 110.

17. Burlov, "Vospominaniia glavnogo inzhenera raketnogo polka," in *Strategicheskaia operatsiia "Anadyr' ,"* 99–108, here 100, http://

cubanos.ru/texts/kk14.

18. Burlov, "Vospominaniia glavnogo inzhenera raketnogo polka," 100; Gribkov, "Razrabotka zamysla i osushchestvlenie operatsii "Anadyr'," 41, http://cubanos.ru/texts/kk05.
19. Burlov, "Vospominaniia glavnogo inzhenera raketnogo polka," 100–102, http://cubanos.ru/texts/kk14.
20. "Interview with General Leonid Garbuz by Sherry Jones," 3.
21. Igor' Statsenko, "Doklad komandira 51-i raketnoi divizii o deistviiakh soediineniia v period s 12 iiulia po 1 dekabria 1962 goda na o. Kuba," in *Raketnye voiska strategicheskogo naznacheniia. Spravochnik. Dokumenty*, https://rvsn.info/library/docs/doc_1_1001.html; Gribkov, "Razrabotka zamysla i osushchestvlenie operatsii "Anadyr'," 33, http://cubanos.ru/texts/kk05.
22. Esin, "Uchastie raketnykh voisk strategicheskogo naznacheniia v operatsii "Anadyr'," 58; Statsenko, "Doklad komandira 51-i raketnoi divizii o deistviiakh soediineniia v period s 12 iiulia po 1 dekabria 1962 goda na o. Kuba."
23. Khrushchev, *Vremia, liudi, vlast',* 2: 512.
24. Gribkov, "Razrabotka zamysla i osushchestvlenie operatsii "Anadyr'," 33, http://cubanos.ru/texts/kk05.; Fursenko and Naftali, *"One Hell of a Gamble,"* 192; Acosta, *October 1962*, 109.

第7章

1. Aleksandr Rogozin, "Sovetskii flot v voinakh i konfliktakh kholodnoi voiny," chap. 2: "SSSR v stroitel' stve VMS Kuby, http://alerozin.narod.ru/CubaNavy/CubaNavySoviet-2.htm; "Klass 'Sergei Borkin,'" *FleetPhoto,* https://fleetphoto.ru/projects/3306/; Robert Alden, "Israel is Accused in U.N. of Sinking a Soviet Ship," *New York Times*, October 13, 1973; Iu. M. Vorontsov, ed., *SSSR i blizhnevostochnoe uregulirovanie, 1967–1988. Dokumenty i materialy* (Moscow, 1989), 175.
2. *Morskoi transport SSSR: k 60-letiiu otrasli* (Moscow, 1984), 209; Vladimir Alekseev, *Russkie i sovetskie moriaki na Sredizemnom more* (Moscow, 1976), 219; Rogozin, "Sovetskii flot," chap. 2, sec. 8: "Sovetskie suda, uchastvovavshie v perebroske voisk v khode operatsii 'Anadyr'," http://alerozin.narod.ru/Cuba62/Cuba1962-8.htm; "Nachal' niku upravleniia KGB pri Sovete ministrov USSSR po Odesskoi oblasti generalmaioru tov. Kuvarzinu. Raport. Starshii operupolnomochennyi KGB pri SM SSSR po Krasnodarskomu kraiu kapitan Zozulia," September 21, 1962, SBU Archives, fond 1, opys 1, no. 1532, fols. 1/112/4506-8/119/4513.
3. Zozulia, "Raport," September 21, 1962, SBU Archives, fond 1, opys 1, no. 1532, fols. 4–5 (115–16).
4. Aleksei Lashkov, "Sovetskie VVS i PVO na Kube v period i posle Karibskogo krizisa," *Avia Panorama,* 2012. no. 9, https://www.aviapanorama.ru/2012/09/sovetskie-vvs-ipvo-na-kube-v-period-i-posle-karibskogo-krizisa-2/.
5. "Klass 'Omsk,'" *FleetPhoto,* http://fleetphoto.ru/projects/2374/.
6. Ivan Sidorov, "Vypolniaia internatsional' nyi dolg," in *Strategicheskaia operatsiia "Anadyr'."Kak ėto bylo*. Memuarno-spravochnoe izdanie, ed. V. I. Esin (Moscow, 2000), 125–33, here 125, http://cubanos.ru/pdf/kk2000.pdf; http://cubanos.ru/texts/kk19.
7. Esin, "Uchastie voisk strategicheskogo naznacheniia v operatsii 'Anadyr'," in *Strategicheskaia operatsiia "Anadyr',"* 55–64, here 58–61, http://cubanos.ru/texts/kk07; Sidorov, "Vypolniaia internatsional' nyi dolg," 126, http://cubanos.ru/texts/kk19.

8. Aleksandr Voropaev, "Otshumeli pesni nashego polka, pt. 1: 1960–1963," http://cubanos.ru/texts/txt035.
9. Sidorov, "Vypolniaia internatsional' nyi dolg," 127.
10. Esin, "Uchastie voisk strategicheskogo naznacheniia v operatsii "Anadyr' ," 60; Sidorov, "Vypolniaia internatsional' nyi dolg," 127; Valentin Polkovnikov, "Startovyi division raketnogo polka na Kube," in *Strategicheskaia operatsiia "Anadyr'*," 148–60, here 151.
11. Dmitrii Iazov, *Karibskii krizis. 50 let spustia* (Moscow, 2015), 196–97; idem, *Udary sud'by. Vospominaniia soldata i marshala* (Moscow, 2014), 118–20; "Pobeda," ShipStamps.co.uk, https://shipstamps.co.uk/forum/viewtopic.php?t=12834; Arkadii Shorokhov, "Motostrelkovye voiska na Kube," in *Strategicheskaia operatsiia "Anadyr'*," 142–47, http://cubanos.ru/texts/kk21.
12. Iazov, *Karibskii krizis*, 196–97, idem, *Udary sud'by*, 129–35.
13. Iazov, *Udary sud'by*. 131–32.
14. Captain Fedorov, "Raport," September 20, 1962, SBU Archives, fond 1, opys 1, no.1532, fols. 1/87/4481-10/96/4489, here fol. 2/88/4482; Senior Lieutenant Sennikov, "Raport," September 18, 1962, SBU Archives, fond 1, opys 1, no. 1532, fols. 1-8 (37/4455-44/4462), here fol. 5/41/4459; Senior Lieutenant Nechitailo, "Raport, po spetsreisu parokhoda 'Nikolai Burdenko,' " September 22, 1962, SBU Archives, fond 1, opys 1, no. 1532, fols. 1/155/4550-10/164/4560, here fol. 6/160/4556.
15. Aleksei Butskii, "Rabota Glavnogo shtaba RVSN v period podgotovki i provedeniia operatsii "Anadyr' ," in *Strategicheskaia operatsiia "Anadyr'*," 65–70, here 66, http://cubanos.ru/texts/kk08; Major Morozov, "Raport," September 29, 1962, SBU Archives, fond 1, opys 1, no. 1532, fols. 1/121/4515-8/128/4522, here fol. 4/124/4518; Captain Fedorov, "Raport," September 20, 1962, SBU Archives, fond 1, opys 1, no. 1532, fols. 1/87/4481-10/96/4489, here fol. 2/88/4482; Major Verbov, "Raport po reisu teplokhoda 'Admiral Nakhimov,' " September 8, 1962, SBU Archives, fond 1, opys 1, no. 1532, fols. 1-4, here fols. 3-4 (34-35/4452-4453).
16. Captain Fedorov, "Raport," September 20, 1962, SBU Archives, fond 1, opys 1, no. 1532, fols. 1/87/4481-10/96/4489, here fol. 2/88/4482; Senior Lieutenant Sennikov, "Raport," September 18, 1962, SBU Archives, fond 1, opys 1, no. 1532, fols. 1-8 (37/4455-44/4462), here fol. 5/41/4459.
17. Senior Lieutenant Topilsky, "Raport o spetsreise teplokhoda 'Dolmatovo,' " September 25, 1962, SBU Archives, fond 1, opys 1, no. 1532, fol. 1/98/4491-8/105/4499, here fol. 5/102/4496.
18. Senior Lieutenant Sennikov, "Raport," September 18, 1962, SBU Archives, fond 1, opys 1, no. 1532, fols. 1-8 (37/4455-44/4462), here fol. 3/39/4457.
19. Major Morozov, "Raport," September 29, 1962, SBU Archives, fond 1, opys 1, no. 1532, fols. 1/121/4515-8/128/4522, here fols. 5/125/4519; 6/126/4520, 8/128/4522.
20. Zozulia, "Raport," September 21, 1962, SBU Archives, fond 1, opys 1, no. 1532, fol. 2 (113); Major Morozov, "Raport," September 29, 1962, SBU Archives, fond 1, opys 1, no. 1532, fols. 1/121/4515-8/128/4522, here fols. 5/125/4519; 6/126/4520, 8/128/4522.
21. "Nachal' niku upravleniia KGB pri Sovete ministrov USSSR po Odesskoi oblasti general-maioru tov. Kuvarzinu. Raport. Starshii operupolnomochennyi KGB pri SM SSSR po Krasnodarskomu kraiu kapitan Zozulia," September 21, 1962, SBU Archives, fond 1, opys 1, no. 1532, fols. 1/112/4506-8/119/4513, here fols. 5/116/4510-

6/117/4511; Major Morozov, "Raport," September 29, 1962, SBU Archives, fond 1, opys 1, no. 1532, fols. 1/121/4515-8/128/4522, here fol. 1/121/4515; Captain Zozulia, "Raport," September 29, 1962, SBU Archives, fond 1, opys 1, no. 1532, fols. 1/112/5506-8/119/4513, here fols. 5/116/5510, 6/117/5511.

22. Fursenko and Naftali, *"One Hell of a Gamble,"* 193–94; Fedor Ladygin and Vladimir Lota, *GRU i Karibskii krizis* (Moscow, 2012), 62–63.

第8章

1. Lyman B. Kirkpatrick, "Memorandum for the Director 'Action generated by DCI Cables Concerning Cuban Low-Level Photography of Offensive Weapons,' " [n/d], in *CIA Documents on the Missile Crisis, 1962*, ed. Mary McAuliffe (Washington, DC, 1992), no. 12, 39–44, here 39, https://www.cia.gov/library/center-for-the-study-ofintelligence/csi-publications/books-andmonographs/Cuban%20Missile%20Crisis1962.pdf.
2. For a photo of the SAM construction site at La Coloma, taken on August 29, 1962, see The Cuban Missile Crisis 1962: The Photographs, The National Security Archive, https://nsarchive2.gwu.edu/nsa/cuba_mis_cri/4.jpg; Ray S. Cline, "Memorandum for Acting Director of Central Intelligence, 'Recent Soviet Military Activities in Cuba,' " September 3, 1962, in *CIA Documents on the Missile Crisis, 1962*, no. 11, 34–37.
3. "Speech by Senator Keating, 'Soviet Activities in Cuba,' " August 31, 1962, History and Public Policy Program Digital Archive, 87th Congress, 2nd session, *Congressional Record* 108, pt. 14 (August 31, 1962), 18358–18361, http://digitalarchive.wilsoncenter.org/document/134658.
4. "Speech by Senator Keating, 'Soviet Activities in Cuba,' " August 31, 1962; Thomas G. Paterson, "The Historian as Detective: Senator Kenneth Keating, the Missiles in Cuba, and His Mysterious Sources," *Diplomatic History* 11, no. 1 (1987): 67–71, https://onlinelibrary-wiley-com.ezpprod1.hul.harvard.edu/doi/epdf/10.1111/j.1467-7709.1987.tb00005.x.
5. Kirkpatrick, "Memorandum for the Director 'Action generated by DCI Cables Concerning Cuban Low-Level Photography of Offensive Weapons,' " in *CIA Documents on the Missile Crisis, 1962*, no. 12, 39.
6. Barbara Leaming, *Jack Kennedy: The Education of a Statesman* (New York, 2006), 394; William A. Tidwell, "Memorandum for the Record, 'Instructions Concerning the Handling of Certain Information Concerning Cuba,' " September 1, 1962, in *CIA Documents on the Missile Crisis, 1962*, no. 10, 33.
7. Robert Dallek, *Camelot's Court: Inside the Kennedy White House* (New York, 2013).
8. "Letter from President Kennedy to Chairman Khrushchev," Washington, July 17, 1962, *FRUS*, 1961–1963, vol. 6, Kennedy-Khrushchev Exchanges, no. 51, https://history.state.gov/historicaldocuments/frus1961-63v06/d51; Michael Dobbs, *One Minute to Midnight: Kennedy, Khrushchev and Castro on the Brink of Nuclear War* (New York, 2008), 226–27.
9. "Message from Chairman Khrushchev to President Kennedy," *Foreign Relations of the United States* (*FRUS*), 1961–1963, vol. 15, Berlin Crisis, 1962–1963, no. 73, https://history.state.gov/historicaldocuments/frus1961-63v15/d73; "Editorial note," FRUS, vol. 15, no. 63, https://history.state.gov/historicaldocuments/frus1961-63v15/d63; "Memorandum from the President' s Special Assistant for

National Security Affairs (Bundy) to President Kennedy," Washington, July 20, 1962, *FRUS*, vol. 15, no. 80, https://history.state.gov/historicaldocuments/frus1961-63v15/d80; "Telegram from the Embassy in the Soviet Union to the Department of State, Moscow, July 25, 1962, *FRUS*, vol. 15, no. 87, https://history.state.gov/historicaldocuments/frus1961-63v15/d87; Leaming, *Jack Kennedy*, 390–91.

10. Hope Harrison, *Ulbricht and the Concrete "Rose": New Archival Evidence in the Dynamics of Soviet-East German Relations and the Berlin Crisis, 1958–61*, Cold War International History Project Working Papers Series, no. 5 (Washington, DC, May 1993), https://www.wilsoncenter.org/sites/default/files/ACFB81.pdf; A. M. Betmakaev, "Na puti k vostochnogermanskoi identichnosti: V. Ul' brikht i otnosheniia mezhdu GDR i SSSR v 1949–1964 gg.," in *Amerikanskje issledovaniia v Sibiri*, vyp. 7 (Tomsk, 2003), http://hist.asu.ru/aes/gdr/btmkv.htm.

11. Taubman, *Khrushchev*, 540; V. M. Zubok, *Khrushchev and the Berlin Crisis (1958–1962)*, Cold War International History Project Working Papers Series, no. 6 (Washington, DC, May 1993), https://www.wilsoncenter.org/sites/default/files/ACFB7D.pdf; V. V. Mar' ina, "Iz istorii Kholodnoi voiny, 1954–1964 gg. Dokumenty cheshskikh arkhivov," Document no. 3: "Chast' zapisi besedy chlenov chekhoslovatskoi delegatsii s N. S. Khrushchevym, posviashchennaia situatsii v GDR," June 8, 1962, *Novaia i noveshaia istoriia*, 2003, nos. 1–3: 139–59, here 153, https://dlib-eastview-com.ezpprod1. hul.harvard.edu/browse/doc/4746660.

12. Dobbs, *One Minute to Midnight*, 215; "Memorandum from Secretary of State Rusk to President Kennedy," Washington, August 2, 1962, *FRUS*, vol. 15, no. 91, https://history.state.gov/historicaldocuments/frus1961-63v15/d91.

13. East Germans Kill Man Trying to Cross Berlin Wall," This Day in History: August 17, 1962, *History*, https://www.history.com/this-day-in-history/east-germans-kill-mantrying-to-cross-berlin-wall; "Current Intelligence Weekly Review," Washington, August 24, 1962, *FRUS*, 1961–1963, vol. 5, Soviet Union, no. 226, https://history.state.gov/historicaldocuments/frus1961-63v05/d226; Fursenko and Naftali, *"One Hell of a Gamble,"* 202–3.

14. National Intelligence estimate, number 85-2-65, The Situation and Prospects in Cuba, August 1, 1962, in *CIA Documents on the Missile Crisis, 1962*, no. 3: 9–12, here 10–11; John McCone, Memorandum, "Soviet MRBM on Cuba," October 31, 1962, in *CIA Documents on the Missile Crisis, 1962*, no. 4: 13–17, here 13; "Memorandum from the President' s Military Representative (Taylor) to President Kennedy," Washington, August 17, 1962, *FRUS*, 1961–1963, vol. 10, Cuba, January 1961–September 1962, no. 380, https://history.state.gov/historicaldocuments/frus1961-63v10/d380.

15. Leaming, *Jack Kennedy*, 391; [McCone,] Memorandum on Cuba, August 20, 1962, in *CIA Documents on the Missile Crisis, 1962*, no. 5: 19–20; John McCone, Memorandum for the File, "Discussion in Secretary Rusk' s Office at 12 o' clock," August 21, 1962, in *CIA Documents on the Missile Crisis, 1962*, no. 6: 21–23.

16. McCone, Memorandum for the File, "Discussion in Secretary Rusk' s Office at 12 o' clock," August 21, 1962,' no. 6: 22; Memorandum for the File, Washington, August 21, 1962, "Discussion in Secretary Rusk' s Office at 12 o' clock, August 21, 1962," *FRUS*, 1961–1963, vol. 10, Cuba, January 1961–September 1962, no. 382, https://history.state.gov/historicaldocuments/frus1961-63v10/d382.

17. McCone, Memorandum for the File, "Discussion in Secretary Rusk' s

Office at 12 o' clock," August 21, 1962, no. 6: 21–23; McCone, "Memorandum on the Meeting with the President at 6:00 p.m. on August 22, 1962," in *CIA Documents on the Missile Crisis, 1962,* no. 7: 25–26; August 1962, President Kennedy' s Schedule, *HistoryCentral,* ttps://www.historycentral.com/JFK/Calendar/August1962.html.

18. McCone, Memorandum for the File, "Discussion in Secretary Rusk' s Office at 12 o' clock," August 21, 1962, no. 6: 22; Memorandum for the File, Washington, August 21, 1962, "Discussion in Secretary Rusk' s Office at 12 o' clock," August 21, 1962, *FRUS*, 1961–1963, vol. 10, Cuba, January 1961–September 1962, no. 382, https://history.state.gov/historicaldocuments/frus1961-63v10/d382; Schedules, President' s daily, January 1961–August 1962, John F. Kennedy Presidential Library and Museum, Archives, https://www.jfklibrary.org/Asset-Viewer/Archives/JFKPOF-140-041.aspx; "National Security Action Memorandum," no. 181, August 23, 1962, *Federation of American Scientists*, Intelligence Resource Program, National Security Action Memorandums (NSAM) [Kennedy Administration, 1961–63], https://fas.org/irp/offdocs/nsam-jfk/nsam181.htm.

19. The President' s News Conference, August 29, 1962, *The American Presidency Project,* http://www.presidency.ucsb.edu/ws/index.php?pid=8839.

20. August 1962, President Kennedy' s Schedule, *HistoryCentral,* https://www.historycentral.com/JFK/Calendar/August1962.html; *The Kennedy Tapes*, 5.

21. U.S., Department of State, *Bulletin,* vol. 67, no. 1213 (September 24, 1962), 450. (Read to news correspondents on September 4, by Pierre Salinger, White House Press Secretary.) For earlier versions of the statement, see John F. Kennedy Presidential Library and Museum, Papers of Robert F. Kennedy. Attorney General Papers. Attorney General' s Confidential File 6-4-1: Cuba: Cuban Crisis, 1962: Kennedy-Khrushchev Letters, 1962: September-November, 107–38.

22. *The Kennedy Tapes*, 12–17.

第9章

1. For Nikita Khrushchev' s itinerary in the summer of 1962, see the appendix to his *Vospominaniia: vremia, liudi, vlast'* (Moscow, 2016), vol. 2, "N. S. Khruschev. Khronologiia 1953–1964. Sostavlena po ofitsial' nym publikatsiiam. 1962 god."

2. "Torzhestvennaia vstrecha v Moskve," *Pravda*, August 19, 1962, 1; "Vo imia druzhby I solidarnosti," *Izvestiia*, September 3, 1962, 1–2; "Bratskaia pomoshch' revoliutsionnoi Kube. K prebyvaniiu v SSSR delegatsii Natsional' nogo rukovodstva Ob" edinennykh revoliutsionnykh organizatsii Kuby," *Pravda*, September 3, 1962, 1; Fursenko and Naftali, *"One Hell of a Gamble,"* 196–97; Blight et al., *On the Brink*, 334.

3. "Informal Communication From Chairman Khrushchev to President Kennedy, Moscow, September 4, 1962," *FRUS*, 1961–1963, vol. 6, Kennedy-Khrushchev Exchanges, no. 53, https://history.state.gov/historicaldocuments/frus1961-63v06/d53; John F. Kennedy, Joint Statement with Prime Minister Macmillan on Nuclear Testing, August 27, 1962, *The American Presidency Project,* http://www.presidency.ucsb.edu/ws/index.php?pid=8834.

4. Fred Coleman, *The Decline and Fall of the Soviet Empire: Forty Years That Shook the World from Stalin to Yeltsin* (New York, 1996), 6.

5. "Priem N. S. Khrushchevym Stiuarta L. Iudolla," *Pravda*, September 7, 1962, 1; "Telegram from the Embassy in the Soviet Union to the

Department of State," *FRUS*, 1961–1963, vol. 5, Soviet Union, no. 236, https://history.state.gov/historicaldocuments/frus1961-63v05/d236.

6. "Memorandum of Conversation between Secretary of the Interior Udall and Chairman Khrushchev," Pitsunda, Georgia, Soviet Union, September 6, 1962, 1 p.m.," *FRUS*, 1961–1963, vol. 15, Berlin Crisis, 1962–1963, no. 112, https://history.state.gov/historicaldocuments/frus1961-63v15/d112.
7. Editorial Note, *FRUS*, 1961–1963, vol. 10, Cuba, January 1961–September 1962, no. 416, https://history.state.gov/historicaldocuments/frus1961-63v10/d416; Fursenko and Naftali, *"One Hell of a Gamble,"* 208–9; "Telegram from Soviet Ambassador to Cuba Alekseev to the USSR MFA, September 11, 1962," in Raymond L. Garthoff, "Russian Foreign Ministry Documents on the Cuban Missile Crisis," Cold War International History Project, *Bulletin*, no. 5, pt. 2: The Cuban Missile Crisis (Spring 1995), 65, https://www.wilsoncenter.org/sites/default/files/CWIHPBulletin5_p2.pdf.
8. Fursenko and Naftali, *"One Hell of a Gamble,"* 208–9; "Telegram from the Embassy in the Soviet Union to the Department of State," *FRUS*, 1961–1963, vol. 5, Soviet Union, no. 236, https://history.state.gov/historicaldocuments/frus1961-63v05/d236; "Priem N. S. Khrushchevym Stiuarta L. Iudolla," *Pravda*, September 7, 1962, 1; "Memorandum of Conversation between Castro and Mikoyan," November 4, 1962, History and Public Policy Program Digital Archive, Russian Foreign Ministry archives, obtained and translated by NHK television, copy provided by Philip Brenner, trans. Aleksandr Zaemsky, slightly revised, https://digitalarchive.wilsoncenter.org/document/110961.
9. "Minutes of Conversation between the Delegations of the CPCz and the CPSU, The Kremlin (excerpt)," October 30, 1962, History and Public Policy Program Digital Archive, National Archive, Archive of the CC CPCz (Prague); File: "Antonín Novotny, Kuba," Box 193, https://digitalarchive.wilsoncenter.org/document/115219.
10. "Memorandum from R. Malinovsky to N. S. Khrushchev On the Possibility of Reinforcing Cuba by Air. 6 September 1962," in Aleksandr Fursenko and Timothy Naftali, "The Pitsunda Decision: Khrushchev and Nuclear Weapons," *CWIHP Bulletin* 10: 223–27, here 226, https://www.wilsoncenter.org/sites/default/files/CWIHPBulletin10_p6.pdf.
11. Fursenko and Naftali, *"One Hell of a Gamble,"* 206–13; idem, "The Pitsunda Decision," 223–27, https://www.wilsoncenter.org/sites/default/files/CWIHPBulletin10_p6.pdf.
12. "Memorandum from R. Malinovsky and M. Zakharov to the Chief of the 12th Main Directorate of the Ministry of Defense," in "New Evidence on Tactical Nuclear Weapons - 59 Days in Cuba," document no. 6, National Security Archive Electronic Briefing Book No. 449, ed. Svetlana Savranskaya and Thomas Blanton with Anna Melyakova, https://nsarchive2.gwu.edu/NSAEBB/NSAEBB449/; "Memorandum from R. Malinovsky and M. Zakharov to Commander of Group of Soviet Forces in Cuba, 8 September 1962," in "New Evidence on Tactical Nuclear Weapons - 59 Days in Cuba," document no. 6, National Security Archive Electronic Briefing Book No. 449, document no. 5, https://nsarchive2.gwu.edu/NSAEBB/NSAEBB449/docs/; cf. Fursenko and Naftali, "The Pitsunda Decision," 226–27, https://www.wilsoncenter.org/sites/default/files/CWIHPBulletin10_p6.pdf, 227.
13. "[Draft] Memorandum from R. Malinovsky and M. Zakharov to

Commander of Group of Soviet Forces in Cuba on Pre-delegation of launch authority, 8 September 1962," in "New Evidence on Tactical Nuclear Weapons - 59 Days in Cuba," document no. 6, National Security Archive Electronic Briefing Book No. 449, document no. 7, https://nsarchive2.gwu.edu/NSAEBB/NSAEBB449/docs/.

14. Seymour Topping, "Kennedy Assailed. Moscow Asserts Bid to Call Reserves Aggressive Step," *New York Times*, September 12, 1962, 1, 16, https://www.mtholyoke.edu/acad/intrel/cuba.htm.

15. "Message from Chairman Khrushchev to President Kennedy," Moscow, September 28, 1962, *FRUS*, 1961–1963, vol. 6, Kennedy-Khrushchev Exchanges, no. 56, https://history.state.gov/historicaldocuments/frus1961-63v06/d56.

16. *The Kennedy Tapes*, 20–29; "Message from President Kennedy to Chairman Khrushchev," Washington, October 8, 1962, *FRUS*, 1961–1963, vol. 6, Kennedy-Khrushchev Exchanges, no. 59, https://history.state.gov/historicaldocuments/frus1961-63v06/d59.

17. "United States Reaffirms Policy on Prevention of Aggressive Actions on Cuba," Department of State Bulletin, vol. 47, no. 1213 (September 24, 1962), 450, https://teachingamericanhistory.org/library/document/statement-on-cuba/.

第10章

1. "John A. McCone a nd Mrs. Pigott Marry in Seattle; Director of C.I.A. Weds University Regent at Sacred Heart Villa," *New York Times*, August 30, 1962; David Robarge, *John McCone as Director of Central Intelligence, 1961–1965* (Washington, DC, 2005), 106.

2. Lyman B. Kirkpatrick, Memorandum for the Director, "Action Generated by DCI Cables Concerning Cuban Low-Level Photography and Offensive Weapons," in *CIA Documents on the Cuban Missile Crisis, 1962*, ed. Mary S. McAuliffe (Washington, DC, 1992), 39–44, here 41–42; McCone to Carter and Elder, September 10, 1962, *CIA Documents*, 59; McCone to Carter, September 16, 1962, *CIA Documents*, 78–79; Editorial Note in *FRUS*, 1961–1963, vol. 10, Cuba, January 1961–September 1962, no. 420, https://history.state.gov/historicaldocuments/frus1961-63v10/d420.

3. M. Mikhailov, "Snova U-2, snova naglaia provokatsiia," *Izvestiia*, September 5, 1962, 1; "Memorandum of Conversation Between Secretary of the Interior Udall and Chairman Khrushchev," Pitsunda, Georgia, Soviet Union, September 6, 1962, 1 p.m.," *FRUS*, 1961–1963, vol. 15, Berlin Crisis, 1962–1963, no. 112, https://history.state.gov/historicaldocuments/frus1961-63v15/d112; Gregory W. Pedlow and Donald E. Welzenbach, *The CIA and the* U-2 *Program, 1954-1974* ([Washington, DC], 1998), 229.

4. Lyman B. Kirkpatrick, Memorandum for the Director, "White House Meeting on September 10, 1962, on Cuban Overflights," in *CIA Documents on the Cuban Missile Crisis, 1962*, 61–62.

5. "Memorandum Prepared in the Central Intelligence Agency for the Executive Director," Washington, September 10, 1962, *FRUS*, 1961–1963, vol. 10, Cuba, January 1961–September 1962, no. 421, https://history.state.gov/historicaldocuments/frus1961-63v10/d421.

6. "Memorandum Prepared in the Central Intelligence Agency for the Executive Director," Washington, September 10, 1962; *Kirkpatrick, Memorandum for the Director*, "White House Meeting on September 10, 1962, on Cuban Overflights," 62.

7. Pedlow and Welzenbach, *The CIA and the* U-2 *Program*, 205–6.

8. "Special National Intelligence Estimate," Washington, September 19,

1962, *FRUS*, 1961–1963, vol. 10, Cuba, January 1961–September 1962, no. 433, https://history.state.gov/historicaldocuments/frus1961-63v10/d433.

9. "Special National Intelligence Estimate," Washington, September 19, 1962.

10. "R. Malinovsky and M. Zakharov, 'Memorandum on Deployment of Soviet Forces to Cuba, 24 May 1962,' " in Garthoff, "New Evidence on the Cuban Missile Crisis," 254–55; "Timetable of Soviet Military Buildup in Cuba, July–October 1962," in *CIA Documents on the Cuban Missile Crisis, 1962*, 7.

11. E. N. Evdokimov, "Karibskii krizis. Operatsiia Anadyr' ," Sait veteranov GSVSK, http://www.gsvsk.ru/content/0/read103.html.

12. "Tokarenko, Mikhail Kuz' mich," *Geroi strany,* http://www.warheroes.ru/hero/hero.asp?Hero_id=6786; Anatolii Dmitriev, *Voenno-strategicheskaia operatsii Anadyr' polveka spustia v vospominaniiakh ee uchastnikov* (Bishkek, 2014), pt. 2, 47.

13. Ivan Sidorov, "Vypolniaia internatsional' nyi dolg," in *Strategicheskaia operatsiia "Anadyr'." Kak ėto bylo.* Memuarno-spravochnoe izdanie, ed. V. I. Esin (Moscow, 2000), 125–33, here 127, http://cubanos.ru/pdf/kk2000.pdf; Statsenko, "Doklad komandira 51-i raketnoi divizii o deistviiakh soedineniia v period s 12 iiulia po 1 dekabria 1962 goda na o. Kuba."

14. Sidorov, "Vypolniaia internatsional' nyi dolg," 127; A. I. Gribkov, "Razrabotka zamysla i osushchestvlenie operatsii 'Anadyr' " in *Strategicheskaia operatsiia "Anadyr'," 26–53, here 41.

15 Statsenko, "Doklad komandira 51-i raketnoi divizii."

16. "Memorandum from R. Malinovsky and M. Zakharov to Commander of Group of Soviet Forces in Cuba, 8 September 1962," in "New Evidence on Tactical Nuclear Weapons - 59 Days in Cuba," document no. 6, National Security Archive Electronic Briefing Book No. 449, document no. 5, https://nsarchive2.gwu.edu/NSAEBB/NSAEBB449/docs/; V. I. Esin, "Uchastie raketnykh voisk strategicheskogo naznacheniia v operatsii 'Anadyr' ," in *Strategicheskaia operatsiia "Anadyr'," 55–64, here 61.

17. Statsenko, "Doklad komandira 51-i raketnoi divizii."

18. Sidorov, "Vypolniaia internatsional' nyi dolg," 128.

19. Gribkov, "Razrabotka zamysla," 41.

20. Sidorov, "Vypolniaia internatsional' nyi dolg," 131.

21. Fursenko and Naftali, *"One Hell of a Gamble,"* 217.

22. Robarge, *John McCone*, 107.

23. Robarge, *John McCone*, 107; Servando Gonzalez, *The Nuclear Deception: Nikita Khrushchev and the Cuban Missile Crisis* (Oakland, CA, 2002), 139.

24. "October 1962 - President Kennedy' s Schedule," *History Central,* https://www.historycentral.com/JFK/Calendar/October1962.html; Pedlow and Welzenbach, *The CIA and the* U-2 *Program*, 205–7.

25. "14 October 1962," in *This Day in Aviation. Important Dates in Aviation History,* https://www.thisdayinaviation.com/tag/4080th-strategic-reconnaissance-wing/; *Dino Brugioni's "Eyeball to Eyeball: The Inside Story of The Cuban Missile Crisis,"* ed. Robert F. McCort (New York, 1991), 182; Fursenko and Naftali, *"One Hell of a Gamble,"* 221–22.

第11章

1. Peter Braestrup, "Colorful Ceremony Greets Ben Bella at the White House," *New York Times*, October 15, 1, 3; "White House Residents

Watch Welcome for Ben Bella," *New York Times*, October 15, 3.

2. Warren W. Unna, "Kennedy-Ben Bella Talk Is 'Fine' ," *Washington Post*, October 16, 1962, A1; Jeffrey James Byrne, "Our Own Special Brand of Socialism: Algeria and the Contest of Modernities in the 1960s," *Diplomatic History* 33, no. 3 (June 2009): 427–47; Fursenko and Naftali, *"One Hell of a Gamble,"* 221–22.
3. Tom Wicker, "Eisenhower Calls President Weak on Foreign Policy," *New York Times*, October 16, 1962, 1, 30.
4. Wicker, "Eisenhower Calls President Weak on Foreign Policy."
5. Richard Reeves, *President Kennedy: Profile in Power* (New York, 1993), 368.
6. Michael Dobbs, *One Minute to Midnight: Kennedy, Khrushchev, and Castro on the Brink of Nuclear War* (New York, 2008), 6; Taubman, *Khrushchev*, 556; "Informal Communication from Chairman Khrushchev to President Kennedy, Moscow, September 4, 1962," https://history.state.gov/historicaldocuments/frus1961-63v06/d53; "John F. Kennedy, Joint Statement with Prime Minister Macmillan on Nuclear Testing. August 27, 1962," http://www.presidency.ucsb.edu/ws/index.php?pid=8834; Ted (Theodore) Sorensen, "Memorandum for the Files, September 6, 1962," https://history.state.gov/historicaldocuments/frus1961-63v10/d415; Anatoly Dobrynin, *In Confidence. Moscow's Ambassador to America's Six Cold War Presidents (1962–1986)* (New York, 1995), 67–68.
7. Kenneth P. O' Donnell and David F. Powers with Joe McCarthy, *"Johnny, We Hardly Knew Ye!" Memories of John Fitzgerald Kennedy* (New York, 1976), 359.
8. "Meeting on the Cuban Missile Crisis, 11:50 A.M.," May and Zelikow, *The Kennedy Tapes*, 32–72; Robarge, *John McCone as Director of Central Intelligence*, 110.
9. "Meeting on the Cuban Missile Crisis, 11:50 A.M.," 32–33; Bruce Lambert, "Arthur Lundahl, 77, C.I.A. Aide Who Found Missile Sites in Cuba," *New York Times*, June 26, 1992; interview with Dino Brugioni, "Oral Histories of the Cuban Missile Crisis," George Washington University National Security Archive (1998), https://web.archive.org/web/20071010134841/; http://www.gwu.edu/~nsarchiv/coldwar/interviews/episode-10/brugioni1.html.
10. "Meeting on the Cuban Missile Crisis, 11:50 A.M.," 32–35; "Hon. Sidney N. Graybeal," *Smithsonian. National Air and Space Museum*, https://airandspace.si.edu/support/wall-of-honor/hon-sidney-n-graybeal.
11. "Meeting on the Cuban Missile Crisis, 11:50 A.M.," 36–38.
12. "Meeting on the Cuban Missile Crisis, 11:50 A.M.," 44–45.
13. Kempe, *Berlin 1961*, 256. Cf. Reeves, *President Kennedy*, 172.
14. "Meeting on the Cuban Missile Crisis, 11:50 A.M.," 47.
15. "Meeting on the Cuban Missile Crisis, 11:50 A.M.," 50; Sheldon M. Stern, *The Week the World Stood Still: Inside the Secret Cuban Missile Crisis* (Stanford, CA, 2005), 43–44.
16. "Meeting on the Cuban Missile Crisis, 11:50 A.M.," 53; "Crown Prince of Libya Starts Washington Visit," *New York Times*, October 17, 1962, 22.
17. Graham T. Allison, *Essence of Decision: Explaining the Cuban Missile Crisis* (New York, 1991), 202; Ernest R. May and Philip D. Zelikow, Commentary in *The Kennedy Tapes*, 53–54.
18. "Meeting on the Cuban Missile Crisis, 6:30 P.M.," in *The Kennedy Tapes*, 60; "Maxwell Davenport Taylor, 1 October 1962 – 1 July 1964," in *The Chairmanship of the Joint Chiefs of Staff, 1949–2012*

(Washington, DC, 2012), 107–12.

19. "Meeting on the Cuban Missile Crisis, 6:30 P.M.," 67.
20. "Meeting on the Cuban Missile Crisis, 11:50 A.M.," 38; "Meeting on the Cuban Missile Crisis, 6:30 P.M.," 57; Fursenko and Naftali, *"One Hell of a Gamble,"* 226.
21. "Meeting on the Cuban Missile Crisis, 6:30 P.M.," 58.
22. "Meeting on the Cuban Missile Crisis, 6:30 P.M.," 58–60.
23. "Meeting on the Cuban Missile Crisis, 6:30 P.M.," 70–71.
24. "Meeting on the Cuban Missile Crisis, 6:30 P.M.," 62.
25. "Meeting on the Cuban Missile Crisis, 6:30 P.M.," 66.
26. "RFK Notes Taken at First Meeting on Cuba, 10/16/62," 31, Papers of Robert F. Kennedy. Attorney General Papers. Attorney General' s Confidential File. 6-2-10: Cuba: Executive committee meetings: RFK notes and memos, 1962: October-December (2 of 2 folders). RFKAG-215-012. John F. Kennedy Presidential Libraryand Museum; Stern, *The Week the World Stood Still*, 53–54.

第12章

1. Marjorie Hunter, "President Cuts His Trip Short, Flies to Capital," *New York Times*, October 21, 1962, 1; Pierre Salinger, *John Kennedy, Commander in Chief: A Profile in Leadership* (New York, 1997), 116.
2. Salinger, *John Kennedy, Commander in Chief*, 116; Robert Kennedy, *Thirteen Days*, 37.
3. Dobbs, *One Minute to Midnight*, 25–26.
4. "Meeting on the Cuban Missile Crisis, 11:10 A.M., Thursday, October 18, 1962," *The Kennedy Tapes*, 76–77; John A. McCone, "Memorandum for the File," October 19, 1962, *FRUS*, 1961–1963, vol. 11, Cuban Missile Crisis and Aftermath, no. 28, https://history.state.gov/historicaldocuments/frus1961-63v11/d28.
5. John A. McCone, "Memorandum for the File," October 17, 1962, *FRUS*, 1961–1963, vol. 11, Cuban Missile Crisis and Aftermath, no. 23, https://history.state.gov/historicaldocuments/frus1961-63v11/d23.
6. "Meeting on the Cuban Missile Crisis, 11:10 AM, Thursday, October 18, 1962," *The Kennedy Tapes*, 79–82.
7. "Meeting on the Cuban Missile Crisis, 11:10 A.M., Thursday, October 18, 1962," *The Kennedy Tapes*, 92.
8. Fursenko and Naftali, *"One Hell of a Gamble,"* 229; McCone, "Memorandum for Discussion," October 17, 1962, *FRUS*, 1961–1963, vol. 11, Cuban Missile Crisis and Aftermath, no. 26.
9. "Memorandum of Conversation, Subject: Cuba, October 18, 1962," *FRUS*, 1961–1963, vol. 11, Cuban Missile Crisis and Aftermath, no. 29, https://history.state.gov/historicaldocuments/frus1961-63v11/d29; Robert Kennedy, *Thirteen Days*, 32–33; Andrei Gromyko, *Memories: From Stalin to Gorbachev*, trans. Harold Shukman (London, 1989), 226–32; Gromyko, *Pamiatnoe*, 528.
10. Dobrynin, *In Confidence*, 77; Fursenko and Naftali, *"One Hell of a Gamble,"* 232.
11. "Meeting on the Cuban Missile Crisis, 11:10 A.M., Thursday, October 18, 1962," *The Kennedy Tapes*, 93; "Kennedy Summarizes a Late-Night Meeting, Thursday, October 18, 1962," *The Kennedy Tapes*, 107–8.
12. "Meeting on the Cuban Missile Crisis, 11:10 AM, Thursday, October 18, 1962," *The Kennedy Tapes*, 84, 86.
13. "Meeting on the Cuban Missile Crisis, 11:10 A.M., Thursday, October 18, 1962," *The Kennedy Tapes*, 86, 88; "Kennedy Summarizes a Late-Night Meeting," 108.

14. "Meeting with the Joint Chiefs of Staff, 9:45 A.M., Friday, October 19, 1962," *The Kennedy Tapes*, 111–12.
15. "Meeting with the Joint Chiefs of Staff," 113–17.
16. Friday, October 19, 1962, 1962, JFK Appointment Books, September-October 1962, John F. Kennedy Presidential Library and Museum, https://jfklibrary.libguides.com/ld.php?content_id=26058008; "Meeting with the Joint Chiefs of Staff," 123.
17. "Meeting on the Cuban Missile Crisis, 6:30 P.M., Tuesday, October 16, 1962," 66.
18. Dobbs, *One Minute to Midnight*, 31.
19. "National Security Council Meeting, 2:30 PM, October 20, 1962," *The Kennedy Tapes*, 126–27.
20. Stern, *The Week the World Stood Still*, 72–74.
21. "National Security Council Meeting, 2:30 PM, October 20, 1962," *The Kennedy Tapes*, 126–27; Dobbs, *One Minute to Midnight*, 31.
22. "National Security Council Meeting, 2:30 PM, October 20, 1962," *The Kennedy Tapes*, 134.
23. "Conversation with Dwight Eisenhower, 10:40 a.m., October 22, 1962," *The Kennedy Tapes*, 142–46; "October 22, 1962: President Kennedy and former President Eisenhower discuss the Cuban Missile Crisis," Miller Center, University of Virginia, https://vimeo.com/237227689.
24. "Tentative Agenda for off-the-record NSC meeting, October 21, 1962, 2:30 pm," in Papers of Robert F. Kennedy. Attorney General Papers. Attorney General' s Confidential File. 6-2-4: Cuba: Executive committee meetings: RFK notes and memos, October 22, 1962. RFKAG-215-005. John F. Kennedy Presidential Library and Museum; John F. Kennedy, "Radio and Television Report to the American People on the Soviet Arms Buildup in Cuba," The White House, October 22, 1962, John F. Kennedy Presidential Library and Museum, https://microsites.jfklibrary.org/cmc/oct22/doc5.html.

第13章

1. Fursenko and Naftali, *"One Hell of a Gamble,"* 238–39.
2. "Top Aides Confer. U.S. Forces Maneuver off Puerto Rico—Link Is Denied," *New York Times*, October 22, 1962, 1, 16.
3. "Opasnye i bezotvetstvennye deistviia. Sekretnye soveshchaniia v Vashingtone. Kennedi otmeniaet poezdku po strane. Vblizi Kuby kontsentriruiutsia amerikanskie voiska," *Pravda*, October 23, 1962, 1; "Sosredotochenie amerikanskikh vooruzhennykh sil v Karibskom more," *Pravda*, October 23, 1962, 3.
4. Dobbs, *One Minute to Midnight*, 32; Sergo Mikoyan, *The Soviet Cuban Missile Crisis: Castro, Mikoyan, Kennedy, Khrushchev and the Missiles of November* (Washington, DC, and Stanford, CA, 2012), 156; Sergo Mikoian, *Anatomiia Karibskogo krizisa* (Moscow, 2006), 252, https://history.wikireading.ru/326580.
5. "Central Committee of the Communist Party of the Soviet Union Presidium Protocol 60," October 23, 1962, History and Public Policy Program Digital Archive, RGANI, f. 3, op. 16, d. 947, l. 36–41, trans. and ed. Mark Kramer, with assistance from Timothy Naftali, https://digitalarchive.wilsoncenter.org/document/115076; Anastas Mikoian, "Diktovka o poezdke na Kubu," January 19, 1963, in Aleksandr Lukashin and Mariia Aleksashina, "My voobshche ne khotim nikuda brosat' rakety, my za mir . . . ," *Rodina*, January 1, 2017, https://rg.ru/2017/04/24/rodina-karibskij-krizis.html.
6. Anastas Mikoian, "Diktovka o poezdke na Kubu," January 19, 1963;

Sergo Mikoyan, *The Soviet Cuban Missile Crisis*, 156. Cf. Sergo Mikoian, *Anatomiia Karibskogo krizisa*, 252.

7. "Central Committee of the Communist Party of the Soviet Union Presidium Protocol 60," October 23, 1962.
8. "Central Committee of the Communist Party of the Soviet Union Presidium Protocol 60," October 23, 1962; cf. *Prezidium TsK KPSS, 1954–1964*, ed. Aleksandr Fursenko (Moscow, 2003), vol. 1, protocol no. 60, 617.
9. Mikoyan, *The Soviet Cuban Missile Crisis*, 148.
10. Anastas Mikoian, "Diktovka o poezdke na Kubu," January 19, 1963; Sergo Mikoyan, *The Soviet Cuban Missile Crisis*, 157; cf. Sergo Mikoian, *Anatomiia Karibskogo krizisa*, 252.
11. "Central Committee of the Communist Party of the Soviet Union Presidium Protocol 60," October 23, 1962; cf. *Prezidium TsK KPSS, 1954–1964*, ed. Aleksandr Fursenko (Moscow, 2003), vol. 1, protocol no. 60, 617.
12. Dobbs, *One Minute to Midnight*, 112.
13. Dobrynin, *In Confidence*, 78; "Letter From President Kennedy to Chairman Khrushchev," *FRUS*, 1961–1963, vol. 6, Kennedy-Khrushchev Exchanges, no. 60, https://history.state.gov/historicaldocuments/frus1961-63v06/d60.
14. Dean Rusk and Richard Rusk, *As I Saw It* (New York, 1990), 235; "Telegram from Soviet Ambassador to the USA Dobrynin to the USSR MFA," October 22, 1962, History and Public Policy Program Digital Archive, AVP RF, copy courtesy of NSA, trans. Vladislav M. Zubok, https://digitalarchive.wilsoncenter.org/document/111791.
15. Dobbs, *One Minute to Midnight*, 42; Anastas Mikoian, "Diktovka o poezdke na Kubu," January 19, 1963; Mikoian, *Anatomiia Karibskogo krizisa*, 252.
16. "Central Committee of the Communist Party of the Soviet Union Presidium Protocol 60," October 23, 1962; cf. *Prezidium TsK KPSS, 1954–1964*, ed. Aleksandr Fursenko (Moscow, 2003), vol. 1, protocol no. 60, 617; Anastas Mikoian, "Diktovka o poezdke na Kubu," January 19, 1963; *Khrushchev Remembers*, 497; Dobbs, *One Minute to Midnight*, 45.
17. "Telegram from TROSTNIK (Soviet Defense Minister Rodion Malinovsky) to PAVLOV (General Issa Pliev)," October 22, 1962, History and Public Policy Program Digital Archive, Archive of the President of the Russian Federation, Special Declassification, April 2002, trans. Svetlana Savranskaya, https://digitalarchive.wilsoncenter.org/document/117316; "Telegram from TROSTNIK (Soviet Defense Minister Rodion Malinovsky) to PAVLOV (General Issa Pliev)," October 23, 1962, History and Public Policy Program Digital Archive, Archive of the President of the Russian Federation, Special Declassification, April 2002, trans. Svetlana Savranskaya, https://digitalarchive.wilsoncenter.org/document/117323.
18. Anastas Mikoian, "Diktovka o poezdke na Kubu," January 19, 1963, https://rg.ru/2017/04/24/rodina-karibskij-krizis.html; "Central Committee of the Communist Party of the Soviet Union Presidium Protocol 60," October 23, 1962; cf. *Prezidium TsK KPSS, 1954–1964*, ed. Aleksandr Fursenko (Moscow, 2003), vol. 1, protocol no. 60, 617.
19. "Central Committee of the Communist Party of the Soviet Union Presidium Protocol 60," October 23, 1962; cf. *Prezidium TsK KPSS, 1954–1964*, ed. Aleksandr Fursenko (Moscow, 2003), vol. 1, protocol no. 60, 617.
20. Anastas Mikoian, "Diktovka o poezdke na Kubu," January 19, 1963,

https://rg.ru/2017/04/24/rodina-karibskij-krizis.html.

21. "Central Committee of the Communist Party of the Soviet Union Presidium Protocol 60," October 23, 1962; "Telegram from the Embassy in the Soviet Union to the Department of State Moscow," October 23, 1962, 5 p.m., *FRUS*, 1961–1963, vol. 6, Kennedy-Khrushchev Exchanges, no. 61, https://history.state.gov/historicaldocuments/frus1961-63v06/d61.

第１４章

1. Robert Kennedy, "Memorandum for the President from the Attorney General," October 24, 1962, in John F. Kennedy Presidential Library and Museum, Papers of Robert F. Kennedy. Attorney General Papers. Attorney General' s Confidential File 6-4-1: Cuba: Cuban Crisis, 1962: Kennedy-Khrushchev Letters, 1962: September-November, 34–37, 54–57; cf. Robert Kennedy, *Thirteen Days*, 50–51; "Telegram from Soviet Ambassador to the USA Dobrynin to the USSR MFA," October 24, 1962, History and Public Policy Program Digital Archive, AVP RF, copy courtesy of NSA; transl. Mark H. Doctoroff, https://digitalarchive.wilsoncenter.org/document/111625. Cf. Dobrynin, *In Confidence*, 74, 81–82.
2. Robert Kennedy, *Thirteen Days*, 45–46; "Executive Committee Meeting of the National Security Council," Tuesday, October 23, 1962, 10:00 A.M., *The Kennedy Tapes*, 195–96.
3. Executive Committee Meeting of the National Security Council, Tuesday, October 23, 1962, 10:00 A.M., *The Kennedy Tapes*, 194–95, 202.
4. Robert Kennedy, *Thirteen Days*, 46–47; Executive Committee Meeting of the National Security Council, Tuesday, October 23, 1962, 10:00 A.M., 196–204.
5. Robert Kennedy, *Thirteen Days*, 45; Executive Committee Meeting of the National Security Council, Tuesday, October 23, 1962, 6:00 P.M., 207.
6. Executive Committee Meeting of the National Security Council, Tuesday, October 23, 1962, 6:00 P.M., 208–13.
7. Executive Committee Meeting of the National Security Council, Tuesday, October 23, 1962, 6:00 P.M., 208–14; "Telegram from the Department of State to the Embassy in the Soviet Union," Washington, October 23, 1962, 6:51 p.m., in *FRUS*, 1961–1963, vol. 6, Kennedy-Khrushchev Exchanges, no. 62, https://history.state.gov/historicaldocuments/frus1961-63v06/d62.
8. Executive Committee Meeting of the National Security Council, Tuesday, October 23, 1962, 6:00 P.M., 213–16; Robert Kennedy, *Thirteen Days*, 47–48.
9. Discussion between President Kennedy and Robert Kennedy, Tuesday, October 23, 1962, 7:10 P.M., *The Kennedy Tapes*, 219–21.
10. Robert Kennedy, *Thirteen Days*, 49. Cf. Robert Kennedy, "Draft, 10.24.62," 1962, in John F. Kennedy Presidential Library and Museum, Papers of Robert F. Kennedy. Attorney General Papers. Attorney General' s Confidential File 6-4-1: Cuba: Cuban Crisis, 1962: Kennedy-Khrushchev Letters, 1962: September-November, 53.
11. Raport, Starshii upolnomochennyi 20go otdela KGB pri SM Azerbaidzhanskoi SSR maior Badalov nachal' niku upravleniia KGB USSR po Odesskoi oblasti general-maioru tov. Kuvarzinu A. I., Odessa, 31 oktiabria 1962 g., 5 pp, here 1–2, in SBU Archives, fond 1, opys 1, no. 1532: KGB USSR, 7-i otdel, 2-go upravleniia, Kontrol' no-nabliudatel' noe delo no. 702. Po Azovsko-Chernomorskomu basseinu,

vol. 8, January 1, 1962– December 31, 1962, fols. 332–36 [4726–30].

12. Raport, Starshii upolnomochennyi apparata upolnomochennogo UKGB pri SM UkSSR po Donetskoi oblasti maior Protasov nachal' niku upravleniia KGB USSR po Odesskoi oblasti general-maioru tov. Kuvarzinu A. I., Odessa, 25 noiabria, 1962 g., 13 pp., here 4–5, in SBU Archives, fond 1, opys 1, no. 1532, fols. 339–50 [4734–35].
13. Fursenko and Naftali, *"One Hell of a Gamble,"* 247, 254–55. On Soviet plans for the departure of the *Aleksandrovsk*, *Indigirka,* and other ships, see "Report from General Zakharov and Admiral Fokin to the Defense Council and Premier Khrushchev on Initial Plans for Soviet Navy Activities in Support of Operation Anadyr, September 18, 1962," in "The Submarines of October: U.S. and Soviet Naval Encounters During the Cuban Missile Crisis," in *National Security Archive Electronic Briefing Book* No. 75, ed. William Burr and Thomas S. Blanton, October 31, 2002, https://nsarchive2.gwu.edu/NSAEBB/NSAEBB75/asw-I-1.pdf; "Report from General Zakharov and Admiral Fokin to the Presidium, Central Committee, Communist Party of the Soviet Union, September 25, 1962," in "The Submarines of October: U.S. and Soviet Naval Encounters During the Cuban Missile Crisis," https://nsarchive2.gwu.edu/NSAEBB/NSAEBB75/asw-I-2.pdf; "Telegram from the Department of State to the Embassy in the Soviet Union," October 23, 1962.
14. Executive Committee Meeting of the National Security Council, Wednesday, October 24, 1962, 10:00 A.M., *The Kennedy Tapes*, 227.
15. "Raport, Starshii upolnomochennyi 2-go otdela UKGB pri SM USSR po Kirovogradskoi oblasti kapitan Gnida nachal' niku upravleniia KGB USSR po Odesskoi oblasti general-maioru tov. Kuvarzinu A. I., Odessa, 14 noiabria 1962 g.," 8 pp., here 4–5, in SBU Archives, fond 1, opys 1, no. 1532, fols. 325–30 [4719–24].
16. Aleksandr Rogozin, "Sovetskii flot v voinakh i konfliktakh kholodnoi voiny," chap. 2: "SSSR v stroitel' stve VMS Kuby," http://alerozin.narod.ru/CubaNavy/CubaNavySoviet-2.htm.
17. Executive Committee Meeting of the National Security Council, Wednesday, October 24, 1962, 10:00 A.M., *The Kennedy Tapes*, 227–30.
18. Robert F. Kennedy, "Notes Taken at Meetings on the Cuban Crisis. Found at Home on October 30, 1962," Papers of Robert F. Kennedy. Attorney General Papers. Attorney General' s Confidential File. 6-2-10: Cuba: Executive committee meetings: RFK notes and memos, 1962: October-December (2 of 2 folders). RFKAG-215-012. John F. Kennedy Presidential Library and Museum; Executive Committee Meeting of the National Security Council, Wednesday, October 24, 1962, 10:00 A.M., *The Kennedy Tapes*, 230–31; Robert Kennedy, *Thirteen Days*, 54.
19. Robert Kennedy, *Thirteen Days*, 53–54.
20. Executive Committee Meeting of the National Security Council, Wednesday, October 24, 1962, 10:00 A.M., *The Kennedy Tapes*, 231–33.
21. Dobbs, *One Minute to Midnight*, 88–89.
22. Kapitan Gnida, "Raport," November 14, 1962, 4–5, fols. 325–30 [4719–24].
23. Arkadii Khasin, "Kapitan Golubenko, "*Vecherniaia Odessa*, February 24, 2015, http://vo.od.ua/rubrics/odessa-gody-i-sudby/32520.php.

第15章

1. Ion Mihai Pacepa, *Programmed to Kill: Lee Harvey Oswald, the Soviet KGB and the Kennedy Assassination* (Lanham, MD, 2007), 184–85.

2. Khrushchev, *Vremia, liudi, vlast'*, 2: 518; Gromyko, *Pamiatnoe*, 489.
3. "V Bol' shom teatre SSSR," *Pravda*, October 24, 1962, 2; David G. Winter, "Khrushchev Visits the Bolshoi: [More Than] a Footnote to the Cuban Missile Crisis, Peace and Conflict," *Journal of Peace Psychology* 19 (2013), no. 3: 222–39.
4. Pacepa, *Programmed to Kill*, 185; Liu Yong, "Romania and Sino-Soviet Relations Moving Towards Split, 1960–1965," *Arhivele Totalitarismului* 22 (2014), nos. 82/83: 65–80.
5. G. M. Kornienko, *Kholodnaia voina. Svidetel'stvo ee uchastnika* (Moscow, 2001), 124; Dobrynin, *In Confidence*, 83.
6. Pacepa, *Programmed to Kill*, 185; "Rumynskaia pravitel' stvennaia delegatsiia otbyla na rodinu," *Izvestiia*, October 25, 1962, 1; *Pravda*, October 25, 1962, 2.
7. "Priem N. S. Khrushchevym Villiam E. Noksa," *Pravda*, October 25, 1.
8. Memorandum from Roger Hilsman to Rusk, October 26; Khrushchev' s conversation with W. E. Knox, President of Westinghouse Electrical International, in Moscow on October 24. Secret. 2 pp. Kennedy Library, NSF, Cuba, General, vol. 6(A), 10/26–27/62 FRUS, 1961–1963, American Republics; Cuba 1961–1962; Cuban Missile Crisis and Aftermath, vols. 10/11/12, Microfiche Supplement, no. 419, https://history.state.gov/historicaldocuments/frus1961-63v10-12mSupp/d419; Dobbs, *One Minute to Midnight*, 85.
9. "Letter From Chairman Khrushchev to President Kennedy, Moscow, October 24, 1962," *FRUS*, 1961–1963, vol. 6, Kennedy-Khrushchev Exchanges. No. 63, https://history.state.gov/historicaldocuments/frus1961-63v06/d63; Fursenko and Naftali, *"One Hell of a Gamble,"* 254–55.
10. Georgii Bol' shakov, "Goriachaia liniia: kak deistvoval sekretnyi kanal sviazi Dzhon Kennedi-Nikita Khrushchev," *Novoe vremia*, 1989, nos. 4–6; Georgii Bol' shakov, "Karibskii krizis: kak ėto bylo," *Komsomol'skaia pravda*, February 4, 1989, 3; Fursenko and Naftali, *"One Hell of a Gamble,"* 109–14, 197; Taubman, *Khrushchev*, 556.
11. "Proekt Postanovleniia TsK KPSS o konfidentsial' nom poslanii N. S. Khrushcheva prezidentu SShA Dzhonu Kennedi," October 25, 1962, Arkhiv prezidenta Rosiiskoi Federatsii, fond 3, op. 65, no. 904, fols. 131–40, in Rossiiskii gosudarstvennyi arkhiv sotsial' no-politicheskoi istorii "Khrushchev. K 120-letiiu so dnia rozhdeniia," http://liders.rusarchives.ru/hruschev/docs/proekt-postanovleniya-tsk-kpss-okonfidentsialnom-poslanii-ns-khrushcheva-prezidentu-ssha-dzhon.
12. Nikolai Dorizo, "Solntse prorvet blokadu," *Izvestiia*, October 25, 1962, 1.
13. Telegram from the Department of State to the Embassy in the Soviet Union, Washington, October 25, 1962, 1:59 a.m., *FRUS*, 1961–1963, vol. 6, Kennedy-Khrushchev Exchanges, no. 64, https://history.state.gov/historicaldocuments/frus1961-63v06/d64.
14. Dobbs, *One Minute to Midnight*, 94–95.
15. Scott D. Sagan, *The Limits of Safety: Organizations, Accidents, and Nuclear Weapons* (Princeton, NJ, 1993), 68–69.
16. Kornienko, *Kholodnaia voina*, 129; Fursenko and Naftali, *"One Hell of a Gamble,"* 262; cf. Fursenko and Naftali, *Adskaia igra: sekretnaia istoriia Karibskogo krizisa* (Moscow, 1999), 386; Ladygin and Lota, *GRU i Karibskii krizis*, 112–13.
17. Sagan, *The Limits of Safety*, 67.
18. "Central Committee of the Communist Party of the Soviet Union Presidium Protocol 61," October 25, 1962, History and Public Policy Program Digital Archive, RGANI, F. 3, Op. 16, D. 947, L. 42-42 ob.

Trans. and ed. Mark Kramer, with assistance from Timothy Naftali, https://digitalarchive.wilsoncenter.org/document/115083; *Prezidium TsK KPSS, 1954–1964*: Chernovye protokol' nye zapisi zasedanii. Stenogrammy (Moscow, 2004), 621.

19. "Telegram from TROSTNIK (Soviet Defense Minister Rodion Malinovsky) to PAVLOV (General Issa Pliev), October 25, 1962, History and Public Policy Program Digital Archive, Archive of the President of the Russian Federation, Special Declassification, April 2002. Trans. Svetlana Savranskaya, https://digitalarchive.wilsoncenter.org/document/117324.

20. "Excerpts from debate on Cuba in the Security Council. Valerian A. Zorin, Soviet Union," *New York Times*, October 26, 1962, 16.

21. "Excerpts from debate on Cuba in the Security Council. Stevenson-Zorin Exchange," *New York Times*, October 26, 1962, 16; Porter McKeever, *Adlai Stevenson: His Life and Legacy* (New York, 1989), 527.

22. Arnold H. Lubasch, "Stevenson Dares Russian To Deny Missiles Charge: Khrushchev Indicates Support For a Meeting With Kennedy," photo caption: "Stevenson Shows Photos of Cuban Bases," *New York Times*, October 26, 1962, 1; "Telegram from the Soviet representative to the United Nations, Valerian Zorin, to the USSR MFA," October 25, 1962, History and Public Policy Program Digital Archive, AVP RF, copy courtesy of NSA, trans. Mark H. Doctoroff, http://digitalarchive.wilsoncenter.org/document/111833; Reeves, *President Kennedy*, 406.

第16章

1. "Cable from Soviet ambassador to the US Dobrynin to USSR Foreign Ministry (1)," October 25, 1962, History and Public Policy Program Digital Archive, Archive of Foreign Policy, Russian Federation (AVP RF), Moscow; copy obtained by NHK (Japanese Television), provided to CWIHP, and on file at National Security Archive, Washington, DC, trans. Vladimir Zaemsky, https://digitalarchive.wilsoncenter.org/document/111918; Fursenko and Naftali, *"One Hell of a Gamble,"* 257–61.

2. Kornienko, *Kholodnaia voina*, 129.

3. Telegram from the Embassy in the Soviet Union to the Department of State, Moscow, October 26, 1962, 7 p.m., *FRUS*, 1961–1963, vol. 6, Kennedy-Khrushchev Exchanges, n. 65, https://history.state.gov/historicaldocuments/frus1961-63v06/d65.

4. Telegram from the Embassy in the Soviet Union to the Department of State, Moscow, October 26, 1962.

5. Acosta, *October 1962*, 157–61; "Fidel Castro' s 23 October Interview, Havana in Spanish to the Americas 0135 GMT 24 October 1962," Castro Speech Data Base, LANIC: Latin American Information Center, http://lanic.utexas.edu/project/castro/db/1962/19621024.html.

6. "Shifrotelegramma ot Alekseeva iz Gavanny o besede s Fidelem Kastro i Dortikosom," October 26, 1962, The National Security Archive. George Washington University, Rosiiskie programmy Arkhiva natsional' noi bezopasnosti, Karibskii krizis: dokumenty, https://nsarchive2.gwu.edu/rus/CubanMissileCrisis.html; https://nsarchive2.gwu.edu/rus/text_files/CMCrisis/22.PDF; Fursenko and Naftali, *"One Hell of a Gamble,"* 268.

7. "Cable no. 323 from the Czechoslovak Embassy in Havana (Pavlíček)," October 25, 1962, History and Public Policy Program Digital Archive, National Archive, Archive of the CC CPCz, (Prague), File: "Antonín Novotny, Kuba," Box 122, https://digitalarchive.wilsoncenter.org/

document/115197; "Telegram from the Brazilian Embassy in Havana (Bastian Pinto), 6 p.m., Friday, October 26, 1962," History and Public Policy Program Digital Archive, "ANEXO Secreto—600.(24h)—SITUAÇÃO POLITICA—OUTUBRO DE 1962//," Ministry of External Relations Archives, Brasilia, Brazil, trans. from Portuguese by James G. Hershberg, https://digitalarchive.wilsoncenter.org/document/115303.

8. Fursenko and Naftali, *"One Hell of a Gamble,"* 268; Dobbs, *One Minute to Midnight*, 157; Jonathan Colman, *Cuban Missile Crisis: Origins, Course and Aftermath* (Edinburgh, 2016), 153.

9. Acosta, *October 1962*, 170–71; Fursenko and Naftali, *"One Hell of a Gamble,"* 268–69.

10. "Ciphered Telegram from Soviet Ambassador to Cuba Aleksandr Alekseev," October 27, 1962, History and Public Policy Program Digital Archive, Obtained and translated by National Security Archive for the October 2002 conference in Havana on the 40th Anniversary of the Cuban Missile Crisis, https://digitalarchive.wilsoncenter.org/document/115063; "Interview with Alexander Alekseyev [Soviet Ambassador to Cuba]," in "Interviews with Soviet Veterans of the Cuban Missile Crisis," "Mikoyan' s "Mission Impossible," in *Cuba: New Soviet Evidence on the Cuban Missile Crisis*, National Security Archive Electronic Briefing Book No. 400, eds. Svetlana Savranskaya, Anna Melyakova, and Amanda Conrad, https://nsarchive2.gwu.edu//NSAEBB/NSAEBB400/docs/Interview%20with%20Alekseev.pdf, 16; Fursenko and Naftali, *"One Hell of a Gamble,"* 272.

11. "Telegram from Fidel Castro to N. S. Khrushchev," October 26, 1962, History and Public Policy Program Digital Archive, Archive of Foreign Policy, Russian Federation (AVP RF), https://digitalarchive.wilsoncenter.org/document/114501.

12. "Interview with Alexander Alekseyev [Soviet Ambassador to Cuba]," 17; "Ciphered Telegram from Soviet Ambassador to Cuba Aleksandr Alekseev," October 27, 1962, History and Public Policy Program Digital Archive, Obtained and translated by National Security Archive for the October 2002 conference in Havana on the 40th Anniversary of the Cuban Missile Crisis, https://digitalarchive.wilsoncenter.org/document/115063; Fursenko and Naftali, *"One Hell of a Gamble,"* 273.

13. "Telegramma t. Pavlova iz Gavanny ot 26 oktiabria 1962 g.," in "Vypiska iz protokola no. 62 zasedaniia Prezidiuma TsK KPSS ot 27 oktiabria 1962 goda," The National Security Archive. George Washington University, Rossiiskie programmy Arkhiva natsional' noi bezopasnosti, Karibskii krizis: dokumenty, https://nsarchive2.gwu.edu/rus/CubanMissileCrisis.html; Direktivy Prezidiuma TsK KPSS Plievu v otvet na ego shriftotelegrammu, https://nsarchive2.gwu.edu/rus/text_files/CMCrisis/23.PDF; cf. S Ia. Lavrenov and I. M. Popov, *Sovetskii Soiuz v lokal'nykh voinakh i konfliktakh* (Moscow, 2003), 258.

14. "Telegram from TROSTNIK (Soviet Defense Minister Rodion Malinovsky) to PAVLOV (General Issa Pliev)," October 27, 1962, History and Public Policy Program Digital Archive, Archive of the President of the Russian Federation, Special Declassification, April 2002, trans. Svetlana Savranskaya, https://digitalarchive.wilsoncenter.org/document/117326; "Telegram from TROSTNIK (Soviet Defense Minister Rodion Malinovsky) to PAVLOV (General Issa Pliev)," October 27, 1962, History and Public Policy Program Digital Archive, Archive of the President of the Russian Federation, Special Declassification, April 2002, trans. Svetlana Savranskaya,

https://digitalarchive.wilsoncenter.org/document/117325; "Telegram from TROSTNIK (Soviet Defense Minister Rodion Malinovsky) to PAVLOV (General Issa Pliev)," October 27, 1962, History and Public Policy Program Digital Archive, Archive of the President of the Russian Federation, Special Declassification, April 2002, trans. Svetlana Savranskaya, https://digitalarchive.wilsoncenter.org/document/117327.

15. "Central Committee of the Communist Party of the Soviet Union Presidium Protocol 62," October 27, 1962, History and Public Policy Program Digital Archive, RGANI, F. 3, Op. 16, D. 947, L. 43-44, trans. and ed. Mark Kramer, with assistance from Timothy Naftali, https://digitalarchive.wilsoncenter.org/document/115085.

16. "Central Committee of the Communist Party of the Soviet Union Presidium Protocol 62," October 27, 1962; "Telegramma t. Pavlova iz Gavanny ot 26 oktiabria 1962 g.," https://nsarchive2.gwu.edu/rus/text_files/CMCrisis/23.PDF; "Memorandum of Conversation between Castro and Mikoyan," November 4, 1962, History and Public Policy Program Digital Archive, Russian Foreign Ministry archives, obtained and translated by NHK television, copy provided by Philip Brenner; trans. Aleksandr Zaemsky, slightly revised, https://digitalarchive.wilsoncenter.org/document/110961.

17. "Memorandum of Conversation between Castro and Mikoyan," November 4, 1962, History and Public Policy Program Digital Archive, Russian Foreign Ministry archives, obtained and translated by NHK television, copy provided by Philip Brenner; trans. Aleksandr Zaemsky, slightly revised, https://digitalarchive.wilsoncenter.org/document/110961.

18. Letter from Chairman Khrushchev to President Kennedy, Moscow, October 27, 1962, *FRUS*, 1961–1963, vol. 6, Kennedy-Khrushchev Exchanges, no. 66, https://history.state.gov/historicaldocuments/frus1961-63v06/d66.

19. "Central Committee of the Communist Party of the Soviet Union Presidium Protocol 62," October 27, 1962.

第17章

1. "Executive Committee meeting of the National Security Council," Saturday, October 27, 1962, 10:05 a.m., *The Kennedy Tapes*, 303.
2. Leaming, *Jack Kennedy*, 402–4.
3. "Executive Committee meeting of the National Security Council," Saturday, October 27, 1962, 10:05 a.m., 306.
4. "Meeting on the Cuban Missile Crisis," Tuesday, October 16, 1962, 11:50 a.m., *The Kennedy Tapes*, 41–42.
5. Philip Nash, *The Other Missiles of October: Eisenhower, Kennedy, and the Jupiters, 1957–1963* (Chapel Hill, NC, 1997), 5–90.
6. "Meeting on the Cuban Missile Crisis," Tuesday, October 16, 1962, 6:30 p.m., *The Kennedy Tapes*, 67.
7. "Meeting on the Cuban Missile Crisis," Thursday, October 18, 1962, 11:10 a.m., *The Kennedy Tapes*, 95.
8. "Meeting on Diplomatic Plans," Monday, October 22, 1962, 11:00 a.m., *The Kennedy Tapes*, 147–48.
9. Stern, *The Week the World Stood Still*, 78–79; Ernest R. May and Philip D. Zelikow, "Editorial Notes," *The Kennedy Tapes*, 140–41.
10. Walter Lippmann, "Today and Tomorrow," *Washington Post*, October 25, 1962; Thomas Risse-Kappen, *Cooperation Among Democracies: The European Influence on U.S. Foreign Policy* (Princeton, NJ, 1995), 165–67; "Cable from Soviet ambassador to the US Dobrynin to Soviet Foreign Ministry (2)," October 25, 1962, History and

Public Policy Program Digital Archive, Archive of Foreign Policy, Russian Federation (AVP RF), Moscow; copy obtained by NHK (Japanese Television), provided to CWIHP, and on file at National Security Archive, Washington, DC, trans. Vladimir Zaemsky, http://digitalarchive.wilsoncenter.org/document/110449; "Memorandum of Conversation between Castro and Mikoyan," November 4, 1962, History and Public Policy Program Digital Archive, Russian Foreign Ministry Archives, obtained and translated by NHK television, copy provided by Philip Brenner, trans. Aleksandr Zaemsky, slightly revised, https://digitalarchive.wilsoncenter.org/document/110961.

11. "Executive Committee meeting of the National Security Council," Saturday, October 27, 1962, 10:05 a.m., 307.
12. "Executive Committee meeting of the National Security Council," Saturday, October 27, 1962, 10:05 a.m., 307–8.
13. "Executive Committee meeting of the National Security Council," Saturday, October 27, 1962, 10:05 a.m., 308.
14. "Executive Committee meeting of the National Security Council," Saturday, October 27, 1962, 10:05 a.m., 308–10, 321.
15. Walter S. Poole, *History of the Joint Chiefs of Staff: The Joint Chiefs of Staff and National Policy*, vol. 8: 1961–1964 (Washington, DC, 2011), 180, https://www.jcs.mil/Portals/36/Documents/History/Policy/Policy_V008.pdf.
16. "Press Release, Office of the White House Press Secretary, October 27, 1962," in *The Cuban Crisis of 1962: Selected Documents and Chronology*, ed. David L. Larson (Boston, 1963), 158.

第18章

1. Stephanie Ritter, AFGSC History Office, "SAC during the 13 Days of the Cuban Missile Crisis," Air Force Global Strike Command, October 19, 2012, https://www.afgsc.af.mil/News/Article-Display/Article/454741/sac-during-the-13-days-of-the-cuban-missile-crisis/.
2. "Memorandum from the President's Special Assistant for Science and Technology (Wiesner) to the President's Deputy Special Assistant for National Security Affairs (Kaysen)," Washington, September 25, 1962, Subject: Cuban Blockade Contingency Planning, FRUS, 1961–1963, vol. 10, Cuba, January 1961–September 1962, no. 439, https://history.state.gov/historicaldocuments/frus1961-63v10/d439.
3. "Notes from Transcripts of JCS Meetings," October 27, 1962, *FRUS*, 1961–1963, American Republics; Cuba 1961–1962; Cuban Missile Crisis and Aftermath, vols. 10/11/12, Microfiche Supplement, 21–22, https://static.history.state.gov/frus/frus1961-63v10-12mSupp/pdf/d428.pdf; Walter S. Poole, History of the Joint Chiefs of Staff: The Joint Chiefs of Staff and National Policy, vol. 8: 1961–1964 (Washington, DC, 2011), 180, https://www.jcs.mil/Portals/36/Documents/History/Policy/Policy_V008.pdf.
4. Dobbs, *One Minute to Midnight*, 268–70; Robert Dallek, "JFK vs the Military," *The Atlantic*, August 2013, https://www.theatlantic.com/magazine/archive/2013/08/jfk-vs-themilitary/309496/.
5. Dobbs, *One Minute to Midnight*, 258–55, 268–72, 288–89; cf. idem, "Lost in Enemy Airspace," *Vanity Fair*, June 1, 2008, https://www.vanityfair.com/news/2008/06/missile_crisis_excerpt200806; Amy Shira Teitel, "How the Aurora Borealis Nearly Started World War III," *Discover* Magazine, March 2103, http://blogs.discovermagazine.com/crux/2013/03/11/how-the-aurora-borealisnearly-started-world-war-iii/#.XCk6zFxKjIV.
6. Nikolai Yakubovich, *Pervye sverkhzvukovye istrebiteli MIG 17 i MIG*

19 (Moscow, 2014), 50.

7. David Donald, *Century Jets: USAF Frontline Fighters of the Cold War* (London, 2003), 68–70.
8. Dobbs, *One Minute to Midnight*, 258–65, 268–72, 288–89; cf. idem, "Lost in Enemy Airspace," *Vanity Fair*, June 1, 2008, https://www.vanityfair.com/news/2008/06/missile_crisis_excerpt200806; Teitel, "How the Aurora Borealis Nearly Started World War III."
9. "Executive Committee Meeting of the National Executive Council," Saturday, October 27, 1962, 4:00 p.m., 238, 326, 330, 338, 352.
10. For an earlier draft of Kennedy' s letter to Khrushchev, see "The Handwritten Notes on White House Paper. Not Dated," 6–10, Papers of Robert F. Kennedy. Attorney General Papers. Attorney General' s Confidential File 6-2-3: Cuba: Executive committee meetings: RFK notes and memos, October 16, 1962. RFKAG-215-004. John F. Kennedy Presidential Library and Museum; "Executive Committee Meeting of the National Executive Council," Saturday, October 27, 1962, 4:00 p.m., 348, 350.
11. "Executive Committee Meeting of the National Executive Council," Saturday, October 27, 1962, 4:00 p.m., *The Kennedy Tapes*, 327, 353–56.
12. "Executive Committee Meeting of the National Executive Council," Saturday, October 27, 1962, 4:00 p.m., 356–57.
13. Dobbs, *One Minute to Midnight*, 230–31.
14. "Executive Committee Meeting of the National Executive Council," Saturday, October 27, 1962, 4:00 p.m., 356–57.

第19章

1. Michael Dobbs, "The Photographs that Prevented World War III," *Smithsonian* Magazine, October 2012, https://www.smithsonianmag.com/history/thephotographs-that-prevented-world-war-iii-36910430/; "VFP-62 Operations over Cuba," Light Photographic Squadron 62, http://www.vfp62.com/index.html; William B. Ecker and Kenneth V. Jack, *Blue Moon over Cuba: Aerial Reconnaissance during the Cuban Missile Crisis. General Aviation* (Oxford, 2012).
2. Sergei Isaev, "Kamen' pretknoveniia. 759 mtab na Kube vo vremia Karibskogo krizisa 1962 goda," VVS Rossii: liudi i samolety, http://www.airforce.ru/content/holodnaya-voina/1552-759-mtab-na-kube-vovremya-karibskogo-krizisa-1962-goda/.
3. Leonid Garbuz, "Zamestitel' komanduiushchego gruppy sovetskikh voisk na Kube vspominaet," *Strategicheskaia operatsiia "Anadyr'." Kak ėto bylo. Memuarno-spravochnoe izdanie*, ed. V. I. Esin (Moscow, 2000), 80–89, here 84; Dobbs, *One Minute to Midnight*, 238.
4. "Interview with General Leonid Garbuz by Sherry Jones," "Cuban Missile Crisis: What the World Didn' t Know," produced by Sherry Jones for Peter Jennings Reporting, ABC News (Washington Media Associates, 1992), in Mikoyan' s "Mission Impossible" in Cuba: New Soviet Evidence on the Cuban Missile Crisis. National Security Archive Electronic Briefing Book No. 400, October 2012, eds. Svetlana Savranskaya, Anna Melyakova and Amanda Conrad, https://nsarchive2.gwu.edu/NSAEBB/NSAEBB400/docs/Interview%20with%20General%20Garbuz.pdf; Fursenko and Naftali, *"One Hell of a Gamble,"* 271.
5. "Telegramma t. Pavlova iz Gavanny ot 26 oktiabria 1962 g.," in "Vypiska iz protokola no. 62 zasedaniia Prezidiuma TsK KPSS ot 27 oktiabria 1962 goda," The National Security Archive. George Washington University, Rossiiskie programmy Arkhiva natsional' noi

bezopasnosti, Karibskii krizis: dokumenty, https://nsarchive2.gwu.edu/rus/CubanMissileCrisis.html; Anatolii Dokuchaev, "A Kennedi podozreval Khrushcheva . . . ," *Nezavisimoe voennoe obozrenie*, August 18, 2000, http://nvo.ng.ru/notes/2000-08-18/8_kennedy.html.

6. "Telegram from TROSTNIK (Soviet Defense Minister Rodion Malinovsky) to PAVLOV (General Issa Pliev)," October 22, 1962, History and Public Policy Program Digital Archive, Archive of the President of the Russian Federation, Special Declassification, April 2002, trans. Svetlana Savranskaya, https://digitalarchive.wilsoncenter.org/document/117316.
7. Viktor Esin, "Uchastie raketnykh voisk strategicheskogo naznacheniia v operatsii "Anadyr'," in *Strategicheskaia operatsiia "Anadyr',"* 55–64, here 61.
8. Iazov, *Udary sud'by*, 137–40; idem. *Karibskii krizis*, 220–22.
9. Aleksandr Voropaev, "Otshumeli pesni nashego polka . . . ," pt. 1 (1960–1963), "Sovetskii chelovek na Kube, Karibskii krizis," http://cubanos.ru/texts/txt035.
10. Statsenko, "Doklad komandira 51-i raketnoi divizii o deistviiakh soediineniia v period s 12 iiulia po 1 dekabria 1962 goda na o. Kuba"; Ivan Sidorov, "Vypolniaia internatsional'nyi dolg," in *Strategicheskaia operatsiia "Anadyr'." Kak ėto bylo. Memuarnospravochnoe izdanie*, ed. V. I. Esin (Moscow, 2000), 125–33, here 131–32; Viktor Esin, "Uchastie raketnykh voisk strategicheskogo naznacheniia v operatsii "Anadyr'," 61–62.
11. Dokuchaev, "A Kennedi podozreval Khrushcheva. . . ."
12. Dobbs, *One Minute to Midnight*, 230–31, 236–37.
13. Dokuchaev, "A Kennedi podozreval Khrushcheva. . . ."
14. Dokuchaev, "A Kennedi podozreval Khrushcheva. . . ."
15. "Grechko, Stepan Naumovich," http://encyclopedia.mil.ru/encyclopedia/dictionary/details_rvsn.htm?id=12914@morfDictionary; Aleksandr Kochukov, "Beriia, vstat'! Vy arestovany," *Krasnaia Zvezda*, June 28, 2003, http://old.redstar.ru/2003/06/28_06/5_01.html.
16. "Interview with General Leonid Garbuz by Sherry Jones," 13; Garbuz, "Zamestitel' komanduiushchego gruppy sovetskikh voisk na Kube vspominaet," 85.
17. Dokuchaev, "A Kennedi podozreval Khrushcheva. . . ."
18. Artem Lokalov and Anna Romanova, "Aleksei Riapenko: Ia sbil U-2 i menia stali kachat'," *Rodina*, October 1, 2017, https://rg.ru/2017/10/16/rodina-aleksejriapenko.html.
19. Gennadii Tolshchin, "Zhivut vo mne vospominaniia. Ili operatsiia "Anadyr'" glazami soldata," "Sovetskii chelovek na Kube, Karibskii krizis," http://cubanos.ru/texts/txt054.
20. Fursenko and Naftali, *"One Hell of a Gamble,"* 278; "Interview with General Leonid Garbuz by Sherry Jones" 13.

第20章

1. Robert Kennedy, *Thirteen Days*, 73.
2. "Executive Committee Meeting of the National Executive Council," Saturday, October 27, 1962, 4:00 p.m., *The Kennedy Tapes*, 356–57.
3. "Executive Committee Meeting of the National Executive Council," Saturday, October 27, 1962, 4:00 p.m., 334–36.
4. "Executive Committee Meeting of the National Executive Council," Saturday, October 27, 1962, 4:00 p.m., 364–82; "Notes from Transcripts of JCS Meetings," October 27, 1962, 23.
5. Robert Kennedy, *Thirteen Days*, 80–81
6. "Notes from Transcripts of JCS Meetings," October 27, 1962, *FRUS*,

1961–1963, American Republics; Cuba 1961–1962; Cuban Missile Crisis and Aftermath, vols. 10/11/12, Microfiche Supplement p. 23, https://static.history.state.gov/frus/frus1961-63v10-12mSupp/pdf/d428.pdf.

7. "RFK Notes. Executive Committee Meeting. No dates," Papers of Robert F. Kennedy. Attorney General Papers. Attorney General' s Confidential File 6-2-10: Cuba: Executive committee meetings: RFK notes and memos, 1962: October-December (1 of 2 folders), 1–4. RFKAG-215-011. John F. Kennedy Presidential Library and Museum; Robert Kennedy, *Thirteen Days*, 77–80; cf. "Telegram from the Department of State to the Embassy in the Soviet Union," Washington, October 27, 1962, 8:05 p.m, *FRUS*, 1961–1963, vol. 6, Kennedy-Khrushchev Exchanges, no. 67, https://history.state.gov/historicaldocuments/frus1961-63v06/d67.
8. Robert Kennedy, *Thirteen Days*, 81; McGeorge Bundy, *Danger and Survival: Choices about the Bomb in the First Fifty Years* (New York, 1988), 432; Jim Hershberg, "Anatomy of a Controversy: Anatoly F. Dobrynin' s Meeting with Robert F. Kennedy, Saturday, October 27, 1962," *Cold War International History Project Electronic Bulletin* 5 (Spring 1995): 75–80.
9. "Cable received from U.S. Ambassador to Turkey Raymond Hare to State Department regarding Turkish missiles, October 26, 1962," Declassified Documents, *The Cuban Missile Crisis, 1962: A National Security Archive Documents Reader*, ed. Laurence Chang and Peter Kornbluh, https://nsarchive2.gwu.edu/nsa/cuba_mis_cri/19621026hare.pdf.
10. Bundy, *Danger and Survival*, 432.
11. Rusk and Rusk, *As I Saw It*, 238–40; cf. Ted Sorensen comments in *Back to the Brink: Proceedings of the Moscow Conference on the Cuban Missile Crisis, January 27–28, 1989*, ed. Bruce J. Allyn, James G. Blight, and David A. Welch (Lanham, MD, 1992), 92–93.
12. Robert Kennedy, *Thirteen Days*, 81–82.
13. Dobrynin, *In Confidence*, 87; "Dobrynin' s Cable to the Soviet Foreign Ministry, October 27, 1962," in Hershberg, "Anatomy of a Controversy: Anatoly F. Dobrynin' s Meeting with Robert F. Kennedy," 79–80, https://nsarchive2.gwu.edu/nsa/cuba_mis_cri/moment.htm.
14. Hershberg, "Anatomy of a Controversy: Anatoly F. Dobrynin' s Meeting with Robert F. Kennedy" ; Dobrynin, *In Confidence*, 87.
15. Hershberg, "Anatomy of a Controversy: Anatoly F. Dobrynin' s Meeting with Robert F. Kennedy," 79–80; cf. "Dobrynin Cable to the USSR Foreign Ministry, 27 October 1962," Declassified Documents, *The Cuban Missile Crisis, 1962 A National Security Archive Documents Reader,* https://nsarchive2.gwu.edu/nsa/cuba_mis_cri/621027%20Dobrynin%20Cable%20to%20USSR.pdf.
16. Robert Kennedy, "Memorandum to the Secretary of State from Attorney General, October 23, 1962," 3, Declassified Documents, *The Cuban Missile Crisis, 1962: A National Security Archive Documents Reader,* https://nsarchive2.gwu.edu/nsa/cuba_mis_cri/621030%20Memorandum%20for%20Sec.%20of%20State.pdf.
17. Dobbs, *One Minute to Midnight*, 309–10; Leaming, *Jack Kennedy*, 406–7.
18. Kenneth P. O' Donnell and David F. Powers, *"Johnny, We Hardly Knew Ye*, 283, 394.
19. "Executive Committee meeting of the National Security Council," Saturday, October 29, 1962, 9:00 PM, *The Kennedy Tapes*, 391–401;

Rusk, *As I Saw It*, 240–41; *An International History of the Cuban Missile Crisis: A 50-year Retrospective*, ed. David Gioe, Len Scott, and Christopher Andrew (London and New York, 2014), 202–3; Beschloss, *The Crisis Years*, 537–38.

20. O' Donnell and Powers, *"Johnny, We Hardly Knew Ye,"* 395; Mimi Alford, *Once Upon a Secret: My Affair with President John F. Kennedy and Its Aftermath* (New York, 2013), 93–94.

21. The Flag Plot "Office Log" for October 27; Cuban Missile Crisis Day by Day: From the Pentagon' s "Sensitive Records," National Security Archive, https://nsarchive2.gwu.edu/NSAEBB/NSAEBB398/docs/doc%2014E%20office%20 log.pdf; Opnav [Chief of Naval Operations], "24 Hour Resume of Events 270000 to 280000," with "Intercept Items of Immediate Interest," and "Items of Significant Items [*sic*]" attached, n.d., Top Secret, Cuban Missile Crisis Day by Day: From the Pentagon' s "Sensitive Records," National Security Archive, https://nsarchive2.gwu.edu/NSAEBB/NSAEBB398/docs/doc%2014F%20 chronology.pdf.

第21章

1. Norman Polmar and Kenneth J. More, *Cold War Submarines: The Design and Construction of U.S. and Soviet Submarines* (Dulles, VA, 2003), 201–6, 218–19; "Pr. 641 Foxtrot," *MilitaryRussia: Otechestvennaia voennaia tekhnika,* http://militaryrussia.ru/blog/topic-206.html.

2. Gary Slaughter, "A Soviet Nuclear Torpedo, an American Destroyer, and the Cuban Missile Crisis," *Task & Purpose*, September 4, 2016, https://taskandpurpose.com/cuban-missile-crisis-nuclear-torpedo; cf. Gary Slaughter and Joanne Slaughter, *The Journey of an Inquiring Mind: From Scholar, Naval Officer, and Entrepreneur to Novelist* (Nashville, TN, 2019), 171–80.

3. "Memoriia: Vasilii Arkhipov," *Polit.ru*, January 30, 2016, http://www.submarines.narod.ru/Substory/6_658_19.html; https://polit.ru/news/2016/01/30/arhipov/.

4. "Report from General Zakharov and Admiral Fokin to the Defense Council and Premier Khrushchev on Initial Plans for Soviet Navy Activities in Support of Operation Anadyr, 18 September 1962," *The Submarines of October: U.S. and Soviet Naval Encounters during the Cuban Missile Crisis*, National Security Archive Electronic Briefing Book No. 75, ed. William Burr and Thomas S. Blanton, October 31, 2002, https://nsarchive2.gwu.edu/NSAEBB/NSAEBB75/asw-I-1.pdf; "Report from General Zakharov and Admiral Fokin to the Presidium, Central Committee, Communist Party of the Soviet Union, on the Progress of Operation Anadyr, 25 September 1962," *The Submarines of October,* https://nsarchive2.gwu.edu/NSAEBB/NSAEBB75/asw-I-2.pdf.

5. Polmar and More, *Cold War Submarines*, 201–6; "Pr. 641 Foxtrot," *MilitaryRussia*: *Otechestvennaia voennaia tekhnika*, http://militaryrussia.ru/blog/topic-206.html.

6. Riurik Ketov, in Nikolai Cherkashin, *Povsednevnaia zhizn' rossiiskikh podvodnikov* (Moscow, 2000), 146; cf. idem, "The Cuban Missile Crisis as Seen Through a Periscope," *Journal of Strategic Studies* 28 (2005), no. 2: 217–31; Aleksei Dubivko, "V puchinakh Bermudskogo treugol' nika," in A. V. Batarshev, A. F. Dubivko, and V. S. Liubimov, *Rossiiskie podvodniki v Kholodnoi voine 1962 goda* (St. Petersburg, 2011), 13–62, here, 20–23; Svetlana V. Savranskaya, "New Sources on the Role of Soviet Submarines in the Cuban Missile Crisis," *Journal*

of *Strategic Studies* 28 (2005), no. 2: 233–59, here 240, https://www.belfercenter.org/sites/default/files/legacy/files/CMC50/SavranskayaJSSNewsourcesonroleofSovietsubmarinesinCMC.pdf.

7. Dubivko, "V puchinakh Bermudskogo treugol' nika," 23–24; Viktor Mikhailov, "Vospominaniia byvshego komandira rulevoi gruppy shturmanskoi boevoi chaste podvodnoi lodki B-59," https://flot.com/blog/historyofNVMU/5705.php?print=Y.
8. Jeremy Robinson-Leon and William Burr, "Chronology of Submarine Contact during the Cuban Missile Crisis October 1, 1962–November 14, 1962," *Submarines of October,* https://nsarchive2.gwu.edu/NSAEBB/NSAEBB75/subchron.htm.
9. Anastas Mikoian, "Diktovka o poezdke na Kubu," January 19, 1963, in Aleksandr Lukashin and Mariia Aleksashina, "My voobshche ne khotim nikuda brosit' rakety, my za mir . . . ," *Rodina*, January 1, 2017.
10. Robinson-Leon and Burr, "Chronology of Submarine Contact during the Cuban Missile Crisis October 1, 1962–November 14, 1962."
11. "Executive Committee Meeting of the National Security Council," Wednesday, October 24, 1962, 10:00 a.m.," *The Kennedy Tapes*, 228–31.
12. Robinson-Leon and Burr, "Chronology of Submarine Contact during the Cuban Missile Crisis October 1, 1962–November 14, 1962."
13. Robinson-Leon and Burr, "Chronology of Submarine Contact during the Cuban Missile Crisis October 1, 1962–November 14, 1962" ; Mikhailov, "Vospominaniia byvshego komandira rulevoi gruppy shturmanskoi boevoi chasti podvodnoi lodki B-59."
14. Robinson-Leon and Burr, "Chronology of Submarine Contact during the Cuban Missile Crisis October 1, 1962–November 14, 1962" ; "U.S. Navy, Charts/Deck Logs of Anti-Submarine Warfare Operations related to USSR Ssubmarine B-59, October 1962," *The Cuban Missile Crisis of 1962*. The National Security Archive, Declassified Documents, https://nsarchive2.gwu.edu/nsa/cuba_mis_cri/621000%20Charts-deck%20logs.pdf.
15. Vadim Orlov, "Iz vospominanii komandira gruppy OSNAZ podvodnoi lodki B-59," in *Karibskii krizis. Protivostoianie.* Sbornik vospominanii uchastnikov sobytii 1962 g., ed. V. V. Naumov (St. Petersburg, 2012), https://flot.com/blog/historyofNVMU/5708.php?print=Y.
16. Orlov, "Iz vospominanii komandira gruppy OSNAZ podvodnoi lodki B-59."
17. Anatolii Leonenko, "Vospominaniia byvshego komandira BCh-3 podvodnoi lodki B-59," in *Karibskii krizis*, *Protivostoianie,* https://flot.com/blog/historyofNVMU/5708.php?print=Y.
18. Gary Slaughter, "A Soviet Nuclear Torpedo, an American Destroyer, and the Cuban Missile Crisis."
19. Leonenko, "Vospominaniia byvshego komandira BCh-3 podvodnoi lodki B-59" ; Mikhailov, "Vospominaniia byvshego komandira rulevoi gruppy shturmanskoi boevoi chasti podvodnoi lodki B-59."
20. "Executive Committee Meeting of the National Security Council, Saturday, October 27, 1962, 4:00 p.m.," *The Kennedy Tapes*, 372–73.
21. Slaughter, "A Soviet Nuclear Torpedo, an American Destroyer, and the Cuban Missile Crisis" ; Leonenko, "Vospominaniia byvshego komandira BCh-3 podvodnoi lodki B-59."
22. Slaughter, "A Soviet Nuclear Torpedo, an American Destroyer, and the Cuban Missile Crisis."
23. "Russian nuclear torpedoes T-15 and T-5," *Encyclopedia of Safety,* http://survincity.com/2012/02/russian-nuclear-torpedoes-t-15-and-t-5/;

Samuel Glasstone and Philip Dolan, *The Effects of Nuclear Weapons* (Washington, DC, 1977), 248–50.

24. John F. Kennedy, "Radio and Television Report to the American People on the Soviet Arms Buildup in Cuba," The White House, October 22, 1962, John F. Kennedy Presidential Library and Museum, https://microsites.jfklibrary.org/cmc/oct22/doc5.html.

第22章

1. Oleg Gerchikov, "Kalendarnaia revoliutsiia. Kak bol' sheviki vveli grigorianskoe letoischislenie," *Argumenty i Fakty,* no. 4 (January 24, 2018), http://www.aif.ru/society/history/kalendarnaya_revolyuciya_kak_bolsheviki_vveli_grigorianskoe_letoischislenie.
2. "Prezidentu SShA D. Kennedi, kopiia i. o. general' nogo sekretaria OON U Tanu," *Pravda*, October 28, 1962, 1; "Mudroe predlozhenie sovetskogo prem' era," ibid.
3. "Govoriat leningradtsy," *Pravda*, October 28, 1962, 1.
4. Fursenko and Naftali, *"One Hell of a Gamble,"* 283.
5. "Memorandum from S. P. Ivanov and R. Malinovsky to N. S. Khrushchev," October 28, 1962, History and Public Policy Program Digital Archive, Library of Congress, Manuscript Division, Dmitriĭ Antonovich Volkogonov papers, 1887–1995, mm97083838, reprinted in *Cold War International History Bulletin* 11, trans. Raymond Garthoff, https://digitalarchive.wilsoncenter.org/document/111757.
6. "Memorandum from S. P. Ivanov and R. Malinovsky to N. S. Khrushchev," October 28, 1962; "Telegram from TROSTNIK (Soviet Defense Minister Rodion Malinovsky) to PAVLOV (General Issa Pliev)," October 28, 1962, History and Public Policy Program Digital Archive, Archive of the President of the Russian Federation, Special Declassification, April 2002, trans. Svetlana Savranskaya, https://digitalarchive.wilsoncenter.org/document/117329.
7. Oleg Troianovskii, *Cherez gody i rasstoianiia: Istoriia odnoi sem'i* (Moscow, 1997), 249, https://books.google.com.ua/books?id=uHHDDgAAQBAJ&pg=PT254&lpg=PT254&dq; "Letter from Khrushchev to Fidel Castro," October 28, 1962, History and Public Policy Program Digital Archive, Archive of Foreign Policy, Russian Federation (AVP RF), https://digitalarchive.wilsoncenter.org/document/114504.
8. Khrushchev, *Vremia, liudi, vlast'*, 2: 518.
9. "Telegram from the Department of State to the Embassy in the Soviet Union," Washington, October 27, 1962, 8:05 p.m, *FRUS*, 1961–1963, vol. 6, Kennedy-Khrushchev Exchanges, no. 67, https://history.state.gov/historicaldocuments/frus1961-63v06/d67.
10. "War and Peace in the Nuclear Age: At the Brink; Interview with John Scali, 1986," Open Vault from WGBH, http://openvault.wgbh.org/catalog/V_9F236717EB2649008E003863CAAF296A; Aleksandr Feklisov, *Za okeanom i na ostrove: Zapiski razvedchika* (Moscow, 2001), 227–28, http://cubanos.ru/texts/kk33; Naftali and Fursenko, *"One Hell of a Gamble,"* 264–65, 269–71.
11. Anatolii Dobrynin, *Sugubo doveritel'no: Posol v Vashingtone pri shesti prezidentakh SShA, 1962–1986* (Moscow, 1996), 74–75; Dobrynin, *In Confidence*, 88–89; Dobbs, *One Minute to Midnight*, 321–22; Fred Weir, "Vladimir Putin Joins Pajama Workforce, Decides to Work From Home," *Christian Science Monitor,* October 18, 2012.
12. Troianovskii, *Cherez gody i rasstoianiia: Istoriia odnoi sem'i*, 250.
13. Interview with Boris Ponomarev, quoted in Fursenko and Naftali, *Adskaia igra: Sekretnaia istoriia karibskogo krizisa* (Moscow, 1999), 424.

14. Boris Ponomarev, quoted in Fursenko and Naftali, *Adskaia igra*, 424; "Central Committee of the Communist Party of the Soviet Union Presidium Protocol 63," October 28, 1962, History and Public Policy Program Digital Archive, RGANI, F. 3, Op. 16, D. 947, L. 45-46v, trans. and ed. Mark Kramer, with assistance from Timothy Naftali, https://digitalarchive.wilsoncenter.org/document/115092.
15. Troianovskii, *Cherez gody i rasstoianiia: Istoriia odnoi sem'i*, 251.
16. Khrushchev, *Vremia, liudi, vlast'*, 2: 519.
17. Troianovskii, *Cherez gody i rasstoianiia: Istoriia odnoi sem'i*, 251; Sergei Khrushchev, *Nikita Khrushchev and the Creation of a Superpower* (University Park, PA, 2000), 630.
18. Dobrynin, *Sugubo doveritel'no*, 75; Dobrynin, *In Confidence*, 89; Fursenko and Naftali, *Bezumnyi risk: sekretnaia istoriia kubinskogo raketnogo krizisa 1962 g.* (Moscow, 2006), 283.
19. "Poslanie Pervogo sekretaria TsK KPSS Nikity Sergeevicha Khrushcheva, prezidentu Soedinennykh Shtatov Ameriki, Dzhonu F. Kennedi," *Pravda*, October 29, 1962, 1; cf. *1000(0) kliuchevykh dokumentov po sovetskoi i rossiiskoi istorii*, https://www.1000dokumente.de/index.html?c=dokument_ru&dokument=0038_kub&object=translation&l=ru; cf. "Letter from Chairman Khrushchev to President Kennedy," Moscow, October 28, 1962, *FRUS*, 1961–1963, vol. 6, Kennedy-Khrushchev Exchanges, no. 68, https://history.state.gov/historicaldocuments/frus1961-63v06/d68.
20. "Poslanie Pervogo sekretaria TsK KPSS Nikity Sergeevicha Khrushcheva" ; "Letter from Chairman Khrushchev to President Kennedy," Moscow, October 28, 1962.
21. "Letter from Chairman Khrushchev to President Kennedy," Moscow, October 28, 1962, *FRUS*, 1961–1963, vol. 6, Kennedy-Khrushchev Exchanges, no. 70, https://history.state.gov/historicaldocuments/frus1961-63v06/d70.
22. Khrushchev, *Vremia, liudi, vlast'*, 2: 520–21.
23. "Letter from Khrushchev to Fidel Castro," October 28, 1962, History and Public Policy Program Digital Archive, Archive of Foreign Policy, Russian Federation (AVP RF), https://digitalarchive.wilsoncenter.org/document/114504.
24. "Central Committee of the Communist Party of the Soviet Union Presidium Protocol 63" ; cf. *Prezidium TsK KPSS, 1954–1964: Postanovleniia*, 388; "Soviet Foreign Minister Gromyko' s Instructions to the USSR Representative at the United Nations," October 28, 1962, History and Public Policy Program Digital Archive, AVP RF, copy courtesy of NSA; trans. Mark H. Doctoroff, https://digitalarchive.wilsoncenter.org/document/111845.
25. "Telegram from TROSTNIK (Soviet Defense Minister Rodion Malinovsky) to PAVLOV (General Issa Pliev)," October 28, 1962, https://digitalarchive.wilsoncenter.org/document/117329; "Telegram from TROSTNIK (Soviet Defense Minister Rodion Malinovsky) to PAVLOV (General Issa Pliev)," October 28, 1962, History and Public Policy Program Digital Archive, Archive of the President of the Russian Federation, Special Declassification, April 2002, trans. Svetlana Savranskaya, https://digitalarchive.wilsoncenter.org/document/117330.
26. Troianovskii, *Cherez gody i rasstoianiia: Istoriia odnoi sem'i*, 252.

第23章

1. Dobbs, *One Minute to Midnight*, 334; O' Donnell and Powers, *"Johnny, We Hardly Knew Ye,"* 341.
2. "War and Peace in the Nuclear Age: At the Brink; Interview with John

Scali, 1986," OpenVault from WGBH, http://openvault.wgbh.org/catalog/V_9F236717EB2649008E00E863CAAF296A.

3. "Notes Taken from Transcripts of Meetings of the Joint Chiefs of Staff, October-November, 1962, Dealing with the Cuban Crisis," October 27, 1962, *FRUS*, 1961–1963, *American Republics; Cuba 1961–1962; Cuban Missile Crisis and Aftermath*, vols. 10/11/12, Microfiche Supplement, 24–25, https://static.history.state.gov/frus/frus1961-63v10-12mSupp/pdf/d441.pdf.

4. "Executive Committee Meeting of the National Security Council, Sunday, October 28, 1962, 11:05 a.m.," *The Kennedy Tapes*, 404; "Summary Record of the Tenth Meeting of the Executive Committee of the National Security Council, Washington, October 28, 1962, 11:10 a.m." , *FRUS*, 1961–1963, vol. 11, *Cuban Missile Crisis and Aftermath*, no. 103, https://history.state.gov/historicaldocuments/frus1961-63v11/d103; Ted Sorensen, *Counselor: A Life at the Edge of History* (New York, 2009), 9.

5. "National Security Council Meeting, Saturday, October 20, 1962, 2:30 p.m.," *The Kennedy Tapes*, 131; "Executive Committee Meeting of the National Security Council, Sunday, October 28, 1962, 11:05 a.m.," *The Kennedy Tapes*, 404–5; "Summary Record of the Tenth Meeting of the Executive Committee of the National Security Council, Washington, October 28, 1962, 11:10 a.m.," *FRUS*, 1961–1963, vol. 11, *Cuban Missile Crisis and Aftermath*, no. 103, https://history.state.gov/historicaldocuments/frus1961-63v11/d103.

6. "Telegram from the Department of State to the Embassy in the Soviet Union, Washington, October 28, 1962, 5:03 p.m.," *FRUS*, 1961–1963, vol. 6, *Kennedy-Khrushchev Exchanges*, no. 69, https://history.state.gov/historicaldocuments/frus1961-63v06/d69.

7. Robert Kennedy, *Thirteen Days*, 83–84.

8. "Telegram from Soviet Ambassador to the USA Dobrynin to USSR MFA, October 28, 1962," History and Public Policy Program Digital Archive, AVP RF, copy courtesy of NSA, trans. Mark H. Doctoroff, https://digitalarchive.wilsoncenter.org/document/111852; Dobrynin, *In Confidence*,89.

9. Robert Kennedy, *Thirteen Days*, 84.

10. "Conversations with Dwight Eisenhower, Harry Truman and Herbert Hoover, Sunday, October 28, 1962, 12:08 p.m.," *The Kennedy Tapes*, 405–7.

11. "Conversations with Dwight Eisenhower, Harry Truman and Herbert Hoover, Sunday, October 28, 1962, 12:08 p.m.," *The Kennedy Tapes*, 407–9.

12. Dobrynin, *In Confidence*, 90; "Letter from Chairman Khrushchev to President Kennedy, Moscow, October 28, 1962," *FRUS*, 1961–1963, vol. 6, *Kennedy-Khrushchev Exchanges*, no. 70, https://history.state.gov/historicaldocuments/frus1961-63v06/d70; cf. Naftali and Fursenko *Adskaia igra*, 426.

13. "Telegram from Soviet Ambassador to the US Dobrynin to the USSR Foreign Ministry, October 30, 1962," History and Public Policy Program Digital Archive, Archive of Foreign Policy, Russian Federation (AVP RF), Moscow; copy obtained by NHK (Japanese Television), provided to CWIHP, and on file at National Security Archive, Washington, DC, trans. John Henriksen, Harvard University, https://digitalarchive.wilsoncenter.org/document/112633; Dobrynin, *In Confidence*, 90.

14. "Pribytie v Moskvu t. A. Novotnogo," *Pravda*, October 30, 1962, 1; "Priem v TsK KPSS," *Pravda*, October 31, 1962, 1.

15. "Minutes of Conversation between the Delegations of the CPCz and the CPSU, The Kremlin (excerpt), October 30, 1962," History and Public Policy Program Digital Archive, National Archive, Archive of the CC CPCz, (Prague); File: "Antonín Novotny, Kuba," Box 193, https://digitalarchive.wilsoncenter.org/document/115219.
16. "Mudrost' i muzhestvo v bor' be za mir. Vse progressivnoe chelovechestvo privetstvuet miroliubuvye deistviia sovetskogo pravitel' stva," *Pravda*, October 31, 1962, 1; "Telegram from Brazilian Embassy in Washington (Campos), 2 p.m., Sunday, October 28, 1962," History and Public Policy Program Digital Archive, Ministry of External Relations Archives, Brasilia, Brazil (copy courtesy of Roberto Baptista Junior, University of Brasilia), trans. James G. Hershberg, https://digitalarchive.wilsoncenter.org/document/115314.
17. Seymour Topping, "Russian Accedes: Tells President Work on Bases Is Halted—Invites Talks," *New York Times*, October 29, 1962, 1, 16; "Telegram from Brazilian Embassy in Washington (Campos), 2 p.m., Sunday, October 28, 1962," History and Public Policy Program Digital Archive, Ministry of External Relations Archives, Brasilia, Brazil (copy courtesy of Roberto Baptista Junior, University of Brasilia), trans. James G. Hershberg, https://digitalarchive.wilsoncenter.org/document/115314.
18. Topping, "Russian Accedes: Tells President Work on Bases Is Halted—Invites Talks" ; "Overseas Reaction to the Cuban Situation as of 3:00 pm, October 29, 1962, 2–3, 16, 22, Papers of Robert F. Kennedy. Attorney General Papers. Attorney General' s Confidential File. 6-9: Cuba: Cuban Crisis, 1962: USIA.
19. "Llewellyn E. Thompson to the Secretary of State, Memorandum of Conversation—Yurii Zhukov and Mr. Bolshakov—Ambassador Thompson, Wednesday, October 31, 1962, 2:00 p.m.," *FRUS*, 1961–1963, American Republics; Cuba 1961–1962; Cuban Missile Crisis and Aftermath, vols. 10/11/12, Microfiche Supplement, https://static.history.state.gov/frus/frus1961-63v10-12mSupp/pdf/d468.pdf; "[Memorandum of Conversation], The Secretary, Hervé Alphand, Ambassador of France and William R. Tyler, Assistant Secretary of State for European Affairs, Subject: Cuba, October 28, 1962," *FRUS*, 1961–1963, American Republics; Cuba 1961–1962; Cuban Missile Crisis and Aftermath, vols. 10/11/12, Microfiche Supplement, https://static.history.state.gov/frus/frus1961-63v10-12mSupp/pdf/d446.pdf.
20. James Reston, "The President' s View. Kennedy Rejects Thesis That Outcome on Cuba Shows 'Tough Line' Is Best," *New York Times*, October 29, 1962, 1, 17; Arthur Schlesinger Jr., "Memorandum for the President: Post Mortem on Cuba, October 29, 1962," *FRUS*, 1961–1963, *American Republics; Cuba 1961–1962; Cuban Missile Crisis and Aftermath*, vols. 10/11/12, Microfiche Supplement, https://static.history.state.gov/frus/frus1961-63v10-12mSupp/pdf/d457.pdf.

第24章

1. Fidel Castro' s remarks at the Havana Conference, January 1992, in Blight et al., *Cuba on the Brink*, 214.
2. Fidel Castro' s remarks at the Havana Conference, January 1992, in *Cuba on the Brink*, 214; Dobbs, *One Minute to Midnight*, 335–36.
3. "Notes of Conversation between A. I. Mikoyan and Fidel Castro," November 3, 1962, History and Public Policy Program Digital Archive, Russian Foreign Ministry Archives, obtained and translated by NHK television, copy provided by Philip Brenner, trans. Vladimir Zaemsky, https://digitalarchive.wilsoncenter.org/document/110955;

"Memorandum of Conversation between Castro and Mikoyan," November 4, 1962, History and Public Policy Program Digital Archive, Russian Foreign Ministry Archives, obtained and translated by NHK television, copy provided by Philip Brenner, trans. Aleksandr Zaemsky, slightly revised, https://digitalarchive.wilsoncenter.org/document/110961.

4. Louis Pérez, *Cuba Under the Platt Amendment, 1902–1934* (Pittsburgh, 1986).

5. Secretary of State to White House, Bundy, October 26, 1962, in "Notes on Cuba Crisis, October 26, 1962, 25–27, in Papers of Robert F. Kennedy. Attorney General Papers. Attorney General's Confidential File 6-2-7: Cuba: Executive committee meetings: RFK notes and memos, October 26, 1962. RFKAG-215-008. John F. Kennedy Presidential Library and Museum.

6. Dobbs, *One Minute to Midnight*, 336.

7. "Letter from Khrushchev to Fidel Castro," October 28, 1962, History and Public Policy Program Digital Archive, Archive of Foreign Policy, Russian Federation (AVP RF), https://digitalarchive.wilsoncenter.org/document/114504.

8. "Cable from USSR Ambassador to Cuba Alekseev to Soviet Ministry of Foreign Affairs," October 28, 1962, History and Public Policy Program Digital Archive, Archive of Foreign Policy, Russian Federation (AVP RF), Moscow; copy obtained by NHK (Japanese Television), provided to CWIHP, and on file at National Security Archive, Washington, DC, trans. Vladimir Zaemsky, https://digitalarchive.wilsoncenter.org/document/111985.

9. Fidel Castro's remarks at the Havana Conference, January 1992, in *Cuba on the Brink*, 214–15; David Coleman, "Castro's Five Points," Research. History in Pieces, https://historyinpieces.com/research/castro-five-points.

10. "Telegram from Yugoslav Embassy in Havana (Vidaković) to Yugoslav Foreign Ministry," October 28, 1962, History and Public Policy Program Digital Archive, Archive of the Ministry of Foreign Affairs (AMIP), Belgrade, Serbia, PA (Confidential Archive) 1962, Kuba, folder F-67. Obtained by Svetozar Rajak and Ljubomir Dimić, trans. Radina Vučetić-Mladenović, https://digitalarchive.wilsoncenter.org/document/115468; "Telegram from Polish Embassy in Havana (Jeleń)," October 28, 1962, History and Public Policy Program Digital Archive, Szyfrogramy from Hawana 1962, 6/77 w-82 t-1264, Polish Foreign Ministry Archive (AMSZ), Warsaw. Obtained by James G. Hershberg (George Washington University), trans. Margaret K. Gnoinska (Troy University), https://digitalarchive.wilsoncenter.org/document/115766.

11. "Letter from Fidel Castro to Khrushchev," October 28, 1962, History and Public Policy Program Digital Archive, Archive of Foreign Policy, Russian Federation (AVP RF), https://digitalarchive.wilsoncenter.org/document/114503; Acosta, *October 1962*, 279.

12. "Ukazanie sovposlu na Kube dlia besedy s F. Kastro," October 28, 1962, in *Karibskii krizis, dokumenty*, Rossiiskie programmy Arkhiva natsional'noi bezopasnosti, The National Security Archive, George Washington University, https://nsarchive2.gwu.edu/rus/text_files/CMCrisis/30.PDF; Alekseev, "Shifrotelegramma," October 29, 1962, https://nsarchive2.gwu.edu/rus/text_files/CMCrisis/33.PDF.

13. Alekseev, "Shifrotelegramma," October 29, 1962, in *Karibskii krizis, dokumenty*, Rossiiskie programmy Arkhiva natsional'noi bezopasnosti, The National Security Archive, George Washington University, https://nsarchive2.gwu.edu/rus/text_files/CMCrisis/33.PDF.

14. Khrushchev, *Vremia, ludi,.vlast'*, 2: 522.
15. "Letter from Khrushchev to Castro," October 30, 1962, JFK, Primary Source, America Experience, https://www.pbs.org/wgbh/americanexperience/features/jfkdefendcuba/.
16. "Letter from Castro to Khrushchev," October 31, 1962, History of Cuba, http://www.historyofcuba.com/history/Crisis/Cltr-4.htm.
17. A. Walter Dorn and Robert Pauk, "50 Years Ago: The Cuban Missile Crisis and its Underappreciated Hero," *Bulletin of the Atomic Scientists*, October 11, 2012, https://thebulletin.org/2012/10/50-years-ago-the-cuban-missile-crisis-and-itsunderappreciated-hero/.
18. "Soviet Foreign Minister Gromyko' s Instructions to the USSR Representative at the United Nations," October 28, 1962, History and Public Policy Program Digital Archive, AVP RF, copy courtesy of NSA, trans. Mark H. Doctoroff, https://digitalarchive.wilsoncenter.org/document/111845; "Telegram from Soviet Delegate to the UN Zorin to USSR Foreign Ministry on Meeting with Cuban Delegate to the UN Garcia-Inchaustegui," October 28, 1962, History and Public Policy Program Digital Archive, Archive of Foreign Policy, Russian Federation (AVP RF), Moscow; copy obtained by NHK (Japanese Television), provided to CWIHP, and on file at National Security Archive, Washington, DC, trans. John Henriksen, Harvard University, https://digitalarchive.wilsoncenter.org/document/111977; "U Thant' s Message to Khrushchev," October 28, 1962, History and Public Policy Program Digital Archive, Archive of Foreign Policy, Russian Federation (AVP RF), https://digitalarchive.wilsoncenter.org/document/114505.
19. Lechuga, *Cuba and the Missile Crisis*, 100.
20. "Our Five Points Are Minimum Conditions to Guarantee Peace," Discussions with UN Secretary-General U Thant, October 30--31, 1962, in Acosta, *October 1962*, 262–63, 265.
21. "Our Five Points are Minimum Conditions to Guarantee Peace," Discussions with UN Secretary-General U Thant, October 30-31, 1962, in Acosta, *October 1962*, 272–73, 275.
22. "Telegram from Deputy Foreign Minister Kuznetsov to Soviet Foreign Ministry (1) On the Second Meeting with U Thant on October 29, 1962," October 30, 1962, History and Public Policy Program Digital Archive, Source: Archive of Foreign Policy, Russian Federation (AVP RF), Moscow; copy obtained by NHK (Japanese Television), provided to CWIHP, and on file at National Security Archive, Washington, DC, trans. John Henriksen, Harvard University, https://digitalarchive.wilsoncenter.org/document/112636.
23. "Cable from Soviet Foreign Minister Gromyko to USSR Ambassador to Cuba A. I. Alekseev," October 31, 1962, History and Public Policy Program Digital Archive, Archive of Foreign Policy, Russian Federation (AVP RF), Moscow; copy obtained by NHK (Japanese Television), provided to CWIHP, and on file at National Security Archive, Washington, DC; trans. Vladimir Zaemsky, https://digitalarchive.wilsoncenter.org/document/110461.
24. "Report of Major-General Igor Demyanovich Statsenko, Commander of the 51st Missile Division, about the Actions of the Division from 07.12.62 through 12.01.1962," The Documents, no. 1, p. 13, National Security Archive Electronic Briefing Book No. 449, ed. Svetlana Savranskaya and Thomas Blanton with Anna Melyakova, https://nsarchive2.gwu.edu/NSAEBB/NSAEBB449/docs/Doc%201%20Igor%20Statsenko%20After-action%20report.pdf; Anatolii Gribkov, "Karibskii krizis," *Voennoistoricheskii zhurnal*, 1993, no. 1: 5, http://

archive.redstar.ru/index.php/newsmenu/vesti/v-voennyh-okrugah/iz-zapadnogo-voennogo-okruga/item/5959-operatsiya-anadyir.

25. "Memorandum of Telephone Conversation between Secretary of State Rusk and the Permanent Representative to the United Nations (Stevenson)," *FRUS*, 1961–1963, vol. 11, *Cuban Missile Crisis and Aftermath*, no. 124.

26. "Telegram from Alekseev to USSR Foreign Ministry," October 31, 1962, History and Public Policy Program Digital Archive, Archive of Foreign Policy, Russian Federation (AVP RF), Moscow; copy obtained by NHK (Japanese Television), provided to CWIHP, and on file at National Security Archive, Washington, DC, trans. John Henriksen, Harvard University, https://digitalarchive.wilsoncenter.org/document/112641; "Report of Major-General Igor Demyanovich Statsenko, " 13; Gribkov, "Karibskii krizis," 5. 27 Fidel Castro' s broadcast, October 31, 1962, United Nations Archives, https://search.archives.un.org/uploads/r/united-nationsarchives/e/8/0/e80a7439b558c1781c4d73157d944d9d0075f0540caf75804e730b138f29ef78/S-0872-0003-10-00001.pdf.

第25章

1. Khrushchev, V*remia, liudi, vlast',* 2: 522; *Khrushchev Remembers*, 554.
2. Anastas Mikoian, "Diktovka A. Mikoiana o poezdke na Kubu," January 19, 1962, in "My voobshche ne khotim nikuda brosat' rakety. My za mir," *Rodina*, January 1, 2017; Taubman, *Khrushchev*, 580.
3. *Khrushchev Remembers*, 554.
4. "Cable of V. V. Kuznetsov on 1 November 1962 Conversation between CPSU CC Politburo Member A. I. Mikoyan and Acting UN Secretary General U Thant," November 2, 1962, History and Public Policy Program Digital Archive, AVPRF, obtained by NHK, provided to CWIHP, copy on file at National Security Archive, trans. Vladislav M. Zubok (National Security Archive), https://digitalarchive.wilsoncenter.org/document/110033.
5. "Telegram from the Mission to the United Nations to the Department of State," *FRUS*, 1961–1963, vol. 11, *Cuban Missile Crisis and Aftermath*, no. 133, https://history.state.gov/historicaldocuments/frus1961-63v11/d133; "Soviet Record of 1 November 1962 Dinner Conversation between CPSU CC Politburo Member A. I. Mikoyan and White House envoy John McCloy and US Ambassador to the UN Adlai Stevenson," November 1, 1962, History and Public Policy Program Digital Archive, AVP RF, obtained by NHK, provided to CWIHP, copy on file at National Security Archive, trans. Vladislav M. Zubok (National Security Archive), https://digitalarchive.wilsoncenter.org/document/112645; "Telegram from USSR Foreign Minister Gromyko to Soviet Mission in New York, for A. I. Mikoyan," November 1, 1962, History and Public Policy Program Digital Archive, AVP RF; copy obtained by NHK, provided to CWIHP, and on file at National Security Archive, Washington, DC, trans. John Henriksen, Harvard University, https://digitalarchive.wilsoncenter.org/document/112651.
6. "Mikoyan Cable to Central Committee of the CPSU about his conversation with US Permanent Representative to the UN Stevenson," November 1, 1962, History and Public Policy Program Digital Archive, Archive of Foreign Policy, Russian Federation (AVP RF).
7. "Memorandum of Conversation between Castro and Mikoyan," November 5, 1962, History and Public Policy Program Digital Archive, Russian Foreign Ministry Archives, obtained and translated by NHK

Television, copy provided by Philip Brenner, trans. by Aleksandr Zaemsky, slightly revised, https://digitalarchive.wilsoncenter.org/document/110980; cf. "Zapis' besedy Mikoiana s Fidelem Kastro et al.," November 5, 1962, 7–8, in *Karibskii krizis, dokumenty*, Rossiiskie programmy Arkhiva natsional' noi bezopasnosti, The National Security Archive, George Washington University, https://nsarchive2.gwu.edu/rus/text_files/CMCrisis/40.PDF.

8. "Ciphered Telegram from Anastas Mikoyan to CC CPSU," November 6, 1962, History and Public Policy Program Digital Archive, Archive of the President of the Russian Federation (APRF), Special Declassification April 2002, trans. Svetlana Savranskaya and Andrea Hendrickson, https://digitalarchive.wilsoncenter.org/document/117334.

9. "Notes of Conversation between A. I. Mikoyan and Fidel Castro," November 3, 1962, History and Public Policy Program Digital Archive, Russian Foreign Ministry Archives, obtained and translated by NHK television, copy provided by Philip Brenner, trans. Vladimir Zaemsky; Sergo Mikoyan, *The Soviet Cuban Missile Crisis*, 192.

10. Sergo Mikoyan, *The Soviet Cuban Missile Crisis*, 193; Fursenko and Naftali, *"One Hell of a Gamble,"* 295.

11. "Meeting of the Secretary of the Communist Party of Cuba with Mikoyan in the Presidential Palace," November 4, 1962, History and Public Policy Program Digital Archive, Institute of History, Cuba, obtained and provided by Philip Brenner (American University), trans. from Spanish by Carlos Osorio (National Security Archive), https://digitalarchive.wilsoncenter.org/document/110879; "Memorandum of Conversation between Castro and Mikoyan," November 4, 1962, History and Public Policy Program Digital Archive, Russian Foreign Ministry Archives, obtained and translated by NHK television, copy provided by Philip Brenner, trans. Aleksandr Zaemsky, slightly revised, https://digitalarchive.wilsoncenter.org/document/110961.

12. "Ciphered Telegram from Anastas Mikoyan to CC CPSU," November 6, 1962, History and Public Policy Program Digital Archive, Archive of the President of the Russian Federation (APRF), Special Declassification April 2002, trans. Svetlana Savranskaya and Andrea Hendrickson, https://digitalarchive.wilsoncenter.org/document/117334; "Memorandum of Conversation between Castro and Mikoyan," November 5, 1962, History and Public Policy Program Digital Archive, Russian Foreign Ministry Archives, obtained and translated by NHK television, copy provided by Philip Brenner, trans. by Aleksandr Zaemsky, slightly revised, https://digitalarchive.wilsoncenter.org/document/110980.

13. "Ciphered Telegram from Anastas Mikoyan to CC CPSU," November 6, 1962, History and Public Policy Program Digital Archive, Archive of the President of the Russian Federation (APRF), Special Declassification April 2002, trans. Svetlana Savranskaya and Andrea Hendrickson, https://digitalarchive.wilsoncenter.org/document/117334; "Zapis' besedy Mikoiana s Fidelem Kastro et al.," November 5, 1962, 12, https://nsarchive2.gwu.edu/rus/text_files/CMCrisis/40.PDF; cf. Anastas Mikoian, "Shifrotelegramma," November 6, 1962, 13–14 in *Karibskii krizis, dokumenty*, Rossiiskie programmy Arkhiva natsional' noi bezopasnosti, The National Security Archive, George Washington University, https://nsarchive2.gwu.edu/rus/text_files/CMCrisis/42.PDF.

14. Anatolii Gribkov, "Razrabotka zamysla i osushchestvlenie operatsii 'Anadyr' ," in *Strategicheskaia operatsiia "Anadyr',"* 26–53, here 51.

15. Aleksei Kosygin, "45-ia godovshchina Velikoi Okriabrskoi sotsialisticheskoi revoliutsii," *Pravda*, November 7, 1962, 1–3.
16. Gribkov, "Razrabotka zamysla i osushchestvlenie operatsii 'Anadyr'," 51; Fursenko and Naftali, *"One Hell of a Gamble,"* 297–98.
17. "Raport. St. Oper-upolnomochennyi 2-go otdela UKGB pri SM SSSR po Iaroslavskoi oblasti starshii leitenant Goncharov," November 2, 1962, in SBU Archives, fond 1, opys 1, no. 1532, fol. 12/363/4757; Valentin Polkovnikov, "Startovyi division raketnogo polka na Kube," in *Strategicheskaia operatsiia "Anadyr',"* 148–60, here 159.
18. Rafael Zakirov, "V dni Karibskogo krizisa," in *Strategicheskaia operatsiia "Anadyr',"* 179–85, here 184, http://cubanos.ru/texts/kk25; "Raport. Starshii upolnomochennyi apparata upolnomochennogo UKGB pri SM UkSSR po Donetskoi oblasti maior Protasov," Odessa, 25 noiabria 1962 g., in SBU Archives, fond 1, opys 1, no. 1532, fol. 4737 [8/345]; Ivan Sidorov, "Vypolniaia internatsional' nyi dolg," in *Strategicheskaia operatsiia "Anadyr'." Kak ėto bylo*. Memuarno-spravochnoe izdanie, ed. V. I. Esin (Moscow, 2000), 125–33, here 132.
19. Valentin Polkovnikov, "Startovyi divizion raketnogo polka na Kube," in *Strategicheskaia operatsiia "Anadyr',"* 148–60, here 159, http://cubanos.ru/texts/kk19.
20. Statsenko, "Doklad komandira 51-i raketnoi divizii o deistviiakh soedineniia v period s 12 iiulia po 1 dekabria 1962 goda na o. Kuba."
21. "Telegram from TROSTNIK (Soviet Defense Minister Rodion Malinovsky) to PAVLOV (General Issa Pliev)," October 27, 1962, History and Public Policy Program Digital Archive, Archive of the President of the Russian Federation, Special Declassification, April 2002, trans. Svetlana Savranskaya, https://digitalarchive.wilsoncenter.org/document/117327; "Telegram from TROSTNIK (Soviet Defense Minister Rodion Malinovsky) to PAVLOV (General Issa Pliev)," October 28, 1962, History and Public Policy Program Digital Archive, Archive of the President of the Russian Federation, Special Declassification, April 2002, trans. Svetlana Savranskaya, https://digitalarchive.wilsoncenter.org/document/117329; "Telegram from TROSTNIK (Soviet Defense Minister Rodion Malinovsky) to PAVLOV (General Issa Pliev)," October 30, 1962, History and Public Policy Program Digital Archive, Archive of the President of the Russian Federation, Special Declassification, April 2002, trans. Svetlana Savranskaya, https://digitalarchive.wilsoncenter.org/document/117331.
22. Ivan Shyshchenko, "Raketnyi pokhod na Kubu," in *Strategicheskaia operatsiia "Anadyr'." Kak ėto bylo*. Memuarno-spravochnoe izdanie, ed. V. I. Esin (Moscow, 2000), 134–41, here 140, http://cubanos.ru/texts/kk20.
23. Shyshchenko, "Raketnyi pokhod na Kubu," 140; "Raport. Starshii upolnomochennyi apparata upolnomochennogo UKGB pri SM UkSSR po Donetskoi oblasti maior Protasov," Odessa, 25 noiabria 1962 g., in SBU Archives, fond 1, opys 1, no. 1532, fols. 4733 [4/341], 4737 [8/345].
24. "Raport. Starshii upolnomochennyi apparata upolnomochennogo UKGB pri SM UkSSR po Donetskoi oblasti maior Protasov," fols. 9/346/4738-10/347/4739.
25. "Raport. Starshii upolnomochennyi apparata upolnomochennogo UKGB pri SM UkSSR po Donetskoi oblasti maior Protasov," fols. 10/347/4739-11/348/4740.
26. "Telegram from USSR Foreign Ministry to Soviet Deputy Foreign Minister V. V. Kuznetsov," October 31, 1962, History and Public Policy Program Digital Archive, Archive of Foreign Policy, Russian

Federation (AVP RF), Moscow, copy obtained by NHK (Japanese Television), provided to CWIHP, and on file at National Security Archive, Washington, DC, trans. John Henriksen, Harvard University, https://digitalarchive.wilsoncenter.org/document/112642; "Telegram from USSR Foreign Minister A. Gromyko to Deputy Foreign Minister Kuznetsov at the Soviet Mission in New York," November 1, 1962, History and Public Policy Program Digital Archive, AVP RF, copy obtained by NHK, provided to CWIHP, and on file at National Security Archive, Washington, DC, trans. John Henriksen, Harvard University, https://digitalarchive.wilsoncenter.org/document/112650.

27. "Telegram from the Department of State to the Mission to the United Nations, Washington," October 31, 1962, 12:46 p.m., *FRUS*, 1961–1963, vol. 11, *Cuban Missile Crisis and Aftermath*, no. 125, https://history.state.gov/historicaldocuments/frus1961-63v11/d125; "Telegram from A. I. Mikoyan in New York to CC CPSU (2)," November 2, 1962, History and Public Policy Program Digital Archive, AVP RF, copy obtained by NHK, provided to CWIHP, and on file at National Security Archive, Washington, DC, trans. John Henriksen, https://digitalarchive.wilsoncenter.org/document/110425.

28. "Telegram from Soviet envoy in New York V. V. Kuznetsov to USSR Foreign Ministry," November 7, 1962, History and Public Policy Program Digital Archive, AVP RF, copy obtained by NHK, provided to CWIHP, and on file at National Security Archive, trans. John Henriksen, https://digitalarchive.wilsoncenter.org/document/110440; "Raport. St. Operupolnomochennyi2-go otdela UKGB pri SM SSSR po Iaroslavskoi oblasti starshii leitenant Goncharov," November 2, 1962, in SBU Archives, fond 1, opys 1, no. 1532, fol. 14/365/4759.

29. Aleksandr Rogozin, "Sovetskii flot v voinakh i konfliktakh kholodnoi voiny," chap. 2, "SSSR v stroitel' stve VMS Kuby," http://alerozin.narod.ru/CubaNavy/CubaNavySoviet-2.htm.

30. Statsenko, "Doklad komandira 51-i raketnoi divizii o deistviiakh soedineniia v period s 12 iiulia po 1 dekabria 1962 goda na o. Kuba "; "Nachal' niku upravleniia KGB pri Sovete ministrov USSSR po Odesskoi oblasti general-maioru tov. Kuvarzinu. Raport. Starshii upolnomochennyi 2-go otdela UKGB pri SM SSSR po Iaroslavskoi oblasti starshii leitenant Goncharov, November 28, 1962, SBU Archives, fond 1, no. 1532, fols. 1/352/4746-18/369/4763, here fol. 14/365/4759; "Nachal' niku upravleniia KGB pri Sovete ministrov USSSR po Odesskoi oblasti general-maioru tov. Kuvarzinu. Raport. Starshii upolnomochennyi 2-go otdela UKGB pri SM Adzharskoi SSR kapitan Dzhaparidze, December 8, 1962," SBU Archives, fond 1, opys 1, no. 1532, fols. 1/383/4777-7/389/4783, here fols. 4/386/4780-5/387/4781.

31. Statsenko, "Doklad komandira 51-i raketnoi divizii o deistviiakh soediineniia v period s 12 iiulia po 1 dekabria 1962 goda na o. Kuba" ; Sidorov, "Vypolniaia internatsional' nyi dolg," 132–33; Rogozin, "Sovetskii flot v voinakh i konfliktakh kholodnoi voiny," chap. 2, "SSSR v stroitel' stve VMS Kuby; "Sovetskii Soiuz v lokal' nykh voinakh I konfliktakh," 280; "Telegram from TROSTNIK (Soviet Defense Minister Rodion Malinovsky) to PAVLOV (General Issa Pliev)," November 20, 1962, History and Public Policy Program Digital Archive, Archive of the President of the Russian Federation, Special Declassification, April 2002, trans. Svetlana Savranskaya, https://digitalarchive.wilsoncenter.org/document/117337.

第26章

1. Rhodes Cook, "The Midterm Election of' 62: A Real 'October Surprise,' " Sabato' s Crystal Ball, University of Virginia Center for Politics, September 30, 2010, http://www.centerforpolitics.org/crystalball/articles/frc2010093001/.
2. "Letter from President Kennedy to Chairman Khrushchev," Washington, November 6, 1962, *FRUS*, 1961–1963, vol. 6, *Kennedy-Khrushchev Exchanges*, no. 74, https://history.state.gov/historicaldocuments/frus1961-63v06/d74; Beschloss, *The Crisis Years*, 555–57.
3. "Telegram from TROSTNIK (Soviet Defense Minister Rodion Malinovsky) to PAVLOV (General Issa Pliev)," November 5, 1962, History and Public Policy Program Digital Archive, Archive of the President of the Russian Federation, Special Declassification, April 2002, trans. Svetlana Savranskaya, https://digitalarchive.wilsoncenter.org/document/117333.
4. "Telegram from Nikita Khrushchev to Anastas Mikoyan," November 11, 1962, History and Public Policy Program Digital Archive, From the personal papers of Dr. Sergo A. Mikoyan, donated to the National Security Archive, trans. Svetlana Savranskaya for the National Security Archive, https://digitalarchive.wilsoncenter.org/document/11509.
5. "Telegram from Nikita Khrushchev to Anastas Mikoyan," November 11, 1962, History and Public Policy Program Digital Archive, From the personal papers of Dr. Sergo A. Mikoyan, donated to the National Security Archive, trans. Svetlana Savranskaya for the National Security Archive, https://digitalarchive.wilsoncenter.org/document/115098.
6. "Memorandum of Conversation between Castro and Mikoyan," November 5, 1962; cf. "Zapis' besedy Mikoiana s Fidelem Kastro et al.," November 5, 1962, 7–8, https://nsarchive2.gwu.edu/rus/text_files/CMCrisis/40.PDF; Raymond Garthoff, *Reflections on the Cuban Missile Crisis: Revised to Include New Revelations from Soviet and Cuban Sources* (Washington, DC, 1989), 108.
7. Nikita Khrushchev, "Telegram to Mikoian, November 11, 1962," in *Karibskii krizis, dokumenty*, Rossiiskie programmy Arkhiva ntasionalnoi bezopasnosti, The National Security Archive, George Washington University, https://nsarchive2.gwu.edu/rus/text_files/CMCrisis/46.PDF; Fursenko and Naftali, *"One Hell of a Gamble,"* 302–3.
8. "Record of Conversation between Mikoyan and Fidel Castro, Havana," November 13, 1962, History and Public Policy Program Digital Archive, From the personal papers of Dr. Sergo A. Mikoyan, donated to the National Security Archive, trans. Anna Melyakova for the National Security Archive, https://digitalarchive.wilsoncenter.org/document/115099.
9. "Record of Conversation between Mikoyan and Fidel Castro, Havana," November 13, 1962, https://digitalarchive.wilsoncenter.org/document/115099.
10. Fursenko and Naftali, *"One Hell of a Gamble,"* 305–6; "Cuban Military Order Authorizing Anti-Aircraft Fire," November 17, 1962, in *Karibskii krizis, dokumenty.* Rossiiskie programmy Arkhiva natsional' noi bezopasnosti, The National Security Archive, George Washington University, https://nsarchive2.gwu.edu/nsa/cuba_mis_cri/621117%20Authorizing%20Antiaircraft%20Fire.pdf; *American Foreign Policy: Current Documents 1962* (Washington, DC, 1966), 459–60.
11. "Letter from President Kennedy to Chairman Khrushchev, "

Washington, November 6, 1962, *FRUS*, 1961–1963, vol. 6, *Kennedy-Khrushchev Exchanges*, no. 74, https://history.state.gov/historicaldocuments/frus1961-63v06/d74; "Letter from Chairman Khrushchev to President Kennedy," Moscow, Undated, *FRUS*, 1961–1963, vol. 6, *Kennedy-Khrushchev Exchanges*, no. 75, https://history.state.gov/historicaldocuments/frus1961-63v06/d75.

12. "Telegram from Soviet Ambassador to the USA A. F. Dobrynin to USSR Foreign Ministry," November 12, 1962, History and Public Policy Program Digital Archive, AVP RF, copy obtained by NHK, provided to CWIHP, and on file at National Security Archive, trans. J. Henriksen, https://digitalarchive.wilsoncenter.org/document/110442; "Editorial Note," *FRUS*, 1961–1963, vol. 6, *Kennedy-Khrushchev Exchanges*, no. 76, https://history.state.gov/historicaldocuments/frus1961-63v06/d76.

13. "Message from Chairman Khrushchev to President Kennedy," Moscow, November 14, 1962, *FRUS*, 1961–1963, vol. 6, *Kennedy-Khrushchev Exchanges*, no. 77, https://history.state.gov/historicaldocuments/frus1961-63v06/d77; "Telegram from Soviet Ambassador to the USA A. F. Dobrynin to USSR Foreign Ministry," November 14, 1962, History and Public Policy Program Digital Archive, AVP RF, copy obtained by NHK, provided to CWIHP, and on file at National Security Archive, trans. John Henriksen, https://digitalarchive.wilsoncenter.org/document/110443; "Message from President Kennedy to Chairman Khrushchev," Washington, November 15, 1962, *FRUS*, 1961–1963, vol. 6, *Kennedy-Khrushchev Exchanges*, no. 78, https://history.state.gov/historicaldocuments/frus1961-63v06/d78; "Memorandum from the President' s Special Assistant for National Security Affairs (Bundy) to the Executive Committee of the National Security Council," Washington, November 16, 1962, *FRUS*, 1961–1963, vol. 11, *Cuban Missile Crisis and Aftermath*, no 184, https://history.state.gov/historicaldocuments/frus1961-63v11/d184.

14. "Telegram from the Mission to the United Nations to the Department of State," New York, November 15, 1962, midnight, *FRUS*, 1961–1963, vol. 11, *Cuban Missile Crisis and Aftermath*, no. 183, https://history.state.gov/historicaldocuments/frus1961-63v11/d183.

15. "Central Committee of the Communist Party of the Soviet Union Presidium Protocol 66," November 16, 1962, History and Public Policy Program Digital Archive, RGANI, F. 3, Op. 16, D. 947, L. 49, trans. and ed. Mark Kramer, with assistance from Timothy Naftali, https://digitalarchive.wilsoncenter.org/document/115093.

16. "Excerpt from Protocol No. 66 of Session of CC CPSU Presidium, 'Instructions to Comrade A. I. Mikoyan,' " November 16, 1962, History and Public Policy Program Digital Archive, Personal Archive of Dr. Sergo A. Mikoyan, trans. Svetlana Savranskaya, https://digitalarchive.wilsoncenter.org/document/117335; cf. Nikita Khrushchev, "Ob ukazaniiakh tovarishchu Mikoianu," 10 pp., in *Karibskii krizis, dokumenty*, Rossiiskie programmy Arkhiva natsional' noi bezopasnosti, The National Security Archive, George Washington University, https://nsarchive2.gwu.edu/rus/text_files/CMCrisis/47.PDF.

17. "Anastas Mikoian Nikite Khrushchevu," November 18, 1962, 3 pp. in *Karibskii krizis, dokumenty*, Rossiiskie programmy Arkhiva natsional' noi bezopasnosti, The National Security Archive, George Washington University, https://nsarchive2.gwu.edu/rus/text_files/CMCrisis/50.PDF.

18. "Rodion Malinovsky and Matvei Zakharov to the Central Committee,"

November 17, 1962, in *Karibskii krizis, dokumenty*, Rossiiskie programmy Arkhiva natsional' noi bezopasnosti, The National Security Archive, George Washington University, https://nsarchive2.gwu.edu/rus/text_files/CMCrisis/48.PDF; "Telegram from Soviet Foreign Minister A. A. Gromyko to A. I. Mikoyan," November 18, 1962, History and Public Policy Program Digital Archive, AVP RF; copy obtained by NHK, provided to CWIHP, and on file at National Security Archive, Washington, DC, trans. John Henriksen, Harvard University, https://digitalarchive.wilsoncenter.org/document/110445; "Anastas Mikoian Nikite Khrushchevu," November 18, 1962, 3 pp., in *Karibskii krizis, dokumenty*, Rossiiskie programmy Arkhiva natsional' noi bezopasnosti, The National Security Archive, George Washington University, https://nsarchive2.gwu.edu/rus/text_files/CMCrisis/50.PDF; "Anastas Mikoian to Nikita Khrushchev," November 19, 1962, 4 pp., in *Karibskii krizis, dokumenty*, Rossiiskie programmy Arkhiva natsional' noi bezopasnosti, The National Security Archive, George Washington University, https://nsarchive2.gwu.edu/rus/text_files/CMCrisis/52.PDF.

19. "Zapis' besedy tovarishcha Anastasa Ivanovicha Mikoiana s tovarishchami Fidelem Kastro, Osval' do Dortikosom et al.," November 19, 1962, https://nsarchive2.gwu.edu/rus/text_files/CMCrisis/51.PDF; "Anastas Mikoian to Nikita Khrushchev," November 19, 1962; "Anastas Mikoian to the Central Committee," November 20, 1962, in *Karibskii krizis, dokumenty*, Rossiiskie programmy Arkhiva natsional' noi bezopasnosti, The National Security Archive, George Washington University, https://nsarchive2.gwu.edu/rus/text_files/CMCrisis/53.PDF; "Text of Communication dated 19 November 1962 from Prime Minister Fidel Castro of Cuba to Acting Secretary-General U Thant." Press Release SG/1379, 20 11 1962, 2, https://search.archives.un.org/uploads/r/united-nationsarchives/7/e/e/7ee400f4f307d5d29bf66c5d1d0dcfdb5aa620d4117d73a7fea0eaa93d4964d3/S-0872-0002-06-00001.pdf.

20. Acosta, *October 1962*, 188–90; "Anastas Mikoian to Nikita Khrushchev," November 19, 1962, 2-4, https://nsarchive2.gwu.edu/rus/text_files/CMCrisis/52.PDF.

21. "Zapis' besedy tovarishcha Anastasa Ivanovicha Mikoiana s tovarishchami Fidelem Kastro, Osval' do Dortikosom et al.," November 19, 1962, https://nsarchive2.gwu.edu/rus/text_files/CMCrisis/51.PDF; "Anastas Mikoian to Nikita Khrushchev," November 19, 1962, https://nsarchive2.gwu.edu/rus/text_files/CMCrisis/52.PDF; "Anastas Mikoian tto the Central Committee," November 20, 1962, https://nsarchive2.gwu.edu/rus/text_files/CMCrisis/53.PDF.

第27章

1. "Summary Record of the 26th Meeting of the Executive Committee of the National Security Council," Washington, November 16, 1962, 11 a.m., *FRUS*, 1961–1963, vol. 11, *Cuban Missile Crisis and Aftermath*, no. 185, https://history.state.gov/historicaldocuments/frus1961-63v11/d185; "Memorandum from the Joint Chiefs of Staff to President Kennedy," Washington, November 16, 1962. *FRUS*, 1961–1963, vol. 11, *Cuban Missile Crisis and Aftermath*, no. 186, https://history.state.gov/historicaldocuments/frus1961-63v11/d186; "Paper Prepared for the Chairman of the Joint Chiefs of Staff (Taylor) for a Meeting with President Kennedy," Washington, November 16, 1962, *FRUS*, 1961–1963, vol. 11, *Cuban Missile Crisis and Aftermath*,

no. 187, https://history.state.gov/historicaldocuments/frus1961-63v11/d187; "Memorandum of a Conference with President Kennedy," Washington, November 16, 1962, 4 p.m., *FRUS*, 1961–1963, vol. 11, *Cuban Missile Crisis and Aftermath*, no. 188, https://history.state.gov/historicaldocuments/frus1961-63v11/d188.

2. "RFK Notes. Executive Committee Meetings." Papers of Robert F. Kennedy. Attorney General Papers. Attorney General' s Confidential File 6-2-10: Cuba: Executive committee meetings: RFK notes and memos, 1962: October-December (1 of 2 folders), 29. RFKAG-215-011. John F. Kennedy Presidential Library and Museum; "Summary Record of the 27th Meeting of the Executive Committee of the National Security Council," Washington, November 19, 1962, 10 a.m., *FRUS*, 1961–1963, vol. 11, *Cuban Missile Crisis and Aftermath*, no. 192, https://history.state.gov/historicaldocuments/frus1961-63v11/d192.

3. Fursenko and Naftali, *"One Hell of a Gamble,"* 307; "Editorial Note," *FRUS*, 1961–1963, vol. 11, *Cuban Missile Crisis and Aftermath*, no. 194, https://history.state.gov/historicaldocuments/frus1961-63v11/d194; cf. Arthur M. Schlesinger Jr., *Robert Kennedy and His Times* (Boston and New York, 1978), 550.

4. "Message from Chairman Khrushchev to President Kennedy," Moscow, November 20, 1962, *FRUS*, 1961–1963, vol. 11, *Cuban Missile Crisis and Aftermath*, no. 196, https://history.state.gov/historicaldocuments/frus1961-63v11/d196.

5. "Message from Chairman Khrushchev to President Kennedy," Moscow, November 20, 1962.

6. Message from Chairman Khrushchev to President Kennedy, Moscow, November 20, 1962, *FRUS*, 1961–1963, vol. 11, *Cuban Missile Crisis and Aftermath*, no. 196, https://history.state.gov/historicaldocuments/frus1961-63v11/d196; "Telegram from TROSTNIK (Soviet Defense Minister Rodion Malinovsky) to PAVLOV (General Issa Pliev)," November 20, 1962, History and Public Policy Program Digital Archive, Archive of the President of the Russian Federation, Special Declassification, April 2002, trans. by Svetlana Savranskaya, https://digitalarchive.wilsoncenter.org/document/117337.

7. "On Additional Instructions to comrade A. I. Mikoian on the Cuban Issue, November 22, 1962, The Cuban Missile Crisis 1962: The 40th Anniversary, Documents, The National Security Archive, the George Washington University, https://nsarchive2.gwu.edu/nsa/cuba_mis_cri/621122%20CPSU%20Instructions%20to%20Mikoyan.pdf; cf. Mikoyan' s report to the Central Committee on the Cuban instruction to Lechuga and Khrushchev' s and Gromyko' s instructions to him in that regard, in Sergo Mikoyan, *The Soviet Cuban Missile Crisis,* Documents nos. 35 and 36, 478–80.

8. "Memorandum of A. I. Mikoyan' s Conversation with Comrades F. Castro, O. Dorticós, E. Guevara, E. Aragonés, and C. R. Rodríguez," in Sergo Mikoyan, *The Soviet Cuban Missile Crisis*, Document no. 37, 481–88.

9. John Fitzgerald Kennedy, President Kennedy' s Statement on Cuba, November 20, 1962, American History, http://www.let.rug.nl/usa/presidents/john-fitzgeraldkennedy/president-kennedys-statement-on-cuba-november-20-1962.php. Cf. *"Third Draft," 11.20.62*, in John F. Kennedy Presidential Library and Museum, Papers of Robert F. Kennedy. Attorney General Papers. Attorney General' s Confidential File 6-4-1: Cuba: Cuban Crisis, 1962: Kennedy-Khrushchev Letters, 1962: September-November, 24–27; Robert Kennedy, *Thirteen*

Days, Documents, 172–74; President John F. Kennedy' s 45th News Conference – November 20, 1962, https://www.youtube.com/watch?v=e7dB0AkhvgM.

10. "Ia vam ėksprromptom dolozhil," Iz zakliuchitel' nogo slova N. S. Khrushcheva na plenume TsK KPSS 23 noiabria 1962 goda," Stenogramma, *Ogonek*, October 22, 2012, https://www.kommersant.ru/doc/2049584.
11. "Ia vam ėksprromptom dolozhil," Iz zakliuchitel' nogo slova N. S. Khrushcheva na plenume TsK KPSS 23 noiabria 1962 goda," Stenogramma, *Ogonek*, October 22, 2012, https://www.kommersant.ru/doc/2049584.
12. Dmitrii Poliansky' s address in *Nikita Khrushchev, 1964: Stenogrammy plenuma i drugie dokumenty,* comp. Andrei Artizov et al. (Moscow, 2007), 198, https://onisland. net/History/1964.htm.
13. Aleksei Butskii, "Rabota Glavnogo shtaba RVSN v period podgotovki i provedeniia operatsii "Anadyr' , " in *Strategicheskaia operatsiia "Anadyr'," * 65–70, here 70, http://cubanos.ru/texts/kk08.

後記

1. "Khrushchev calls Kennedy death 'a heavy blow,' " *UPI*, November 23, 1963, https://www.upi.com/Archives/1963/11/23/Khrushchev-calls-Kennedy-death-aheavy-blow/3503214243588/.
2. Simon L. Lewis and Mark A. Maslin, *The Human Planet: How We Created the Anthropocene* (London, 2018), 257–58; Odd Arne Westad, *The Cold War: A World History* (New York, 2017), 224–25, 303; Joseph M. Siracusa, *Nuclear Weapons: A Very Short Introduction* (Oxford, 2015), 39–79.
3. Thomas Graham Jr. and Damien J. LaVera, *Cornerstones of Security: Arms Control Treaties in the Nuclear Era* (Seattle and London, 2002); Ishaan Tharoor, "Trump Embraces a New Nuclear Arms Race," *Washington Post*, February 4, 2019, https://www.washingtonpost.com/world/2019/02/04/trump-embraces-newnuclear-arms-race/?utm_term=.634a16c21ba1; "U.S. Withdrawal from the INF Treaty on August 2, 2019," Press Statement, Michael R. Pompeo, Secretary of State, August 2, 2019, https://www.state.gov/u-s-withdrawal-from-the-inf-treaty-onaugust-2-2019/; " 'Destructive U.S.' : Russia Reacts to INF Treaty Withdrawal," *Moscow Times*, August 2, 2019, https://www.themoscowtimes.com/2019/08/02/destructive-us-russia-reacts-to-inftreaty-withdrawal-a66680.
4. Max Fisher, "The Cuban Missile Misunderstanding: How cultural misreadings almost led to global annihilation," *Washington Post*, October 16, 2012.
5. Paul Bracken, *The Second Nuclear Age: Strategy, Danger, and the New Power Politics* (New York, 2012), 93–214.

索引

人名

三至四畫

五畫

六畫

七畫

八畫

九畫

十畫

十一畫

十二畫

十三至十四畫

十五畫以上

地名

三至五畫

六至十畫

十一畫以上

其他

NUCLEAR FOLLY: A HISTORY OF THE CUBAN MISSILE CRISIS

為什麼世界沒有在 1962 年毀滅？重回古巴飛彈危機現場

作　　者　謝爾希 ・ 浦洛基（Serhii Plokhy）
譯　　者　梁永安
選 書 人　張瑞芳
責任編輯　張瑞芳
校　　對　童霈文
版面構成　簡曼如
封面設計　陳文德
行 銷 部　張瑞芳、段人涵
版 權 部　李季鴻、梁嘉真
總 編 輯　謝宜英
出 版 者　貓頭鷹出版

發 行 人　凃玉雲
發　　行　英屬蓋曼群島商家庭傳媒股份有限公司城邦分公司
　　　　　104 台北市中山區民生東路二段 141 號 11 樓
劃撥帳號：19863813 ／戶名：書虫股份有限公司
城邦讀書花園：www.cite.com.tw ／購書服務信箱：service@readingclub.com.tw
購書服務專線：02-25007718 ～ 9（週一至週五 09:30-12:30；13:30-18:00）
24 小時傳真專線：02-25001990 ～ 1
香港發行所　城邦（香港）出版集團／電話：852-2877-8606 ／傳真：852-2578-9337
馬新發行所　城邦（馬新）出版集團／電話：603-9056-3833 ／傳真：603-9057-6622
印 製 廠　中原造像股份有限公司
初　　版　2023 年 8 月
定　　價　新台幣 699 元／港幣 233 元（紙本書）
　　　　　新台幣 489 元（電子書）
I S B N　978-986-262-649-8（紙本平裝）
　　　　　978-986-262-650-4（電子書 EPUB）

讀者意見信箱　owl@cph.com.tw
投稿信箱 owl.book@gmail.com
貓頭鷹臉書　facebook.com/owlpublishing/

【大量採購，請洽專線】(02)2500-1919

城邦讀書花園
www.cite.com.tw

國家圖書館出版品預行編目 (CIP) 資料

為什麼世界沒有在 1962 年毀滅？重回古巴飛彈危機現場 / 謝爾希 ・ 浦洛基 (Serhii Plokhy) 著；梁永安譯 . -- 初版 . -- 臺北市：貓頭鷹出版：英屬蓋曼群島商家庭傳媒股份有限公司城邦分公司發行 , 2023.08
面；　公分
譯自 : Nuclear folly : a history of the Cuban Missile Crisis
ISBN 978-986-262-649-8(平裝)

1.CST：古巴危機　2.CST：國際關係
3.CST：冷戰　4.CST：美國

578.186　112009546

本書採用品質穩定的紙張與無毒環保油墨印刷，以利讀者閱讀與典藏。